Lieber Claudius,

vielen Dank für Deine
Unterstützung

Beste Grüße

Judi Di

Schriftenreihe

MERKUR

Schriften zum
Innovativen Marketing-Management

Band 46

ISSN 1438-8286

Verlag Dr. Kovač

Innovationsorientiertes Markencontrolling

Grundlinien für ein Controllinginstrument
zur unternehmens- und marktindividuellen Steuerung
des Markenwerts über den Innovationsgrad

Dissertation

zur Erlangung des Grades eines Doktors der wirtschaftlichen
Staatswissenschaften (Dr. rer. pol.) des Fachbereichs Rechts- und
Wirtschaftswissenschaften der Johannes Gutenberg-Universität Mainz

vorgelegt von

Andreas Wieser

2009

Die Dissertation wurde am 09.09.09 bei der Johannes Gutenberg-Universität Mainz
eingereicht und durch die Fakultät für Wirtschaftswissenschaften am
20.09.2009 angenommen.

Erstberichterstatter: Prof. Dr. Gunther Friedl

Datum der Berichtserstattung: 05.01.2010

Zweitberichterstatter: Prof. Dr. Louis Velthuis

Datum der Berichtserstattung: 14.01.2010

Tag der mündlichen Prüfung: 29.03.2010

Andreas Wieser

Innovationsorientiertes Markencontrolling

Grundlinien für ein Controllinginstrument zur unternehmens- und marktindividuellen Steuerung des Markenwertes über den Innovationsgrad

Verlag Dr. Kovač

Hamburg
2010

VERLAG DR. KOVAČ
FACHVERLAG FÜR WISSENSCHAFTLICHE LITERATUR

Leverkusenstr. 13 · 22761 Hamburg · Tel. 040 - 39 88 80-0 · Fax 040 - 39 88 80-55

E-Mail info@verlagdrkovac.de · Internet www.verlagdrkovac.de

Bibliografische Information der Deutschen Nationalbibliothek
Die Deutsche Nationalbibliothek verzeichnet diese Publikation
in der Deutschen Nationalbibliografie;
detaillierte bibliografische Daten sind im Internet
über http://dnb.d-nb.de abrufbar.

ISSN: 1438-8286
ISBN: 978-3-8300-4841-1

Zugl.: Dissertation, Universität Mainz, 2010

© VERLAG DR. KOVAČ in Hamburg 2010

Umschlagbild: Daniel Geyer – www.fotografie-erlebnis.de

Geleitwort

Marken machen in vielen Unternehmen einen erheblichen Anteil des Unternehmenswertes aus. Die betriebswirtschaftliche Literatur beschäftigt sich daher intensiv mit deren Bewertung und Steuerung. Empirische Studien haben zahlreiche Einflussgrößen identifiziert, welche den Wert einer Marke beeinflussen können. Darunter befindet sich auch der Innovationsgrad eines Unternehmens. Innovationen können den Wert einer Marke nachhaltig beeinflussen.

Die vorliegende Arbeit geht von dieser Überlegung aus und konzipiert ein Instrument, mit dessen Hilfe sich der Markenwert, insbesondere dessen innovationsbasierter Teil, steuern lässt. Während die Literatur bereits zahlreiche Vorschläge zur Steuerung von Markenwerten kennt, gibt es bislang noch keinen Vorschlag, der dabei die innovationsbasierte Komponente berücksichtigt.

Damit fußt die Arbeit auf einer innovativen Idee, arbeitet die dafür notwendige Literatur auf, und schafft es trotz der erheblichen Komplexität eines solchen Vorhabens, die bisher entwickelten Vorschläge zu einer so genannten innovationsorientierten Brand Scorecard weiterzuentwickeln, welche die innovationsbasierte Komponente in besonderer Weise aufgreift. Damit zeigt der Verfasser einen Weg auf, die Innovationsaktivitäten eines Unternehmens in der Steuerung des Markenwertes zu berücksichtigen.

München, im März 2010   Gunther Friedl

Vorwort

Sobald der letzte Satz der Dissertation geschrieben ist, kommen einem viele Personen in den Sinn. An dieser Stelle möchte ich mich explizit bei all jenen bedanken, welche zum erfolgreichen Abschluss meiner Dissertation beigetragen haben. Es war eine wertvolle Zeit und ich bin glücklich, eine positive Bilanz ziehen zu können.

Auslösendes und inspirierendes Moment meiner Arbeit war der Wunsch, nach dem BWL-Studium vertiefende Kenntnisse im Bereich Unternehmensbewertung, Marketing und Controlling zu erwerben. In den Semesterferien meines Studiums war ich bereits im Controlling bei *BMW* in Dingolfing und im Bereich Production für das Produkt Finance bei *Yahoo! Deutschland* in München tätig. Bei *BMW* konnte ich viele nützliche Informationen über Bilanzierungs- und Controllinginstrumente, internationale Rechnungslegung und über die Aussagekraft von Planzahlen gewinnen. Bei *Yahoo!* konnte ich mir wertvolle Erkenntnisse im technischen Bereich beim Umgang mit börsenrelevanten Daten aneignen und die Relevanz von Marketingmaßnahmen hautnah miterleben. Während meiner Tätigkeit als Diplomand bei der *VEM Aktienbank* in München war ich in komplexe Unternehmensbewertungen involviert – insbesondere bei Börsengängen. Dass Marken einen wichtigen Bestandteil am Unternehmenswert darstellen, wurde mir bereits damals täglich in der Praxis verdeutlicht. Im Anschluss daran war ich bei *KPMG* im Advisory im Bereich Corporate Finance in München tätig und hatte im Rahmen von gutachterlichen Bewertungen und Purchase Price Allocations (PPA) mit Markenbewertungen und -steuerungsthemen zu tun. Zudem konnte ich bei der Erstellung der *KPMG* Studie „Patente, Marken, Verträge, Kundenbeziehungen – Werttreiber des 21. Jahrhunderts" mitwirken.

Besonders bedanken möchte ich mich hier bei meinem Doktorvater Herrn Prof. Dr. Gunther Friedl für das entgegengebrachte Vertrauen und für die Zeit, welche er sich für die Betreuung meiner Doktorarbeit genommen hat. Während des Entstehungsprozesses der Arbeit gab er mir zahlreiche wichtige Anregungen und hat mich hervorragend betreut. Sehr herzlich danken möchte ich ebenfalls Herrn Prof. Dr. Louis Velthuis, welcher sich freundlicherweise bereit erklärt hat, trotz vielfältiger Verpflichtungen das Koreferat zu übernehmen. Mein Dank gilt auch Herrn Prof. Dr. Stefan Rammert, welcher freundlicherweise das Amt des 3. Prüfers in meinem Rigorosum übernahm.

Meinen Doktorandenkollegen vom Lehrstuhl Controlling der *Johannes Gutenberg-Universität Mainz* und der *TU München* bin ich für die konstruktive Kritik und aufschlussreichen Diskussionen, insbesondere während unserer Doktorandenseminare, zu großem Dank verpflichtet.

All meinen Freunden danke ich für ihr großes Verständnis während meiner Promotionszeit. Ein besonderer Dank gilt hier meinen Geschwistern Katharina, Gertraud und Hans sowie meinem Schwager Martin Moosbauer und meinen Freunden – insbesondere Josef Zollner, Philipp Pielmeier, Matthias Huber und Tobias Schwarz. Sie alle haben mir unermüdlich die Kraft gegeben, den nicht immer einfachen Weg bis zum Ende zu gehen, und mir geholfen, die anderen Dinge des Lebens nicht ganz zu vernachlässigen. Nicht vergessen möchte ich an dieser Stelle Andi Lenz, Veronika Loy, Jakob Gloner, Alex Schuhbauer, Jürgen Vierlinger und Manuel Gramlich, welche mir bei der Besorgung und Fernausleihe von Büchern sowie von elektronischen Journalen immer gerne behilflich waren.

Bei der *Commerzbank* in Frankfurt und München konnte ich in den Zentralen Stäben Bilanz und Steuern sowie Konzernkommunikation wertvolle Einblicke bei der Produktentwicklung „Marke als innovatives Finanzierungsinstrument" gewinnen.

Ferner bedanke ich mich bei der *Allianz* in München bei Herrn Joe Gross, Dr. Martin Marganus, Oliver Kraft und Frank Goldenberger für die interessanten Einblicke in das Group Market Management Controlling, respektive Markencontrolling. Ohne ihre wertvollen Impulse, die aufschlussreichen und konstruktiven Gespräche sowie ihre Offenheit wäre die Dissertation in der vorliegenden Form nicht möglich gewesen.

Überdies bedanke ich mich bei der *Hanns-Seidel-Stiftung* für die mir entgegengebrachte finanzielle und ideelle Förderung.

Der größte Dank gebührt zudem meiner Freundin Helena Gartner für die unermüdliche Unterstützung und das große Verständnis, welches sie mir während dieser Zeit entgegengebracht hat. Ein besonderer Dank gilt zuletzt meinem Vater Johann und meiner bereits verstorbenen Mutter Katharina Wieser. Sie haben mich auf meinem bisherigen Lebensweg in jeglicher Hinsicht unterstützt und gefördert. Ihnen sei diese Arbeit gewidmet.

Frauenneuharting, im März 2010   Andreas Wieser

„Innovation steht für Wachstum, für gesteigerte Margen
und über Innovationen glänzt die Marke.“

Stefan Sudhoff,
Corporate Senior Vice President bei Henkel

Inhaltsverzeichnis

XVII

Abbildungsverzeichnis

XVIII

Formelverzeichnis

Tabellenverzeichnis

Abkürzungsverzeichnis

AMA	American Marketing Association
AMJ	Academy of Management Journal
AMR	Academy of Management Review
ASQ	Administrative Science Quarterly
BBDO	Batten, Barton, Durstine & Osborn
BCG	The Boston Consulting Group
BDI	Bundesverband der Deutschen Industrie e.V.
BET	Break Even Time
BFD	Brand Function Deployment
BGB	Bürgerliches Gesetzbuch
BilMoG	Bilanzrechtsmodernisierungsgesetz
BIP	Bruttoinlandsprodukt
CRM	Customer Relationship Management
DAX	Deutscher Aktienindex
DBW	Die Betriebswirtschaft
dib	Deutsches Institut für Betriebswirtschaft
ddp	Deutscher Depeschendienst
DCF	Discounted Cash Flow
DLR	Deutschen Zentrums für Luft- und Raumfahrt
DMV	Deutscher Marketing-Verband
DNA	Deoxyribonucleic Acid
DPMA	Deutsches Patent- und Markenamt
e. V.	eingetragener Verein
E&Y	Ernst & Young
EBS	European Business School
et al.	et alii
F&E	Forschung & Entwicklung
EU	Europäische Union
EUR	Euro
EVA	Economic Value Added
FCF	Free Cash Flow
GfK	Gesellschaft für Konsumforschung
HGB	Handelsgesetzbuch

H.I.MA	Handel & Internationales Marketing
IBM	International Business Machines
IDW	Institut der Wirtschaftsprüfer
IFRS	International Financial Reporting Standards
IMM	Industrial Marketing Management
JfB	Journal für Betriebswirtschaft
JM	Journal of Marketing
JMR	Journal of Marketing Research
JPIM	Journal of Product Innovation
KGaA	Kommanditgesellschaft auf Aktien
KPI	Key Performance Indicator
KMU	Klein- und Mittelständische Unternehmen
KPMG	Klynveld Peat Marwick Goerderler
KVP	Kontinuierlicher Verbesserungsprozess
MarkenG	Markengesetz
Mio.	Millionen
MR	Marginal Return
Mrd.	Milliarden
MSI	Marketing Science Institute
NOPAT	Net Operating Profit After Taxes
OECD	Organisation for Economic Cooperation and Development
PIMS	Profit Impact of Market Strategies
PPA	Purchase Price Allocation
PoS	Point of Sale
PR	Public Relation
PwC	PriceWaterhouseCoopers
R&DM	R&D Management
R/TM	Research Technology Management
RI	Research International
ROI	Return on Investment
sbr	Schmalenbach Business Review
SoV	Share of Voice
SMJ	Strategic Management Journal

TNS	Taylor Nelson Sofres
TQM	Total Quality Management
UFP	Unique Feeling Proposition
USD	United States Dollar
USP	Unique Selling Proposition
UWG	Gesetz gegen den unlauteren Wettbewerb
WACC	Weighted Average Cost of Capital
ZfB	Zeitschrift für Betriebswirtschaft
zfbf	Zeitschrift für betriebswirtschaftliche Forschung
ZfCM	Zeitschrift für Controlling & Management
zfo	Zeitschrift für Führung + Organisation
ZUb	Zeitschrift für Unternehmensberatung

Anhangverzeichnis

1 Ausgangssituation und Vorgehensweise

1.1 Ausgangssituation und Problemstellung

Innovation und Zukunftsorientierung sind Schlagworte, die immer häufiger im Zusammenhang mit dem langfristigen Erfolg und dem Überleben eines Unternehmens in Verbindung gebracht werden. Innovationen sichern Wachstum, wirtschaftlichen Erfolg sowie Beschäftigung und ermöglichen es Unternehmen Wettbewerber zu verdrängen, bestehende Märkte tiefer zu durchdringen und neue Marktpotentiale zu erschließen - also Wettbewerbsvorteile zu generieren.[1] Mit dem Beginn der Wirtschaftskrise haben Innovationen als Motor für Wachstum und Beschäftigung in den Industrieländern nochmals an Bedeutung gewonnen. Auch Deutschland, das weder über nennenswerte Rohstoffreserven verfügt, noch in einem weltweiten Kostensenkungswettbewerb bestehen kann, ist in diesen Zeiten mehr denn je auf die Innovationsfähigkeit der Unternehmen und Mitarbeiter angewiesen, neue Produkte und Verfahren zu entwickeln und in einen Markterfolg umzusetzen.[2]

Zudem werden die Wettbewerbsbedingungen für die Mehrzahl der Unternehmen durch die zunehmenden grenzüberschreitenden Wirtschaftsverflechtungen immer schwieriger. Beispielsweise erfordern transnationale Marktöffnungen, die Liberalisierung des EU-Binnenmarktes und die neue Dienstleistungsrichtlinie[3] von den Unternehmen, sich kontinuierlich anzupassen und stellen diese nicht selten vor existenzielle Probleme. Dem im Zuge der Globalisierung gewachsenen Konkurrenzdruck sowie den wettbewerbs- und beschäftigungspolitischen Auswirkungen des neu geschaffenen EU-Rechts[4] ist nur mit strategischer Unternehmenspolitik zu begegnen. Dynamische Märkte, eine zunehmende Kundenmacht und technologische Entwicklung sowie eine starke Orientierung der Unternehmen am Kapitalmarkt sind einige Faktoren, die das unternehmerische Umfeld prägen. Traditionelle Zielsetzungen wie Wirtschaftlichkeit und finanzielles Wachstum werden bei Unternehmen dabei nicht immer als alleinige Steuerungsgröße verfolgt. Um in diesem Konkurrenzkampf bestehen zu können, ist es für Unternehmen unabdingbar, sich über Innovationen in den Produkten bzw. in den Geschäftsprozessen Wettbewerbsvorteile zu sichern.[5] Bereits Anfang des letzten Jahrhunderts

---

[1] Vgl. Möller/Janssen (2009), S. 89.

[2] Vgl. Hess/Jesske (2009), S. 4.

[3] Die europäische Dienstleistungsrichtlinie (RL 2006/123/EG) soll den grenzüberschreitenden Handel mit Dienstleistungen fördern, bestehende Hindernisse abbauen und damit zur Verwirklichung des einheitlichen Binnenmarktes beitragen. Nach Zustimmung des *Europäischen Rates* ist die Richtlinie Ende Dezember 2006 in Kraft getreten. Die Mitgliedstaaten haben nun bis zum 28. Dezember 2009 Zeit die Richtlinie umzusetzen.

[4] Ziele der europäischen Mittelstandspolitik sind die Schaffung mittelstandsfreundlicher Rahmenbedingungen, Förderung unternehmerischer Initiative, Steigerung der Wettbewerbsfähigkeit des Mittelstands in der Informationsgesellschaft, Erleichterung der Zugangsmöglichkeiten mittelständischer Unternehmen zu Finanzierungsquellen und die Bereitstellung von Unterstützungsnetzwerken. Vgl. Bundesministerium für Wirtschaft und Technologie (2009).

[5] Vgl. Porter (1985), S. 169.

hat *Schumpeter* festgestellt, dass betriebliche Forschungs- und Entwicklungstätigkeiten ein bedeutsames Wachstumspotential für die Unternehmen implizieren können. Seine Formulierung der „schöpferischen Zerstörung" betrachtet die Innovation als Motor des wirtschaftlichen Erfolgs.[6] Auch *Solow* stellt in seinem Aufsatz über „A Contribution to the Theory of Economic Growth" fest, dass wirtschaftliches Wachstum vor allem durch technischen Fortschritt entsteht und dass das Festhalten an alten, überkommenen Strukturen schädlich ist.[7] Die Wirtschaftstheorie hat sich seitdem intensiv mit diesem Thema auseinandergesetzt und das Phänomen Innovation analysiert. Innovationen erscheinen demnach zusammengesetzt aus einer Reihe von externen und betriebsinternen Faktoren. Produkt- und Prozessentwicklungen sind das Ergebnis eines Konglomerats aus Forschung, Erfahrung, marktwirtschaftlichen Interessen und Marktbeobachtung.[8]

Damit aus diesem Konglomerat unterschiedlicher Faktoren, Bedingungen und Interessen ein wirtschaftlicher Erfolg des Unternehmens wird, muss ein genau auf das Unternehmen und die Produkte zugeschnittenes Prozedere entwickelt werden, nach dem die unternehmensrelevanten Entscheidungen getroffen werden (siehe Kapitel 3).[9] Im Idealfall folgt damit aus der Umwandlung einer Erfindung, die zunächst als Problemlösung entstand, hin zu einer Innovation in der Ausprägung eines marktkonformen Produktes ein effektiver wirtschaftlicher Wachstumsvorgang.[10] Hierzu müssen jedoch die technologischen Prozesse mit Marketinganstrengungen sowie mit betriebswirtschaftlichen Überlegungen Hand in Hand gehen. Der dadurch in Gang gesetzte Innovationsprozess muss über all diese Faktoren gestaltet und gesteuert werden, um eine effiziente Zielorientierung erreichen zu können. Ein gut organisiertes Innovationsmanagement hat dabei zugleich den spezifischen Charakter eines Unternehmens, die Zielgruppen sowie den Wettbewerb im Auge (siehe Kapitel 5).[11] Dass ein solches effizientes Innovationsmanagement sowohl in Hinblick auf die Produktentwicklung als auch bezüglich der wirtschaftlichkeitsbezogenen Steuerung in den meisten Unternehmen noch fehlt, dafür sind hohe Flop-Raten neu eingeführter Artikel sowie nicht eingehaltene Kosten- und Zeitziele bei F&E-Projekten deutliche

---

[6] Vgl. Schumpeter (1961) S. 95.

[7] *Solow* entwickelte eine Produktionsfunktion, die sich nicht nur aus den variabel einsetzbaren Faktoren Arbeit und Kapital zusammensetzt. Um nachhaltiges Wirtschaftswachstum erklären zu können, führt Solow deshalb den technologischen Fortschritt in sein Modell ein: Produktion ist für ihn Arbeit plus Kapital plus Innovation. Vgl. Solow (1956), S. 65-94.

[8] *Hacker* spricht von „heterogenem Wissen", das allein dadurch Innovationen schafft, dass Differenzen und unterschiedliche Standpunkte, aber auch verschiedene Erfahrungen sinnvoll zu einer Synthese zusammengefasst werden. Vgl. Hacker/ Wetzstein/Winkelmann (2004), S. 232.

[9] Vgl. Vinkemeier/von Franz (2007), S. 46.

[10] Vgl. Chandy/Hopstaken/Narasimhan/Prabhu (2006), S. 494.

[11] Vgl. Gemünden/Littkemann (2007), S. 4.

Indizien (vgl. Abbildung 1).[12] Nach einer Erhebung der *GfK* wenden beispielsweise der Handel und die Konsumgüterindustrie jährlich rund 14 Mrd. Euro für Innovationen auf.[13] Diesen Investitionen steht bei dem Fast Moving Consumer Goods jedoch eine durchschnittliche Flop-Rate in Höhe von 70 Prozent entgegen, was einer Wertvernichtung von etwa 10 Mrd. Euro pro Jahr entspricht.[14]

Abbildung 1: Fehlsteuerungen im Innovationsmanagement[15]

Innovationen – so lässt sich pointieren – können noch so „innovativ" sein, damit sie tatsächlich auch ihren wirtschaftlichen Sinn erfüllen, müssen diese zu einem entsprechenden Markterfolg führen. Dabei ist Kundenorientierung die Basis jedes Innovationsprozesses, damit beispielsweise neue Produktqualitäten einen signifikanten Einfluss auf den unternehmensindividuellen Markenwert des Produktes haben (siehe Kapitel 3 und Kapitel 6).[16] Die Fehler im Innovationsmanagement beginnen bereits in der Marktanalyse. Gerade das Thema der Markenwertbildung wirft jedoch auch besondere Schwierigkeiten auf, denn die entsprechenden Innovationsgradfaktoren haben immer sowohl einen objektiven als auch einen von den Herstellern subjektiv empfundenen und auch von jedem Kunden subjektiv erlebten Charakter. So ist der Kundennutzen als wichtigster Anreiz für Innovationsaktivitäten zu einem hohen Grad subjektiv bestimmt.[17] Da der Markenwert in diesem Zusammenhang also nicht nur objektiv messbar, sondern individuell und subjektiv bestimmt ist und nicht zuletzt über die Faktoren Individualität und Subjektivität auch gesteuert wird, ist die Bedeutung des Markenwertes interpretierbar und je nach Standpunkt in einem gewissen Umfang Auslegungssache (siehe Kapitel 5). Was die

---

[12] Vgl. Schlaak (1999), S. 1; Lange (1993), S. 71; Brockhoff (1993), S. 3; Murmann (1994), S. 176; Dietz (2007), S. 20-23; Koop/Schloegel (2008), S. 28-33.
[13] Vgl. GfK (2006), S. 72.
[14] Vgl. GfK (2006), S. 72; Bovensiepen/Zentes (2008), S. 10; Hermes (2009), S. 36-37.
[15] GfK (2006), S. 73.
[16] Vgl. Sethi (2000), S. 1; Ramani/Kumar (2008), S. 27.
[17] Vgl. Metzler (2005), S. 11-14.

Wirkung von Innovationen auf den Wettbewerb betrifft, so sind durchdringende Produkt- und Prozessinnovationen eng mit der Zerstörung von bereits existierenden Marktpositionen verbunden. Andererseits bieten diese den Unternehmen die Chance neue Märkte und Absatzmöglichkeiten zu erschließen. Hierbei sollte jedoch das innovative Unternehmen mit potentiellen Reaktionen von anderen Marktteilnehmern rechnen. Für die Innovatoren ist es daher entscheidend, die zukünftigen Aktivitäten der Wettbewerber sowie die Nachfrage der Konsumenten richtig einzuschätzen.[18] Letztendlich sollte sich nämlich für das Unternehmen aus den innovationsdeterminierten Investitionsaktivitäten ein renditewirksamer Zahlungsstrom generieren, welcher in der Regel den Unternehmenswert positiv beeinflußt (siehe Kapitel 3). Je nach Rechtsform des Unternehmens kann dieser Vorgang eine Veränderung des Aktienkurses bewirken.[19]

Damit jedoch die Innovationen einen nachhaltigen Erfolg auf das Unternehmensergebnis bewirken und diese „Neuartigkeiten" entsprechend vermarktet werden und sich möglicherweise in einer Marke etablieren können, müssen die diversen Interaktionen zwischen den angesprochenen Bereichen miteinander koordiniert, geplant, gesteuert und kontrolliert werden (siehe Kapitel 6). Aus dem Ranking „The Best Global Brands" von *Interbrand* aus dem Jahre 2008 geht hervor, dass eine Korrelation zwischen dem Markenwert und nachhaltigem Handeln besteht.[20] Unternehmen, die nachhaltig wirtschafteten, betrieben laut dem Ranking eine neue Form des Risikomanagements.[21] Im besten Fall ergebe sich daraus die Möglichkeit, gemeinsam mit unterschiedlichen Interessensgruppen langfristig tragfähige Unternehmensstrategien zu entwickeln. Die Herausforderung ist es, das Leitbild der nachhaltigen Entwicklung in alle Unternehmensentscheidungen einzubetten – nicht nur, um neue Kunden zu gewinnen, sondern auch um frühzeitig künftige Märkte zu formen. Hier lässt sich beobachten, dass die Innovationsgradfaktoren und ihr Einfluss auf die ökonomische Verwertung von Marken bisher zu wenig berücksichtigt werden. Damit wird die besondere Bedeutung des Controllings in diesem Kontext erkennbar. Ein möglicher Grund dafür, dass die Einflussnahme von Innovationsgradfaktoren auf den Markenwert bisher kaum analysiert und über Controllinginstrumente gesteuert wird, liegt nach Einschätzung des Verfassers dieser Arbeit in dem bereits

---

[18] Vgl. Aboulnasr/Narasimhan/Blair/Chandy (2008), S. 94.

[19] Vgl. Bolton (2004), S. 73–74.

[20] Vgl. Frampton/Hales (2008), S. 12-14.

[21] Die Unternehmensleitung von *Coca-Cola* agierte dem Ranking zufolge in den vergangenen Jahren weniger glücklich. Zwar verfügt der Konzern weiterhin über die weltweit wertvollste Marke, aber zwischen 2003 und 2007 sank der Markenwert jedoch um 5,1 Milliarden US-Dollar. Laut *Interbrand* liegt das daran, dass viele Organisationen *Coca-Cola* als „Bösewicht" wahrnehmen und die Produkte des Konzerns zunehmend als gesundheitsschädlich einschätzen würden. *Coca-Cola* steuerte hier jüngst mit neuen Nachhaltigkeitsinitiativen entgegen, wodurch der Markenwert wieder um zwei Prozent anstieg. Vgl. Frampton/Hales (2008), S. 14.

angesprochenen subjektiven Charakter des durch Innovationen geschaffenen Markenwerts. Jeder Innovationsprozess bzw. die Umsetzung im Markt ist daher individuell und muss spezifisch vor dem Hintergrund der kulturellen, sozialen und wirtschaftlichen Verhältnisse ausgerichtet und gesteuert werden. Festzustehen scheint jedoch, dass Innovationen nur fragliche Erfolgsaussichten haben, sofern diese lediglich eine minimal angepasste Neuauflage bereits bestehender Produkte sind oder allein eine äußerliche Veränderung mittels einer „innovativen" Verpackung (z. B. Wiedereinführung des Bügelverschlusses beim Bier) darstellen.[22] Die unternehmensspezifische Ausrichtung der Innovation am Kundensegment, permanente Marktbeobachtung und -interpretation sowie gezielte strategische Marketingaktivitäten sind notwendig, um Innovationen ökonomisch effizient zu platzieren und in erfolgreiche Marken zu transferieren. Entsprechend muss auch ein Controllinginstrument begleitend und steuernd sowie planend und kontrollierend agieren.

Doch trotz des angesprochenen „Subjektivismus" und „Individualismus" der Markenwertbildung bzw. deren Fixierung unter innovationstheoretischen wie –praktischen Gesichtspunkten ist es um so wichtiger, den Fokus auf die Controllingaspekte eines innovationsorientierten Branding zu richten. Es geht dabei vor allem darum zu ermitteln, welche Faktoren auf welchen Ebenen unternehmensintern und –übergreifend beim Erfolg (oder Scheitern) innovationsorientierter Marken / Produkte eine Rolle spielen. Wo ist der Hebel anzusetzen, um den optimalen Inno-vationsgrad zu ermitteln, damit eine neue Marke bzw. ein neues Produkt auf dem Markt eine „success story" wird? Es ist dabei anzunehmen, dass es „den" einen, alles entscheidenden Erfolgsfaktor nicht gibt, sondern dass der Erfolg einer Marke immer von der Kombination bestimmter Erfolgsvariablen abhängt bzw. von deren Konstellationen, die auf den unter-schiedlichen Dimensionen eines Unternehmens wirken und in ihrer Gesamtwirkung den optimalen Innovationsgrad (oder eben nicht) ausmachen. Dieser Aspekt wurde bislang in der Forschung sträflich vernachlässigt und soll im Rahmen dieser Arbeit geklärt werden.

Letztendlich geht es dabei um die Erarbeitung einer *innovationsorientierten Brand Scorecard*, die ein Kennziffernsystem für die relevanten Aspekte der optimalen Innovationsgradhöhe bereit stellt, die bei der Planung, Durchführung, Steuerung und Kontrolle einer innovationsorientierten Unternehmensstrategie berücksichtigt werden sollten. Dabei ist die Brand Scorecard eine Weiterentwicklung der inzwischen gebräuchlich gewordenen Balanced Scorecard (BSC), die sämtliche Mitarbeiter in einem kontinuierlichen Verbesserungsprozess in den Erfolg und die Wertsteigerung eines Unternehmens zu integrieren versucht. Bei der Brand Scorecard in Form

---

[22] Vgl. Orth/Malkewitz (2008), S. 64-81.

6

einer innovationsorientierten Marken Scorecard steht die Marke und der damit verbundene Kundennutzen im Mittelpunkt des Interesses, welche mit einem spezifischen Innovationskonzept (Ermittlung der optimalen Innovationsgradhöhe) in Verbindung gebracht werden.[23]

1.2 Zielsetzung und Fragestellung der Untersuchung

Die vorliegende Arbeit soll neben der Notwendigkeit eines innovationsorientierten Markencontrollings auch die Existenz von externen und internen innovationsdeterminierten Einflussfaktoren auf den Markenwert aufzeigen. Gemäß der Metaanalyse von *Henard* und *Szymanski* wird dabei der Schwerpunkt der Untersuchung auf die Kontingenzvariable „Innovationsgrad" gelegt.[24] In der Folge sollen die zentralen Determinanten für ein zu entwickelndes innovationsorientiertes Markencontrolling bestimmt werden, welches in der Lage ist, aufzuzeigen, welche Interdependenzen zwischen dem Innovationsgrad und dem Markenwert bestehen. Dabei soll einerseits die wirtschaftliche Relevanz einer Marke für das Unternehmen verdeutlicht werden und in einem zweiten Schritt der Zusammenhang zwischen Markenwert und Innovationsgrad erläutert werden.[25] Im Kern liefert die Arbeit damit eine Antwort auf die folgende Frage:

- Wie könnte ein Controllinginstrument aussehen, das eine Markensteuerung auf der Basis der Idee ermöglicht: Inwiefern beeinflussen Innovationen Marken?

Für die Entwicklung der grundlegenden Determinanten eines solchen Instruments baut die Arbeit auf folgenden im Verlauf der Untersuchung zu begründenden Zielsetzungen auf:

- Zielsetzung der Arbeit ist die Entwicklung von Grundlinien für ein innovationsorientiertes Markencontrollinginstrument (genannt innovationsorientierte Brand Scorecard) zur unternehmens- und marktindividuellen Steuerung des Markenwertes über den Innovationsgrad, das eine optimierte Markensteuerung ermöglichen soll, indem die Innovationen berücksichtigt werden.

- Der für den Zusammenhang zwischen Innovation und Markenwert zentrale Faktor ist der Innovationsgrad oder noch spezifischer: die optimale Innovationsgradhöhe. Dabei ist grundsätzlich festzustellen, dass Innovationen den Markenwert nur bis zu einem

[23] Genaueres darüber lässt sich in Kapitel 7 und 8 detailliert nachlesen. Vgl. Linxweiler (2001), S. 289-291.
[24] Vgl. Henard/Szymanski (2001), S. 362-375.
[25] Damit wird ausgesagt, dass eine Marke nicht unbedingt gleichzusetzen ist mit einer qualitativen Ausprägung eines betreffenden Gutes. Zur genauen Definition des Begriffs Marke vgl. Kapitel 2.2.

bestimmten Punkt erhöhen, welcher den optimalen Innovationsgrad darstellt. Bei einem zu hohen Innovationsgrad gibt es nämlich einen Punkt, ab dem sich das Verhältnis zwischen Innovationsgrad und finanzieller Erfolg ins Negative umkehrt. Diesen Scheitelpunkt gilt es mittels des Kennziffernsystems der innovations-orientierten Brand Scorecard im Laufe der Arbeit zu verdeutlichen.

Um den Fokus auf die Elemente Innovation, Marke, Controlling, Management sowie wirtschaftlicher Gesamterfolg und ihrer Zusammenhänge zu bewahren, arbeitet diese Untersuchung nur zur beispielhaften Illustration einzelner Zusammenhänge mit den empirischen Daten aus anderen Studien, beschreitet aber einen eigenen konzeptionellen Weg.

1.3 Stand der Forschung und praktische Relevanz

In der deutschsprachigen Marketingwissenschaft erlebt das Thema Marketingcontrolling, Markenwert und Innovationsmanagement nach intensiven Forschungstätigkeiten zu Beginn der achtziger Jahre eine aktuelle Aufwertung (*Klingebiel 1999, Daum 2001, Kriegbaum 2001, Drüner 2004, Ehrmann 2004, Reinecke 2004, Esch/Langner/Brunner 2005, Burmann/Meffert/ Koers 2005, Köhler 2006, Link/Weiser 2006, Homburg/Krohmer2006, Reinecke/Tomczak 2006, Bauer/Stokburger/Hammerschmidt 2006, Reinecke/Janz 2007, Meffert/Burmann/Kirchgeorg 2008*). Seitdem das amerikanische *Marketing* Science *Institute*[26] und die *American Marketing Association*[27] das Thema „Marketing Metrics" mehrfach hintereinander zu einer Aktivität mit höchster Forschungsrelevanz erklärt haben, ist auch in der internationalen Marketing-wissenschaft eine deutlich verstärkte Auseinandersetzung mit diesem Thema zu spüren (*Clark 1999, Ambler 2003, Keller 2003, Lenskold 2003, Rust/Lemon/Zeithaml 2004, Moorman/Lehmann 2004, Shaw/Merrick 2005, Farris/Bendle/Pfeifer/Reibstein 2006, Sattler/Völckner 2006, Lehmann/Reibstein 2006, Fischer 2007, Sandner 2009*).[28] Ausgangspunkt der Forschung sind die zentralen, bisher ungelösten Probleme der Praxis, im konkreten Fall aus dem Schnittstellenbereich von Marketing, Controlling, Innovationsmanagement und strategischem Management (Abbildung 2).[29]

---

[26] Das *Marketing Science Institute (MSI)* in Cambridge (Massachusetts) ist eine gemeinnützige Organisation, welche im Jahr 1961 gegründet wurde. Das *MSI* hat sich das Ziel gesetzt, die Lücke zwischen der Marketingwissenschaft und Praxis zu ver-ringern. „*MSI* currently brings together executives from approximately 70 sponsoring corporations with leading researchers from over 100 universities worldwide." Marketing Science Institut (2004); Marketing Science Institute (2008), o.S..

[27] *American Marketing Association (AMA)* mit Sitz in Chicago gilt als die weltweit führende wissenschaftliche Vereinigung auf dem Gebiet des Marketings. Die *AMA* ist mit weltweit 38.000 Mitgliedern seit über sechs Jahrzehnten die führende Organisation zur Förderung von Forschung und Wissenstransfer im Marketingbereich. Vgl. American Marketing Association (2004); American Marketing Association (2008), o. S.

[28] Für einen detaillierten Überblick vgl. Reinecke/Janz (2007), S. 25 oder auch die *AMA* und *MSI*.

[29] Vgl. Reinecke (2004), S. 21.

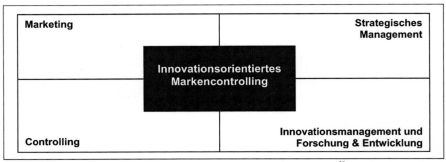

Abbildung 2: Innovationsorientiertes Markencontrolling[30]

Zwar wird auf die Notwendigkeit von Controllingsystemen im Rahmen der Markenführung sowohl in der wissenschaftlichen Literatur als auch in der Unternehmenspraxis immer wieder hingewiesen (*Tomczak/Reinecke 1998, Franzen 1999, Kriegbaum 2001, Esch 2004*), bisherige Ansätze des Markencontrollings beschränken sich jedoch häufig noch immer auf Insel- oder Bereichslösungen wie etwa Konzepte zur Messung des Markenwertes, Verfahren der Markenwahrnehmungsanalyse oder Ansatzpunkte zur Markenloyalitätsbestimmung.[31] Ein umfassendes Markencontrolling bedeutet jedoch nicht nur Markenmessung beziehungsweise -kontrolle, sondern dient durch Berücksichtigung verschiedener Steuerungsgrößen der unternehmensweiten Markensteuerung.

Die bestehenden Marketingplanungs- und Marketingcontrollingansätze nutzen das Potential von Kennzahlen und Kennzahlensystemen bisher nicht genügend und sind nur teilweise geeignet, die Koordinationsprobleme des Marketings zu lösen.[32] Zudem herrschen in der Praxis eklatante Defizite bei der Kontrolle von Markenwirkungen. Dies ist insofern verwunderlich, als in Wissenschaft und Praxis Einigkeit darüber herrscht, dass Marken die zentralen Werttreiber des Unternehmens sind.[33] Eine etablierte Orientierungshilfe bietet in diesem Kontext die Balanced Scorecard (BSC), welche die interne Unternehmensperspektive, die externe Marktperspektive sowie die Ergebnisperspektive berücksichtigt. Eine Eignung der Balanced Scorecard im Rahmen des Markenmanagements haben neben *Linxweiler 2001, Kriegbaum 2001* auch *Meffert/Koers*

---

[30] Eigene Abbildung.

[31] Siehe beispielhaft unter den Beiträgen zur Markenkontrolle bei Esch (2001); vgl. Meffert/Koers (2005), S. 274; Tomczak/Reinecke/Kaetzke (2004), S. 1821-1852.

[32] Die Anzahl der vorhandenen betriebswirtschaftlichen Kennzahlensysteme ist groß. Neben traditionellen Systemen, wie dem Du Pont-System stehen zahlreiche aktuelle Konzepte wie Balanced Scorecard oder Shareholder Value-Ansätze. Vgl. Reinecke (2004), S. 38; Friedl/Hinz/Pedell (2008), S. 205-208; Reinecke (2000), S. 1-48.

[33] Vgl. Sattler (1998), S. 192; Esch et al. (2002); S. 473; Meffert/Burmann (2005), S. 30; Menninger et al. (2006), S. 3.

2002 erkannt.[34] Während sich *Kriegbaum* dazu weitgehend an der klassischen Version der BSC orientiert, haben *Meffert/Koers* die relevanten Perspektiven neu festgelegt.[35] In dieser Arbeit wird auf die Brand Scorecard von *Linxweiler*[36] näher eingegangen, welcher einen ganzheitlichen Markenführungsansatz zu entwickeln versucht und somit auch als Basis für weitere Überlegungen am geeignetsten erscheint.[37] Die Marken Scorecard von *Linxweiler* zieht neben der Markenperspektive als zentrale Perspektive die Kunden- und Unternehmensperspektive, die Handels- / Wettbewerbsperspektive sowie die Umfeldperspektive in ihre Betrachtung mit ein.[38] Stehen also bisher nur einzelne Ansätze zum Markencontrolling bereit, so fehlt insbesondere ein Instrument, das die Bedeutung von Innovationen für Marken abbilden und steuern kann. Diese Lücke könnte allerdings die Brand Scorecard unter innovationsorientierten Gesichtspunkten inklusive der Bestimmung der optimalen Innovationshöhe ausfüllen, wie sich im Verlaufe dieser Arbeit noch zeigen wird.

Die Bedeutung des Innovationsmanagements und der Forschung nach den Erfolgsfaktoren wird durch zahlreiche aktuelle Studien[39] und Publikationen im *Journal of Marketing, Marketing Science* oder *Journal of Marketing Research* belegt. Abbildung 3 umfasst den Forschungszeitraum von 1989 bis 2004 und legt 815 Artikel aus den zehn führenden wissenschaftlichen Journalen aus diesem Bereich zugrunde.[40]

---

[34] Eine empirische Untersuchung hat gezeigt, dass bereits fast ein Drittel der Unternehmen das Instrument zur Markensteuerung nutzen. Vgl. Kriegbaum (2001), S. 320; Hubbard (2004), S. 182.

[35] Für Meffert/Koers fließen in die Balanced Scorecard die interne Unternehmensperspektive, die externe Marktperspektive und eine so genannte Ergebnisperspektive ein, welche auch zeigt, ob die verfolgte Markenstrategie ex-post zu einer Ergebnisverbesserung beiträgt. Vgl. Meffert/Koers (2002), S. 418.

[36] Vgl. Linxweiler (2001), S. 280-290.

[37] Vgl. Hubbard (2004), S. 182.

[38] In die Brand Scorecard sind sämtliche Unternehmensbereiche zu integrieren, es liegt also eine holistische (ganzheitliche) Betrachtungsweise vor. Vgl. Meyer (2007), S. 182.

[39] An dieser Stelle kann beispielsweise die Studie „Innovationsindikator Deutschland 2007" von *BDI* und der *Deutschen Telekom Stiftung*, die Studie „Standort Deutschland 2008" von *Ernst & Young*, die „McKinsey European Marketing Benchmarking Survey 2007" oder die Studie „Innovation Performance" von *PWC, DLR* und *EBS* erwähnt werden. Vgl. Englisch (2008); Handermann et. al (2006); Deutsches Institut für Wirtschaftsforschung e. V. (2007); Mauger/Nordheider/Stopp (2008), S. 20-25.

[40] Hierzu wurden die Artikel in vier Kategorien unterteilt. Das Journal of Product Innovation (JPIM) ist das führende Journal bei "new product development". Die drei Marketing Journale sind das Journal of Marketing (JM), Journal of Marketing Research (JMR) und Industrial Marketing Management (IMM). Die vier Management Journals sind das Administrative Science Quarterly (ASQ), Academy of Management Review (AMR), Strategic Management Journal (SMJ) und Academy of Management Journal (AMJ) und die beiden R&D Journals sind das R&D Management (R&DM) und Research Technology Management (R/TM).

Journals / Categories	Number	Percent	Total (%)
JPIM total:			
Journal of Product Innovation Management	389	47,7%	48%
Non-JPIM R&D total:			
Research Technology Management	112	13,7%	23%
R&D Management	74	9,1%	
Marketing Total:			
Journal of Marketing	32	3,9%	
Journal of Marketing Research	36	4,4%	14%
Industrial Marketing Management	46	5,6%	
Management:			
Administrative Science Quarterly	14	1,7%	
Academy of Management Journal	32	3,9%	15%
Academy of Management Review	6	0,7%	
Strategic Management Journal	74	9,1%	
Total	**815**	**100%**	**100%**

Abbildung 3: Auswertung von 815 New Product Development Articles[41]

Marinova und *Phillimore* verleihen den Dimensionen des Gegenstandes Ausdruck, wenn sie schreiben: „[…] the more we study innovation, the more we realize how complex a process is and how difficult it is to 'master' it, whether at a corporate or government policy level."[42] Die Forschung zu den Erfolgsfaktoren begann mit dem paarweisen Vergleich von erfolgreichen und erfolglosen Innovationen.[43] Damit erfolgte der Durchbruch, da seitdem viele empirische Untersuchungen durchgeführt wurden zur Klärung der Frage, ob es ein allgemein gültiges Erfolgsrezept gibt, das Unternehmen verwenden können, um qualitativ neuartige Produkte auf den Markt zu bringen, oder um es terminologisch zuzuspitzen: Welcher spezieller Faktor innerhalb von Innovationen ist ausschlaggebend für deren wirtschaftlichen Erfolg? Den Grundstein für die empirische Innovationsforschung legte die Studie (SAPPHO-Studie 1974) von *Roy* und *Rothwell* am *SPRU* in Brighton.[44] Diese Arbeiten wurden 1979 vor allem in Kanada von *Cooper* und *Kleinschmidt* weitergeführt (NewProd-Studie).[45] *Balachandra* und *Friar* haben hierzu 1997 die Ergebnisse aus 19 empirischen Untersuchungen zusammengefasst.[46] *Montoya-Weiss* und *Calantone* beziehen sich 1994 auf 44 empirische Erhebungen[47] und die Metaanalyse von *Henard* und *Szymanski* greift 2001 auf 60 Forschungsarbeiten zurück (Abbildung 4).[48] Die Fülle der

---

[41] Page/Schirr (2008), S. 235; Franke/Schreier (2008), S. 185-216.
[42] Marinova/Phillimore (2003), S. 51.
[43] Vgl. Hauschildt/Salomo (2007), S. 35-37; Hauschildt/Walther (2003), S. 7.
[44] Vgl. Rothwell et al. (1974), S. 258-291.
[45] Die NewProd Studien sind z. B. in Cooper (1979), S. 93-103 bzw. Cooper/Kleinschmidt (1987), S. 215-223 beschrieben. Vgl. Hauschildt/Salomo (2007), S. 35-37, Hauschildt/Walther (2003), S. 7.
[46] Vgl. Balachandra/Friar (1997), S. 276-287; Verworn (2005), S. 5-6.
[47] Vgl. Montoya-Weiss/Calantone (1994), S. 397-417; Hauschildt/Salomo (2007), S. 35-37; Schlaak (1999), S. 4-5.
[48] Vgl. Henard/Szymanski (2001), S. 362-375; Verworn (2005), S. 5-6; Page/Schirr (2008), S. 235.

Ergebnisse verlangt inzwischen nach einer Verdichtung der in vielen Einzelstudien herausgearbeiteten Erfolgsfaktoren.[49]

Abbildung 4: Ergebnisse einer Meta-Analyse von 60 empirischen Untersuchungen[50]

Bei ihrer Auswertung der bisherigen Forschungsergebnisse konnten *Henard* und *Szymanski* zeigen, dass bei Unterstellung der Innovationsfähigkeit eines Unternehmens der Innovationsgrad als essentieller Erfolgsfaktor der Innovation angesehen werden muss (vgl. Kapitel 3.2). Einerseits leistet der Innovationsgrad einen signifikanten Beitrag zur Bestimmung der Markenstärke (vgl. Kapitel 5.3), und andererseits wird er durch eine Vielzahl von verschiedenartig definierten Dimensionen determiniert. Diese Wechselwirkungen und Einflussfaktoren zeigen sich auch in den zahlreichen Forschungsarbeiten, die sich bisher mit dieser Thematik auseinandergesetzt haben und derzeit daran arbeiten. Die Diskussion über den Innovationsgrad erhält durch den begleitenden dynamischen Veränderungsprozess der internationalen Wirtschaft einen stetigen Forschungsbedarf. Durch die sich kontinuierlich vollziehenden Modifizierungsvorgänge werden die entsprechenden Einflussgrößen und Dimensionen des Innovationsgrades stetig inhaltlich und entsprechend ihrer Gewichtung verändert. Doch bevor in die eigentliche Thematik eingegangen wird, sollen im nächsten Abschnitt die Vorgehensweise und der Aufbau der Arbeit erläutert werden.

---

[49] Vgl. Hauschildt/Salomo (2007), S. 35-37.
[50] Henard/Szymanski (2001), S. 362-375.

1.4 Vorgehensweise und Aufbau der Arbeit

Im nachfolgenden Kapitel werden die grundlegenden begrifflichen Definitionen eines innovationsorientierten Markencontrollings aufgezeigt. Zu Beginn erfolgt eine kurze Übersicht über die Begriffe Innovation und Controlling und das damit verbundene Markencontrolling als eine Sonderform des Marketingcontrollings. In diesem Zusammenhang wird die Typisierung von Innovationen erläutert und die Bedeutung des Innovationsgrades aufgezeigt. Dabei werden der Innovationsgrad und damit verbundene und ausgewählte Strukturierungsalternativen zur Markenwertdeterminierung vorgestellt.

Im dritten Kapitel werden die marktlichen Zusammenhänge zwischen Innovationsgrad und Unternehmens- und Innovationserfolg beschrieben. Auf diese Erkenntnisse aufbauend werden nun die diversen Erfolgsfaktoren und deren ökonomische Bedeutung für das Feld der Innovationen erläutert. Der Innovationsgrad agiert hierbei als moderierende Kontingenzvariable. Neben der Innovationsfähigkeit spielt insbesondere die Marke eine wichtige Rolle für den Unternehmenserfolg. En detail wird der Einfluss der Innovationsfähigkeit auf den Marktanteil, den Know How Vorsprung, die Investitionsintensität, die Produktivität und Produktqualität aufgezeigt und auf die Bedeutung der Marke als Finanzierungsinstrument eingegangen. Die Wirkung des Ideenfindungsprozesses auf Produktlebenszyklen und kooperative Entwicklungsallianzen bilden den Abschluss dieses Kapitels.

Das vierte Kapitel thematisiert das Innovationsmanagement und –controlling, welche zur Steuerung des (optimalen) Innovationsgrades eine wichtige Grundlage bilden. Dabei wird zunächst auf den Innovationszwang im Kontext einer zunehmenden Globalisierung eingegangen, bevor das Innovationsmanagement als integrales Gestaltungselement und als die Basis für erfolgreiche Innovationen thematisiert werden. Die Zukunftsorientierung und der Einfluss des Innovationsmanagements auf den Unternehmenswert werden anschließend dargestellt und an einem konkreten Beispiel aus der Praxis (*SAP*) erläutert. Sodann werden das integrierte (ganzheitliche) Innovationsmanagement-Modell und das Verhältnis des Innovationsmanagements zu den traditionellen Formen des Controllings einer kritischen Würdigung unterzogen bevor auf die Innovationsergebnisrechnung eingegangen wird.

Das fünfte Kapitel erarbeitet schließlich innovationsdeterminierte Aspekte der Markenwertbestimmung in Kombination mit der emotionalen Markenbedeutung. Zunächst werden die Kriterien genannt, nach denen der Markenwert ermittelt wird. Im Folgenden wird ein Index für Markenstärke für die Steuerung der inneren sowie äußeren Markenstärke entwickelt und dessen

Komponenten benannt. Anschließend geht es darum, den Einfluss von Innovationen auf den zentralen Markenkern (also die „Essentials" einer Marke) und auf die emotionale Markenbedeutung aufzuzeigen.

Im Kapitel sechs werden die unternehmensindividuellen Rahmenbedingungen für ausgewählte Innovationsgradfaktoren im Kontext der Markenwertdeterminierung dargestellt. Zuerst werden ausgewählte Innovationsgradfaktoren zur Markenwertdeterminierung, wie die Produkttechnologie und Marktorientierung in der Aufgabendimension sowie die Dimensionen Absatz und Ressourcen beschrieben, bevor anschließend eine modifizierte Nutzung und Strukturierung des Innovationsgrades thematisiert wird. Im Vordergrund stehen hierbei die Ermittlung des unternehmensindividuellen Innovationspotentials sowie die Steuerung des Innovationsgrades zum Zwecke der Markenwertsteuerung. Anschließend findet noch eine kritische Würdigung einer alternativen Markenwertdarstellung mittels des Innovations-Eisberg-Modells statt.

Kapitel sieben widmet sich der Entwicklung der Grundlinien für ein Controlling-Instrumentarium für die unternehmens- und marktindividuelle Steuerung des Markenwerts mit Hilfe des Innovationsgrades und dessen angepasster (optimaler) Innovationsgradhöhe. Zunächst gibt es eine Einführung in schon vorhandene Konzepte zur Beschreibung, Messung und Steuerung von Erfolgsfaktoren auf den verschiedenen Unternehmensebenen. Zu diesen schon existierenden Methoden gehören unter anderem das sogenannte PIMS-Modell und die Balanced Scorecard (BSC), wobei vor allem die BSC als ein schon etabliertes Konzept für die strategische Unternehmensführung gilt. Dann wird – gleichsam als Weiterentwicklung der BSC und aufbauend auf deren Prinzipien – die Brand bzw. Marken Scorecard vorgestellt, welche die zentralen Erfolgsfaktoren für eine Marke beinhalten und mit Hilfe eines Kennziffernsystems ausdrücken soll. Dabei sind vor allem die Ziele und die Dimensionen der Marken Scorecard von besonderem Interesse. Zum Schluss dieses Kapitels wird die Theorie der optimalen Innovationshöhe diskutiert, die hinsichtlich der Zielgruppe, regionaler Verlagerung und Preisdifferenzierung in Verbindung mit preiselastischer Nachfrage verifiziert wird.

Kapitel acht entwickelt schließlich Kriterien für eine innovationsorientierte Brand Scorecard. Zunächst werden empirische Befunde zum Innovationsgrad vorgestellt, welche die Grundlage für die Entwicklung einer innovationsorientierten Brand Scorecard bilden. Dabei stehen vor allem die Befunde von *Schlaak* im Mittelpunkt des Interesses. Im Anschluss daran werden die Komponenten und Kennzahlen einer Brand Scorecard für die jeweiligen innovationsorientierten Marken Scorecard Perspektiven neu entwickelt. Im Folgenden Unterkapitel werden markenbezogene und innerbetrieblich bedingte Innovationen für Entwicklungsprozesse von Marken / Produkten aufgezeigt. Hier geht es vor allem darum zu ermitteln, welche Faktoren den Innovationsgrad bestimmen und welche Kriterien für die Entwicklung von Kennzahlensystemen für eine innovationsorientierte Brand Scorecard erarbeitet werden müssen. Anschließend werden noch Beispiele für Innovations-Strategiekarten (aus der Versicherungsbranche) angeführt. Das Ende dieses Kapitels bildet die Entwicklung der innovationsorientierten Markenscorecard-Pyramide (=innovationsorientierte Markenscorecard).

Dem letzten Abschnitt ist schließlich ein Resümee gewidmet, welches nicht nur eine Zusammenfassung beinhaltet, sondern auch entsprechende Implikationen für die Unternehmenspraxis und moderne Marketing-Kommunikation, aber auch einen Ausblick über potentielle wissenschaftliche, weiterführende Forschungsarbeiten aufzeigen soll.

2 Grundlagen des innovationsorientierten Markencontrollings

2.1 Innovation und Dimensionen des Innovationsgrades

2.1.1 Definition und ausgewählte Dimensionierungsversuche zum Innovationsgrad

Innovation heißt wörtlich Neuerung oder Erneuerung und wird aus den lateinischen Wörtern *novus* (neu), *novare* (erneuern) bzw. *innovatio* (etwas Neugeschaffenes) abgeleitet.[51] Dazu gehören in Hinblick auf wirtschaftliche Zusammenhänge die Schaffung neuer Produkte (Produktinnovation) oder die Verbesserung bestehender Produkte (Verbesserungsinnovation) und die Entwicklung neuer Herstellungsverfahren (Prozessinnovation). Innovationen können als ein Prozess interpretiert werden, um neue Produkte und Dienstleistungen auf den Markt zu bringen.[52] Eng damit verbunden sind in der Regel eine Erhöhung des qualitativen Niveaus, eine potentielle Korrektur des herrschenden Preisniveaus nach unten und ein signifikanter Einfluss auf das Kaufverhalten der potentiellen Konsumenten. Nach *Schumpeter* ist Innovation die Durchsetzung einer technischen oder organisatorischen Neuerung.[53] In seiner Beschreibung von Innovation stellt *Schumpeter* das unternehmerische Handeln, das mit einem potentiellen Risiko verbunden ist, in den Vordergrund. Daneben betont er auch die Rolle der Banken, die die Finanzierung der Innovationen mittragen müssen. Technologischer Wandel ergibt sich dadurch, dass dynamische Unternehmer neue Produkte und Prozesse in den Markt bringen, die alte Produkte und Prozesse verdrängen. *Schumpeter* spricht in diesem Kontext vom „Prozess der schöpferischen Zerstörung", der notwendig sei, damit technologischer Wandel und Fortschritt möglich werden.[54] Allerdings herrscht in der Fachwelt Uneinigkeit, was als „neu" zu verstehen ist. So fällt auch auf, dass der Terminus Innovation häufig diffus und unpräzise definiert ist.[55] Als grobe Orientierung lässt sich angeben, dass in der betriebswirtschaftlichen Literatur Innovation als die erstmalige Einführung einer Idee im Unternehmen verstanden wird,[56] während in der volkswirtschaftlichen Literatur Innovation als die erste wirtschaftliche Nutzbarmachung von neuen Produkten und Verfahren angesehen wird.[57] Die wissenschaftliche Verwendung erfordert

---

[51] Vgl. Macharzina (2003), S. 663; Vahs/Burmester (2005), S. 45; Billing (2003), S. 10.

[52] Vgl. Billing (2003), S. 15-17.

[53] *Schumpeter* kann als derjenige gelten, der mit seinem 1939 in den USA erschienenen Werk Business Cycles den Begriff Innovation in die Wirtschaftstheorie eingeführt hat. Vgl. Schumpeter (1939).

[54] Innovationen fördern nach der Ansicht von *Schumpeter* sowie einiger ihm folgender Autoren den Konjunkturaufschwung und erzielen für eine befristete Zeit „Pioniergewinne", bis wieder andere „schöpferische" Unternehmer durch innovatorische Akte das „Alte" zerstören und „Neues" schaffen. Vgl. Staudt (1985), S. 486; Vahs/Burmester (2005), S. 45.

[55] Dies mag daran liegen, dass es bisher keine umfassende und in sich geschlossene Innovationstheorie gibt. Vgl. Bösch (2007a), S. 13; Vahs/Burmester (2005), S. 43.

[56] Diese Auffassung stellt auf den Begriff der Neuheit ab. Vgl. Brockhoff (2000). Kotler/Bliemel (2001) verweisen jedoch auf die subjektive Wahrnehmung im Marketing, was neu ist und was nicht.

[57] Vgl. König/Völker (2003), S. 4.

16

somit eine Identifikation möglicher Differenzierungskriterien.[58] An dieser Stelle soll der Klassifizierung von *Vahs/Burmester* und *Hauschildt/ Salomo* gefolgt werden (Abbildung 5).[59]

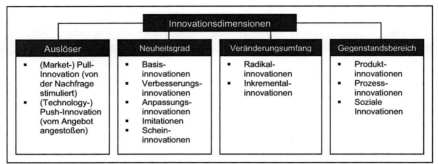

Abbildung 5: Dimensionen des Innovationsverständnisses[60]

Mit ihrer Frage nach der Veränderung des Markenwerts durch Innovation fokussiert sich diese Arbeit jedoch nur auf solche Innovationen, welche sich auf den Veränderungsumfang und den Neuheitsgrad von Produkten beziehen.[61] Der Grad der Neuerung ist ein wichtiges Differenzierungsmerkmal für Innovationen (Abbildung 6).

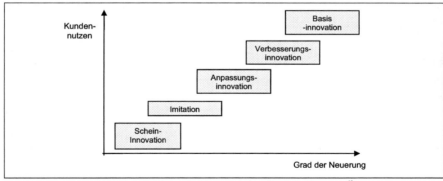

Abbildung 6: Unterscheidung nach dem Grad der Neuerung[62]

---

[58] Einen guten Überblick über die diversen innovationstheoretischen Ansätze geben Macharzina (2003), S. 666-671 sowie König/Völker (2003), S. 4.

[59] Vgl. Vahs/Burmester (2002), S. 73.

[60] Eigene Darstellung in Anlehnung an Vahs/Burmester (2002), S. 70-75. Hauschildt und Salomo sprechen hier von objektiven (Was ist neu?), subjektiven (Neu für wen?), prozessualen (Beginnt wo, endet wo?) und normativen (Ist neu gleich erfolgreich?) Dimensionen. Vgl. Hauschildt/Salomo (2007), S. 9-29; Billing (2003), S. 12-15.

[61] Für weitere Innovationsarten vgl. hierzu auch Wittmann/Leimbeck/Tomp (2006), S. 11-17.

[62] Eigene Darstellung in Anlehnung an Pleschak/Sabisch (1996), S. 5-8; Schreiner (2005), S. 29-32.

17

Demnach kann zwischen Scheininnovation, Imitation, Anpassungsinnovation, Verbesserungs-innovation und Basisinnovation unterschieden werden.[63] Dass die unterschiedlichen Arten von Neuheit zugleich auch Innovationsgrade bezeichnen, wobei Scheininnovationen gar keine, Imitationen die geringste, Basisinnovationen aber die stärkste Innovation darstellen, liegt auf der Hand. Basisinnovationen sind herausragende und elementare Innovationen, die eine neue technologische Orientierung begründen und Auswirkungen auf mehrere Bereiche haben.[64] Verbesserungsinnovationen haben einen geringeren Neuheitsgrad und verändern die grund-legenden Eigenschaften und Funktionen des betreffenden Gegenstandes nicht. Bei Imitationen handelt es sich um übernommene Konkurrenzprodukte, welche nur geringfügig adaptiert werden. Scheininnovationen inkludieren keinen zusätzlichen Kundennutzen, da die Ver-besserung ausschließlich imagebezogen erfolgt und keinen echten Mehrwert schafft.[65]

Worin aber drückt sich der Grad von Innovationen aus? In der Literatur existieren zahlreiche Ansätze, die den Begriff des Innovationsgrades definieren. Zunächst kann man diese Ansätze in zwei Richtungen unterteilen: In der einen wird eine explizite Definition des Innovationsgrades vorgenommen[66] und in der anderen durch ein Ausprägungsniveau der Innovationsgrad be-schrieben.[67] Auch wenn in dieser Arbeit der Fokus auf Innovationen in den Produkten gelegt wird, ist zu berücksichtigen, dass hiermit Veränderungen im gesamten Unternehmen und auch darüber hinaus einhergehen. Ein grundlegendes Modell zur Darstellung von Veränderungen in Unternehmen lieferte *Leavitt* im Jahr 1965 mit seinem „Diamond Model" (Abbildung 7).[68]

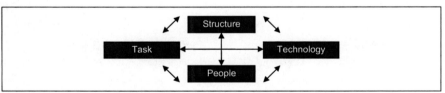

Abbildung 7: „Diamond-Model" nach *Leavitt*[69]

---

63 Vgl. Kirner et. al (2006), S. 6; Billing (2003), S. 10.
64 In diesem Kontext wird auch von Schlüsseltechnologien gesprochen. Vgl. Vahs/Burmester (2005), S. 45-46; Wittmann/ Leimbeck/Tomp (2006), S. 12-15.
65 In diesem Kontext wird auch von Schlüsseltechnologien gesprochen. Vgl. Vahs/Burmester (2002), S. 5-6; Metzler (2005), S. 11-14.
66 In der positiven Definition, vgl. beispielsweise Knight (1967), wird der Innovationsgrad als Veränderung zum Bisherigen verstanden, in der negativen Definition, vgl. beispielsweise Kotzbauer (1992), wird der Innovationsgrad als Veränderung zum Bisherigen verstanden. Vgl. hierzu auch Braunschmidt (2005), S. 12.
67 Vgl. hierzu auch Braunschmidt (2005), S. 12.
68 Vgl. Leavitt (1965), S. 1144; Schlaak (1999), S. 46-47.
69 Leavitt (1965), S. 1145.

18

Die vier interagierenden Systemelemente beschreiben aggregierte Variablen, welche zu einem organisatorischen Wandel führen oder von diesem betroffen sind.[70] Im Einzelnen handelt es sich um folgende Variablenblöcke:

- Task (Aufgabe): Hervorbringen von Produkten und Dienstleistungen
- Technology (Prozesstechnologie): Anlagen und Verfahren zur Erfüllung der Aufgabe
- Structure (Struktur): Kommunikations-, Hierarchie- und Arbeitsablaufsysteme
- People (Mitarbeiter): Handelnde Personen.

Knight bestätigt das Vorgehen von *Leavitt* und teilt die Innovationen in vier vergleichbare interdependente Kategorien ein.[71] Auch die Einteilung von *Zahn* ähnelt bis auf die Anordnung der Innovationsaspekte dem Diamond Model.[72] *Tushman/Nadler* unterstützen diese Sichtweise mit ihrem „congruence model of organizational behavior" und beziehen neben Umweltfaktoren auch die Ressourcen des Unternehmens als Input für organisatorische Transformationsprozesse ein.[73]

Green/Gavin/Aiman-Smith[74] verglichen hingegen im Jahr 1995 25 Studien, um die dort verwendeten Dimensionen zur Beschreibung des Innovationsgrades zu identifizieren und um daraus ein multidimensionales Messkonstrukt unter Berücksichtigung von Reliabilität, Validität und allgemeiner Anwendbarkeit von Innovationsformen abzuleiten. Der Innovationsgrad wird hier über die vier Dimensionen „Technology Uncertainty", „Technical Inexperience", „Technology Cost" und „Business Inexperience" bestimmt. Die erste Dimension umfasst die absolute Unsicherheit hinsichtlich der Technologie und der Geschwindigkeit, mit der sich die Technologie im Umfeld der technischen Allgemeinheit der Industrie weiterentwickelt. Die zweite und die dritte Dimension beinhalten einerseits die Erfahrung des individuellen Unternehmens mit der vorherrschenden Technologie und andererseits das Volumen der finanziellen Investitionsaktivitäten für die Entwicklung einer Innovation zur Spezifizierung des Innovationsgrades. Die vierte Einflussgröße wird von ihnen als die geschäftsbezogene Erfahrung definiert, die das

---

[70] Vgl. Leavitt (1965), S. 1145; Schlaak (1999), S. 46-47; Nadler/Tushman (1980), S. 37.
[71] Die innovative Aufgabe umfasst nach Knight "product or service innovations", die Prozesstechnologie korrespondiert mit den Innovationen im Bereich "production-prozess", die Dimension Struktur beinhaltet "organisational-structure innovation" und die Mitarbeiterdimension umfasst "people innovation". Vgl. Knight (1967), S. 482; Schlaak (1999), S. 47.
[72] Aufgabenumwelt, Ressourcen, Organisation und Technologie ähneln den Dimensionen des „Diamond Model" sehr. Vgl. Zahn (1991), S. 123.
[73] Vgl. Tushman/Nadler (1986), S. 80.
[74] Vgl. Green/Gavin/Aiman-Smith (1995), S. 203-214.

Unternehmen mit den Märkten und den Geschäftsmodellen mit der Innovation verbindet.[75] Mit ihrer Definition der unterschiedlichen Dimensionen liegen die Autoren also nahe an den bisher aufgeführten Einteilungen, jedoch ändern sie die Perspektive, indem sie die Dimensionen als Problemfelder fassen und damit Innovation als zu lösende Aufgabe.

Schlaak[76] wertete im Jahr 1999 35 internationale empirische Studien aus und stieß dabei auf ein breites Spektrum unterschiedlicher Aspekte zur Definition des Innovationsgrades, woraus ein Konzeptionalisierungsproblem entsteht (vgl. Kapitel 2.1.2). Das Ziel seiner Arbeit war es darum, neben der Ordnung des Forschungsfeldes die Messung des Innovationsgrades zu verbessern und das Wissen über typische Innovationsgradausprägungen zu erweitern beziehungsweise zu vertiefen. Dafür fasst er die Technologiedimension von *Leavitt* noch etwas weiter und versteht hierunter alle Veränderungen von Betriebsprozessen. Für die empirisch fundierte Konstruktbildung untersuchte er 117 Projekte in Deutschland und beschreibt die Struktur des Innovationsgradkonstrukts über die Dimensionen Technik und Produktion (Produkttechnologie, Produktionsprozess, Beschaffungsbereich), Absatz und Ressourcen (Absatzmarkt, Kapitalbedarf) und Struktur (Formale Organisation, Informale Organisation). Das Konstrukt beschreibt detailliert, in welchen Dimensionen die Innovation neu für das Unternehmen sein kann bzw. wie der Neuigkeitsgrad für die innovierende Organisation gemessen wird.

Avlonitis/Papastathopoulou/Gounaris[77] betrachten im Jahr 2001 in ihrer Untersuchung innovative Finanzdienstleister und versuchen eine Typologie des Innovationsgrades empirisch zu konstruieren. Die Autoren legen den Innovationsgrad über folgende Dimensionen fest: „Operating/delivery process", „Service modification", „Service newness to the market" und „Service newness to the company". Hierbei wird bei abnehmendem Innovationsgrad zwischen den Innovationstypen "new to the market", "new to the company", "new delivery process", "service modifications", "service line extensions" und "service repositionings" unterschieden. Über die aufgeführten Dimensionen wird explizit zwischen einem inhaltlich objektivem (market) und subjektivem (company) Innovationsgrad sowie einer Prozessdimension differenziert. Zwar ist die explizite Berücksichtigung subjektiver Aspekte eine wichtige Bereicherung der bisher genannten Beschreibungsformen von Innovationsgraden und die Differenzierung in unterschiedliche Bereiche des „Wegs zum Kunden" hierfür sehr hilfreich. Eine Schwäche des Modells ist jedoch die mangelnde Ausdifferenzierung der Unternehmensseite, was beispiels-

---

[75] Vgl. Billing (2003), S. 20.
[76] Vgl. Schlaak (1999), S. 91-93.
[77] Vgl. Avlonitis/Papastathopoulou/Gounaris (2001), S. 324-342.

weise Ressourcen und Kommunikation angeht – Aspekte, die für das Innovationsmanagement aber von erheblicher Bedeutung sind.

Im Jahr 2001 bringen *Danneels/Kleinschmidt*[78] bedeutende bis dahin entwickelte Ansätze in Verbindung, indem sie 24 empirische Studien auswerten und den Innovationsgrad aus diversen Theorien ableiten, wie beispielsweise der Adaptions- und Diffusionstheorie, Environment-Organization-Research- und Resource-based-Theorie. Dabei verwenden sie zur Validierung 262 Projekte aus der 1985 bis 1986 gesammelten Datenbasis von *Cooper* und *Kleinschmidt*.[79] Im Ergebnis beschreiben sie den Innovationsgrad über zwei grundlegende Dimensionen, den Innovationsgrad für den Markt und den Innovationsgrad für das Unternehmen. Hinsichtlich der Unternehmensdimension unterscheiden sie „Familiarität" und „Fit", um zu bezeichnen, wie vertraut ein Unternehmen mit dem technologischen und marktbezogenen Umfeld ist und in-wieweit es die für die Innovation notwendigen technologischen und marktlichen Ressourcen besitzt.[80]

Garcia/Calantone[81] greifen im Jahr 2002 auf 21 englischsprachige Studien zurück, welche einen Beitrag zur Messung des Innovationsgrades liefern, und leiten hieraus (in rein theoretischer Betrachtungsweise) ein umfassendes Konzept zur Beschreibung des Innovationsgrades ab. Die Autoren schaffen eine Synthese bestehender Typologien, greifen aber über die bisher berücksichtigten Dimensionen Unternehmen und Kunden hinaus, indem sie von einer Makro- (Innovationsgrad für die Industrie), einer Mikroebene (Innovationsgrad für das Unternehmen) und dem Neuigkeitsgrad für die Kunden sprechen.

Salomo[82] greift im Jahr 2003 in seiner Arbeit das Konzept von *Danneels* und *Kleinschmidt* aus dem Jahr 2001 auf und führt eine empirische Untersuchung sowohl auf der Makro- als auch auf der Mikroebene durch. Er erachtet hierbei besonders seine neugeschaffene Dimension „externer Ressourcenfit" zur Erkennung von radikalen Innovationen prädestiniert, da diese nicht nur unternehmensinterne, sondern auch externe Anpassungen verlangen.[83]

---

[78] Vgl. Danneels/Kleinschmidt (2001), S. 357-359.
[79] Vgl. Cooper/Kleinschmidt (1987), S. 215-223; Billing (2003), S. 20.
[80] Vgl. Billing (2003), S. 20; Wernerfelt (2005), S. 15-23.
[81] Vgl. Garcia/Calantone (2002), S. 110-113.
[82] Vgl. Salomo (2003), S. 419.
[83] Vgl. Salomo (2003), S. 419.

2.1.2   Ressourcenbasiertes Innovationsgradkonstrukt von *Schlaak*

In der vorliegenden Arbeit wird als Orientierungsgröße die Dimensionsbestimmung des ressourcenorientierten Innovationsgrades nach *Schlaak* verwendet.[84] Der Innovationsgrad nach *Schlaak* beschreibt das Ausmaß aller im Vergleich zum bisherigen Zustand des innovierenden Unternehmens beurteilten Veränderungen aus der Perspektive dieses Unternehmens, welche durch die Erforschung, Entwicklung und Markteinführung eines neuen Produktes ausgelöst werden. Der bisherige Zustand ist durch die vorhandenen Ressourcen des Unternehmens und die Erfahrungen und Fähigkeiten der Organisationsmitglieder gekennzeichnet. Das ressourcenorientierte (Resource-based-View) Innovationsgradkonstrukt von *Schlaak* legt somit in Abgrenzung zum marktorientierten Ansatz (Market-Based-View) den Schwerpunkt der Betrachtung weniger auf die Positionierung des einzelnen Unternehmens bzw. einzelner Geschäftsfelder im Markt, sondern vielmehr auf eine Analyse der Stärken und Schwächen, eben der Ressourcen des Unternehmens.[85] Zudem zeigt das Innovationsgradkonstrukt von *Schlaak* sinnvolle Ansatzpunkte für ein markenwertorientiertes Steuerungsinstrument im Unternehmen auf, insbesondere durch die Dimensionen Absatzmarkt, Ressourcen sowie Produkttechnologie, welche zentrale Faktoren für die Beeinflussung des Markenwerts sind.[86] Die folgende Abbildung 8 visualisiert die interdependenten Verknüpfungen der vier Segmente Aufgabe, Prozesse, Ressourcen und Struktur.

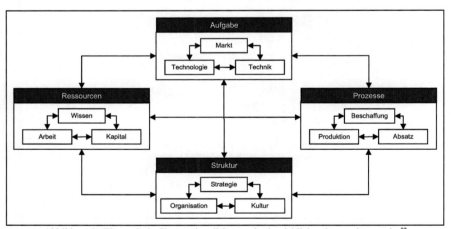

Abbildung 8:   Theoretische Konzeptionalisierung des betrieblichen Innovationsgrades[87]

---

[84]   Vgl. Schlaak (1999), S. 73.
[85]   Vgl. Schlaak (1999); S. 125; Labbé (2005), S. 2092.
[86]   Auf die Bestimmung des Markenwertes wird in Kapitel 5.1 eingegangen.
[87]   Schlaak (1999), S. 55.

22

In allen Bereichen müssen innovative Prozesse vorliegen, da sonst kein nachhaltiger Innovationserfolg sichergestellt ist. Ferner müssen aufgrund ihrer Verbindungen die einzelnen Sektoren einer permanenten Steuerung und Kontrolle unterzogen werden. Hier liegen die Ansatzpunkte für die Implementierung eines Innovationscontrollings (vgl. Kapitel 4.3), welches ganzheitlich funktions- und geschäftsbereichsübergreifend wirkt.[88] Jeder Innovationsblock erhält vom anderen entsprechenden Input und gibt wichtige Outputimpulse an diese ab. Dadurch erhält dieses abstrakte Gefüge eine dynamische Prägung und kann auf diverse unternehmensexterne Veränderungen von Umweltbedingungen flexibel reagieren. Damit ist eine stetige Innovationsreagibilität sichergestellt. Dieser Zustand ist wiederum wichtig für das nachhaltige Bestehen des Unternehmens im grenzüberschreitenden Wirtschaftsleben und dürfte den Unternehmenswert und die Marke des Unternehmens positiv beeinflussen. *Schlaak* führte die theoretischen und empirischen Grundlagen zu einem reduzierten Innovationsgrad Konstrukt zusammen und hat hierzu 35 einschlägige deutsch- und englischsprachige Studien mit seiner Faktorenstruktur von vier Dimensionen und zwölf Faktoren ausgewertet. Zur Entwicklung eines Modells, über das sich der Innovationsgrad neuartiger Produkte beschreiben lässt, hat *Schlaak* 123 Unternehmen befragt und anschließend 24 Befragungsitems zu sieben Faktoren verdichtet, um Redundanzen und tendenziell heterogene Indikatoren zu vermeiden (Abbildung 9). Dies führt zu einer teilweisen Umbenennung der Dimensionen und Faktoren gegenüber der theoretischen Konzeptionalisierung des betrieblichen Innovationsgrades (vgl. Abbildung 8).[89]

Abbildung 9: Reduziertes Innovationsgrad Konstrukt[90]

Das Motiv für diese Reduzierung auf sieben Faktoren liegt in dem zu geringen Anteil an erklärter Varianz und auch an mangelnder Indikatorreliabilität der restlichen Faktoren.[91] Dabei wurden der Faktor Markt und der Faktor Absatz zu einem gemeinsamen Faktor Absatzmarkt vereinigt: Die Befragten unterscheiden zwischen der Neuheit des bearbeiteten Produktmarktes

---

[88] Vgl. Bösch (2007a), S. 51.
[89] Vgl. Schlaak (1999), S. 194-195.
[90] Schlaak (1999), S. 194.
[91] Das 7-Faktoren-Innovationsgrad-Konstrukt erklärt mit über 70 Prozent einen wesentlichen Anteil der Varianz der Indikatorenvariablen. Ein x^2-Differenztest bestätigt die Überlegenheit des gewählten Modells. Vgl. Schlaak (1999), S. 184.

und der Neuheit der angewandten Absatzprozesse nicht so stark, als dass zwei separate Faktoren zu rechtfertigen wären. Ebenso vereinigt der Faktor Produkttechnologie die Faktoren Technologie und Technik. Die Prozessdimension konnte auch in der reduzierten Konstruktbildung weitgehend erhalten bleiben. Während sich der Faktor Markt im neuen Faktor Absatzmarkt widerspiegelt, bleiben die beiden Faktoren Beschaffungsbereich und Produktionsbereich unverändert bestehen und konzeptionalisieren die Veränderungen in technisch geprägten Teilprozessen des betrieblichen Leistungserstellungsprozesses.

Der Faktor Wissen in der Ressourcendimension wurde mit den Faktoren Strategie und Kultur der Strukturdimension zu einem gemeinsamen Konstrukt „Informale Organisation" vereinigt. Der gebildete Faktor Informale Organisation konzeptionalisiert Veränderungen in der Unternehmenskultur, Veränderungen der Führungsfähigkeiten und soziale Kompetenz und Strategieveränderungen des Produktbereichs. Der Faktor Organisation beschreibt die aufbauorganisatorischen Veränderungen mit der Produktneuheit und wird von nun an als formale Organisation bezeichnet. Die Eliminierung des Faktors Arbeit der Ressourcendimension führte zu einer weiteren Reduzierung der Faktoranzahl. Die postulierte Ressourcendimension ist somit lediglich durch den Faktor Kapitalbedarf präsent und steht für die Abweichung des Ressourceneinsatzes für die Produktinnovation vom bisher üblichen Ressourceneinsatz. Als Ergebnis seiner Befragung konnte *Schlaak* zusammenfassen, in welchen Dimensionen Innovation bei den befragten Unternehmen hauptsächlich positive und wo sie hauptsächlich negative Effekte hatte. Das Ergebnis dieser empirischen Validierung ist somit eine Innovationsgradskala, die aus folgenden Dimensionen besteht:[92]

1. Dimension Technik/Produktion:
   Bei der Entwicklung von Neuprodukten erschweren die Veränderungen der Produkttechnologie und der technisch orientierten Betriebsprozesse Produktion und Beschaffung das Einhalten von Kosten- und Zeitzielen. Dieser Effekt ist umso stärker, je innovativer das Produkt im Vergleich zum Wettbewerb ist und je kleiner die Unternehmensgröße ist.[93]

2. Dimension Absatz/Ressourcen:
   Veränderungen des Absatzmarktes und des benötigten Ressourceneinsatzes beeinflussen die bisherigen Formen, mit geringstem Aufwand die gesetzten Ziele zu erreichen, negativ. Dieser negative Effekt ist umso stärker, je mehr die Projektstrategie durch die Innovation verändert wird und je höher der Marktinnovationsgrad des Produktes ist.[94]

---

[92] Vgl. Schlaak (1999), S. 313.
[93] Vgl. Schlaak (1999), S. 312. Auch Hess/Jesske (2009), S. 10 stellen in ihrer Studie fest, dass große Unternehmen tendenziell innovativer sind. In allen Bundesländern steigt erwartungsgemäß der Innovatorenanteil mit der Größe des Unterenehmens.
[94] Vgl. Schlaak (1999), S. 312.

3. Dimension Strukur:
   Der wirtschaftliche Projekterfolg wird durch Veränderungen der weichen Manage-
   mentfaktoren wie Unternehmenskultur, Verhalten der Führungskräfte und Strategie des
   Produktbereiches grundsätzlich positiv beeinflusst. Je größer der Innovationsgrad dieser
   Dimension ist, desto leichter können Kosten- und Zeitziele in der Entwicklung einge-
   halten werden und desto effektiver können sich die entwickelten Produkte auf dem
   Absatzmarkt durchsetzen.

Somit verbleiben folgende sieben Faktoren mit insgesamt 24 Befragungsitems. Das jeweils
erstgenannte Item hat jeweils die höchste Bedeutung für den Faktor:[95]

- Produkttechnologie (Technologisches Wissen, Produkttechnologie, Produkttechnik,
  Technische Komponenten)

- Absatzmarkt (Vertrieb, Kunden, Kommunikation)

- Beschaffungsbereich (Lieferantenverhalten, Materialien, Lieferbeziehungen)

- Produktionsprozess (Produktionsanlagen, Produktmontage-, Produktionsverfahren)

- Formale Organisation (Produktmanager, Bildung einer Organisationseinheit)

- Informale Organisation (Soziales Verhalten, Unternehmenskultur, Soziale Fähigkeiten,
  Managementwissen, Wertvorstellungen, Strategie des Produktbereiches)

- Kapitalbedarf (Marketing-Kosten, F&E-Kosten, Investitionen in Produktionsprozess)

Da diese Innovationsblöcke jedoch auf einem sehr hohen Aggregationsniveau verharren, werden
im Kapitel 6.1 ausgewählte Innovationsgradfaktoren zur Markenwertdeterminierung näher
analysiert.

2.1.3 Differenzierung nach dem Veränderungsumfang

Wird der Innovationsbegriff nach dem Veränderungsumfang beziehungsweise nach der Qualität
der Innovation betrachtet, so kann in Radikal- und Inkrementalinnovationen (lateinisch
incrementum bedeutet Zunahme, Wachstum, Fortbildung) unterschieden werden.[96] Radikalinnovationen erfolgen in neuen Märkten und neuen Anwendungsgebieten und zeichnen sich
durch einen hohen Neuheitsgrad und durch einschneidende Veränderungen im Unternehmen aus.
Radikalinnovationen werden auch als Basisinnovationen bezeichnet, da diese eine grundlegende
Änderung bestehender Strukturen zur Folge haben und neue Verfahren und Prozesse hervorrufen

---

[95] Vgl. Schlaak (1999), S. 186; Hauschildt/Salomo (2005), S. 19.
[96] Vgl. Aboulnasr/Narasimhan/Blair/Chandy (2008), S. 94.

können.[97] Zudem sind diese Durchbruchsinnovationen in der Regel mit einem höheren wirtschaftlichen Risiko als Inkrementalinnovationen verbunden. Die Chancen einer Marktdurchdringung von revolutionären Radikalinnovationen sind umso höher, je enger die Bedürfnis- und Technologieinduktion kongruieren.[98] In der nachfolgenden Tabelle (Tabelle 1) werden radikale und inkrementale Innovationen nach dem Grad der technologischen Neuartigkeit und der Erfüllung von Kundenbedürfnissen dichotomisiert.

		Degree of superior fulfilment of customer needs of the new product as compared to existing products	
		Low	High
Degree of novelty of technology of new product as compared to existing products	Low	Incremental Innovation	Market Breakthrough
	High	Technological Breakthrough	Radical Innovation

Tabelle 1: Arten von Innovationen[99]

Der Innovationsgrad stellt die strategische Schlüsselvariable im Management von Produktentwicklungen dar. Unter inkrementalen Innovationen werden sich langsam entwickelnde Veränderungen verstanden, die sich durch einen geringen Innovationsgrad auszeichnen.[100] Inkrementalinnovationen sind damit Innovationen, welche sich in bereits bestehenden Märkten mit bekannten Anwendungsgebieten vollziehen und auf Basis- und Schlüsseltechnologien aufbauen.[101] Ihre Neuartigkeit besteht vor allem in der verbesserten Ziel-Mittel-Relation. Sie lassen sich demzufolge relativ risikolos durchführen.[102] Inkrementale Innovationen können zwar kurzfristig zu Wettbewerbsvorteilen führen, jedoch führen nach übereinstimmender Meinung der Autoren nur radikale Innovationen zu einem langfristigen Unternehmenswachstum.[103] Die in diesem Literaturüberblick vorgestellten Ansätze zur Formulierung der Dimensionen von Investition sind zugleich geeignet, den Grad einer Innovation zu bestimmen, wie sich am Beispiel des Vergleichs einer inkrementalen und einer radikalen Innovation anhand der Dimensionen in Anlehnung an *Schlaak* und *Wahren* zeigen lässt (Abbildung 10):

---

[97] Vgl. Kirner et. al (2006), S. 6; Sood/Tellis (2005); S. 152-153; Zhou/Yim/Tse (2005), S. 42; Billing (2003), S. 18.

[98] Vgl. Wittmann/Leimbeck/Tomp (2006), S. 12-15; Hauschildt/Salomo (2007), S. 9-29; Vahs/Burmester (2005), S. 83-84.

[99] Chandy/Tellis (1998).

[100] Vgl. Aboulnasr/Narasimhan/Blair/Chandy (2008), S. 94; Alexander/Lynch/Wang (2008), S. 307; Wang/Zhang, S. 15-30; Bosmans (2006), S. 32-43.

[101] Vgl. Wittmann/Leimbeck/Tomp (2006), S. 12-15; Alexander/Lynch/Wang (2008), S. 307.

[102] Vgl. Kirner et. al (2006), S. 6; Vahs/Burmester (2005), S. 83.

[103] Vgl. Szymanski/Kroff/Troy (2007), S. 35.

26

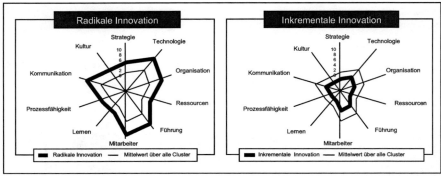

Abbildung 10: Innovationsgrad bei radikalen und inkrementalen Innovationen[104]

Liegt damit schon ein recht genaues Instrumentarium vor, um die *tatsächlichen* Veränderungen zu bestimmen, die mit einer Investition einhergehen, und daran den Grad einer Investition zu messen, so blenden alle bisherigen Ansätze doch einen wesentlichen Aspekt aus, nämlich die *möglichen* Veränderungen. Die vorliegende Arbeit wird in Kapitel 6.2.1 durch die Einbeziehung des Innovationspotentials in die Bestimmung des Innovationsgrades den Versuch unternehmen, eine zukunftsorientierte Dimension in die Betrachtung der Zusammenhänge zwischen Innovation und Markenwert sowie – mittelbar – dem wirtschaftlichen Erfolg des Unternehmens einzubeziehen.

2.2 Markenverständnis aus rechtlicher und wirtschaftlicher Sicht

2.2.1 Marken im Markengesetz und Markenschutzrechte

> *Die Marke ist ein Name, Begriff, Zeichen, Symbol, eine Gestaltungsform oder eine Kombination aus diesen Bestandteilen zum Zwecke der Kennzeichnung der Produkte oder Dienstleistungen eines Anbieters oder einer Anbietergruppe und der Differenzierung gegenüber Konkurrenzangeboten.*[105]

Eine Marke – auch unter dem Begriff Warenzeichen bekannt – ist ein rechtlich besonderes Zeichen, welches zur Unterscheidung gleichartiger Waren und Dienstleistungen bei ver-

---

[104] Eigene Abbildung in Anlehnung an Wahren (2004), S. 79, sowie an Hauschildt/Salomo (2007), S. 20. Die hier genannten Dimensionen leiten sich von Schlaak (1999) ab.

[105] Vgl. Kotler/Keller/Bliemel (2007), S. 509; § 3 MarkenG.

schiedenen Unternehmen dient.[106] Erst durch das Markengesetz vom 25.10.1994 erfolgte diesbezüglich eine Angleichung des deutschen an das internationale Recht (Abbildung 11).[107]

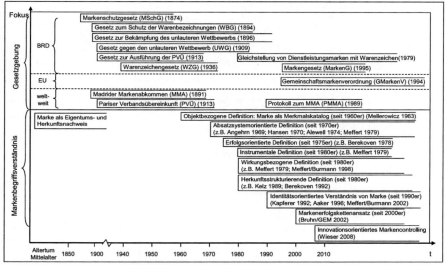

Abbildung 11: Zeitliche Entwicklung von Markengesetzgebung und des Begriffsverständnisses[108]

Eine wesentliche Folge der neuen Gesetzgebung in Deutschland ist, dass die Marke nicht mehr an einen Geschäftsbetrieb gebunden und so zu einem selbständigen immateriellen Wirtschaftsgut geworden ist.[109] Markenrechte können auf nationaler, europäischer und internationaler Ebene bestehen.[110] Die Marke setzt sich aus zwei Komponenten, nämlich dem Markennamen und dem Markenzeichen, zusammen.[111] Die Hauptfunktion einer Marke besteht darin, dem Verbraucher oder Endabnehmer die Ursprungsidentität der gekennzeichneten Waren oder Dienstleistungen zu garantieren. Niemals kann ein Produkt selbst die Marke sein, sondern das Zeichen muss sich selbständig als eine unabhängige geistige Leistung neben der Ware darstellen lassen und darf der

---

[106] Vgl. Greinert (2002), S. 7; Pfeiffer (2006), S. 585; Aaker (1992), S. 22; Kotler/Bliemel (2001), S. 736.

[107] Das im Zuge europäischer Harmonisierungsbestrebungen zustande gekommene Markengesetz ersetzt das seit 1936 bestehende Warenzeichengesetz und gilt seit dem 01.01.1995. Der Begriff Warenzeichen spiegelt sich fortan in der Bezeichnung Marke wider. In Ausnahmefällen können daneben Vorschriften des UWG oder BGB eine Rolle spielen. Vgl. § 1 MarkenG; Kriegbaum (2001), S. 27; Bialas (2005), S. 63; Pfeiffer (2006), S. 584-585; IDW S 5.54-5.57.

[108] Bruhn (2004), S. 7. Die Anfänge der Markenbildung im neuzeitlichen Sinne sind auf den Beginn der Industrialisierung Ende des 18. Jahrhunderts zurückzuführen. Ursächlich dafür ist das im Zuge der Massenproduktion einsetzende Interesse, der Anonymisierung des Kaufaktes entgegenzuwirken. Vgl. hierzu auch Kullmann (2006), S. 33-34; Dichtl (1978), S. 4.

[109] Vgl. Repenn/Weidenhiller (2005), S. 11; Frahm (2003), S. 36; Baetge/Kirsch/Thiele (2000), S. 71.

[110] Das Markenrecht regelt den Schutz symbolischer Produkteigenschaften, nämlich der besonderen Kennzeichnung zum Zwecke der Unterscheidung und Übermittlung bestimmter Kommunikationsbotschaften. Vgl. Pfeiffer (2006), S. 585; Riesenbeck/Perrey/Fischer (2005), S. 58.

[111] Vgl. Koschnick (1997), S. 979.

Ware keinen wesentlichen Wert verleihen.[112] Was also produktbedingt geformt ist, stellt nicht gleichzeitig die Marke des Produktes dar.[113] Marken sind frei handelbare Werte bzw. selbständige Wirtschaftsgüter, die gemäß § 27 MarkenG selbständig ohne andere Güter veräußert, sowie gemäß § 30 MarkenG durch Lizenzvergabe beschränkt werden können und gemäß § 29 MarkenG pfändbar sind.[114] Gemäß § 3 Abs. 1 MarkenG können als Marke „alle Zeichen, insbesondere Wörter einschließlich Personennamen, Abbildungen, Buchstaben, Zahlen, Hörzeichen, dreidimensionale Gestaltungen einschließlich der Form einer Ware oder ihrer Verpackung sowie sonstige Aufmachungen einschließlich Farben und Farbzusammenstellungen geschützt werden, die geeignet sind, Waren oder Dienstleistungen eines Unternehmens von denjenigen anderer Unternehmen zu unterscheiden". Eine Marke entsteht entweder zur Registrierung (Registermarke), durch Benutzung im Geschäftsverkehr (Benutzungsmarke) oder durch notorische Bekanntheit (Notoritätsmarke).[115] Den überwiegenden Teil der Marken in Deutschland stellen die Registermarken dar, da es eines erheblichen Aufwandes bedarf, Verkehrsgeltung oder gar notorische Bekanntheit für eine Marke zu erzielen. Grundlage zur Erlangung des Markenschutzes durch eine Registermarke ist ein Antrag beim *Deutschen Patent- und Markenamt* (*DPMA*) in München.

Mit der Eintragung in das Markenregister wird dem eintragenden Unternehmen das Recht auf exklusive Nutzung des Zeichens für zehn Jahre zugestanden. Die rechtserhaltende Benutzung setzt voraus, dass die Marke genau in der Form benutzt wird, in der sie eingetragen wurde. Lässt sich die rechtserhaltende Benutzung nicht nachweisen, können die Rechte aus der Marke nicht geltend gemacht werden.[116] In der Regel sind Benutzungsmarken nur bei Waren oder Dienstleistungen anzutreffen, die ein sehr kleines, spezielles Publikum ansprechen. Die Stärke einer Marke richtet sich nach dem Zeitrang der Marke und der Kennzeichnungskraft der Marke. In der betrieblichen Praxis sind die Markenschutzrechte von zentraler Bedeutung. Bei zahlreichen Markenartikeln übersteigt der Aufwand für die Markenpositionierung und -profilierung (Markenführung) den technisch bedingten Entwicklungs- und Herstellungsaufwand in beträchtlichem Ausmaße. Durch Markenpiraterie sind primär Markenartikel gefährdet, bei welchen der Herstellungsaufwand im Vergleich zum Entwicklungs- bzw. Vermarktungsaufwand niedrig ist.

---

[112] Der Begriff der Marke ist nicht mit dem Produkt gleichzusetzen, weshalb auch Markenwert und Produktwert keine identischen Größen sind. Vgl. Kriegbaum (2001), S. 27; Schröder (1997), S. 169; Greinert (2002), S. 169; § 3 Abs. 2 MarkenG.

[113] Vom Schutz ausgeschlossen sind Zeichen, die ausschließlich aus einer Form bestehen, die durch die Art der Ware selbst bedingt ist. Vgl. Kriegbaum (2001), S. 27.

[114] Vgl. Kriegbaum (2001), S. 29; Stein/Ortmann (1996); S. 788; Kotler/Bliemel (2001), S. 740.

[115] Gemäß § 4 MarkenG sind für Marken drei Möglichkeiten der Schutzerlangung vorgesehen. Vgl. Pfeiffer (2006), S. 585; Greinert (2002), S. 12; Giefers (1995), Rn. 139, S. 88-89; Repenn/Weidenhiller (2005), S. 21.

[116] Vgl. § 14 Abs. 1 MarkenG; Pfeiffer (2006), S. 585; Repenn/Weidenhiller (2005), S. 14-21; Heurung (2006), S. 26-29.

Häufig werden Idee, Konstruktionsprinzip, Funktionalität und Design eines erfolgreichen Markenanbieters einfach kopiert. Nach Aussagen der Nachrichtenagentur ddp machen Fälschungen und Plagiate derzeit fast zehn Prozent des Welthandels aus und verursachen alleine in Deutschland jährlich einen Schaden in zweistelliger Milliardenhöhe. Die *KMPG*-Umfrage im Jahre 2007 „Patente, Marken, Verträge, Kundenbeziehungen – Werttreiber des 21. Jahrhunderts" bestätigt diese Aussage auch (Abbildung 12).[117]

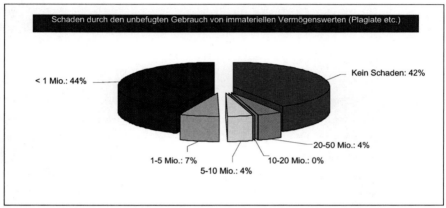

Abbildung 12: Schaden durch unbefugten Gebrauch von immateriellen Vermögenswerten[118]

Der Markenpirat erspart sich so die Kosten der Innovation und profitiert vom Markenimage der Originalware. Mit den eingesparten Entwicklungs- und Marketingkosten kann der Nachahmer oder Fälscher das Plagiat wesentlich preisgünstiger anbieten und dem Erstanbieter unter Umständen das Absatzpotential entziehen. Im Internet werden seit einigen Jahren in großem Maßstab gefälschte Luxusartikel mit unerlaubten Spam-Mails beworben.[119] Zwischenzeitlich hat sich für derart beworbene Marken Luxus-Spam zu einer ernsthaften Bedrohung entwickelt.[120] Durch die gewerblichen Schutzrechte wird zumindest theoretisch die Möglichkeit geboten, Markenpiraterie zu verhindern oder einzugrenzen.[121]

---

[117] Im Jahr 2006 wurden 250 Mio. gefälschte Güter an den Grenzen der EU-Mitgliedstaaten sichergestellt und damit dreimal so viele Plagiate wie ein Jahr davor. Diese Zahlen verdeutlichen, dass die Mehrzahl der Unternehmen hiervon konkret betroffen sein dürfte. Laut Antworten der befragten Unternehmen ist dies bei 58 Prozent der Fall. Vgl. Fetsch/Beyer (2007), S. 31.

[118] Fetsch/Beyer (2007), S. 31.

[119] Internet bzw. Web 2.0 ist die moderne Form der Mund-zu-Mund-Propaganda. Vgl. Esch (2007c), S. 7; Chevalier/Mayzlin (2006), S. 345-354.

[120] Vgl. auch Klau (2003); Büttner (2007).

[121] Eine Aufzählung von Schutzrechten ist im Anhang ersichtlich (Anhang 2). Gemäß einer Umfrage von *KPMG* aus 2007 sind allerdings nur 62 Prozent der immateriellen Vermögenswerte rechtlich geschützt. Vgl. Fetsch/Beyer (2007), S. 29-31.

2.2.2 Markenverständnis aus wirtschaftlicher Sicht

Die Marke ist der Vertrauensvorschuss, den Markenprodukte im Kopf und Herzen genießen. Dieser Vertrauensvorschuss führt dazu, dass die jeweilige Marke gegenüber dem Wettbewerber präferiert wird (Mengenpremium) oder dass die Kunden für Markenprodukte einen höheren Preis akzeptieren (Preispremium). Produkte, die kein Preis- bzw. Mengenpremium realisieren, sind im strengen Sinne keine Marken. Allerdings kostet der Aufbau eines solchen Vertrauensvorschusses Zeit und Geld.[122] Die Entwicklung des Markenbegriffs von einer bloßen Herkunftsbezeichnung zu einem komplexen, in unterschiedlichste Richtungen interpretierten Konstrukt macht die Notwendigkeit eines möglichst ganzheitlichen Markenverständnisses deutlich, da sich das Markenverständnis im Zeitverlauf aufgrund diverser Verwendungssituationen erheblich verändert hat (Abbildung 11).[123]

Wesentlich für eine Marke ist jedoch in jedem Fall, dass diese von den Anspruchsgruppen[124] akzeptiert und operationalisiert werden und mit der Gesetzgebung vereinbar sind. Ferner müssen die Kriterien auf Praxistauglichkeit und Kontinuität überprüft werden sowie sämtliche reale Erscheinungsformen von Marken erfassen, damit eine eindeutige Zuordnung und Abgrenzung zum entsprechenden Markenbegriff möglich ist. Allerdings existiert bisher keine allgemeingültige Marken- bzw. Marketingdefinition.[125] Neben der großen Anzahl von Markenansätzen tragen die verschiedenen markenbezogenen Forschungsrichtungen, welche in der Regel ihre eigene Markenterminologie nutzen, sowie die in der Praxis entstandenen Markentermini zu einer großen Heterogenität dieses Begriffs bei. Die Vielzahl von Ausdrücken, welche mit einer Marke in Verbindung gebracht werden und sogar teilweise irrtümlich mit ihr gleichgesetzt werden, erschwert eine einheitliche und allgemein gültige Markendefinition.[126] In der nachfolgenden Tabelle (Tabelle 2) finden sich einige ausgewählte Markendefinitionen wieder:

---

[122] Vgl. Mohr/Menninger (2009), S. 10.

[123] Mehr hierzu vgl. Kullmann (2006), S. 34-41; Meffert (1998), S. 846; Kullmann (2006), S. 34.

[124] Konsumenten, Hersteller, Dienstleister und Handel.

[125] Bei fast allen Autoren wird Marketing als eine Form der Unternehmensführung charakterisiert, welche sich am Markt und somit insbesondere an Kunden(-bedürfnissen) und der Konkurrenz orientiert. Vgl. Reinecke/Janz (2007), S. 29; Reinecke (2004), S. 40; McNaughton et al. (2001), S. 521-542; Shu-Ching/Quester (2005), S. 779-808.

[126] Es ist daher auch unrealistisch, dass sich Wissenschaft und Praxis auf eine einheitliche Begriffsabgrenzung einigen können. Vgl. Gwendy (2006), S. 26. „Ein Produkt kann von einem Konkurrenten nachgemacht werden; eine Marke hingegen ist einmalig. Ein Produkt kann sehr schnell überholt sein; eine erfolgreiche Marke ist zeitlos." wird King (*WPP Group* London) in Aaker (1992), S. 15 zitiert. Vgl. hierzu auch Reinecke (2004), S. 40.

Verfasser	Definition
Mellerowicz (1963)	Marken(artikel) sind [...] die für den privaten Bedarf geschaffenen Fertigwaren, die in einem größeren Absatzraum unter einem besonderen, die Herkunft kennzeichnenden Merkmal (Marke) in einheitlicher Aufmachung, gleicher Menge sowie in gleich bleibender und verbesserter Güte erhältlich sind und sich dadurch, sowie durch die für sie betriebene Werbung, die Anerkennung der beteiligten Wirtschaftskreise (Verbraucher, Händler und Hersteller) erworben haben (Verkehrsgeltung).
Ogilvy (1983)	The brand is the consumer's idea of a product.
Aaker (1992)	Eine Marke ist ein charakteristischer Name und /oder Symbol.
Domizlaff (1992)	Eine Marke / ein Markenartikel ist eine Fertigware, die mittels eines Zeichens markiert ist und die dem Konsumenten mit konstantem Auftritt und Preis in einem größeren Verbreitungsraum dargeboten wird.
Kapferer (1992)	Die Marke ist für den potenziellen Käufer ein Erkennungszeichen.
Weinberg (1993)	Unter Marken(-artikeln) versteht man übereinstimmend Güter, die durch ein Markenzeichen gekennzeichnet sind und sich durch einen zeitlich relativ stabilen und prägnanten Eigenschaftskatalog auszeichnen.
Baumgarth (2001)	Eine Marke ist ein Name, Begriff, Zeichen, Symbol, eine Gestaltungsform oder eine Kombination aus diesen Bestandteilen, welches bei den relevanten Nachfragern bekannt ist und im Vergleich zu Konkurrenzangeboten ein differenzierendes Image aufweist, welches zu Präferenzen führt.
Adjouri (2002)	Eine Marke ist ein Botschafter zwischen Unternehmen und Zielgruppen. Konkret heißt dies: Eine Marke ist ein Zeichen, das mittels von Bedeutungen Produkten bzw. Dienstleistungen eine Identität gibt und diese bei den Zielgruppen erfolgreich vermittelt.
Keller (2003)	A brand is [...] a product, but one that adds other dimensions that differentiate it in some way from other products designed to satisfy the same needs.
Bruhn/GEM (2003)	Als Marke werden Leistungen bezeichnet, die neben einer unterscheidungsfähigen Markierung durch ein systematisches Absatzkonzept im Markt ein Qualitätsversprechen geben, das eine dauerhaft werthaltige, nutzenstiftende Wirkung erzielt und bei der relevanten Zielgruppe in der Erfüllung der Kundenerwartungen einen nachhaltigen Erfolg im Markt realisiert bzw. realisieren kann.
American Marketing Association (vor 2004), Kotler (1991, 2001), Keller (1993)	A name, term, sign, symbol, or design, or a combination of them intended to identify the goods or services of one seller or a group of sellers and to differentiate them from those of competition.
American Marketing Association (2004)	A name, term, design, symbol, or any other feature that identifies one seller's good or service as distinct from those of other sellers. The legal term for brand is trademark. A brand may identify one item, a family of items, or all items of that seller.

Tabelle 2: Ausgewählte Markendefinitionen[127]

Für die Positionierung und Durchsetzung einer Marke auf dem Markt sowie zum Verkauf der entsprechenden Produkte spielt das Marketing eine zentrale Rolle. Dieses Thema wird ausführlicher in Kapitel 5 behandelt.

---

[127] Eigene Darstellung in Anlehnung an Burmann/Meffert/Koers (2005), S. 2-3; Meffert (1998), S. 785; Bünte (2005), S. 17-28.

32

2.3 Begriffliche Grundlagen von Controlling und Markencontrolling

2.3.1 Definition des Begriffs „Controlling"

Bei den bestehenden Controllingdefinitionen gibt es erhebliche Unterschiede.[128] Controlling ist ein Managementkonzept zur zielgerichteten Steuerung von Unternehmen auf der Grundlage von Plänen. Allgemein anerkannt ist, dass der englische Begriff „Controlling" nicht mit Kontrolle, sondern eher mit Unternehmenssteuerung oder -regelung übersetzt werden kann.[129] In der Literatur besteht weitgehende Einigkeit, dass Controlling ein Teil des Führungssystems ist und zu den Unternehmenszielen einen Bezug herstellen sollte.[130] Große Unterschiede gibt es in der Aufgabenabgrenzung des Controllings (funktionale Sicht).[131] *Zenz* klassifizierte die bestehenden funktionsorientieren Controllingkonzepte anhand der Merkmale des Unternehmenszielbezugs, der Funktionsbreite und -tiefe.[132] Die oben genannten Abgrenzungsmerkmale werden im nachfolgenden Ordnungsschema (Tabelle 3) dargestellt.

Dimensionen	Ausprägungen					
Unter-nehmensziel-bezug	Erfolsziele	Finanziele		weitere Unternehmensziele		
Funktions-breite	Sicherung der Planung	Sicherung der Kontrolle	Sicherung der Organisation	Sicherung der Informations-versorgung	Sicherung der Personal-führung	Sicherung der Gesamtführung
Funktions-tiefe	System-entwurf	System-bewer-tung	System-auswahl	System-integration	System-betrieb	System-koordination	System-über-wachung

Tabelle 3: Ordnungsrahmen funktionsorientierter Controllingkonzepte[133]

Bei der Betrachtung der Funktionsbreite wird ersichtlich, dass es sich stets um unternehmens-relevante Absicherungsvorgänge handelt. Dabei gibt es diverse Überlappungsszenarien hinsicht-lich der Dimension Unternehmenszielbezug, wobei die Sicherung der Gesamtführung über sämtliche dimensionale Grenzen hinweg ihre Bedeutung erhält. Die funktionale Tiefe berück-sichtigt hingegen die Systembehandlung im Unternehmen. *Horváth, Deyle* und *Hahn* schränken jedoch den Unternehmenszielbezug nur auf Erfolgs- und Finanzziele, gemessen an Formalzielen,

---

[128] Die wissenschaftliche Grundlagendiskussion bezüglich des Erkenntnisobjektes ist in der Controllingwissenschaft derzeit noch signifikant konträrer bzw. divergierender als in der Marketingwissenschaft. Vgl. Preissler (1998), S. 12; Reinecke (2004), S. 41; Friedl/Hilz/Pedell (2008), S. 201.

[129] Vgl. Reinecke (2004), S. 42.

[130] Vgl. Horváth (2006), S. 17; Weber/Schäffer (2006); Küpper (2005); Meffert/Koers (2005), S. 275; Friedl/Hilz/Pedell (2008), S. 201-204.

[131] Mehr dazu vgl. Reinecke (2006), S. 30; Ahn (1999), S. 112.

[132] Zenz widmet sich mit den Merkmalen folgenden Fragestellungen: Unternehmenszielbezug (Auf welche Ziele sollte sich das Controlling konzentrieren?), Funktionsbreite (Welche Führungsteilsysteme sollten im Fokus des Controllings stehen?) und Funktionstiefe (Welche Aufgaben sollte das Controlling in Bezug auf die jeweiligen Führungsteilsysteme übernehmen?). Vgl. Zenz (1998), S. 27-34.

[133] Zenz (1998), S. 34.

ein.[134] *Küpper* und *Weber* dehnen diesen Bezug auf das gesamte Unternehmenszielsystem aus, um beispielsweise auch nichterwerbswirtschaftliche Organisationen in die Controllingdiskussion zu involvieren.[135] Auf Basis der Funktionsbreite und -tiefe lassen sich folgende ausgewählte Controllingansätze unterscheiden:

Verfasser	Definition
Reichmann (2006)	Der **informations**(versorgungs)**orientierte** Ansatz sieht Controlling als Betrieb des Informations(versorgungs)systems, dessen Kern das Rechnungswesen ist.
Schildbach (1992)	Der **regelungsorientierte** Ansatz definiert Controlling als Betrieb des Planungs-, Kontroll- und gegebenenfalls des Informations-(versorgungs)systems.
Horváth (1998)	Der **begrenzt führungsgestaltende** Koordinationsansatz übernimmt Controlling als systembildende Funktion und systemkoppelnde Funktion die Koordination von Planung, Kontrolle und Informationsversorgung.
Buchner (1981)	Der **führungsorientierte** Ansatz fasst Controlling als Führungsphilosophie beziehungsweise als spezielles Prinzip der Unternehmensführung im Rahmen des Betriebs aller Führungsteilsysteme auf.
Küpper (2005)	Der **führungssystemorientierte** Koordinationsansatz versteht unter Controlling die Integration und Koordination – nicht aber Bildung – aller Führungsteilsysteme. Insbesondere das Personalführungssystem wird hierbei integriert, weil es eine wichtige Aufgabe des Controllings ist, bei der Gestaltung adäquater Anreiz-systeme mitzuwirken.
Link (2004)	Der **kontributionsorientierte** Ansatz versteht Controlling als Führungsunterstützung durch strukturelle und fallweise Entscheidungsfundierung, -reflexion und Koordinationsentlastung.
Pietsch/Scherm (2000 und 2004)	Der Ansatz eines **reflexionsorientierten** Controllings sieht Controlling als Führungsfunktion „Reflexion von Entscheidungen", welche auf bedarfsorientierte Informationsbereitstellung als Führungsunterstützungsfunktion angewiesen ist.
Weber/Schäffer (1999 und 2006)	Der **Rationalitätssicherungsansatz** zielt auf die Sicherstellung von Führungsrationalität als zentrale Aufgabe des Controllings. Gegenstand ist somit die Struktur- und Ablaufgestaltung der Gesamtführung im Sinne einer Qualitätssicherung von Effektivität und Effizienz, nicht aber der Betrieb des Führungssystems.

Tabelle 4: Ausgewählte Controllingansätze[136]

Hinsichtlich der Funktionsbreite gab und gibt es eine intensive wissenschaftliche Diskussion.[137] „Controlling ist insgesamt der Prozess von Zielsetzung, Planung und Steuerung. Ihn zu erfüllen,

---

[134] So sind Horváth, Deyle und Hahn explizit der Auffassung, dass die Ergebnis- bzw. Wertziele im Vordergrund stehen. Vgl. Reinecke (2006), S. 31; Scherm/Pietsch (2004), S. 11; Deyhle (1997), S. 37; Hahn/Hungenberg (2001), S. 272; Horváth (2006), S. 138.

[135] Vgl. Küpper/Weber/Zünd (1990), S. 282; Küpper (2005), S. 23; Weber (1993), S. 34; Reinecke/Janz (2007), S. 31.

[136] In Anlehnung an Reinecke/Janz (2007), 31-32.

[137] Vgl. Horváth (2006), S. 136; Küpper (2005), S. 15; Weber (2002), S. 46; Schneider (1997), S. 325. Horváth befürwortet eine engere Auffassung, weil dies der Controllingrealität besser entspreche. Eine Ausdehnung der Koordination auf das Führungs-gesamtsystem lehnen Horváth und Schneider ab, da das Controlling nicht mehr von der Unternehmensleitung abgegrenzt werden könne. Küpper begründet hingegen den Einbezug des Personalführungssystems und der Organisation damit, dass Planungs- und Kontrollsysteme nur dann eine hohe Koordination gewährleisten könnten, wenn die Planung und Kontrolle mit der Organisation sowie mit den Anreizsystemen als Element der Personalführung abgestimmt seien. Nur so, meinen Weber und Schäffer, sei es möglich, Effizienz und Effektivität sicherzustellen und Koordinationsdefizite zu verringern.

34

mithin das Controlling zu machen, bildet eine Aufgabe des operativen Managers selber. Was die Controller tun, ist für diese Management-Funktion einen Service- oder Lotsendienst zu leisten sowie eben dabei für die fachlichen Unterlagen zu sorgen. Controller-Funktion ist Management-Service.[138] Die Führung wird durch Controlling unterstützt, dieses dient somit als eine Art Steuerungs- und Führungshilfe.[139] Nach *Weber* und *Schäffer* ist es die Aufgabe des Controllings, die Rationalität und somit die Effektivität und Effizienz der Führung sicherzustellen.[140] Diesen Zusammenhang dokumentiert die nachfolgende Abbildung 13.

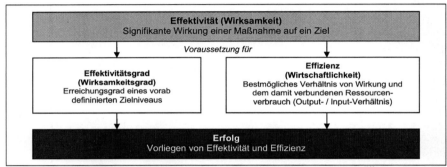

Abbildung 13: Zusammenhang von Effektivität, Effizienz und Erfolg[141]

Das Controlling lässt sich damit sowohl in den engeren, auf Führungssteuerung abzielenden[142] als auch in den weiteren, die gesamte Rationalität der Führung in Betracht ziehenden Ansätzen[143] als eine spezifische Form der Qualitätssicherung der Führung interpretieren, welche keineswegs mit dem Rechnungswesen gleichgesetzt werden kann.[144] „Für die Durchführung der Planung werden bestimmte Informationen des Rechnungswesens benötigt. Das Controlling muss den Informationsbedarf der Planung bestimmen und die geeigneten Informationen bereitstellen."[145] Controlling ist somit eine Koordination des Führungsgesamtsystems zur Sicherstellung einer

---

[138] Reinecke/Janz (2007), S. 30; Horváth (2006), S. 144.

[139] Vgl. Küpper/Weber/Zünd (1990), S. 282; Köhler (2006), S. 39; Lehmann (1992), S. 48.

[140] Dies entspricht weitgehend der Controlling-Definition von Zenz (1998), S. 46: „Controlling bezeichnet die Gestaltung der Struktur, der Abläufe und der Beziehungen von Führungsteilsystemen mit dem Ziel, ein effizientes Führungssystem zu gewährleisten." Vgl. Reinecke (2004), S. 46; Weber/Schäffer (2001b), S. 75.

[141] Eigene Darstellung in Anlehnung an Reinecke/Janz (2007), S. 39. Vgl. hierzu auch Lasslop (2003), S. 12. Aus dieser Abbildung ist nun ersichtlich, dass als Prämisse für die Identifikation des Effektivitätsgrades und der Effizienz die Effektivität gelten muss. Die beiden Ausprägungen wiederum bedingen nach dieser Analyse den unternehmerischen Erfolg. Erfolg beinhaltet daher Effektivität und Effizienz.

[142] Vgl. Friedl/Hilz/Pedell (2008), S. 201-204; Friedl/Hilz/Pedell (2002), S. 161-169; Küpper (2002), S. 15.

[143] Vgl. hierzu neben Weber/Schäffer insbesondere Horváth (2002), aber auch Reichmann (2001).

[144] Schwerpunktverlagerungen in der Praxis zeigen, dass Controller keine historisch orientierten Buchhalter (Registratoren) mehr sind, sondern die zukunfts-, und aktions- und somit managementsystemorientierte Teil ihrer Tätigkeit an Bedeutung gewinnt. Vgl. Weber/Schäffer (2006), S. 45; Reinecke (2004), S. 47; Horváth (1998), S. 75; Meffert (2000a), S. 1123.

[145] Friedl/Hilz/Pedell (2008), S. 202.

zielgerichteten Lenkung,[146] wobei die zentralen Funktionen Informationsversorgung, Planung, Kontrolle, Organisation und Personalführung sowohl jeweils intern als auch untereinander koordiniert werden müssen.[147] Die Zusammenhänge verdeutlicht die folgende Abbildung 14.

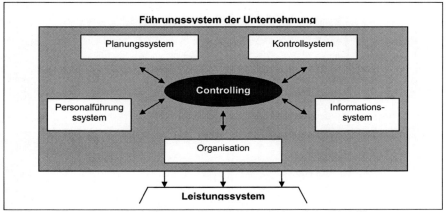

Abbildung 14: Controlling im Führungssystem der Unternehmung[148]

Controlling ist damit ein elementarer Bestandteil des Führungssystems der Unternehmung. Daher erhalten die Controllingaktivitäten auch eine besondere Bedeutung für die nachhaltige, wirkungsvolle Existenz eines Unternehmens im immer stärker werdenden dynamischen Konkurrenzdruck des Wettbewerbs. Ferner ist aus der Abbildung ersichtlich, dass jegliche Controllingaktivitäten einen unmittelbaren Einfluss auf das unternehmensindividuelle Leistungssystem ausüben.[149] Derzeit ist die wissenschaftliche Grundlagendiskussion bezüglich des Erkenntnisobjekts in der Controllingwissenschaft noch konträrer als in der Marketingwissenschaft.[150] Allgemein lässt sich jedoch festhalten, dass die Aufgabe des Controllings in der Entwicklung und Einführung eines umfassenden Instrumentariums besteht, welches den Prozess der Zielbestimmung und Zielerreichung für ein Unternehmen sicherstellt. Innovative Ansätze in der Controllingwissenschaft eröffnen so auch neue Perspektiven für das Markencontrolling.[151]

---

[146] Dem Controlling als Führungsteilsystem kommt dabei die Aufgabe zu, die anderen Teilsysteme der Führung aufeinander abzustimmen. Vgl. Friedl/Hilz/Pedell (2008), S. 202; Küpper (2001), S. 15; Friedl/Hilz/Pedell (2002), S. 161-169.

[147] Vgl. Kullmann (2006), S. 80; Küpper (2001), S. 15; Friedl/Hilz/Pedell (2002), S. 161-169. „Die Koordinationsaufgabe bezieht sich sowohl auf eine Abstimmung der Führungssysteme untereinander als auch auf die Koordination innerhalb der einzelnen Führungssysteme", schreiben Friedl/Hilz/Pedell (2008), S. 202.

[148] Küpper (2002), S. 15.

[149] Während die Prozesse im Leistungssystem unmittelbar auf die Erstellung bzw. Verwertung von Gütern und Dienstleistungen gerichtet sind, beinhaltet das Führungssystem alle Maßnahmen und Regeln, die dazu dienen, die Handlungen aller in einem Unternehmen wirkenden Personen auf gemeinsame Ziele auszurichten. Vgl. Friedl/Hilz/Pedell (2008), S. 202-203.

[150] Vgl. Preissler (1998), S. 12; Reinecke (2004), S. 41.

[151] Vgl. Reinecke (2004), S. 47.

2.3.2 „Markencontrolling" – Begriff und Konzepte

Beim Marketingcontrolling handelt es sich um ein Schnittstellenthema zwischen Marketing und Controlling, welche ambivalent zueinander im Verhältnis stehen.[152] Das Markencontrolling kann als spezifische Controllingkonzeption für den Bereich des Markenmanagements definiert werden, welche „die Informationsversorgung und Beratung aller der mit der Markenführung befassten Stellen, verbunden mit einer übergeordneten Koordinationsfunktion zur Unterstützung und Ergänzung der markenspezifischen Planungs-, Steuerungs- und Kontrollprozesse im Unternehmen umfasst".[153] Inhaltlich und strukturell lässt sich das Markencontrolling in das Markenberichtswesen und die -erfolgsmessung unterteilen.[154] Letztere evaluiert die Markenergebnisse und diagnostisiert die zugrunde liegenden Ursachen. Das Markenberichtswesen hingegen bereitet die komplexen Analyseergebnisse der Erfolgsmessung in einer adäquaten, entscheidungsunterstützenden Form auf.[155]

Das grundlegende Ziel des Markencontrollings liegt in der Sicherstellung der Rationalität im Markenmanagement.[156] Wie in der ökonomischen Theorie wird Rationalität als Zweckrationalität verstanden, das Controlling lässt sich somit als eine spezifische Form der Qualitätssicherung interpretieren.[157] Damit die Ergebnisorientierung der Markenführung sichergestellt und eine zielgerichtete Entscheidungsvorbereitung zur Erhaltung und Verbesserung der Reaktionsfähigkeit des Markenmanagements gewährleistet ist, muss eine umfassende markenrelevante Informationsversorgung der Markenführung gewährleistet sein und alle markenbezogenen Aktivitäten zielgerichtet koordiniert und ausgerichtet werden.[158] Die aus den Primärzielen abgeleiteten Funktionen und Aufgaben des Markencontrollings können in systemgestaltende und -nutzende Funktionen unterschieden werden. Die systemgestaltende Funktion umfasst primär die Ex-ante-Koordination der Markenführung durch Schaffung geeigneter Rahmenbedingungen, welche koordinierte Entscheidungen überhaupt erst ermöglichen.

---

[152] Vgl. Reinecke/Janz (2007), S. 28; Reinecke (2000), S. 1-48.

[153] Meffert/Koers (2005), S. 276. Vgl. hierzu auch die Definitionsherleitung von Kriegbaum (2001), S. 66.

[154] Vgl. Burmann/Meffert (2005), S. 102; Tomczak/Reinecke/Kaetzke (2004), S. 1821-1852.

[155] Vgl. Kullmann (2006), S. 80. Eine inhaltlich ähnliche Ableitung zur Konzeption des Markencontrollings, allerdings mit einer teilweise anderen Struktur, entwickeln *Weber* und *Schäffer*. Aus der übergeordneten Zielsetzung der Sicherung der Rationalität leiten die Autoren vier grundlegende Sicherstellungsfunktionen des Controllings ab: Sicherstellung in der Willens-bildung, in der Datenbereitstellung, in Durchsetzung und Kontrolle sowie in Verbindung mit anderen Führungshandlungen. Vgl. Weber/Schäffer (2001a), S. 37 sowie auch Meffert/Koers (2005), S. 276.

[156] Vgl. Reinecke (2004), S. 40.

[157] Unter Rationalität wird in der Ökonomie in der Regel Zweckrationalität verstanden. Zweckrationalität bemisst sich an der effizienten Mittelverwendung im Rahmen einer Handlung bei gegebenen Zwecken. Vgl. Weber/Schäffer (2001a), S. 32; Weber/Schäffer (2001b), S. 75; Reinecke (2004), S. 46; Weber (1999), S. 38.

[158] Vgl. Burmann/Meffert (2005), S. 101; Koers (2001), S. 20; Meffert/Koers (2005), S. 277.

Dem Markencontrolling obliegt hier die Aufgabe, an der Entwicklung und Implementierung von Informationssystemen, organisatorischen Richtlinien und Prozessstrukturen sowie Planungs- und Kontrollinstrumenten für die Markenführung mitzuwirken. Zu den systemnutzenden Funktionen gehören die Unterstützung des Markenmanagements auf allen Ebenen der Planung, die regelmäßige Kontrolle der Umsetzung strategischer und operativer Pläne und die Sicherstellung der Informationsversorgung aller an der Markenführung Beteiligten innerhalb des durch die systemgestaltende Funktion geschaffenen Rahmens.[159] In der nachfolgenden Abbildung 15 wird demonstriert, in welchem Zusammenhang die sogenannten Primärfunktionen des Markencontrollings und die entsprechenden Primärziele stehen.

Abbildung 15: Ziele und Funktionen des Markencontrollings[160]

Im Hinblick auf die Zielverfolgung liegt das Hauptaugenmerk einerseits auf der Verbesserung der markenpolitischen Effizienz und Effektivität und andererseits auf der Gewährleistung der Rationalität und der Reaktionsfähigkeit. Um nun der Forschungsfrage nachzugehen, welche Innovationsgradfaktoren den Markenwert determinieren können, ist es zunächst erforderlich, die marktlichen Zusammenhänge zwischen Innovationsgrad, Unternehmens- und Innovationserfolg zu erläutern.

---

[159] Vgl. Kullmann (2006), S. 81. Zu diesen Funktionen vgl. auch Hahn (1996), S. 183; Meffert (2000a), S. 1126; Meffert/Koers (2005), S. 276; Lurie/Mason (2007), S. 160-177.
[160] In Anlehnung an Kullmann (2006), S. 81.

3 Marktliche Zusammenhänge zwischen Innovationsgrad, Unternehmens- und Innovationserfolg

3.1 Ökonomische Bedeutung von Innovationen

In diesem Kapitel sollen die Umrisse für die Beschreibung der Zusammenhänge zwischen Innovation und Unternehmenserfolg gezeichnet werden. Da dieses Thema äußerst komplex und durch eine Fülle von Faktoren bestimmt ist, geht es vor allem darum die einzelnen Schritte aufzuzeigen, die für eine Einschätzung des Erfolgs von Innovationen relevant sind sowie die wesentlichen Faktoren zu benennen, die dabei zu berücksichtigen sind. So wird das Thema zunächst auf die ökonomische Bedeutung von Innovationen heruntergebrochen, wobei insbesondere hinterfragt werden soll, ob es einen direkten Zusammenhang zwischen dem Innovationsgrad und dem Innovationserfolg gibt. Die zunehmende Bedeutung von Innovationen lässt sich nicht nur auf der makro-, sondern auch auf der mikroökonomischen Ebene aufzeigen. Innovationen sind für jedes Unternehmen von essentieller Bedeutung. Ohne Innovationen ist weder die Chance auf ein nachhaltiges Wachstum noch das längerfristige Bestehen im globalen Wettbewerb möglich.[161] Die Wettbewerbsfähigkeit der einzelnen Unternehmen hängt wesentlich davon ab, Innovationen zu generieren und umzusetzen.[162]

In fast allen Bereichen der Makroökonomie ist Innovationsfähigkeit von Volkswirtschaften die zentrale Größe für wirtschaftliches Wachstum. In der Wachstums- und Konjunkturtheorie ist eine starke positive Korrelation zwischen der Existenz und der Intensität von Innovationstätigkeiten einerseits und dem Ausmaß des gesamtwirtschaftlichen Wachstums andererseits festgestellt worden. So wirken beispielsweise Produktinnovationen positiv auf die abgesetzte Menge und / oder die zu erzielenden Absatzpreise aus und tragen damit zur Verbesserung der Erlössituation der Anbieter bei. Prozessinnovationen hingegen dienen der Erhöhung der Arbeitsproduktivität und bieten damit die Möglichkeit, das volkswirtschaftliche (Real-)Einkommen zu erhöhen.[163] Eine Volkswirtschaft ist nur wirtschaftlich überlebensfähig, wenn diese einen kontinuierlichen und umfangreichen Innovationsprozess aufweisen kann.[164] Die große volkswirtschaftliche Bedeutung von Innovationen lässt sich anhand der *Kondratieff*-Zyklen nachweisen (vgl. Abbildung 16). Diese Wellen sind auf Basisinnovationen zurückzuführen, welche jeweils eine 50 bis 60 Jahre andauernde und durch weitergehende Zusatzinnovationen bedingte

---

[161] Vgl. Wildemann, (2008b), S. 1.
[162] Vgl. Vahs/Burmester (2005), S. 9-10; Hess/Jesske (2009), S. 10-20.
[163] Vgl. Vahs/Burmester (2005), S. 5. Vgl. Interview mit Kaltenbacher (Anhang 18).
[164] Vgl. Weber (2007), S. 1.

40

konjunkturelle Aufschwungphase nach sich zieht und zu einer Erhöhung des Volkseinkommens beiträgt.[165]

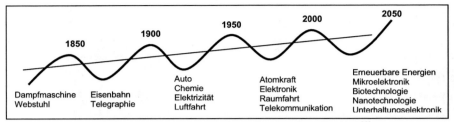

Abbildung 16: Die langen Konjunkturwellen (*Kondratieff*-Zyklen)[166]

In einer Studie im Pharmaziebereich stellten *Chandy/Hopstaken/Narasimhan/Prabhu* 2006 fest, dass Unternehmen mit einer höheren Innovationsfähigkeit auch einen durchschnittlich höheren ROI besitzen.[167] Aber was bedeutet „hohe Innovationsfähigkeit", unter welchen Bedingungen haben Innovationen Erfolg und wie führt dies zu einem wirtschaftlichen Erfolg des Unternehmens? *Aaker* bezeichnet die innovativen Elemente eines Unternehmens als dessen DNA sowie die Zentrale der angestrebten Firmenstrategie.[168] „The logic is that innovation will lead to growth and profitability. Growth will come from innovation-driven new products and businesses and profit will follow from innovation-inspired margin increases and cost decreases."[169]

Nach den branchenübergreifenden Studien von *Arthur D. Little* aus den Jahre 2004 und 2005 gilt die Erhöhung der Innovationsfähigkeit als wichtigster Hebel für eine weitere Rentabilitäts- und Wachstumssteigerung (vgl. Abbildung 17).[170] Bemerkenswert ist diese Tatsache, da die Erhöhung der Innovationsfähigkeit als noch bedeutsamer angesehen wird, als eine etwaige Fokussierung auf die Kernkompetenzen oder Maßnahmen zur Kostenreduzierung.

---

[165] Die *Kondratieff*-Zyklen beschreiben den Kern einer von dem sowjetischen Wirtschaftswissenschaftler *Nikolai Kondratjew* (1892-1938) entwickelten Theorie zur zyklischen Wirtschaftsentwicklung. Für den Zeitraum der letzten zweihundert Jahre können fünf klassische *Kondratieff*-Wellen nachgewiesen werden. Vgl. Vahs/Burmester (2005), S. 6-7; Frauenfelder (2000), S. 8-10.

[166] Eigene Darstellung in Anlehung an Vahs/Burmester (2005), S. 6-7 und Frauenfelder (2000), S. 8.

[167] Vgl. Chandy/Hopstaken/Narasimhan/Prabhu (2006), S. 505.

[168] Vgl. Aaker (2007), S. 8.

[169] Aaker (2007), S. 8.

[170] Vgl. van Oene/Boessenkool/Apostolatos (2005), S. 8; Spath et. al (2006), S. 42.

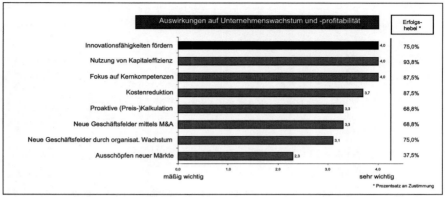

Abbildung 17: Wichtige Einflussgrößen zur Rentabilitäts- und Wachstumssteigerung[171]

3.2   Erfolgsfaktoren für Innovationen und Relevanz des Innovationsgrades

3.2.1   Key Performance Indicators (KPIs) von Innovationen

Sieht man als den Erfolg einer Innovation zunächst einmal – unabhängig vom Erfolg des Unternehmens – deren Akzeptanz auf dem Markt an, so erscheinen diejenigen Forschungsergebnisse am überzeugendsten, die eine Vielzahl unterschiedlicher Bedingungsfaktoren für diesen Erfolg ausmachen. Die Untersuchungen von *Hauschildt* und *Salomo* zeigen auf, dass Innovationen immer dann erfolgreich sind, wenn diese:[172]

- in einer innovationsfreudigen Unternehmenskultur erfolgen, die die arbeitsteilige Leistung würdigt;

- ein technologisch neuartiges Produkt hervorbringen;

- den Kunden einen neuartigen Nutzen bringen;

- aufgrund der Ergebnisse professioneller Marktforschung entwickelt wurden;

- unter strategischer Planung in den Markt eingeführt werden und

- wenn die Schlüsselpersonen in der Entwicklung und Positionierung des Produkts bereits Erfahrungen mit Innovationsprojekten gesammelt haben.

Über diese allgemeinen Bedingungen hinaus zeigen *Szymanski/Kroff/Troy* in ihrer auf 32 Studien basierenden Metaanalyse aus dem Jahr 2007, dass beim Innovationsgrad (innovativeness) die Performance von „New-to-the-Market-" und „New-to-the-Firm"-Produkten eine wichtige Rolle

---

[171] van Oene/Boessenkool/Apostolatos (2005), S. 8.
[172] Vgl. Hauschildt/Salomo (2007), S. 35-37; Greenhalgh/Rogers (2006), S. 562-580.

spielt. Mit „New-to-the-Market"-Produkten kann, wie das wenig überraschende Ergebnis der Untersuchung war, ein größerer Verkaufserfolg erzielt werden, da „New-to-the-Firm"-Produkte keinen wahren Wettbewerbsvorteil darstellen. Die Autoren fordern daher die Innovationsanstrengungen auf jene Tätigkeiten zu fokussieren, welche zu einem „New-to-the-Market"-Produkt führen. Insgesamt betonen *Szymanski/Kroff/Troy*, dass die verschiedenen genannten Innovationsgradfaktoren den Erfolg von neuen Produkten in unterschiedlicher Weise beeinflussen.[173]

Insbesondere der Faktor Innovationsgrad ist, dies unterstreichen alle Autoren der Metaanalysen, mit großer Vorsicht zu behandeln, da er in den bisherigen Studien immer wieder unterschiedlich definiert wurde (teilweise unter Heranziehung anscheinend willkürlich ausgewählter Dimensionen) und vielfach gänzlich unscharf gefasst blieb. Aus der Ungenauigkeit in der Definition des Innovationsgrades resultiert auch das Messproblem einer unpräzisen Operationalisierung des Innovationsgrades. Ein paar Beispiele für interessante Beiträge zur Differenzierung des Begriffs des Innovationsgrades, die jedoch nicht zu einem handhabbaren Gesamtkonzept führen konnten, seien hier genannt: *Danneels/Kleinschmidt* und *Garcia/Calantone* unterscheiden auf der obersten Ebene zwischen einem marktspezifischen und einem unternehmensspezifischen Innovationsgrad und differenzieren auf der untersten Ebene zwischen technologie- und marktbezogenen Aspekten.

Avlonitis/Papastathopoulou/Gounaris und *Green/Gavin/Aiman-Smith* identifizieren die Dimensionen Markt und Unternehmen, jedoch nicht ausschließlich.[174] *Billing* untersuchte die Koordination in radikalen Innovationsvorhaben,[175] während *Białk* ein Messmodell für den Innovationsgrad konzipierte und dieses am Beispiel des Gesundheitswesens validierte.[176] *Reichle* entwickelte ein Bewertungsverfahren zur Bestimmung des Erfolgspotentials und des Innovationsgrades von Produktideen und Produkten.[177]

Das Defizit unscharfer, willkürlicher oder nicht vergleichbarer Definitionen wie aber auch der unklaren Abgrenzung zwischen dem empirischen und dem theoretischen Zugang zur Definition des Innovationsgrades hat schon *Schlaak* in seiner bereits erwähnten Studie von 1999 als Hauptproblematik angemerkt, da zu viele Bestimmungsgrößen mit in die Definition einfließen. Er

---

[173] Vgl. Szymanski/Kroff/Troy (2007), S. 49-50.
[174] Vgl. hierzu auch Billing (2003), S. 28-30.
[175] Vgl. Reichle (2006).
[176] Vgl. Białk (2006).
[177] Vgl. Reichle (2006).

unterstreicht das daraus resultierende Konzeptionalisierungsproblem. *Schlaak* formuliert noch eine weitere wichtige Relativierung: Innovation lässt sich in Bezug auf ein Unternehmen oder auf eine Branche messen.[178] Bei der betriebsspezifischen Klassifizierung der Untersuchungen hinsichtlich des Innovationsgrades und des -erfolges wurde in zahlreichen empirischen Untersuchungen eine eher negative Beziehung festgestellt (siehe hierzu auch Kapitel 7.3), während in der wirtschaftszweigspeziellen Einteilung eine positive Relation dominiert.[179] Auch Brockhoff und *Zanger* üben an anderer Stelle keine unbegründete Kritik.[180] *Brockhoff* und *Zanger* bemängeln, dass das relative Ausmaß des Innovationsgrades nur unzureichend bestimmt werden kann. Ihr Messkonzept für den Innovationserfolg ließ außer Acht, dass Innovationen nicht nur auf den jeweiligen Innovationsprozess limitiert sind, sondern auch vielfältige Sekundärwirkungen in allen Funktionsbereichen des Unternehmens auslösen können. Nur durch eine Vielzahl von Teilbeobachtungen kann der Innovationsgrad so determiniert werden, dass eine vergleichende Innovationsforschung ermöglicht wird.[181]

Mittlerweile liegt jedoch eine kaum überschaubare Anzahl an Befunden zu Innovationserfolgsfaktoren vor. Selbst bei Vernachlässigung vieler Einzelstudien und bei Konzentration auf das Gemeinsame aus Synopsen und Metaanalysen ist die Fülle an Ergebnissen kaum fassbar. „Wenn man diese jedoch qualitativ zu integrieren versucht, mit Blick auf die durchschlagenden Erkenntnisse, die sich mit verschiedenen Methoden und in unterschiedlichen Forschungskontexten immer wieder gezeigt haben, dann lassen sich drei Jahrzehnte Erfolgsfaktorenforschung generisch zusammenfassen."[182] Laut *Steinhoff* können die Erfolgsfaktoren von Innovationen grafisch folgendermaßen aggregiert werden (vgl. Abbildung 18):

---

[178] In der betriebsspezifischen Mikroperspektive handelt es sich um den Unterschied von vor und nach der bewusster Veränderung der Produkte oder Prozesse innerhalb eines betrachteten Unternehmens. In der „branchenspezifischen" Makroperspektive handelt es sich um die Unterschiede gegenüber den Eigenschaften entsprechender Produkte oder Prozesse der Konkurrenz eines Unternehmens. Vgl. Schlaak (1999), S. 36-37.

[179] Auffällig dabei ist, dass sich negative Beziehungen hauptsächlich bei den älteren Quellen finden. Mitte der neunziger Jahre werden die Resultate differenzierter, was auf verbesserte Mess- und Auswertungsmethoden zurückzuführen sein könnte. Vgl. Hauschildt/Salomo (2005), S. 6; Krieger (2004), S. 69-72.

[180] Bei deren empirischen Untersuchung zur Messung des Innovationsgrades bei Softwareprodukten konnte aus den qualitativen Beurteilungen von Expertenbefragungen kein konsistenter Nachweis über eine positive Korrelation zwischen Innovationsgrad und dessen wirtschaftlichem Erfolg erbracht werden. Vgl. Brockhoff (1999), S. 236; Brockhoff/Zanger (1993), S. 849.

[181] Vgl. Hauschildt (2002), S. 8.

[182] Steinhoff (2008), S. 7.

44

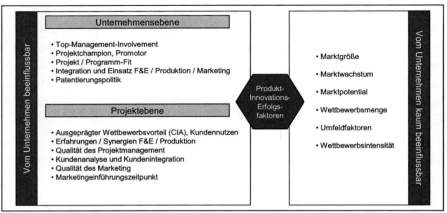

Abbildung 18: Erfolgsfaktoren von Innovationen[183]

Steinhoff zeigt in seiner Abbildung, dass ein Großteil der Erfolgs- / Misserfolgsvarianz durch Faktoren verursacht wird, die in einer weiten Auslegung dem Marketing zugerechnet werden. Dazu gehören strategische und operative Marketingentscheidungen und Entscheidungen aus der (Innovations-)Marktforschung. Die Ergebnisse der Erfolgsfaktorenforschung stiften für das Innovationsmanagement einen hohen Nutzen. Dazu muss die Innovationsmarktforschung externe Informationen liefern, insbesondere über das zu erwartende Verhalten von Zielkunden, Partnern und Wettbewerbern.[184]

Grundsätzlich lässt sich jedoch festhalten:

- Ob Innovationen erfolgreich sind, wird durch eine Fülle ganz unterschiedlicher Faktoren bedingt, die einerseits das Unternehmen und seine Mitarbeiter und Prozesse und andererseits das innovative Produkt selbst betreffen.

- Ein wesentlicher Faktor für den Erfolg von Innovationen ist der Innovationsgrad, allerdings muss jeweils genau analysiert werden, wie dieser Innovationsgrad bestimmt wird.

- Schließlich ist jeweils im Einzelfall zu prüfen, welcher Innovationsgrad produktiv für den Erfolg ist und wo eventuell eine zu starke Innovation den Erfolg gefährdet.

---

[183] Trommsdorff/Steinhoff (2007), S. 70; Synopse zahlreicher Studien, u. a. Montoya-Weiss/Calantone (1994), Melheritz (1999), Henard/Szymanski (2001). Vgl. auch Steinhoff (2008), S. 8.
[184] Vgl. Steinhoff (2008), S. 7-8.

3.2.2 Faktoren für das Scheitern von Innovationen

Will sich in einem Unternehmen kein Innovationserfolg einstellen, so kann dies verschiedene Ursachen haben. Es kann auf unzureichende Effizienz im Projektmanagement mit daraus resultierenden Termin- und Kostenüberschneidungen zurückzuführen sein. Vielleicht aber leisten die Projektteams hervorragende Arbeit, werden jedoch durch eine starre Unternehmensorganisation, eine innovationsfeindliche Kultur oder mangelnde Ressourcen behindert.[185] Sollte dies auch nicht der Grund sein, kann die Ursache bei dem Projektportfoliomanagement betrauten Entscheidungsträgern liegen, welche die Projekte trotz fehlenden Know-Hows und ungenügender Ressourcen bewilligen. Zu guter Letzt kann der Grund des Scheiterns von Innovationen auch im Top Management gesucht werden, welches auf die falschen Innovationsfelder setzt und dadurch die falschen strategischen Entscheidungen im betrieblichen Innovationssystem trifft. Das Aufdecken von nicht realisierten Effizienz- und Effektivitätssteigerungspotentialen bedarf einer umfassenden Analyse sämtlicher Innovationsmanagementaufgaben (vgl. Kapitel 4.2). Erst dann können im zweiten Schritt geeignete Controllinginstrumente (vgl. Kapitel 4.3) konzipiert werden.[186]

Damit nun für das Unternehmen ein entsprechender Gewinn beziehungsweise ein angemessener ROI erwirtschaftet werden kann, gilt es im Rahmen einer Marktanalyse die so genannten „high-profit customers" zu identifizieren. Hierbei muss berücksichtigt werden, dass einzelne Unternehmen stets im Wettbewerb mit anderen Konkurrenten stehen. Daher muss auch die Qualität des Produktes stets einer Überprüfung unterzogen werden.[187] Etwaige Barrieren im Innovationsprozess sind zu minimieren bzw. wenn möglich zu eliminieren, da diese Hindernisse zu Produktivitäts- und Produktqualitätseinbußen sowie zu unnötig langen Innovationszeiten führen können. Der Weg vom Wissen über das Wollen zum Können ist steinig.[188] Potentielle Hürden können etwa im Nicht-Können (z. B. ungenügender Ressourceneinsatz[189]), im Nicht-Wissen (z. B. keine externe Kommunikation) und im Nicht-Wollen (z. B. Mangelnde Motivation) auftreten. Diesen Hemmnissen sind beispielsweise durch den Aufbau von Qualifikationskonzepten, brauchbaren Kommunikationsstrukturierungen sowie entsprechenden Motivatoren und Anreizen entgegenzuwirken.[190] Im Rahmen einer Studie der *Hochschule*

[185] Vgl. Bösch (2007b), S. 45.
[186] Vgl. Bösch (2007b), S. 45.
[187] Vgl. Rust/Ambler/Carpenter/Kumar/Srivastava (2004), S. 86.
[188] Vgl. Förster/Kreuz (2007), S. 122.
[189] Vgl. hierzu auch Krasnikov/Jayachandran (2008), S. 1-11.
[190] Vgl. Wildemann (2008c), S. 51.

Nürtingen-Geislingen im Zeitraum von 1995 bis 2005 wurden fünf wesentliche Faktoren für das Scheitern von Innovationen eruiert:[191]

- Überschätzung der Marktpotentiale;

- ungenügende Kundenmehrwertorientierung;

- unzureichende wettbewerbliche Differenzierung;

- nicht vorliegender Marken-Fit;

- sowie eine zu anspruchsvolle preisliche Marktstellung.

Darüber hinaus wirken sich hohe Kosten und wirtschaftliche Risiken, bürokratische Hindernisse vonseiten des Staates, mangelnde interne Finanzierungsquellen sowie zu geringe öffentliche Fördermittel innovationshemmend aus, wie an folgender Bewertung von Innovationshemmnissen in Bezug auf Unternehmen in den einzelnen deutschen Bundesländern durch eine Studie der *Bertelsmann Stiftung* aus dem Jahr 2009 nachgewiesen werden konnte (vgl. Abbildung 19).[192]

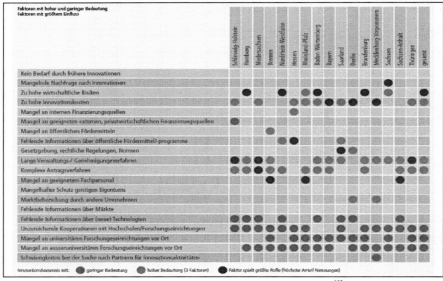

Abbildung 19: Bewertung von Innovationshemmnissen[193]

---

[191] Vgl. Dietz (2007), S. 20-21.

[192] Diese Resultate gehen auf eine repräsentative Innovationsstudie der Bertelsmann-Stiftung aus dem Jahre 2009 zurück, wobei 2.448 Unternehmen aller Wirtschaftszweige ab 10 Mitarbeiter telefonisch befragt wurden. Vgl. Hess/Jesske (2009), S. 20.

[193] Hess/Jesske (2009), S. 20.

Zudem nimmt zu Zeiten der globalen Wirtschaftskrise die Innovationsbereitschaft von Unternehmen ab. Während im Zeitraum zwischen 2005 und 2007 noch 72 Prozent der Unternehmen in Deutschland mindestens eine Produkt- oder Verfahrensneuerung eingeführt haben, planen nur 62 Prozent der Unternehmen bis 2010 weitere Neuerungen zu entwickeln. „Gerade in Krisenzeiten sind Innovationen jedoch von besonderer Wichtigkeit, da die Beschäftigungs- und Umsatzentwicklung (vgl. Abbildung 20) in diesen Unternehmen üblicherweise deutlich positiver ausfällt", konstantierte *Thorsten Hellmann* von der *Bertelsmann Stiftung* bei der Vorstellung der Umfrageergebnisse.[194]

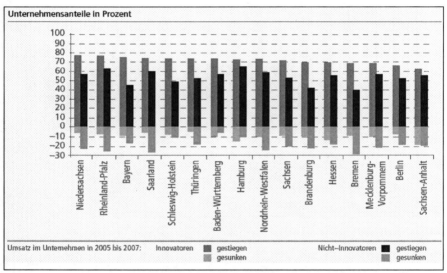

Abbildung 20: Veränderung der Umsatzzahlen bei Innovatoren und Nicht-Innovatoren[195]

Die Innovationsaktivitäten bedeuten für die Unternehmen Entwicklungs- und Wachstumspotentiale, die sich unter anderem in den Umsatz- und Beschäftigungszahlen wieder finden können. Während 57 Prozent der Innovatoren im Bundesdurchschnitt für den Zeitraum 2005 bis 2007 über gestiegene Beschäftigungszahlen berichten, finden sich bei den Unternehmen ohne erfolgreiche Innovationsprojekte nur 31 Prozent. Bei den Umsatzzahlen zeigt sich für alle Bundesländer ein ähnliches Bild.[196] Ursächlich für die rückläufigen Innovationsaktivitäten sind laut Angabe der Betriebe neben hohen Innovationskosten insbesondere die im Zuge der

---

[194] Vgl. Hess/Jesske (2009), S. 13.
[195] Hess/Jesske (2009), S. 13.
[196] Innovatoren: 72 Prozent gegenüber Nicht-Innovatoren: 52 Prozent im Bundesdurchschnitt. Vgl. Hess/Jesske (2009), S. 13.

48

Wirtschaftskrise wachsenden Risiken.[197] Eine Bremse für innovative Aktivitäten wird von vielen Unternehmen zudem in bürokratischen Faktoren gesehen. So zählen aus Unternehmenssicht lange Verwaltungs- und Genehmigungsverfahren sowie komplexe Antragsverfahren in nahezu allen Bundesländern zu den bedeutendsten Innovationshemmnissen. Defizite sehen die Unternehmen auch bei der staatlichen Fördermittelpolitik (vgl. Abbildung 21).[198]

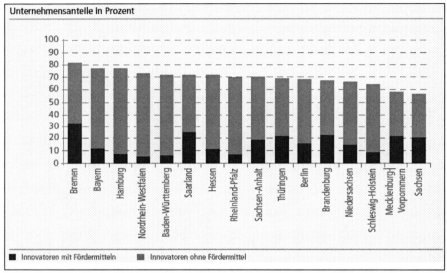

Abbildung 21: Finanzierungsquellen der Innovatoren[199]

Wie die Studie der *Bertelsmann Stiftung* aus dem Jahr 2009 zeigt, finanzieren die Unternehmen in den Bundesländern die Innovationsprojekte zum größten Teil aus eigenen Mitteln. Lediglich 15 Prozent der Unternehmen bundesweit erhalten Fördermittel für laufende Innovationsprojekte oder haben Fördermittel beantragt.[200]

---

[197] In 14 von 16 Bundesländern werden die Aktivitäten teilweise deutlich heruntergefahren. Das zeigt eine Befragung von rund 2.500 Firmen mit mindestens 10 Beschäftigten, die *infas* im Auftrag der *Bertelsmann Stiftung* durchgeführt hat. Vgl. Hess/Jesske (2009), S. 20.

[198] Vgl. Hess/Jesske (2009), S. 10-20; BCG (2006), S. 84-91.

[199] Hess/Jesske (2009), S. 15.

[200] Während in den Ost-Bundesländern, sowie Hamburg, Bremen, Saarland, Schleswig-Holstein, Nordrhein-Westfalen, Hessen und Bayern die Fördermittel aus Ländermittel überwiegen, erhalten in Baden-Württemberg und Berlin die Innovatoren ihre Fördermittel in erst Linie vom Bund. Vgl. Hess/Jesske (2009), S. 16.

Auf die Frage, warum die Unternehmen keine Fördermittel beantragt haben, verweisen die 57 Prozent der Unternehmen in erster Linie darauf, dass die Fördermittelprogramme nicht ihren Bedürfnissen entsprechen (vgl. Abbildung 22).[201]

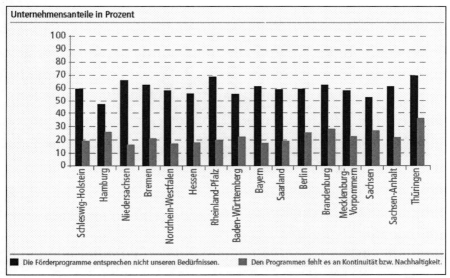

Abbildung 22: Nichtinanspruchnahme von Fördermitteln, Praktikabilität der Programme[202]

Darüber hinaus fehlen den Unternehmen Informationen über geeignete Programme (49 Prozent). Der zu große Aufwand bei der Antragsstellung wird über alle Bundesländer hinweg im Durchschnitt von 37 Prozent genannt, und die fehlende Kontinuität und Nachhaltigkeit der Programme von 21 Prozent der Befragten bemängelt (vgl. Abbildung 23).

[201] Vgl. Hess/Jesske (2009), S. 17-18; BCG (2006), S. 84-91.
[202] Hess/Jesske (2009), S. 17.

50

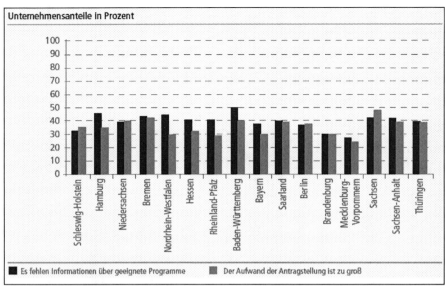

Abbildung 23: Nichtinanspruchnahme von Fördermitteln, Ausgestaltung der Förderprogramme[203]

Die hohe Misserfolgsquote von Innovationen führte in den 1990er Jahren nicht nur zu einer Reduktion der Fertigungs- und Entwicklungstiefe, sondern auch zu einer vermehrten Bildung von Allianzen verschiedener Unternehmen zur gemeinsamen Aufdeckung von Kundenwünschen (vgl. hierzu auch Kapitel 3.4.3).[204]

3.2.3 Innovationsgrad als moderierende Kontingenzvariable

Die definitorische Unklarheit bei der Bestimmung des Innovationsgrades ist jedoch möglicherweise nicht allein ein systematisches Problem, sondern auch ein Problem des Gegenstandes. Wie gezeigt, gibt es eine große Fülle von Dimensionen (vgl. Kapitel 2.1), in denen bei Innovationen mehr oder weniger große Veränderungen stattfinden können, außerdem kann es sich bei Innovationen um ganz verschiedene Formen handeln – etwa „New-to-the-Market"- oder „New-to-the-Firm"-Produkte – und schließlich ist noch die in dieser Arbeit zu entwickelnde Relation zwischen Innovationspotential und tatsächlicher Innovation zu berücksichtigen.[205] So hängt es vom Einzelfall ab, in welchem Bereich die Veränderungen wie stark sind oder sein müssen. Eine

---

[203] Hess/Jesske (2009), S. 18.

[204] Die Misserfolgsquote von Innovationen schwankt je nach Studie zwischen 35 Prozent und 60 Prozent auf Konsumgütermärkten und zwischen 25 Prozent und 40 Prozent auf Industriegütermärkten. Vgl. Gassmann/Enkel (2006), S. 132-135; Koop/Schloegel (2008), S. 28-33.

[205] Vgl. hierzu auch Kapitel 6.2.1.

Betrachtungsweise, die sich für die Analyse des Erfolgs von Innovationen (sowohl für den Markterfolg der Innovation als auch für den Beitrag einer Innovation zum Erfolg eines Unternehmens) als hilfreich erwiesen hat, ist die Auffassung des Innovationsgrades als moderierende Kontingenzvariable (vgl. Kapitel 3.2.3).[206]

In der Metaanalyse *Montaya-Weiss/Calantone* wird auf die moderierende Bedeutung des Innovationsgrades hingewiesen.[207] Auch *Kleinschmidt/Cooper* interpretieren den Innovationsgrad von Produkten als die zentrale, vermittelnde Variable zwischen Erfolgsfaktoren der Produktentwicklung und dem Produkterfolg.[208] *Wind/Majahan* versuchen zwischen inkrementalen und radikalen Innovationen (siehe dazu Gliederungspunkt 2.3.3) zu unterscheiden und sehen den Innovationsgrad als Outputgröße, welche durch die strategische, strukturelle und prozessuale Gestaltung des Entwicklungsprozesses beeinflusst wird.[209] *Blachandra/Friar* analysieren die Kontingenzwirkung des Innovationsgrades auf die erfolgreiche Durchführung von Innovationsprojekten.[210] Einzelne Projekte sind daher ihren Innovationsgraden nach entsprechend zu organisieren.

Schlaak untersucht die Bedeutung des Innovationsgrades eines Neuproduktes auf der Projektebene.[211] Ähnlich wie *Hauschildt* betrachtet *Schlaak* den Innovationsgrad nicht nur als Outputvariable, sondern versteht darunter eine unabhängige Inputvariable, die als strategische Schlüsselvariable bewusst gesteuert werden sollte.[212] Allerdings bemängelt *Hauschildt*, dass es inhaltliche und methodische Defizite bei der Erfolgsfaktorenforschung gibt, da diverse Metaanalysen zu unterschiedlichen Ergebnissen kommen. Zudem werden einige strukturelle Schwächen der empirischen Erhebungen kritisiert, da häufig nur die Erfolgsfaktoren von Großunternehmen untersucht werden. Klein- und mittelständische Unternehmen werden in den Stichproben nicht gesondert berücksichtigt, und die relative Seltenheit von radikalen Innovationen wird nicht ausreichend beachtet. Zudem ist der Großteil dieser empirischen Studien aus dem angloamerikanischen Raum – mit zum Teil nur sehr niedrigen Rücklaufquoten aus den Fragebogenerhebungen. Kontinentaleuropäische Forschungstraditionen, Hochschulstrukturen, Ausbildungscharakteristika, Finanzierungsthematiken, fiskalpolitische Besteuerungs- und

---

[206] Unter einer Kontingenzvariablen wird die Verknüpfung diverser Faktoren unter einer Variablen verstanden. Vgl. Schlaak (1999), S. 3-6; Green/Gavin/Aiman-Smith (1995), S. 203.
[207] Vgl. Montoya-Weiss/Calantone (1994), S. 414.
[208] Vgl. Kleinschmidt/Cooper (1991), S. 240-251.
[209] Vgl. Wind/Majahan (1997), S. 2.
[210] Vgl. Balachandra/Friar (1997), S. 283.
[211] Vgl. Schlaak (1999), S. 4-6.
[212] Vgl. Schlaak (1999), S. 6; Hauschildt (1999), S. 1-21; Hauschildt/Salomo (2007), S. 38.

52

Förderungsverhältnisse würden daher nur unzulänglich berücksichtigt.[213] Diesen Beobachtungen kann man nur zustimmen. Besonders bedeutsam ist, dass *Hauschildt* damit auch den Blick für Faktoren öffnet, die nicht allein mit dem unternehmensspezifischen Produkt zusammenhängen, jedoch die tatsächlichen Innovationsaktivitäten in entscheidender Weise beeinflussen.[214] Bei all diesen Überlegungen ist jedoch zu berücksichtigen, dass es nicht erwiesen ist, dass zwischen Innovationsgrad und Innovationserfolg ein proportionaler Zusammenhang besteht (vgl. hierzu auch Kapitel 7.3).

Darüber hinaus darf sich die Betrachtung der Beziehung von Innovationsgrad und -erfolg nicht allein auf ein einziges Projekt oder Produkt beziehen, sondern es muss jeweils ein ganzes Portfolio in den Blick genommen werden.[215] Bei der Festlegung des angestrebten Innovationsgrades hat ein gezielter und dosierter Einsatz des Instrumentariums des Innovationsmanagements zu erfolgen. Wer Innovationen mit einem hohen Innovationsgrad mit Instrumenten des Innovationsmanagements zu lösen versucht, die für einen niedrigen Innovationsgrad angemessen wären, riskiert Effektivitätsverluste. Wer umgekehrt inkrementale Innovationen mit Instrumenten für radikale Innovation traktiert, erleidet Effizienzverluste.[216] Bevor nun auf das Innovationsmanagement (vgl. Kapitel 4.2) eingegangen wird, gilt es zunächst die Korrelation zwischen dem Innovationserfolg und dem Unternehmenserfolg aufzuzeigen, da dieser den Markenwert in entscheidender Weise beeinflusst. Dieses Vorgehen steht im Einklang mit einer adäquateren Ressourcenallokation und mit der Forderung des Kapitalmarktes nach einer höheren Transparenz bei immateriellen Vermögenswerten (vgl. Kapitel 5.1).[217] Im nächsten Kapitel gilt es die Wechselwirkungen zwischen der Innovationsfähigkeit und dem Unternehmenserfolg aufzuzeigen.

---

[213] Vgl. Hauschildt/Salomo (2007), S. 38-39.

[214] Beispielsweise schafft erfahrungsgemäß öffentliche Förderung Anreize für risikoreichere und langfristigere Innovationsaktivitäten. *Prof. Hand-Jörg Bullinger*, Präsident der *Fraunhofer Gesellschaft*, fordert Steueranreize zur Förderung von Forschung und Entwicklung (vgl. Bullinger (2008), o. S.). Unternehmen, die Fördergelder erhalten, setzen annähernd 15 Prozent ihres Budgets für langfristige Innovationsvorhaben ein. Die deutschen Unternehmen erhalten im Vergleich zum EU-Durchschnitt weniger Fördergelder (weniger als 20 Prozent der deutschen Unternehmen erhielten Fördergelder im Vergleich zum EU-Durchschnitt mit 35 Prozent der Unternehmen (Brunswick/Schröder (2008), o. S.)

[215] Vgl. Hauschildt/Salomo (2005), S. 4-5.

[216] Vgl. Hauschildt/Salomo (2005), S. 16.

[217] Hierzu bedarf es zunächst der Identifikation und einer sachgerechten Bewertung der „intangibles". Marken stellen in diesem Kontext einen wesentlichen Bestandteil dar. Vgl. Wieser (2007), S. 31-48.

3.3 Prämissen für den Unternehmenserfolg unter innovativer Reflexion

3.3.1 Innovationsfähigkeit und Marken: „Essentials" für den Unternehmenserfolg

Als eine elementare Prämisse ist jedoch anzumerken, dass eine Innovation nur dann wirkungsvoll von einem Unternehmen „produziert" werden kann, wenn das Unternehmen auch eine Innovationsfähigkeit nachweisen kann. Grundsätzlich muss ein innovativer Gedanke im Unternehmen existieren, da dieses sonst keine Innovationen hervorbringen kann. Innovationsfähigkeit setzt sich aus den beiden Termini Innovation und Fähigkeit zusammen.[218] Diese Definition gibt jedoch keine nähere Auskunft über den Inhalt und die Strukturierung des Innovationsfähigkeitsgebildes.

Was aber macht die Innovationsfähigkeit eines Unternehmens aus? Und was sind die Gründe dafür, dass Innovationen innerhalb eines Unternehmens erfolgreich sind? Zu erwähnen sind in diesem Zusammenhang die Kriterien der Operationalisierung des Messmodells von *Sammerl/Wirtz/Schilke*,[219] welche das Werte- und Normengefüge, das Innovationen fördert, im Unternehmen analysieren und in seiner Stärke messen. Im Rahmen eines weiterentwickelten Fünf-Dimensionen-Modells zur Innovationsfähigkeit werden gemäß *Yi/Davis* (2003)[220] als maßgebliche Innovationsgradfaktoren das Prozessmanagement, das Portfoliomanagement, die Innovationskultur, ein Internes Lernen sowie ein Lernen von Kunden herangezogen.[221] Die Faktoren lassen sich also nur analytisch trennen, in der Praxis sind sie eng miteinander verzahnt.

Die Untersuchung von *Sammerl, Wirtz* und *Schilke* zeigt, dass zwischen der theoretischen und der empirischen Konzepterstellung und den Operationalisierungsmöglichkeiten von Innovationen eine Lücke klafft und noch enormer Forschungsbedarf besteht.[222] Die Dimensionen der Innovationsfähigkeit (sog. „Dynamic Capabilities") lassen sich laut *Sammerl/Wirtz/Schilke* zusammenfassend grafisch auf folgende Art und Weise darstellen (vgl. Abbildung 24):[223]

---

[218] Wie bereits in Kapitel 2.1 erläutert, kann etwa eine Innovation als eine Neuheit in Verbindung mit ihrer ersten wirtschaftlichen Nutzung definiert werden. Dabei spielt es keine Rolle, ob die Produkt- oder Prozessinnovationen innerhalb des Unternehmens oder des Wirtschaftszweiges auf den Markt gebracht worden sind. Mit dem zweiten Begriff Fähigkeit wird die Fähigkeit eines Unternehmens verstanden, spezifische Ziele adäquat zu erreichen. Vgl. Sammerl/Wirtz/Schilke (2008), S. 132-133.

[219] Vgl. Sammerl/Wirtz/Schilke (2008), S. 141.

[220] Vgl. Yi/Davis (2003), S. 146-169.

[221] Vgl. Sammerl/Wirtz/Schilke (2008), S. 142.

[222] Vgl. Sammerl/Wirtz/Schilke (2008), S. 132-133.

[223] Vgl. Sammerl/Wirtz/Schilke (2008), S. 131-158.

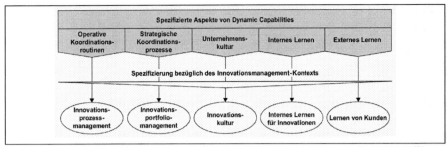

Abbildung 24: Aspekte der Innovationsfähigkeit von Unternehmen („Dynamic Capabilities")[224]

Da zwischen den beiden theoretischen und praktischen Innovationsaspekten sowie im Bereich der Messung noch Unterschiede vorliegen, existieren hier noch enorme Defizite. Dabei ist festzuhalten, dass diese recht „weichen" Kriterien einer gewissen Interpretationsbreite unterliegen, wie sich in der Literatur zum Innovationsmanagement feststellen lässt. Zu nennen sind hier beispielsweise *Cameron/Freeman* (1991),[225] *Desphandé/Farley/Webster* (1993),[226] *Ernst* (2003)[227] oder *de Brentani/Kleinschmidt* (2004).[228]

Der Innovationsgrad und der innovative Erfolg haben einen signifikanten Einfluss auf den unternehmerischen Erfolg.[229] Unternehmen entwickeln Innovationsaktivitäten in der Annahme, dass die Ergebnisse ihrer Forschung und Entwicklung den Unternehmenserfolg positiv beeinflussen.[230] Dieser Zusammenhang lässt sich jedoch nicht ohne weiteres ziehen, da es eine große Anzahl von Faktoren gibt, die für den Unternehmenserfolg eine Rolle spielen (vgl. hierzu auch Kapitel 7.1).[231] Die folgende Abbildung aus einer Studie von *Wirtz* und *Klein-Bölting* gibt einen Überblick über die zentralen Faktoren für den Unternehmenserfolg (vgl. Abbildung 25).[232] So sind nach Expertenmeinung, neben den „Qualifizierten Mitarbeiter" und der „Markt- und Kundenorientierung", die Innovationsfähigkeit, das technologische Know-How sowie die

---

[224] Sammerl/Wirtz/Schilke (2008), S. 137.

[225] Vgl. Cameron/Freeman (1991), S. 29.

[226] Vgl. Desphandé/Farley/Webster (1993), S. 34.

[227] Vgl. Ernst (2001), S. 259; Ernst (2003), S. 23-44.

[228] Vgl. de Brentani/Kleinschmidt (2004), S. 312.

[229] Vgl. Interviews mit Schwaiger (Anhang 15); Huber (Anhang 16).

[230] Vgl. Hauschildt (1997), S. 22; Vgl. zum Wirkungszusammenhang zwischen F&E-Aufwand und Gewinn Gierl (1995), S. 484-487.

[231] Ob eine Innovation erfolgreich ist, lässt sich vielfach nicht eindeutig erklären, da dies von Zielen und Erwartungen des einzelnen abhängt. Vgl. Hauschildt (1997), S. 22-23; Stockmeyer (2001), S. 22.

[232] Die Befragung wurde mit einigen in DAX- und MDAX-Unternehmen tätigen Marketingexperten durchgeführt. Vgl. Wirtz/Klein-Bölting (2007), S. 46; McNaughton et al. (2001), S. 521-542; Shu-Ching/Quester (2005), S. 779-808; Tajeddini/Trueman/Larsen (2006), S. 529-551.

Marken die wichtigsten Voraussetzungen für den Unternehmenserfolg.[233] Selbstverständlich ist die Unterscheidung der einzelnen Faktoren nicht absolut, da es immer auch starke Interdependenzen zwischen ihnen gibt, beispielsweise haben die Markt- und Technologieausrichtung eines Unternehmens Einfluss auf seine Marken.[234]

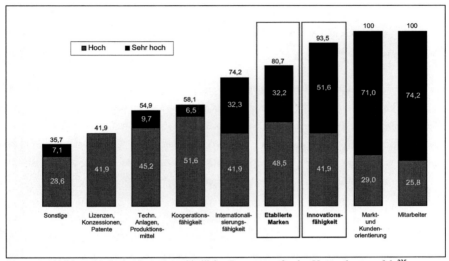

Abbildung 25: Bedeutung unterschiedlicher Ressourcen für den Unternehmenserfolg[235]

Die im Fokus dieser Arbeit stehenden Faktoren Innovation und Marke haben also nach Ansicht der von *Wirtz* und *Klein-Bölting* Befragten eine zentrale Bedeutung für den Erfolg eines Unternehmens. Andererseits können in einem Unternehmen auch Widerstände gegenüber Innovationen bestehen, die diese umso mehr behindern, je höher der Grad einer Innovation ist. Gemäß *Hauschildt* und *Salomo* erhöht sich damit die Gefahr des technischen, marktlichen, finanziellen und des organisatorischen Scheiterns und die angestrebte Effektivität wird nicht erreicht.[236] Scheitern oder Erfolg sind jedoch relativ zu betrachten. *Kotzbauer* sieht in seiner „Theorie der Optimalen Innovationshöhe" folgende Kausalkette ablaufen:[237] Mit ansteigender Innovationshöhe nimmt die Ertragserwartung zu. Gleichzeitig erhöht sich das Wachstum des Risikos. So kann es geschehen, dass der Erfolg einer Innovation zwar absolut beachtlich, gemessen an dem dafür eingegangenen Risiko und den entwickelten Erwartungen jedoch zu

---

[233] Auch Tafelmeier stellt in seinen verwendeten branchenübergreifenden Studien fest, dass Marken für 50 bis 83 Prozent der befragten Unternehmen einen wichtigen Beitrag zum Unternehmenserfolg leisten. Vgl. Tafelmeier (2009), S. 263.

[234] Vgl. Wirtz/Klein-Bölting (2007), S. 46.

[235] Klein-Bölting/Wirtz/Malzbender (2007), S. 32.

[236] Vgl. Hauschildt/Salomo (2005), S. 7; Im/Workman (2004), S. 114-132; Kirca/Jayachandran/Bearden (2005), S. 24-41.

[237] Vgl. Kotzbauer (1992), S. 123.

gering ist (vgl. Kapitel 7.3).[238] Ein weiterer Faktor, der Einfluss hat auf das Verhältnis von Innovationsgrad und Innovationserfolg, ist die Projektentwicklungszeit. So ist zu beobachten, dass bei radikalen Innovationen überproportionale Projektlaufzeiten auftreten.[239] Zudem ist für den Erfolg einer Innovation oft entscheidend, dass sie zum richtigen Zeitpunkt – und auch zum richtigen Zeitpunkt innerhalb ihrer Entwicklung – auf dem Markt positioniert wird. Bei zu früh platzierten Produkten können teure und auch imageschädigende Reklamationen, Nach-besserungen und Rückrufaktionen die Folge sein. Zu beobachten war dies beispielsweise beim Mautsystem „Toll-Collect".

Um die Innovationsfähigkeit eines Unternehmens zu fördern und konkrete Innovationen möglichst optimal zu steuern, ist es notwendig, ein geeignetes und auf die übrigen Bereiche im Unternehmen abgestimmtes Innovationsmanagement (vgl. Kapitel 4.2) aufzubauen. Bei der Innovationsforschung sind einerseits die Verfeinerung der Operationalisierung des Innovationsgrades und andererseits deren Standardisierung nachzubessern. Darüber hinaus wäre eine bessere zeitliche Erfolgsmessung der Innovation im Break-Even-Point anzustreben.[240]

Auf die Anforderungen zur Optimierung des zweiten wesentlichen Faktors für den Unternehmenserfolg, ein gutes Markenmanagement, wird ausführlich in Kapitel 5 eingegangen. Die Marke stellt nämlich den wichtigsten vom Unternehmen steuerbaren und beeinflußbaren Werttreiber dar und basiert auf der These, dass alle unternehmerischen und kundenorientierten Aktivitäten in der Marke münden. Der Einwand, warum die Marke im Mittelpunkt der Betrachtung steht und nicht der Konsument, begründet sich damit, dass nicht der Kunde sondern die Marke über den Kunden den Erfolg und die Wertschöpfung schafft (vgl. hierzu auch Kapitel 7.2). Innovationen sind in diesem Zusammenhang ein Faktor, welcher den Markenwert erhöhen kann.

3.3.2 Kenngrößen zur Ermittlung von Marktanteil und Unternehmenserfolg

War im vorigen Abschnitt analysiert worden, welche Aspekte zum Gelingen von Innovationen in einem Unternehmen zu beachten sind, so wird in der Folge näher beleuchtet, wie Innovationen zum unternehmerischen Erfolg beitragen. Zentrale Faktoren für den Erfolg eines Unternehmens mit einem bestimmten Produkt bzw. mit einer Marke sind deren Marktanteil sowie die Sättigung des entsprechenden Marktes. Diese Faktoren spielen auch eine wichtige Rolle für den möglichen

---

[238] Vgl. Hauschildt/Salomo (2005), S. 7.
[239] Vgl. Hauschildt/Salomo (2005), S. 11.
[240] Vgl. Hauschildt/Salomo (2005), S. 14-15.

Erfolg von Produktinnovationen. Als eine Größe zur Bezifferung dieses Erfolgs wird hier der ROI (Return of Investment) gewählt.[241] Der ROI gibt an, welche Rendite das gesamte im Unternehmen eingesetzte Kapital innerhalb einer Periode erwirtschaftet hat.[242] Dabei ist diese Kennziffer für das Unternehmen in seiner Gesamtheit, aber auch nur für bestimmte Unternehmensteile anwendbar. In diesem Zusammenhang wird häufig auch von einem Return on Marketing gesprochen, welcher die getätigten Ausgaben ins Verhältnis zum Bruttogewinn setzt und die Effizienz der Maßnahmen aufzeigt.[243]

Das eigentliche Ziel jeder Innovation und jeder Marketingkommunikation ist die Effizienz im Markt.[244] Mittels des Return on Marketing können der aktuelle Status von Marketingkampagnen und ihrer einzelnen Maßnahmen abgelesen sowie weitere Marketinginvestments geplant werden. Dementsprechend kommt der Planung und Budgetierung von Marketingmaßnahmen eine zentrale Bedeutung zu.[245] Gerade im Umfeld von innovativen Aktivitäten ist dieser Aspekt nicht zu vernachlässigen. Aus Controllinggesichtspunkten lassen sich Alternativen im Hinblick auf Ertragsziele durchrechnen oder durch Soll-Ist-Abweichungen darstellen. Einschränkend ist jedoch anzumerken, dass die alleinige Orientierung an ROI-Gesichtspunkten für etwaige Innovationsinvestitionsüberlegungen sicherlich der falsche Weg wäre, da keine Aussagen über mögliche Risiken dieser Investitionen und über die Größenordnung der finanziellen Rückflüsse getroffen werden können. Sobald strategische Auswirkungen oder Wechselwirkungen zwischen Maßnahmen berücksichtigt werden müssen, sind komplexe statistische Regressionsverfahren und Szenariotechniken geeignete Instrumente, um die wichtigsten Absatztreiber für ein konkretes Produkt zu bestimmen und in der Zukunft zu modellieren. Um die Komplexität der Argumentation überschaubar zu halten, wird für Aussagen über den unternehmerischen Erfolg der ROI herangezogen.

---

[241] Beispielsweise verwenden *Moody's Cooperation* bevorzugt den ROI als eine Spitzenkennzahl. Alternativ wird oft auch EVA (Economic Value Added) herangezogen werden. Der EVA gibt an, ob ein Unternehmen in der Lage ist, Gewinne zu generieren, welche die Kosten des eingesetzten Kapitals übersteigen. Vgl. hierzu auch Rust (2007), S. 26-27; Weißenberger (2003), S. 170.

[242] Ferner ist der ROI auch ein häufig genutzter Anknüpfungspunkt für die Verwendung von wertorientierten Kennzahlen, wie dem NOPAT (Net Operating Profit After Taxes). Vgl. für andere wertorientierte Kennzahlen auch Stermetz (1999), S. 272; Stermetz (2000), S. 79-104; Velthuis/Wesner (2005); Shu-Ching/Quester (2005), S. 779-808; Palmatier (2008), S. 76-89; Wong (2001), S. 258. Der ROI kann beispielsweise auch aus dem NOPAT und dem investierten Kapital abgeleitet werden. Der ROI wird in dieser Betrachtung dargestellt als der Quotienten aus NOPAT und dem Kapital. Der ROI kann auch aus dem Produkt der beiden Kennzahlen Umsatzrentabilität und Kapitalumschlag berechnet werden. Vgl. Hostettler/Stern (2007), S. 82-83; Stermetz (1999), S. 272.

[243] Vgl. Reinecke (2006), S. 8-15; Rust/Lemon/Zeithaml (2004), S. 109-127.

[244] Eine Orientierungshilfe hierzu bietet der Oscar der Marketing-Effizienz, welcher vom *Gesamtverband Kommunikationsagenturen* in Form des „Effie Award" verliehen wird. Die *Allianz* hat diesen mit ihrer umfassenden Marketingoffensive und Aufklärungskampagne zur Riester-Rente im Herbst 2006 gewonnen. Vgl. Fösken (2008b), S. 38-39.

[245] Vgl. Barzen (1990), S. 2.

58

In der empirischen Untersuchung von *Weise* wird beispielsweise der ROI als eine Kenngröße zur Planung und Steuerung von Innovationsprojekten verwendet, da diese Kenngröße das Ergebnis der operativen Arbeit in einfachster Weise repräsentiert.[246] *Weise* analysierte in seiner wissenschaftlichen Untersuchung die Wechselwirkung und Erfolgswirkung von Projektplanung und Steuerung im Rahmen von Innovationsvorhaben. Generell kann die Umsetzungsintensität in Hinblick auf Innovationen als bedeutsam für den Erfolg des Unternehmens, gemessen im ROI, gelten. In einer Studie von *Chandy/Hopstaken/Narasimhan/Prabhu* (2006) wurde festgestellt, dass Unternehmen mit einer intensiveren Umsetzungsmöglichkeit von einer Erfindung in eine Innovation einen signifikant höheren durchschnittlichen ROI erwirtschaften als diejenigen, deren Transformationsfähigkeit nicht so stark ausgeprägt ist (vgl. Abbildung 26).

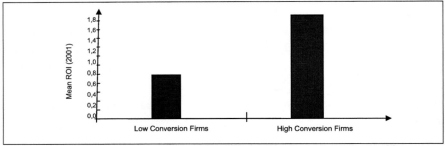

Abbildung 26: Einfluss von "conversion ability" auf den durchschnittlichen ROI[247]

Bei ihrer Untersuchung stellten *Chandy/Hopstaken/Narasimhan/Prabhu* jedoch auch fest, dass eine zu schnelle Übertragung sowie eine Anhäufung zu vieler Ideen für den erwarteten Ertrag schädlich sein können. Werden zu viele Ideen im Innovationskalkül gleichzeitig berücksichtigt, kann dies kontraproduktive Auswirkungen für das Unternehmen haben. Darüber hinaus sollten sich die Unternehmen im Rahmen ihrer Innovationsaktivitäten eher in dem Segment bewegen, in dem sie Erfahrungen aufweisen können und schwerpunktmäßig ihre unternehmensindividuellen Kernkompetenzen angesiedelt haben. Nur so haben die durchgeführten Gedankengänge, was die Transformation beziehungsweise Substitution von Erfindungen in Innovationen betrifft, auch eine stärkere Durchschlagskraft. Der Blickwinkel muss dabei besonders auf das technische und wirtschaftliche Realisierungspotential des Absatzmarktes ausgerichtet sein, da sich jene Kosten, die mit Forschungs- und Entwicklungsbetätigungen verbunden sind, auch amortisieren und Erträge erwirtschaften sollten. Bezüglich der Marktpositionierung ist damit eine zeitlich knapp kalkulierte Zeitspanne verbunden, damit die Innovation so schnell wie möglich dem Markt

---

[246] Vgl. Weise (2007), S. 289-291.
[247] Chandy/Hopstaken/Narasimhan/Prabhu (2006), S. 505.

präsentiert werden kann.[248] Diese Meinung vertreten etwa auch *Getz* und *De Bruin* (2000) sowie *Kessler* und *Chakrabarti* (1996).[249] Der Markt wiederum sollte das innovative Gut ohne große temporäre Pufferverluste akzeptieren und angemessen honorieren. Damit würde sich nicht nur die Amortisationsdauer nach unten korrigieren, sondern es würden sich auch positive Auswirkungen auf den ROI ergeben. Dies ist gerade im Umfeld der immer kürzer ablaufenden Produktlebenszyklen (vgl. hierzu auch Kapitel 3.4.2) für das Unternehmen von nachhaltig ökonomischer Bedeutung.[250]

Die Unterstellung, dass eine Konzentration auf einige, wenige Ideen im Rahmen dieser Diskussion für einen nachhaltigen wirtschaftlichen Erfolg verantwortlich ist, wird jedoch von manchen Fachleuten angezweifelt. So präferieren etwa *Verhage, Waalewijn* und *van Weele* (1981)[251] die ökonomische Vorteilhaftigkeit von einem relativ großen Ideenpool, worauf noch an späterer Stelle in Kapitel 3.4.3 eingegangen werden wird.[252] Zentral für den wirtschaftlichen Erfolg eines Unternehmens ist die Marktstellung seiner Produkte bzw. Marken. Um die Marktstellung einer strategischen Geschäftseinheit und das damit verbundene Erfolgspotential abschätzen zu können, bedarf es einer Identifikation der langfristigen Erfolgsdeterminanten.[253] Die Ergebnisse der PIMS-Studie weisen darauf hin, dass einige Teilaspekte der betrieblichen Innovationstätigkeit mit dem Unternehmenserfolg positiv korrelieren (vgl. hierzu auch Kapitel 7.1.2).[254] Demnach kommt dem Marktanteil eine zentrale Bedeutung für die Gewinnerzielung zu.[255] In einer Studie von *Wirtz/Klein-Bölting* zur Identifikation der bedeutsamsten Markenwerttreiber wurden hinsichtlich der Wichtigkeit der Marktanteil und die Etabliertheit der Marke genannt (siehe hierzu auch Abbildung 28).[256] Jedoch sollten die Marketingverantwortlichen ein höheres Augenmerk auf den Customer Equity[257] (siehe hierzu auch Kapitel 5.1.2), also den

---

[248] Vgl. Chandy/Hopstaken/Narasimhan/Prabhu (2006), S. 505.

[249] Vgl. Getz/De Bruin (2000), S. 78-84; Kessler/Chakrabarti (1996), S. 1143-1191.

[250] Vgl. Sankaranarayanan (2007), S. 774-791; Pullig/Simmons/Netemeyer (2006), S. 52-66; Schreiner (2005), S. 29-32.

[251] Vgl. Verhage/Waalewijn/van Weele (1981), S. 73-85.

[252] Vgl. hierzu auch Haller (2003), S. 79-98.

[253] Die ausgewählten Erfolgsfaktoren orientieren sich hierbei häufig an den empirischen Ergebnissen des *PIMS*-Projektes. Vgl. Meffert/Burmann/Kirchgeorg (2008), S. 266; Köhler (1981), S. 273.

[254] Bei der PIMS-Studie (Profit Impact of Market Strategies) handelt es sich um eine seit den sechziger Jahren durchgeführte branchenübergreifende Erhebung der *Harvard Business School* bzw. des *American Strategic Planning Institute* in Cambridge. Im Verlauf der Studie werden rund 3.000 Strategische Geschäftseinheiten (SGE) in mehr als 400 Unternehmen betrachtet. Unter 37 strategischen Erfolgsfaktoren werden die Variablen analysiert, welche unabhängig vom Produkt auf den ROI und Cash Flow den größten Einfluss besitzen. Allerdings werden auch der PIMS Studie erste Zweifel aufgeworfen, dass zu hohe F&E Ausgaben eher negative Folgen für den ROI haben. Trotz dieser Einschränkungen besteht in der Literatur weitgehend Einigkeit über die hohe strategische Bedeutung von Innovationen und deren Möglichkeit, den Unternehmenserfolg positiv zu beeinflussen. Vgl. Buzzell (1987) und Fritz (1997).

[255] Vgl. Vahs/Burmester (2008), S. 12; Meffert/Burmann/Kirchgeorg (2008), S. 266; Szymanski/Bharadwaj/Varadarajan (1993), S. 3; Buzzell/Gale (1989), S. 60; Homburg/Krohmer (2006).

[256] Hierzu wurden von einigen DAX- und MDAX-Unternehmen 32 Marketingexperten befragt. Vgl. Wirtz/Klein-Bölting (2007), S. 48-49.

[257] Der Customer Equity der Marke entspricht dem mit den Kunden der Marke verbundenen Gegenwartswert der zukünftigen Zahlungsströme. Vgl. Perrey/Riesenbeck (2004), S. 3, Wood (2000), S. 662-669.

Kundenwert, legen, da von diesem nicht nur die gegenwärtige Marktposition, sondern auch die zukünftige Ergebnisplanung abhängt. Der Marktanteil hingegen ist eine Art „snapshot" – eine gegenwärtige Bestandsaufnahme.[258] Mit einem kontinuierlich wachsenden Marktanteil steigt jedoch die Verhandlungsposition gegenüber den Lieferanten, wodurch bessere Konditionen in der Einkaufspolitik erzielt werden können.[259] Ein hoher Marktanteil führt zudem zu einer höheren Marktmacht des Unternehmens, mit welcher ein einfacherer Zugang zu bestimmten Vertriebskanälen und Lieferanten ermöglicht wird.

Wie wichtig Produktinnovationen sind, um Marktanteile zu sichern oder hinzuzugewinnen, musste beispielsweise der Premiumanbieter für Fernsehgeräte *Loewe* im Jahr 2003 schmerzlich erfahren. So brach der Umsatz von über 366 Millionen EUR auf 283 Millionen EUR ein, und es entstand ein Verlust von fast 27 Millionen EUR. Der Hauptgrund hierfür war, dass der Markt von der Röhrentechnologie zu Flachbildschirmen mit LCD und Plasma umschwenkte. Diese Entwicklung hatte jedoch *Loewe* zu Beginn verschlafen, wodurch die Bilanzen des Unternehmens nun in Schieflage gerieten.[260] Das Missachten von Trends und der Verzicht auf damit verbundene Innovationen können die Zukunft eines Unternehmens nachhaltig gefährden.[261] Dabei ist es prinzipiell gut nachvollziehbar, wenn Autoren davon ausgehen, dass innovationsfähige Unternehmen wirtschaftlich erfolgreicher sein können als Unternehmen, die ständig an bewährten Produkten, Marken und Unternehmenskonzepten festhalten (vgl. hierzu auch Abbildung 20).

Ein weiteres eindrucksvolles Beispiel ist die Geschichte des *Cirque du Soleil*, der sehr plastisch vor Augen geführt hat, welchen Einfluss Innovationsfähigkeit auf seine Marke hatte und bisweilen noch immer hat. Zu Beginn der 1980er Jahre drohte dem Zirkus das Aus. Sinkende Zuschauerzahlen, schwindende Gewinne und wachsende Probleme mit dem Nachwuchs führten zu einem allgemeinen Zirkussterben, von dem auch der *Cirque du Soleil* bedroht war. Vor dem Hintergrund dieser Marktentwicklung traten in Kanada 1984 Straßenkünstler an, um den Zirkus neu zu definieren. Ihr Ziel war es, dem unzeitgemäß gewordenen Unterhaltungsmedium eine neue Markenbedeutung zu verleihen. Die Idee, die den *Cirque du Soleil* von allen Wettbewerbern unterscheidet, liegt in der surrealen Komposition der Erfolgselemente aus

---

[258] Vgl. Rust (2007), S. 26-27.

[259] Vgl. Meffert/Burmann/Kirchgeorg (2008), S. 266.

[260] Dank der Zusammenarbeit mit dem japanischen Großaktionär *Sharp* und dessen Finanzspritze, verbunden mit umfangreichen Restrukturierungen und Produktinnovationen konnte 2005 der Turnaround auf operativer Basis geschafft werden. Letztlich hatte *Loewe* das Premiumsegment für Flat-TVs im Sturm erobert und erhielt hierfür im Jahr 2008 den Marken-Award von der Zeitschrift *absatzwirtschaft* und dem *DMV* für den besten Marken Relaunch. Vgl. Berdi (2008), S. 88-90.

[261] Vgl. Vinkemeier/von Franz (2007), S. 36-37.

Zirkus, Theater, Musik und Tanz. Diese Idee wurde zur kulturellen Innovation und verlieh dieser Marke einen neuen Glanz.[262]

Aber auch in der Unterhaltungsindustrie stellt die neue Konsolengeneration, zu der die *Sony Playstation 3*, *Xbox 360* und die *Wii* von *Nintendo* zählen, die Weichen für die Entwicklung und die Aufteilung des Marktes in den nächsten Jahren.[263] Im Vorfeld der Entwicklung der *Nintendo Wii* Konsole stellte sich für das japanische Unternehmen die Frage, ob man ähnlich wie *Sony* und *Microsoft* primär auf eine verbesserte Grafik und umfangreiche Ausstattung setzten sollte oder eine Alternative sucht, um sich von den Wettbewerbern abzugrenzen und neue Kundengruppen zu erschließen. *Nintendo* setzte bei der Entwicklung der *Wii* auf ein völlig neues intuitives Steuerungskonzept der Konsole. Die vergangenen Verkaufszahlen belegen eindrucksvoll, dass dieses Konzept aufgegangen ist und noch großes Erfolgspotential hat.[264]

Ebenso bestimmen im Handymarkt Produktinnovationen die Aufteilung der Märkte und beeinflussen das Markenimage positiv. Überrascht vom Erfolg des *iPhones* von *Apple* haben die großen Hersteller nachgezogen und bringen der Reihe nach Touchscreen-Handys auf den Markt.[265] Analysten sehen den Konzern zwar weiter als Technologieführer, die Wettbewerber machen aber mit einer Vielzahl von Smartphones Druck. Den Durchbruch der Touch-Technologie hatten bisher vor allem die hohen Herstellungs- und Entwicklungskosten verhindert. Doch auch sinkende Kosten für die Hardware sind kein Garant für den Siegeszug von Touchscreens. Insbesondere müssen die Geräte intuitiv möglich einfach bedienbar sein, um dem Kunden einen neuen Nutzen zu versprechen und das Markenversprechen einzuhalten.[266] Als Reaktion auf den Erfolg des *iPhones* haben Konkurrenten wie *Research In Motion*, *HTC* oder *Nokia* aufgerüstet. Mittlerweile ist die schnelle und einfache Webnutzung zu einem der wichtigsten Kriterien bei den oft teuren Alleskönnern geworden.[267] In saturierten Käufermärkten lassen sich daher hohe Marktanteile nur dann erzielen, wenn ein Unternehmen überdurchschnittlich erfolgreiche Produktinnovationen realisiert und das Mitarbeitercommitment

---

[262] Die Entführung in eine surreale Zauberwelt ist zu einer Zeit auf dem Markt erschien, als immer mehr Stimmen laut wurden, welche eine Rückbesinnung auf die Ideale der Romantik forderten. Der Erfolg des *Cirque du Soleil* wäre ohne die aktuelle Befindlichkeit der abendländischen Kultur und ihre daraus erwachsenden Sehnsüchte wohl nicht möglich gewesen. Vgl. Lintemeier (2008), S. 42.
[263] Vgl. Vinkemeier/von Franz (2007), S. 36-37.
[264] Von der *Wii* wurden weltweit über 50 Millionen Exemplare verkauft. Die *Xbox* von *Microsoft* kommt auf 30 Millionen, die *Playstation 3 (PS3)* von *Sony* auf 23 Millionen verkaufte Geräte. Vgl. Harding/Nuttall (2009), o.S..
[265] Der Erfolg des Multitouchscreens von *Apples iPhone* lässt auch die anderen Hersteller nun auf den großen Durchbruch hoffen. Diese Displays reagieren auf gleichzeitige Berührungen und erlauben beispielsweise die Größe eines Fotos mit Fingerbewegungen zu ändern.
[266] Vgl. Hermes (2008), S. 38.
[267] Vgl. Laube/Maatz/Wendel (2009), o.S..

62

zum Unternehmen entsprechend hoch ist.[268] Mit steigendem Marktanteil wächst die Größe des Unternehmens, sofern ein stagnierender oder wachsender Gesamtmarkt vorliegt. In nachfolgender Abbildung (Abbildung 27) wird illustriert, welche Determinanten gemäß der Metaanalyse von *Szymanski/Bharadwaj/Varadarajan*[269] dazu beitragen, dass sich der Marktanteil und damit auch der ROI steigern lassen.

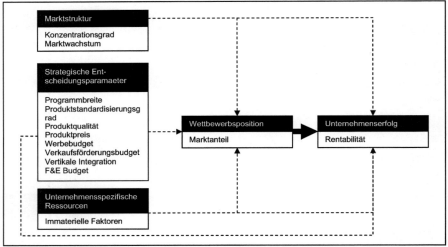

Abbildung 27: Einflussfaktoren der Marktanteils-ROI-Beziehung[270]

Alle Einflussfaktoren zusammengenommen, so schreiben die Autoren, können 52 Prozent des tatsächlich beobachteten ROI erklären. Dabei weisen sie darauf hin, dass dieser starke Einfluss des Marktanteils auf den ROI möglicherweise auch eine verzerrte Wahrnehmung aufgrund einer ungenauen Analyse ist, es nämlich zu einer präzisen Bestimmung der Gründe für einen bestimmten ROI darauf ankommt, die Ressourcen des Unternehmens möglichst umfassend zu berücksichtigen. „Die explizite Berücksichtigung des Einflusses dieser spezifischen Unternehmensressourcen führte in vielen Fällen zu einer deutlichen Abschwächung der Beziehung zwischen Marktanteil und ROI.

---

[268] Als Käufermarkt wird eine Marktsituation bezeichnet, in welcher sich der Käufer im Vergleich zum Verkäufer in einer verhandlungstechnisch vorteilhafteren Position befindet. Vgl. Gassmann/Enkel (2006), S. 132-135. Das Mitarbeitercommitment gilt als ein wesentlicher Einflussfaktor der Kundenzufriedenheit auch gerade dort, wo es in gesättigten Märkten einen wesentlichen Wettbewerbsvorteil darstellt. Vgl. Apergis/Milenovic/O'Gorman (2008), S. 152 und auch das Interview mit Huber (Anhang 16)

[269] In der Metaanalyse werden die Ergebnisse von Szymanski/Bharadwaj/Varadarajan aus 76 wissenschaftlichen Untersuchungen aus dem Zeitraum 1971 bis 1991 aufgezeigt. Vgl. Szymanski/Bharadwaj/Varadarajan (1993), S. 4.

[270] In Anlehnung an Szymanski/Bharadwaj/Varadarajan (1993), S. 4.

Letztlich bleibt somit trotz der Vielzahl empirischer Studien unklar, welche konkreten Maßnahmen zu einer Steigerung des Marktanteils führen und wie diese Maßnahmen, insbesondere in welcher Kombination, den ROI beeinflussen.[271] Der Eindruck eines positiven Einflusses eines höheren relativen Marktanteils[272] auf den ROI kann auch aus positiven Skaleneffekten resultieren.[273] Ein positiver Skaleneffekt beziehungsweise eine Grenzkostenersparnis liegt vor, wenn die Produktionsmenge stärker als die Erhöhung der eingebrachten Faktoren steigt. Bei hohen Marktanteilen lassen sich Erfahrungskurveneffekte (Abbildung 32)[274] realisieren, welche zu einer Verbesserung der Produktivität führen.[275] Für die Marktstellung eines Unternehmens spielen dessen Marken die zentrale Rolle. Bedeutsame Marktanteile werden jedoch nur dann realisiert, wenn entsprechende Produktinnovationen der Unternehmen erfolgreich auf dem Marktsegment positioniert sind.[276] Zudem haben Unternehmen mit einem höheren relativen Marktanteil in der Regel auch einen höheren Markenstärke-Index (ausführlich hierzu Kapitel 5.2).

Hierzu bedarf es jedoch einer individuellen Markenwertermittlung, was nicht immer ganz einfach ist. Standardisierte Markenbewertungsverfahren unterstützen bei den strategischen Markenführungsprozessen.[277] Einschränkend muss jedoch angemerkt werden, dass es kein standardisiertes Bewertungsverfahren gibt (vgl. hierzu auch Kapitel 5.1.1) und die Marken sowohl von monetären als auch von nicht-monetären Faktoren beeinflusst werden. Nach der Studie von *Wirtz/Klein-Bölting* aus 2007 sind die signifikantesten Markenwerttreiber das Markenimage, die Markenloyalität und die Markenbekanntheit (Abbildung 28).[278]

---

[271] Meffert/Burmann/Kirchgeorg (2008), S. 266. Vgl. hierzu auch Laverty (2001), S. 607-617.

[272] Der relative Marktanteil war auch die Grundlage für die *Boston Consulting Group Matrix*, in welcher der relative Marktanteil mit dem Marktwachstum verglichen wird.

[273] Als Skaleneffekt wird in der Produktionstheorie der Betriebswirtschaftslehre und in der Mikroökonomie die Abhängigkeit der Produktionsmenge von der Menge der eingesetzten Produktionsfaktoren definiert. Idealerweise steigt mit der Intensivierung der Produktionsfaktoren auch die ausgebrachte Produktionsmenge.

[274] Die Erfahrungskurve ist ein betriebswirtschaftliches Konzept, das erstmals 1925 im US-amerikanischen Flugzeugbau entdeckt wurde. Es besagt, dass mit zunehmender Produktionsmenge die Stückkosten sinken

[275] Vgl. Meffert/Burmann/Kirchgeorg (2008), S. 266; Ho/Lim/Camerer (2006), S. 341-344.

[276] Vgl. Vahs/Burmester (2005), S. 13; Atuahene-Gima (2005), S. 61-83; Biehal/Sheinin (2007), S. 12-25; Fader/Hardie/Huang (2004), S. 50-65; Garber et. al (2004), S. 419-428; Tafelmeier (2009), S. 176-177.

[277] Vgl. Rao/Agarwal/Dahlhoff (2004), S. 126-141; Pullig/Simmons/Netemeyer (2006), S. 52-66.

[278] Vgl. Wirtz/Klein-Bölting (2007), S. 46-48.

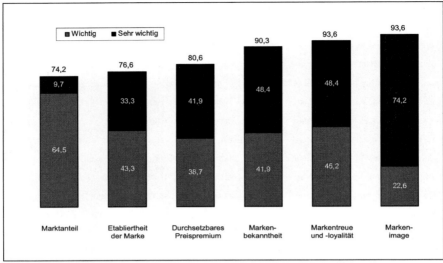

Abbildung 28: Die sechs wichtigsten Markenwerttreiber[279]

Als signifikantestes Problemgebilde werden die ungenügende Objektivität und Verlässlichkeit der diversen Markenbewertungsverfahren angesehen. Damit sei auch die Schwierigkeit angesprochen, mit welchen Maßstäben die Markenloyalität[280] und das Markenimage gemessen werden. Ein verbessertes Markenimage führt zum Gewinn von Marktanteilen. Doch ein gutes Markenimage führt nicht automatisch zu hohem Konsum. Negative oder begünstigende Faktoren in dieser Relation sind beispielsweise die ansteigende Preissensibilität der Konsumenten (ausgedrückt etwa in der Preiselastizität der Nachfrage) und der individuelle Zwang zum Konsum (ausgelöst etwa durch die entsprechenden Kommunikations- und Werbeinstrumente).[281] Zudem spielen für viele Konsumenten die räumliche Nähe, der Zeitfaktor und ein verändertes Umweltbewusstsein eine wichtige Rolle. Die permanente Variabilität in den Bedürfnisstrukturen sowie der zu beobachtende Rückgang beim Markenbewusstsein vieler Konsumenten müssen ebenfalls berücksichtigt werden. Daher sind die Wettbewerbsvorteile und der Kundennutzen sorgfältig zu dokumentieren und zu kommunizieren.[282] Nur durch den zielorientierten und integrierten Einsatz von entsprechenden Marketinginstrumenten des Markenwertmanagements kann die Preisgestaltung entsprechend dem individuellen Kundennutzen variiert werden.[283] Von geringerer Bedeutung für das zurückgehende Markenbewusstsein der Konsumenten sind die

---

[279] Klein-Bölting/Wirtz/Malzbender (2007), S. 32.
[280] Vgl. Chaudhuri/Holbruck (2001), S. 81; Tomczak/Reinecke/Kaetzke (2004), S. 1821-1852.
[281] Vgl. Pauwels et. al (2004), S. 142-156; Palmatier et. al (2006), S. 136-153.
[282] Vgl. Joshi (2004), S. 47-59.
[283] Vgl. Hamilton/Srivastava (2008), S. 450-461; Koças/Bohlmann (2008), S. 124-142; Metzler (2005), S. 11-14.

Markenpiraterie und die anwachsende wirtschaftliche Globalisierung. Die Reduzierung des Markenwertes ist auf Unternehmensseite vorwiegend auf die zunehmenden Veränderungen im Umfeld des Konsumentendeterminierten Preis- und Markenbewusstseins zurückzuführen.[284] Als Ursache kann beispielsweise die steuerinduzierte Verringerung der Kaufkraft der Nachfrager genannt werden. Aber auch die Preisfixierung in manchen Wirtschaftszweigen (z. B. Gastronomie) im Zuge der Euroeinführung sowie der inflationsbedingte Rückgang[285] des disponiblen Einkommens durch den ständigen Anstieg des Preisniveaus sind signifikante Elemente der ansteigenden Preisbeachtung im Konsum von (Marken-)Produkten.[286]

Obwohl die Kosten aufgrund von ansteigenden Rohstoff- und Energiepreisen förmlich explodieren, wagen sich Marketing und Vertrieb der meisten Unternehmen gegenüber Kunden nicht gerne an Preiserhöhungen heran. Zu groß ist die Angst, die Kunden zu verärgern oder zu verlieren.[287] Einseitige Versuche des Topmanagements, den gestiegenen Einkaufspreisen durch Kostenreduzierungsmaßnahmen zu entkommen, werden unter gegebenen Umständen zu keinem nennenswerten Erfolg führen. Die Durchsetzung höherer Preise hätte aber eine enorme Hebelwirkung auf den Gewinn.[288] „Gelingt es dem Unternehmen, 2009 bei einer angenommen Umsatzrendite von 5 Prozent die Preise ohne Mengenverlust nur um 2 Prozent zu erhöhen, so ergibt sich daraus ein Gewinnanstieg von 40 Prozent."[289] Der wirtschaftliche Erfolg kann jedoch nicht allein durch eine opportune Produkt- und Preispolitik erreicht werden. Loyale Mitarbeiter schaffen zufriedene Kunden, und zufriedene Kunden steigern die Rentabilität und dadurch den Markenwert.[290]

3.3.3 Mittelfristige Auswirkungen des Know-How-Vorsprungs und dessen Output

Nach diesen kennzahlenspezifischen Überlegungen beschäftigt sich dieses Kapitel mit dem Einfluss des Know-How-Vorsprungs auf die Innovationsfähigkeit und den Unternehmenserfolg. Der vorhandene Know-How-Vorsprung beeinflusst die Innovationsfähigkeit positiv und trägt zum Ausbau der bisherigen Marktstellung bei. Dies zeigt sich auch in der gestiegenen Anzahl der angemeldeten Patente. Der Marktanteil eines Unternehmens erhöht sich folglich, sofern die entsprechenden Produktinnovationen erfolgreich umgesetzt werden. Dies kann aber nur in einer

---

[284] Vgl. Wirtz/Klein-Bölting (2007), S. 48.
[285] Unter der Voraussetzung, dass die Erhöhung des disponiblen Einkommens geringer als die Inflation ausfällt oder die Anpassung des Einkommens an das steigende Preisniveau mit einem zeitlichen Verzug stattfindet.
[286] Vgl. Slotegraaf/Pauwels (2008), S. 293-306.
[287] Vgl. Grothe (2008), S. 31.
[288] Vgl. Ambler (2005), S. 153-154.
[289] Grothe (2008), S. 31.
[290] Vgl. Apergis/Milenovic/O'Gorman (2008), S. 150.

innovationsfreundlichen Umgebung bzw. Standort gewährleistet werden. Die Innovations-fähigkeit eines Landes spiegelt sich somit in der Anzahl der angemeldeten Patente wider und setzt sich aus der Summe der Patente aus den einzelnen Unternehmen zusammen.[291] „Dieser quantitativ und qualitativ beschriebene Patentvorteil gegenüber den im Markt befindlichen Konkurrenten kann als Output eines umfassenden betrieblichen Innovationsmanagements angesehen werden."[292]

So waren gemäß den vorliegenden Daten im Jahre 2000 beim *Europäischen Patentamt* 20.000 Patente in Deutschland angemeldet. Dies bedeutete den zweiten Platz hinter den USA mit damals 30.000 zu verzeichnenden angemeldeten Patenten.[293] Betrachtet man die deutschen Zahlen nach Bundesländern gegliedert, so belegte Baden-Württemberg vor Bayern den ersten Rang, während die neuen Bundesländer wie etwa Brandenburg das Schlusslicht bildeten. Neuere Zahlen des Europäischen Patentamtes aus dem Jahre 2008 geben einen aktuellen Überblick vom Innovationsstandort Deutschland. Gemäß den Informationen von *Ernst & Young* betrug die Anzahl der angemeldeten Patente in Deutschland 25.176 (Tabelle 5).[294] An zweiter Stelle, mit einem deutlichen Abstand, stand Frankreich mit 8.328 angemeldeten Patenten.

	Land	Zahl der angemeldeten Patente	Anteil an Gesamtzahl
1	Deutschland	25.176	17,90%
2	Frankreich	8.328	5,90%
3	Niederlande	6.999	5,00%
4	Schweiz	5.855	4,20%
5	Großbritannien	4.979	3,50%
6	Italien	4.392	3,10%
7	Schweden	2.733	1,90%
8	Finnland	2.045	1,50%

Tabelle 5: Europaweite Patentanmeldungen im Jahr 2008[295]

In Prozentwerten war der deutsche Anteil an der Gesamtzahl der Patentanmeldungen 18 Prozent hoch. Lediglich der amerikanische Anteil war mit 25 Prozent noch bedeutender. Trotz dieser für das Vorliegen eines relativ gut ausgeprägten Innovationsklimas sprechenden Zahlen wird in dieser aktuellen Standortstudie die Innovationskultur in deutschen Unternehmen eher skeptisch gesehen. Nach einer Studie von *Ernst & Young* liegt in Deutschland im Vergleich zu den USA eine höhere Risikoaversität vor.[296] Insbesondere kleine und mittelständische Unternehmen seien

---

[291] Vgl. Harhoff (2006), S. 86-109.
[292] Vahs/Burmester (2005), S. 12.
[293] Vgl. Wahren (2004), S. 4.
[294] Vgl. Englisch (2008), S. 37-38.
[295] In Anlehnung an Englisch (2008), S. 37.
[296] Vgl. Englisch (2008), S. 37-38.

tendenziell risikoavers und riefen häufig ihr Innovationspotential nur unzureichend ab.[297] Diese Haltung gegenüber Risiken müsste sich nach Auffassung diverser Spezialisten ändern, damit eine neue, innovationsorientiertere Generation von deutschen Unternehmern das im Land vorhandene kreative Potential besser in gelingende Produktinnovationen umsetzen könne. Fördergelder für Innovationsaktivitäten und steuerliche Vergünstigungen könnten hierbei hilfreich sein (vgl. Kapitel 3.2.2).

Dennoch wird Deutschland nach der Studie von *Ernst & Young* ein relativ hohes Niveau an Innovationsfähigkeit bescheinigt.[298] Jedoch gibt es Branchenschwerpunkte, wie beispielsweise der technologielastige Industriesektor (z. B. Maschinen- und Automobilbau), der stärker innovativ geprägt ist, als beispielsweise die Versicherungsbranche.[299] Dies zeigt sich auch in der Bedeutung der Marken in diesen Wirtschaftszweigen (vgl. Kapitel 5.3.2). So dürften beispielsweise die Automobilmarken *BMW*, *VW* und *Porsche* sowie *Mercedes-Benz* einen nahezu weltweiten Bekanntheitsgrad besitzen. Allerdings fehlt Deutschland zunehmend die Dynamik im Innovationswettbewerb. Deutschland hat im globalen Innovationswettbewerb eine Spitzenposition in Technologiefeldern, die heute zwar noch von hoher wirtschaftlicher Bedeutung sind, aber ihre starke Wachstumsphase bereits hinter sich haben.

Gerade in den dynamisch wachsenden Zukunftstechnologien ist Deutschland schwach vertreten. Je höher die Innovationsdynamik ist, desto schwächer ist die deutsche Position. Dies zeigt eine Auswertung von mehr als 700.000 Patenten in 17 Technologiefeldern, die von der *Boston Consulting* Group *(BCG)* in den Jahren 1998 bis 2005 analysiert wurden.[300] Daher muss der Fokus der deutschen Unternehmen in den Aufbau und Ausbau von Know-How gelegt werden, um die internationale Wettbewerbsfähigkeit der Innovationen zu erhöhen. Die Ausgaben für Forschung und Entwicklung sind eine wichtige Bestimmungsgröße für das Innovationstempo einer Volkswirtschaft. Je höher die Ausgaben sind, desto größer ist die Aussicht auf eine dynamische Entwicklung der Produktivität und ein stärkeres Wirtschaftswachstum. Die beschleunigten Veränderungszyklen in Technik, Wirtschaft und Gesellschaft, die Dynamik der Geschäftsprozesse mit internationalen Partnern und Wettbewerbern erlauben Deutschland kein Ausruhen auf Erfolgen der Vergangenheit und Gegenwart", so *Hans-Jörg Bullinger*.[301] Private

---

[297] Vgl. Brunswicker/Schröder (2008), o. S..
[298] Vgl. Englisch (2008), S. 37-38.
[299] Vgl. Englisch (2008), S. 37-38 und Interview mit Koers (Anhang 11).
[300] Vgl. BCG (2006), S. 92.
[301] Bullinger (2008), o. S..

und öffentliche Ausgaben in Forschung und Entwicklung sind eine wichtige Grundlage hierfür (vgl. Abbildung 29).[302]

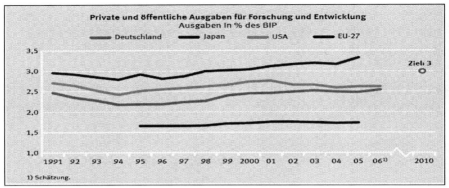

Abbildung 29: Private und öffentliche Ausgaben für Forschung und Entwicklung[303]

Der hier dargestellte Indikator umfasst die Ausgaben von Wirtschaft, Staat und Hochschulen für Forschung und Entwicklung und stellt diese in Relation zum BIP. Der *Europäische Rat von Barcelona* hat 2002 als Zielvorgabe für Europa einen Anteil der F&E Ausgaben von 3 Prozent im Jahr 2010 beschlossen. Diese Vorgabe wurde von der Bundesregierung von Deutschland als Ziel übernommen, um die Innovationsfähigkeit von Deutschland zu sichern.[304] Nur so bleiben für Deutschland die internationale Wettbewerbsfähigkeit und die Aussicht auf einen nachhaltigen Unternehmenserfolg bestehen. Wie erfolgreich letztendlich Innovationen sind, hat aber auch damit zu tun, wie gut die Produkte sind, wie genau diese an die Kundenbedürfnisse angepasst und wie qualifiziert die Mitarbeiter im Unternehmen sind. Aus diesem Grund soll als nächster Aspekt für den Erfolg von Innovationen in Unternehmen der Bereich Human Resources untersucht werden, bevor auf den Einfluss von Produktqualität und Produktivität auf den Unternehmenserfolg eingegangen wird (vgl. Kapitel 3.3.5).

---

[302] Vgl. hierzu auch Kapitel 3.2.2.
[303] Statistisches Bundesamt/Destatis (2008), S. 20; OECD (2007).
[304] Vgl. Statistisches Bundesamt/Destatis (2008), S. 20.

3.3.4 Human Resources und Bildung als Innovationsaspekte

Zwischen der Innovationsfähigkeit eines Standortes und dem Erfolg des jeweiligen Bildungssystems besteht ein direkter Zusammenhang. *Hans-Jörg Bullinger,* Präsident der *Fraunhofer-Gesellschaft,* sagt hierzu: „Innovationsfähigkeit ist der Erfolgsfaktor Nummer 1. Ein Hochlohnland wie die Bundesrepublik Deutschland kann einen Kostenwettbewerb mit Billiglohnländern nicht gewinnen. Wir müssen etwas herstellen oder etwas leisten, was diese nicht können – innovative, einzigartige Produkte und Dienstleistungen, für die Verbraucher auch bereit sind, einen höheren Preis zu bezahlen."[305] Das rapide Wachstum führender Volkswirtschaften ist im Wesentlichen auf gestiegenes Wissen zurückzuführen, dessen Mehrung sich wirtschaftlich in technischem Fortschritt und Innovation ausdrückt und dessen Verbreitung sich im Anteil hochqualifizierter Arbeitskräfte widerspiegelt.[306] In Abbildung 30 zeigt sich, welches nach Meinung der Befragten der Studie *Standort Deutschland 2008* die innovativsten Länder der Welt sind.

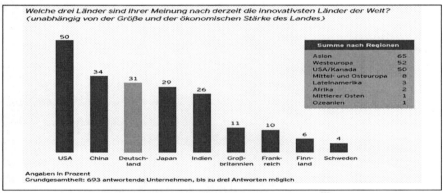

Abbildung 30: Die innovativsten Länder der Welt[307]

Gemäß den Ergebnissen einer Befragung unter 693 Unternehmen weltweit in der Studie *Standort Deutschland 2008* werden die in Hinblick auf Innovationsfähigkeit dynamischsten Universitäten und Schulen in den nächsten zehn Jahren in den USA zu finden sein (vgl. Abbildung 30).[308] Dass Deutschland hier den dritten Platz einnimmt, ist insofern beachtenswert, da es sich um ein „traditionelles" und „historisch-gewachsenes" Industrieland handelt. Eine interessante modellhafte Darstellung eines Zusammenhangs zwischen Innovation und Wissensstand (Human

---

[305] Bullinger (2008), o. S..
[306] Vgl. Koller (2008), o. S..
[307] Englisch (2008), S. 38.
[308] Vgl. Englisch (2008), S. 38.

Capital) liefern *Prabhu, Chandy* und *Ellis* in ihrer Untersuchung über die Einflussmöglichkeiten von zu- oder abnehmenden unternehmensindividuellen akquisitorischen Aktivitäten im Umfeld von Innovationen. „We show that in the context of acquisitions, the two sources of knowledge – internal and external – interact in a dynamic fashion to produce innovations. Acquisitions need not be a poison pill or even merely a placebo for innovation."[309] Die Studie bestätigt, dass Unternehmen auch bei ihren späteren Innovationsaktivitäten erfolgreicher als andere sind, wenn sich diese auch nach einer Unternehmensakquisition weiterhin mit internem Wissensaufbau beschäftigen und sich nicht nur durch Unternehmensübernahmen externes Wissen „einkaufen".

Die Bedeutung des Wissensstandes in einem Land und des damit verbundenen Bestands an Human Resources für die Thematik Innovation zeigt sich in Deutschland auch an der Attraktivität der deutschen Hochschulen und Universitäten für ausländische Studierende. Die Reputation der deutschen Universitäten ist nach wie vor gut, was sich auch an der wachsenden Zahl ausländischer Studierender zeigt. Von 1997 bis 2006 erhöhte sich die Zahl der ausländischen Studierenden von 100.000 auf 190.000. Die Exzellenzinitiative des Bundes und der Länder zur Förderung von Wissenschaft und Forschung an den deutschen Hochschulen hat ebenso das Ziel, den Wissenschaftsstandort Deutschland nachhaltig zu stärken und seine internationale Wettbewerbsfähigkeit zu verbessern.[310] So ist beispielsweise geplant, den Lehrkörperbestand nicht nur zu verjüngen, sondern auch mehr Lehrende einzusetzen. Damit werden eine Verbesserung der Studienbedingungen und eine weitere Erhöhung des Wissenstransfers zwischen Wissenschaft und Wirtschaft verfolgt. Gut ausgebildete Wissenschaftler und lehrende Fachkräfte tragen dazu bei, dass sich eine höhere Anzahl von Studierenden besser qualifizieren und auf höchstem Standard an der Entwicklung von Innovationen mitwirken können. Junge aufstrebende und international ausgebildete Wissenschaftler können bei diesem Vorhaben unterstützen.

Neben der Qualifizierung der Mitarbeiter ist noch ein weiterer wichtiger Aspekt die Mitarbeiterbindung. Gerade der gerne verwendet Begriff „Human Capital" suggeriert teilweise, dass Mitarbeiter beliebig austauschbar sind oder flexibel eingesetzt werden können. Dabei hat man gerade in den letzten Jahren erkannt, dass die Verbundenheit der Mitarbeiter mit dem Unternehmen ein eigenes, nicht austauschbares Kapital ist. Um im Personalbereich Fluktuationskosten zu vermeiden, sollte versucht werden, qualifizierte Mitarbeiter mit einem hohen Commitment an das Unternehmen langfristig zu binden – gerade in Zeiten des zunehmenden

---

[309] Prabhu/Chandy/Ellis et. al (2005), S. 127.
[310] Vgl. Englisch (2008), S. 38.

Fachkräftemangels eine große Herausforderung für Unternehmen. Die damit verbundene Wirkung und Reaktion auf Marken darf an dieser Stelle nicht unberücksichtigt bleiben.[311]

Nur Mitarbeiter, die vom Unternehmen bzw. Markenprodukt persönlich überzeugt sind, können dessen Markenwert nachhaltig positiv beeinflussen. Aus den hier kurz umrissenen Überlegungen ergibt sich die folgende Kausalkette: Das staatliche Bildungssystem und das duale System der Berufsausbildung sind die Eckpfeiler einer zukunftsorientierten Qualifikation für junge Menschen in Deutschland. Fehlende Schul- und Berufsabschlüsse bedeuten ein Armutsrisiko für Deutschland und belasten die Sozialsysteme. Daher gilt es den Bildungsstandard und die Qualifikationen der Mitarbeiter ständig zu verbessern.[312]

Der in Abbildung 31 dargestellte Indikator beschreibt die Defizite der Ausbildung mit dem Anteil der Schulabgänger, die gegenwärtig keine Schule oder Hochschule besuchen und sich auch an keiner Weiterbildungsmaßnahme beteiligen und nicht über einen Hochschulreife-abschluss bzw. abgeschlossene Berufsausbildung verfügen. Gemeinsam mit den Länder-regierungen hat die Bundesregierung das Ziel, den Anteil der frühen Schulabgänger bis 2010 auf einen Wert von 9 Prozent und bis 2020 weiter auf 4,5 Prozent zu senken.[313]

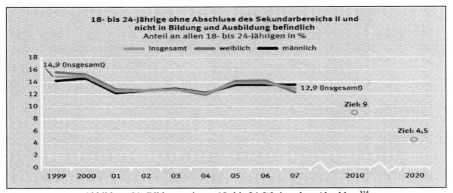

Abbildung 31: Bildungsmisere: 18- bis 24-Jährige ohne Abschluss[314]

Gute Bildungsbedingungen in einem Land sind die Voraussetzung für die Ausbildung von qualifiziertem Personal, welches wiederum eine der wichtigsten Bedingungen für erfolgreiche

---

[311] Als wesentlicher Einflussfaktor der Kundenzufriedenheit gilt das Mitarbeitercommitment auch gerade dort, wo es in gesättigten Märkten einen wesentlichen Wettbewerbsvorteil darstellt. Vgl. Apergis/Milenovic/O'Gorman (2008), S. 152.

[312] Vgl. Statistisches Bundesamt/Destatis (2008), S. 22.

[313] Vgl. Statistisches Bundesamt/Destatis (2008), S. 22.

[314] Statistisches Bundesamt/Destatis (2008), S. 22.

Innovationsaktivitäten in Unternehmen darstellt. Das qualifizierte Personal ist bestrebt, intern oder gemeinsam mit Entwicklungsallianzen Innovationen (vgl. Kapitel 3.4.3) zu entwickeln, erfolgreich umzusetzen und zielgruppenspezifisch am Markt zu platzieren. Innovationen können dadurch die Entwicklung von unternehmensindividuellen Marken fördern, wofür wiederum der Konsument bereit ist einen höheren Preis zu bezahlen. Eine notwendige Vorraussetzung hierfür ist jedoch, dass der Kunde auch die vereinbarte Produktqualität erhält.

3.3.5 Differenzierung zwischen Produktivität und Produktqualität

Die Produktqualität und Produktivität kann den Marktanteil und Unternehmenserfolg positiv beeinflussen, da laut einer Studie von *Ipsos* markentreue Konsumenten insbesondere Qualitätsprodukte bevorzugen. In der in 2007 veröffentlichten telefonischen Befragung von 1.000 Personen ab 14 Jahren stellten die *Ipsos* Forscher fest, dass mehr als 75 Prozent aller markentreuen Konsumenten ihrer Stammmarke eine hohe Qualität unterstellen.[315] Die qualitativ hochwertige Fertigung bzw. Ausstattung eines Gutes und dessen Produktionskosten haben einen signifikanten Einfluss auf dessen Marktanteil und können diesen entsprechend beeinflussen.

Hierbei hat die innovative Ausstattung eines Unternehmens potentielle Auswirkungen auf die erbrachte Produktivität und Produktqualität – mit den entsprechenden Auswirkungen auf die Markenbildung.[316] Eine Effizienzsteigerung beziehungsweise Produktivitätssteigerung kann beispielsweise durch den technischen Fortschritt sowie durch die Automatisierung und die Rationalisierung gewährleistet werden. Je ausgeprägter der Marktanteil ist, desto höher ist die produzierte Stückzahl, und umso geringer sind in der Regel die Stückkosten, was auch durch die in der nächsten Abbildung dokumentierte Erfahrungskurve (Abbildung 32) beschrieben wird.

---

[315] Bei Kleidungsartikeln wie Jeans lag dieser Wert sogar bei 89 Prozent, bei Bierprodukten bei 87 Prozent, bei Schokolade bei 86 Prozent und bei Handys bei 81 Prozent. Ebenso viele Konsumenten behaupten, dass ihre Stammmarke sie immer wieder überzeuge. Ein gutes Preis-Leistungsverhältnis ist ein weiteres Attribut, dass Stammmarken mehrheitlich zugeschrieben wird. Vgl. Ipsos (2007).

[316] Vgl. hierzu auch Marinova/Ye/Singh (2008), S. 28-45; Moorman/Rust (1999), S. 160-197.

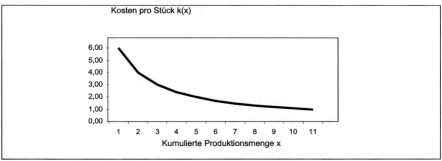

Abbildung 32: Erfahrungskurve[317]

Diese Kurve besagt, dass die inflationsbereinigten (realen) Stückkosten konstant sinken, wenn sich die Produktionsmenge erhöht. Das Unternehmen profitiert von den mit zunehmenden kumulierten Produktionszahlen gesammelten Erfahrungen und verwendet diese annahmegemäß zur Verringerung der Stückkosten.[318] Eine hohe Produktivität ist jedoch mit der Umsetzung von Prozessinnovationen verbunden und erfordert die laufende Implementierung effizienter Verfahren und Abläufe.[319] Ferner ist anzumerken, dass eine ausgeprägt positive Produktivität – definiert als Wertschöpfung je Mitarbeiter – eng mit den Umsetzungsmöglichkeiten von Prozessinnovationen verbunden ist. Dies wiederum postuliert eine stringente Implementierung von effizienten Verfahren und betrieblichen Abläufen.[320] Ohne eine entsprechende unternehmerische Organisation können keine innovativen, brauchbaren Ergebnisse erwirtschaftet werden.

Dies wird sich auch auf die Produktivität des Produktionsfaktors Arbeit positiv auswirken. Für den Verbraucher bedeutet laut einer *GfK* Umfrage, dass Innovationen für eine bessere Qualität bürgen.[321] Eine entsprechende konsumentengerechte Produktqualität kann wiederum unternehmenserwünschte Auswirkungen auf den ROI bedingen.[322] Da die Produktqualität auch einen signifikanten Einfluss auf die Markenbildung ausübt, ergibt sich wiederum ein weiterer wichtiger Zusammenhang zwischen Marke und Produktqualität.[323] Allerdings unterliegen jegliche Produktqualitätseigenschaften, die eine Marke beeinflussen können, objektiven und

---

[317] Eigene Darstellung.

[318] Vgl. Meffert/Burmann/Kirchgeorg (2008), S. 266. In diesem Zusammenhang könnten auch Überlegungen zum Lieferantenwechsel zum Tragen kommen, um bessere Einkaufskonditionen zu erzielen. Vgl. hierzu Wagner/Friedl (2007), S. 700-717.

[319] Vgl. Vahs/Burmester (2005), S. 12.

[320] Vgl. Vahs/Burmester (2005), S. 13.

[321] Vgl. GfK (2006), S. 81-82.

[322] Oftmals wird der Preis als ein Indikator für eine Qualitätsbeurteilung verwendet. Vgl. Fürst/Heil/Daniel (2004), S. 538-549.

[323] Vgl. Interview mit Huber (Anhang 16).

auch subjektiven Bewertungskomponenten.[324] Einschränkend muss angemerkt werden, dass zwar die Produktqualität auf gesättigten Märkten wichtig ist, aber nicht mehr hinreichend für den Markterfolg ist. Werttreiber für eine Marke sind die Vorstellungen in den Köpfen der Verbraucher, welche der Marke ein einzigartiges und unverwechselbares Gesicht verleihen. Der Konsument sieht in der Marke ein Produkt, welches für entsprechende Qualität bürgen soll und wofür er gerne bereit ist etwas mehr zu bezahlen. Dieses Produktqualitätsversprechen schlägt sich auch positiv im Unternehmensergebnis nieder. Wichtige Gründe für die positive Korrelation sind vor allem höhere erzielbare Preise bei qualitativ hochwertigeren Produkten. Ebenso ist die Kaufbereitschaft der Kunden bei diesen Produkten höher und wirkt dadurch positiv auf den Marktanteil.

Eine höhere Produktqualität hat zudem niedrigere Reklamationskosten und somit geringere Servicekosten zur Folge und spiegelt sich in einer höheren Kundenzufriedenheit wider. Kunden, die zufrieden sind, werden auch das Produkt weiterempfehlen, wodurch neue Kunden gewonnen werden können.[325] Als ein wesentlicher Einflussfaktor der Kundenzufriedenheit gilt das Mitarbeitercommitment, da mit einem Anstieg des Mitarbeitercommitments die Steigerung der Kundenzufriedenheit einhergeht. Eine der zentralen Zielgrößen in der Unternehmensführung sind loyale, an das Unternehmen gebundene Mitarbeiter, die sich mit dem Arbeitgeber und seinen Zielen und seiner Marke identifizieren, Aufgaben mit Engagement erfüllen und bereit sind auch einmal mehr zu leisten, als grundsätzlich von ihnen erwartet wird – sprich Mitarbeiter mit einem hohen Commitment.[326] Die zielgruppenspezifisch geforderte Produktqualität sollte möglichst mit der Produktivität (verfügbare Zeit, Motivation Mitarbeiter, Budget etc.) im Einklang stehen. Missstände in Produktivität und Qualität können den Unternehmenserfolg entscheidend negativ beeinflussen.

3.3.6 Investitionsintensität unter Einfluss von Finanzierungsüberlegungen

Die wirtschaftliche Leistungskraft und Wettbewerbsfähigkeit einer Volkswirtschaft und somit der einzelnen Unternehmen hängen von den Investitionen der Unternehmen und des Staates ab (vgl. Abbildung 29).[327] Damit Innovationen entwickelt und erfolgreich umgesetzt werden können, bedürfen diese einer entsprechenden Finanzierung. Insbesondere durch die Investition in

---

[324] Vgl. Erdem/Swait/Valenzuela (2006), S. 34; Bosmans (2006), S. 32-43 und Interview mit Koers (Anhang 11).

[325] Vgl. Chevalier/Mayzlin (2006), S. 345-354; Fang/Palmatier/Steenkamp (2008), S. 1-14.

[326] Die positive Korrelation von Mitarbeitercommitment und Kundenzufriedenheit belegt eine Studie für Dienstleistungsunternehmen, welche auf mehr als 700.000 Kunden- und 100.00 Mitarbeiterinterviews basiert. Vgl. Apergis/Milenovic/O'Gorman (2008), S. 150-152.

[327] Vgl. Statistisches Bundesamt/Destatis (2008), S. 18.

neue Anlagen werden Innovationen realisiert sowie Märkte und damit auch Beschäftigung gesichert oder ausgeweitet (vgl. Abbildung 20).[328] Eine Grundüberlegung hierbei ist, ob, wann und in welcher Höhe beispielsweise Ausgaben für Forschung und Entwicklung oder Maschinen notwendig sind und bis wann sich diese Kosten wieder amortisiert haben (vgl. Abbildung 36). Hierzu wird im Nachfolgenden der Zusammenhang zwischen der Investitionsintensität und dem ROI analysiert, da diese mit dem ROI negativ korreliert.

Bezogen auf den Umsatz steigt mit einem steigenden Investitionsvolumen auch das Abschreibungsvolumen und der bilanzielle Gewinn sinkt.[329] Mit zunehmender Investitionsintensität nehmen das Anlagevermögen und die Kapitalbindung bzw. Kapitalbindungsdauer zu. Die Dispositionselastizität verringert sich und das Risiko einer zu geringen Kapazitätsauslastung wächst. Unter Umständen müssen die Preise gesenkt werden, um die produzierte Stückzahl am Markt absetzen zu können. Dies kann wiederum negative Auswirkungen auf die Gewinnspanne haben. Erhöhte innovative Betätigungen dürften auch zu einem Anstieg des unternehmensspezifischen Nachfrageverhaltens führen. So ist es durchaus vorstellbar, dass durch die augenblickliche negative Entwicklung am Energiesektormarkt die Rohstoffpreise noch weiter nach oben ansteigen werden, wodurch zusätzliche Kosten für das Unternehmen entstehen. Diese wiederum können nicht immer vollständig an die Konsumenten weiter transferiert werden. Innovationen können beispielsweise durch Energiesparmaßnahmen an Gebäuden oder Realisierung umwelteffizienter Produktionstechniken und Güter durch dazu beitragen, dass sich die Energie- und Ressourceneffizienz erhöht.[330] Durch die sorgfältig geplante Kommunikation des individuellen Kundennutzens oder potentieller Wettbewerbsvorteile kann die Preisgestaltung nach oben variiert werden. Die Durchsetzung von höheren Preisen hätte zudem eine enorme Hebelwirkung auf den Gewinn.[331]

Ebenfalls können sich negative Auswirkungen durch die unzureichende kapazitative Beanspruchung wegen entsprechender Leerlaufzeiten beim bestehenden Anlagevermögen ergeben. Mit dem Produktionsfaktor Arbeit kann jedoch nicht immer auf solche Situationen adäquat reagiert werden, da dieser tendenziell fix ausgestaltet ist. Daher kann auf Kapazitäts- und Auslastungsschwankungen nicht unternehmenskonform reagiert werden, was bei kapitalmarktorientierten Unternehmen zu einem Rückgang der Gewinne führen kann. Auch wenn

---

[328] Vgl. Hess/Jesske (2009), S. 13.

[329] Die Wahl der Abschreibungsmethode, die auch zur Ermittlung der Kostenhöhe herangezogen wird, kann bei kostenbasierter Preisregulierung zu einem Unterinvestitionsproblem führen. Vgl. Friedl (2007b), S. 335-348.

[330] Vgl. Statistisches Bundesamt/Destatis (2008), S. 18.

[331] Vgl. Grothe (2008), S. 31; Hamilton/Srivastava (2008), S. 450-461; Koçaş/Bohlmann (2008), S. 124-142.

Investitionsaktivitäten auf den ersten Blick einen negativen Einfluss auf den ROI haben, so ist dies nur als eine Momentaufnahme zu betrachten. Jegliche Investitionen und Innovationen bedürfen einer Vorfinanzierung, die für den momentanen ROI schädlich sein können. Jedoch sind Investitionen in die Zukunft, wenn diese auch marktkonform durchgeführt werden, mit einem Anstieg des ROI in der künftigen Unternehmensentwicklung verbunden. Jener zukünftige größere Gewinn für das Unternehmen kann dann für weitere Innovationsaktivitäten verwendet werden, ohne dass es zu zusätzlichen Finanzierungsengpässen kommen wird. Dadurch erhält das Unternehmen – trotz augenblicklich nach unten gerichtetem ROI – in der Zukunft einen Wettbewerbsvorteil. Mit anderen Worten: Was für den augenblicklichen Moment eher negativ erscheint, ist ein wirkungsvoller nachhaltiger Faktor für die zukünftige Unternehmens-entwicklung. Abschließend ist in diesem Zusammenhang noch zu ergänzen, dass der Markenwert in der Regel ein langfristiges Investitionsvorhaben ist. Diese Denkweise muss vor allem bei den unternehmerischen Entscheidungsträgern verankert werden, welche die Marketing-investitionen richtig priorisieren, die Konsistenz der Markenbotschaften gewährleisten und eine exzellente Umsetzung sicherstellen müssen.

Grundsätzlich kann die Finanzierung von Produktinnovationen und Innovationsaktivitäten durch Eigenkapital und / oder Fremdfinanzierung erfolgen. Zunächst sind jedoch ein Finanzbedarfsplan für potentielle Investitionen und die Bonität des eigenen Unternehmens zu ermitteln. Ein gutes Unternehmensergebnis und entsprechende Eigenkapitalausstattung haben neben einem geringen Verschuldungsgrad, entsprechenden Sicherheiten, einer guten Liquidität und einem hohen Anlagendeckungsgrad positive Auswirkungen auf die Bonität des Unternehmens. Solvente Unternehmen mit einer guten Kreditwürdigkeit können daher leichter Kredite aufnehmen und aus Finanzierungsgesichtspunkten zukünftige Investitionen – auch in F&E - einfacher tätigen.[332] Die Investitionen in F&E helfen bei der Entwicklung von Produkten. Allerdings sollten die Kunden möglichst frühzeitig in diesen Entwicklungsprozess integriert werden. Durch die neu entwickelten Produkte kann zum einen einer höherer Verkaufspreis der Produkte erzielt werden und zum anderen führt das gestiegene Markenimage durch die innovativen Aktivitäten zu einer höheren Markenstärke und als Ergebnis zu einem höheren Markenwert (vgl. Kapitel 5.3.2)

So können Markenrechte in der modernen Unternehmensfinanzierungspraxis als Sicherheit beim Kapitalgeber hinterlegt werden und dienen somit als ein innovatives Finanzierungsinstrument. Im Jahr 2007 verkaufte beispielsweise das Nürnberger Traditionsunternehmen *Triumph-Adler*

---

[332] Vgl. Velthuis (2007), S. 158-183.

AG[333] aus einem Finanzierungskalkül die Marke *Utax* für 15 Mio. EUR und leaste diese anschließend wieder zurück.[334] *Christian Schultes*, Vorstand für Finanzen bei *Vantargis*, meint hierzu: „Ein Sale-and-Lease-Back als Sonderform des Leasings bringt Mittelständlern neben der schnellen Kapitalfreisetzung einen entscheidenden Vorteil: Die Kreditlinien der Hausbanken werden nicht belastet."[335] Die Sale-and-Lease-Back-Transaktion auf Basis der Vertriebsmarke *Utax* über das bankenunabhängige Finanzdienstleistungsunternehmen *Vantargis* war daher für die *Triumph-Adler AG* eine gute Lösung, da bei einem besicherten Firmenkredit die Marke nicht in gleichem Maße als Sicherheit eingebracht hätte werden können. Jenes Kapital war für den Büromaschinenexperten für weitere Investitionen notwendig und bildete somit die Grundlage für weitere innovative Aktionen.

Der Liquiditätszufluss aus dem Verkaufserlös einer Marke bietet dem Unternehmen weit reichende Spielräume: Bestehende Kredite können zurückgeführt, strategische Investitionen in Wachstum durchgeführt und gleichzeitig zur Optimierung von Bilanz- und Ergebnisstrukturen eingesetzt werden. Das neue Kapital kann aber auch in neue F&E-Projekte und in den Ausbau seiner bisherigen Marktstellung investiert werden. Starke Marken können daher zusätzliche Liquidität für weitere Finanzierungsmaßnahmen freisetzen. Jenes Kapital kann für Entwicklung und Umsetzung weiterer Produktinnovationen eingesetzt werden und dadurch den Marktanteil des Unternehmens erhöhen. Allgemein betrachtet, lässt sich durch die Investition in Innovationen ein Prozess in Gang setzen, welcher nicht nur betriebswirtschaftlich, sondern auch volkswirtschaftlich erwünscht ist und den Markenwert erhöhen kann.

3.4 Wirkung des Ideenfindungsprozesses auf Produktlebenszyklen und kooperative Entwicklungsallianzen

3.4.1 Ansätze zur Ideenfindung im Innovationsmanagement

Aufgrund von kürzer werdenden Produktlebenszyklen (vgl. Kapitel 3.4.2) erlangen die Ansätze zur Ideenfindung und kooperative Entwicklungsallianzen (vgl. Kapitel 3.4.3) eine immer wichtiger werdende Bedeutung im Hinblick auf den Innovationsgrad.[336] Im Rahmen der *McKinsey* „European Marketing Benchmarking Survey 2007" haben mehr als 200 Manager und Marketingspezialisten aus führenden Konsumgüterunternehmen in Westeuropa an Online-Befragungen und Interviews teilgenommen und formuliert, wie sie mit den Schwerpunktthemen

[333] Die *TA Triumph-Adler AG* ist im Prime Standard der *Deutschen Börse* notiert.
[334] Vgl. Köhler (2008), S. 88-91.
[335] Vantargis (2007), o.S..
[336] Vgl. Haller (2003), S. 79-98.

Innovation, Brand & Portfolio Management, Consumer & Shopper Insights und Organization umgehen. Abbildung 33 gibt darüber Auskunft, welche Ansätze von den Marketingspezialisten zur Ideenfindung präferiert werden.

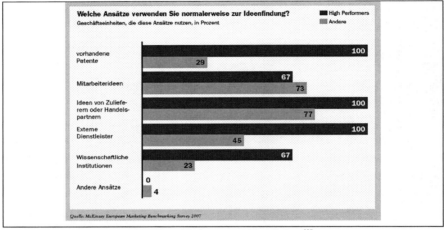

Abbildung 33: Ansätze zur Ideenfindung[337]

Aus diesen Ansätzen zur Ideenfindung können sich dann potentielle marktbestimmende Innovationen ergeben. Hinter der notwendigen Ideenfindung stehen entsprechende Human Resources. Wirtschaftlich relevante Ideenfindungen können in der Ausprägung von so genannten „High Performers" definiert werden, welche sich in der Regel eines breiten Spektrums an Maßnahmen bedienen. Die High Performer sind charakterisiert durch überlegene Aktivitäten im Sektor Ideenfindung und gleichzeitig durch die Kompetenz, diese Ideen auch angemessen umzusetzen. Neben den existierenden Patenten und externen Dienstleistern haben auch die Anregungen der Zulieferer oder Handelspartner eine enorme Gewichtung. Die Mehrzahl (90 Prozent) der befragten Unternehmen streben die Position des Innovationsführers an.[338] Jedoch schätzen nur sieben Prozent ihre unternehmensindividuelle Kompetenz auf diesem Gebiet als „sehr gut" ein. Ferner war der Studie zu entnehmen, dass 80 Prozent der Unternehmen bei der Optimierung von Markenpositionierungen und -architekturen ihre Marketingausgaben und Innovationsbemühungen auf ihre Kernmarken ausrichten. Interessanterweise werden bei nur etwa 50 Prozent der Unternehmen die Faktoren für Konsumentenwahrnehmung und -verhalten

---

[337] Mauger/Nordheider/Stopp (2008), S. 21.
[338] Vgl. Mauger/Nordheider/Stopp (2008), S. 21-22.

systematisch identifiziert.[339] High Performers erwirken eine signifikante Innovationskultur, da diese beispielsweise eine funktionsübergreifende Teamarbeit fördern und eigene Innovationsteams sowie gut strukturierte Karrierepfade für Innovationsmanager besitzen.[340] Die entsprechende Umsetzungskompetenz der High Performers dokumentiert Abbildung 34.

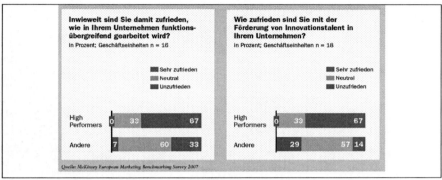

Abbildung 34: Umsetzungskompetenzen von High Performers[341]

Erkennbar ist die überwiegend hohe Zufriedenheitseinstellung der High Performers bei der Einschätzung des individuellen Unternehmensklimas. Das Vorhandensein einer völligen Unzufriedenheit kann bei diesen innovativen Unternehmen verneint werden. Innovative Ansätze zur Ideenfindung und unternehmensinterne, funktionsübergreifende Zusammenarbeit sind jedoch wichtig, um die Entwicklungszeiten in den immer kürzer werdenden Produktlebenszyklen zu verkürzen.

3.4.2 Entwicklungszeit und Verkürzung der Produktlebenszyklen

Die im Durchschnitt kürzer werdenden Produktlebenszyklen[342] verstärken die Notwendigkeit einer ausgeprägten Innovationsfähigkeit sowie die Existenz von hohen Innovationsgraden.[343] Damit ist jedoch eine signifikante Verringerung der Ertragsphase verbunden.[344] Dies wiederum wird Auswirkungen auf die Amortisationsdauer von Innovationsprojekten haben, da die Innovationsgeschwindigkeit zunimmt und sich die Innovationszeiten verkürzen. Dies gilt auch für die

[339] Vgl. Mauger/Nordheider/Stopp (2008), S. 21-23.
[340] Vgl. Mauger/Nordheider/Stopp (2008), S. 22-23.
[341] Mauger/Nordheider/Stopp (2008), S. 23.
[342] Vgl. Schreiner (2005), S. 29-32.
[343] Vgl. Szymanski/Kroff/Troy (2007), S. 49.
[344] Vgl. Wildemann (2008c), S. 9.

entsprechenden Produktmarken, welche es erst am Markt einzuführen und anschließend zu etablieren gilt. Die nachfolgende Abbildung 35 illustriert den verkürzten Produktlebenszyklus.

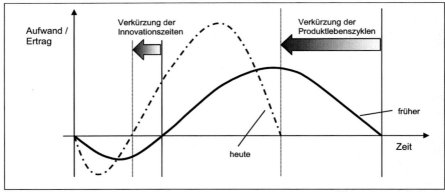

Abbildung 35: Die Verkürzung der Produktlebenszyklen[345]

Die typischen Amplitudenausprägungen in der Darstellung des Produktlebenszyklus nehmen in der heutigen Zeit durch die Verkürzung der Lebensdauer an Ausmaß zu. Dadurch erhöht sich der Aufwand, der durch eine entsprechende Ertragsgestaltung in einer kürzeren Zeitspanne kompensiert werden muss.[346] Viele innovative Produkte durchlaufen ähnlich gestaltete Lebenszyklusphasen: Die erste beginnt bei der Produktplanung innerhalb des Innovationsvorgangs. In diesem Bereich sind die Innovationen aus der Forschung und der Vorentwicklung zu berücksichtigen.[347] Daran schließt sich die Konzeptentwicklungsphase an. In jener erfolgt die Transformation der kundendeterminierten Anforderungen an das zukünftige Produkt in ausgeprägten technischen Spezifikationen. Ein bedeutsamer Meilenstein am Ende dieser Produktlebenszyklusphase dürfte die Freigabe der finanziellen Mittel für die nun folgenden Investitionsaktivitäten sein. Hierbei ist noch zu beachten, dass entsprechende Investitionsaktivitäten auch noch in die bereits bestehenden Markenwertprodukte zu tätigen sind. Der dritte Abschnitt wird als Serienproduktionsphase bezeichnet.[348] Hier laufen aus Produktlebenszyklussicht vorwiegend der kontinuierliche Verbesserungsprozess sowie Controllingaktivitäten, wie etwa die permanente Kostenverringerung und potentielle Fehlerausbesserungsbetätigungen ab. Das Ende dokumentiert die Nachproduktionsphase. Je nach Produktart vollziehen sich dort die

---

[345] In Anlehnung an Wildemann (2008c), S. 8.

[346] Zudem muss noch berücksichtigt werden, ob eine negative Ergebnisbeeinflussung eintritt, indem existierende Marken durch die neuen Markenprodukte verdrängt werden. Vgl. Sankaranarayanan (2007), S. 774-791; Pullig/Simmons/Netemeyer (2006), S. 52-66.

[347] Vgl. Schneider (2006), S. 33-34; Raasch/Schneider/Friedl (2007), S. 271-291.

[348] Vgl. Schneider (2006), S. 34.

Aktivitäten auf Betätigungen, die sich auf das unternehmensindividuelle Erzeugnis beziehen, das sich nicht mehr auf dem Primärmarkt kaufen lässt.[349] Als Marketingtrend 2009 sagt *Jens Lönneker*, Geschäftsführer des Marktforschungsinstituts *Rheingold*, „eine enorme Zunahme des Innovationstempos" voraus. „Produkte haben immer weniger Zeit sich zu bewähren. Nachahmerprodukte der Discountereigenmarken jagen die Markenartikel und deren Forschungseigenmarken vor sich her."[350] Selbst bei einem wirtschaftlichen Abschwung empfiehlt die *AMA (American Marketing Association)*, in Forschung und Entwicklung zu investieren, damit die Wettbewerbsfähigkeit mit dem nächsten Aufschwung steigt.

Bei dem Spezialarmaturen- und Sanitärsystemanbieter *Grohe* erfährt beispielsweise das Produktportfolio mit einer Innovationsrate von 25 Prozent alle zwei Jahre eine Modernisierung und Verjüngung, die als Motor in der Umsatzentwicklung wirkt.[351] Die Entwicklungszeiten sind daher idealerweise zu minimieren; es ist eine schnelle Repräsentanz am Markt erforderlich. Je schneller das Unternehmen seine Innovation marktkonform repräsentieren kann, desto erfolgreicher werden die Innovationen (ökonomisch gesehen) ausfallen. Dieser Umstand kann durch das folgende Zeitfenster zur Gewinnerzielung grafisch wiedergegeben werden (Abbildung 36). Aus der Abbildung wird ersichtlich, dass sich durch die immer kürzer werdenden Produktlebenszyklen der potentielle Zeitraum zur Gewinnerzielung deutlich verringert hat. Während das Ergebnis und der Cash Flow in der Einführungsphase noch im negativen Bereich sind, wird sich dieser idealtypischerweise in der Wachstumsphase zum positiven verändern und in der Reifephase seine höchste Ausprägung haben, bevor dieser wieder abnimmt.

---

[349] Vgl. Schneider (2006), S. 35; Raasch/Schneider/Friedl (2007), S. 271-291.
[350] Ballhaus et. al (2008), S. 28.
[351] Vorstandsvorsitzender David Haines von *Grohe AG* referierte hierzu auf dem 36. Deutschen Marketing-Tag in München.

82

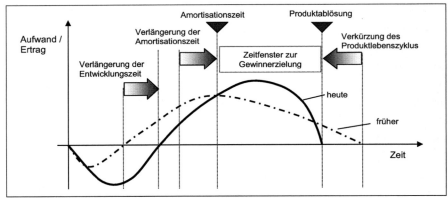

Abbildung 36: Das Zeitfenster zur Gewinnerzielung[352]

Dass Innovationen einen hohen Stellenwert für das Umsatzwachstum von Handels- und Konsumgüterunternehmen haben, unterstreicht auch eine Studie von *PwC* und dem *Institut für Handel & Internationales Marketing (H.I.MA.)* aus dem Jahre 2008. Rund 35 Prozent der Unternehmen erzielten in den letzten drei Jahren mit Innovationen einen Umsatzanteil von 40 Prozent.[353] Gemäß den Angaben von *Wildemann* erwirtschaften die wachstumsstarken Unternehmen ungefähr 60 bis 70 Prozent ihrer Umsätze, mit Produkten, die nicht älter als drei Jahre sind.[354]

Gut vernetzte, offene Unternehmen, die mit anderen Firmen, externen Beratern oder Wissenschaftlern kooperieren, wachsen schneller als andere (vgl. hierzu auch Kapitel 3.4.3).[355] Als bedeutsamste Inputressource wird dabei der Produktionsfaktor Arbeit gesehen. Auf den gesamten Produktlebenszyklus bezogen, lässt sich beobachten, dass jede Lebenszyklusphase ihre Innovation in Bezug auf eine immer bessere Anpassung an die Kundenbedürfnisse – von der Produkt- bis zur Servieanpassung – bedingt.[356] Mit anderen Worten: Jede Stufe der Produktentwicklung und –vermarktung erfordert ihre eigene Innovation (Abbildung 37).

---

[352] In Anlehnung an Wildemann (2008c), S. 10.
[353] Vgl. Bovensiepen/Zentes (2008) S. 3.
[354] Vgl. Wildemann, (2008b), S. 1.
[355] Gemäß der EU Studie „IMP³rove" generieren stark vernetzte Unternehmen 25 Prozent ihres Umsatzes aus Produkt- und Dienstleistungsinnovationen, die jünger als drei Jahre sind – im Vergleich zu rund 10 Prozent bei weniger vernetzten Unternehmen. Vgl. Brunswicker/Schröder (2008), o. S.
[356] Vgl. Du/Love/Roper (2007), S. 766-773.

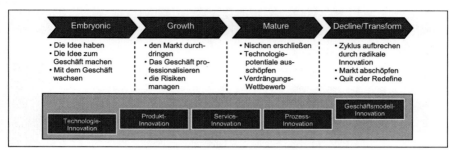

Abbildung 37: Innovative Lebenszyklusphasen[357]

Diese Darstellung unterscheidet fünf verschiedene Innovationsarten: Technologieinnovation, Produktinnovation, Serviceinnovation, Prozessinnovation und die Geschäftsmodellinnovation. Jeder einzelne dieser Innovationsschritte lässt sich nach Effizienz- und Effektivitätsgesichtspunkten analysieren. Wenn also Lebenszyklen von Produkten kürzer und deren Entwicklungskosten höher werden, dann sind umso mehr wahre Innovationen vonnöten. Kooperative und firmenübergreifende Entwicklungsallianzen können hierbei eine unterstützende Funktion ausüben.

3.4.3 Kooperative und firmenübergreifende Entwicklungsallianzen

Eine Strategie, um diesem Kosten- und Zeitproblem der zu begegnen, ist der Aufbau einer kooperativen und firmenübergreifenden Entwicklungsallianz. Besonders auffällig ist hierbei die internationale Ausrichtung vieler Unternehmen bei der Bildung von Entwicklungsallianzen. Konsequent wie nie zuvor treiben Unternehmen die Verankerung ihrer F&E-Aktivitäten rund um den Globus mit hohem Tempo voran und setzen auf den Auf- und Ausbau internationaler Netzwerke.[358] Durch sie ist es möglich, die „Kosten und Risiken um 60 bis 90 Prozent zu senken und dabei gleichzeitig die Innovationszyklen zu verkürzen".[359] Eine bedeutsame Untersuchung liefert in diesem Zusammenhang *Carson*, der wichtige Einflüsse in dem komplexen Gebilde der kreativen Aufgaben im Umfeld der innovativen Produktentwicklung unter Mitwirkung von Kundenanregungen und Lieferantenleistungen nachweist.[360]

---

[357] Arthur D. Little (2006), S. 7.

[358] Das sind die zentralen Ergebnisse der aktuellen „Global Innovation 1000" Studie von *Booz & Company*. Diese untersuchte die F&E-Budgets und –Strategien der 1.000 Unternehmen mit den weltweit höchsten Ausgaben in diesem Bereich. Vgl. Jaruzelski/Dehoff (2008), S. 52-68.

[359] Gassmann/Enkel (2006), S. 132.

[360] Vgl. Carson (2007), S. 60.

Doch es wird nicht allein die Kooperation einzelner konkurrierender oder komplementärer Unternehmen praktiziert, sondern auch und vor allem die Einbeziehung sämtlicher relevanter externer Wissensquellen (open innovation).[361] Wo also die Marktforschung zu kostspielig und zu zeitaufwendig ist, suchen innovative Unternehmen die Innovationskraft der Kunden und der interdisziplinären Entwicklerteams. Es werden jedoch nicht nur Kunden in die Gestaltung und Entwicklung integriert, sondern auch Anwender, Zulieferer und externe Experten.

Da die Öffnung des Innovationsprozesses das Innovationspotential erhöht und die Kosten für Forschung und Entwicklung reduziert, wollen immer mehr Firmen das Innovationspotential der Kunden nutzen.[362] So bündelt beispielsweise der Computerhersteller *Dell* auf seiner Internetplattform „Dell Idea Storm" die Ideenkreativität seiner User und lässt per Voting darüber abstimmen. Auch *IBM* will von dem Innovationspotential der Kunden profitieren und so haben beim „Innovation Jam" von *IBM* 100.000 Teilnehmer 46.000 Ideen entwickelt. In die besten zehn Einfälle will *IBM* 100 Millionen US-Dollar investieren.[363]

Ein weiteres gutes Praxisbeispiel für einen Open-Innovation-Ansatz ist die für die Aufgabenstellungen aus der chemischen Industrie konzipierte Plattform „InnoCentive", ein amerikanischer Intermediär, der gegen Gebühr Probleme mit externen Problemlösern zusammenbringt.[364] Eine Firma sucht dabei nach einer Problemlösung und stellt diese mit einem Preisgeld auf die Plattform „InnoCentive". Das Preisgeld bekommt dann der Problemlöser, welcher die Aufgabe innerhalb eines vorgegebenen Rahmens am besten löst.

Anhand dieser beeindruckenden Zahlen sind die finanziellen Auswirkungen kaum vorstellbar. Die Einbeziehung der Kunden in die Produktentwicklung ist möglicherweise auch ein Weg, Lösungen zu finden, die die Bedürfnisse der Kunden besonders passgenau befriedigen – ein Wettbewerbsvorteil für Unternehmen insbesondere wenn Produktpreis und -qualität im Wettbewerb mit anderen Anbietern gleichauf sind.[365] Für den Konsumenten sind besonders der individuelle Produktnutzen und das Servicedesign von hoher Bedeutung.[366]

---

[361] Open Innovation ist die Öffnung des Innovationsprozesses von Unternehmen und damit die aktive strategische Nutzung der Außenwelt zur Vergrößerung des eigenen Innovationspotentials. Wer seine Kunden in die Ideen- und Produktentwicklung integriert und ihnen schon in frühen Phasen gezielte Möglichkeiten der Einflussnahme bietet, hat die Chance zu reagieren und einem sich abzeichnenden Flop entgegenzuwirken. Vgl. Koop/Schloegel (2008), S. 28-33; Haller (2003), S. 119-120.

[362] Vgl. Gassmann/Enkel (2006), S. 132-135; Hilgers/Piller (2009), S. 78-80.

[363] Vgl. Ballhaus et. al (2008), S. 32.

[364] Vgl. Hilgers/Piller (2009), S. 79.

[365] Vgl. Rust/Moorman/Dickson (2002), S. 7-24.

[366] Vgl. Ballhaus et. al (2008), S. 28-30.

Hilgers/Piller unterteilen die Open Innovation-Methoden in eine Nutzerperspektive und eine Unternehmensperspektive (vgl. Abbildung 38). Auf der Ebene der Effektivität geht es um die Anforderungen von Kunden unter Identifikation derer Bedürfnisse. Lösungswissen ist auf der Ebene der Effizienz der Wertschöpfung zu berücksichtigen, da die Bedürfnisbefriedigung der Kunden nicht ausreicht, um den Unternehmensfortbestand langfristig zu sichern. Vielmehr ist es erfolgskritisch, die vorhandenen Ressourcen effizient in den Wertschöpfungsprozess einzubringen. Die richtige Lösungsinformation zu haben und die Art und Weise, wie diese beschafft und umgesetzt wird, bestimmen die Effizienz der Wertschöpfung. Dies steht im unmittelbaren Zusammenhang mit der Prozessebene, bei der die Kosteneffizienz im Mittelpunkt steht.[367]

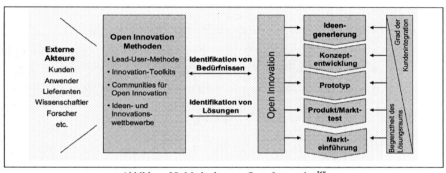

Abbildung 38: Methoden von Open Innovation[368]

Aber auch Mitarbeiter haben in diesem Ideenfindungsprozess einen entscheidenden Anteil. Deutsche Unternehmen vergeben jedes Jahr leichtfertig die Chance auf mehrere Milliarden Kosteneinsparungen, weil sie das Wissen ihrer Mitarbeiter nur unzureichend oder gar nicht nutzen. Dass die Mitarbeiter sehr wohl am Ideenfindungsprozess teilhaben können, zeigt das aktuelle Beispiel der *Deutschen Post*. So kamen bei der *Deutschen Post* im Jahr 2007 mehr als 210.000 Verbesserungsvorschläge aus der Belegschaft und führten zu einer Ergebnisverbesserung von 271 Millionen Euro.[369]

Mehr noch als jede andere Branche muss die Konsumgüterbranche ständig mit neuen Innovationen aufwarten: „Es gibt kaum einen Markt, der so von Innovationen getrieben ist wie unserer. Innovation steht für Wachstum, für gesteigerte Margen, und über Innovationen glänzt

---

[367] Vgl. Hilgers/Piller (2009), S. 79.
[368] Hilgers/Piller (2009), S. 79.
[369] Vgl. Schwarz (2007), o. S..

die Marke", so ist *Stefan Sudhoff* von *Henkel* überzeugt.[370] *Henkel* hat im Kosmetikbereich eine eigenen „Innovation Lounge" etabliert, in der die *Henkel* Mitarbeiter weltweit ihre Ideen einstellen können. Diese Ideen werden vom Top-Management binnen zehn Tagen bewertet, der Mitarbeiter bekommt ein Feedback und es wird entschieden, ob die Idee in den Innovationsprozess eingeht.[371]

Welch großes brachliegendes Potential es gibt, zeigt sich an folgender Untersuchung. Bei einer Umfrage des *Deutschen Instituts für Betriebswirtschaft (dib)* beteiligten sich 315 Unternehmen mit rund zwei Millionen Beschäftigten. Diese reichten knapp 1,3 Millionen Verbesserungsvorschläge ein. Der errechenbare Nutzen daraus belief sich auf gut 1,3 Milliarden Euro. Um diesen Missstand abzustellen, sieht die Leiterin des Ideenmanagements beim *dib Christiane Kersting* vor allem das Top Management gefordert und fordert von der Politik steuerlich Anreizsysteme zu schaffen.[372] Letztlich hängt jedoch der Gesamtunternehmenserfolg von einem breit diversifizierten Produktmarken-Portfolio eines Unternehmens ab. Daher wird im nächsten Abschnitt die Notwendigkeit eines Innovationsmanagements und -controllingsytems aufgezeigt.

---

[370] Hermes (2009). S. 36.
[371] Vgl. Hermes (2009). S. 36-37.
[372] Vgl. Schwarz (2007), o. S..

4   Innovationsmanagement und -controlling zur Steuerung des Innovationsgrades

4.1   Innovationszwang in Zeiten zunehmender Globalisierung

Die Entwicklungen im Bereich der Informationstechnologie verstärken die Bestrebungen Produkte international zu vermarkten und erhöhen damit den Innovationszwang. Abnehmende Markenloyalitäten, größere Wahlfreiheiten der Konsumenten und unberechenbares Konsumverhalten bzw. eintretende Markensättigung verstärken noch diesen Effekt. Dauerhafte Wettbewerbsvorteile sind ohne Patente oder gleichwertige Schutzrechte heutzutage kaum noch zu erzielen, da die Märkte eine nie da gewesene Informationstransparenz und Innovationsdynamik aufweisen. Kooperationsfähigkeit ist hierbei für *Meffert* der wichtigste Aspekt für die künftige Erfolgssicherung.[373] Viele Unternehmen verwenden hierzu auch das Wissen ihrer Kunden erfolgreich, nutzen Open-Innovation-Portale im Internet oder gehen unternehmensübergreifende Entwicklungsallianzen und Joint-Ventures ein, wodurch sie ihre Forschungs- und Entwicklungszeit verkürzen sowie das Risiko von Flops reduzieren können (vgl. Kapitel 3.4.3).[374] Neue Produkte müssen und können zum Teil auch schneller vermarktet werden. Jedoch schrumpfen hierbei die Informations- und Technologievorsprünge dramatisch zusammen und stellen bald keinen nennenswerten Wettbewerbsvorteil dar.

Meffert bezieht sich in diesem Kontext auf die auf das unternehmerische Innovationsmanagement gerichtete Inside-Out-Perspektive, welche insbesondere bei jenen Unternehmen von Bedeutung ist, die sich in einem starken innovationsorientierten, wettbewerbsgetriebenen und technologielastigen Markt bewegen.[375] Die Unternehmen müssen hier in der Lage sein, sich mit einer hohen Neuproduktentwicklungsrate schnell auf verändernde Marktbedingungen einzustellen. Innovationen kommen hierbei tendenziell aus dem Unternehmen selbst und resultieren weniger aus einer konsequenten Kundenorientierung. Bei der Outside-In-Perspektive steht die Markt- bzw. Kundenorientierung im Vordergrund. Die Marktbetrachtung geht davon aus, dass die Konsumenten über die Marktforschung Auskunft geben, welches Produkt sie präferieren. Völlig neue Innovationen sind aus dieser Perspektive eher weniger zu erwarten, da hier das Unternehmen die Marke ist.[376] Umso wichtiger ist es daher auch die produktspezifische Markenführung in das Innovationsmanagement und –controllingsystem zu integrieren.

---

[373] Vgl. Meffert (2000b), S. 34.
[374] Vgl. Voss/Montoya-Weiss/Voss (2006), S. 301.
[375] Vgl. Meffert (2000b), S. 30.
[376] Vgl. Linxweiler (2001), S. 36-37.

4.2 Innovationsmanagement als integratives Gestaltungselement

4.2.1 Innovationsmanagement als Basis erfolgreicher Innovation

Innovationsmanagement ist die systematische Planung, Umsetzung und Kontrolle von Ideen in Organisationen. Im Unterschied zur Kreativität, die sich mit der Entwicklung von Ideen beschäftigt, ist Innovationsmanagement auf die Verwertung von Ideen ausgerichtet. Das Innovationsmanagement beschäftigt sich allerdings nicht ausschließlich mit der Umsetzung von neuen Ideen.[377] Beim Innovationsmanagement steht im Mittelpunkt, wie die Innovationstätigkeit im Unternehmen strategisch ausgerichtet und operativ umgesetzt wird, um einen möglichst hohen Innovationserfolg im Einklang mit der Markenwahrnehmung zu erzielen. Es ist zu beachten, dass es immer Überschneidungen zwischen Innovationsmanagement, F&E-Management und Technologiemanagement gibt (vgl.Abbildung 39):[378]

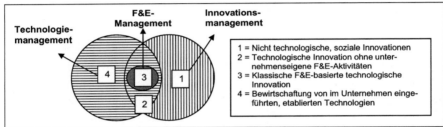

Abbildung 39: Überschneidungen zwischen Technologie-, F&E- und Innovationsmanagement[379]

Die nachfolgende Abbildung (Abbildung 40) aus der Studie von *PwC* und *H.I.MA.* stellt die Struktur des Innovationsmanagements in einer Meta-Systematik dar, die für die verschiedenen Typen der Innovationsorientierung modifiziert wurde. Ausgehend von den innovationsrelevanten Aspekten der Unternehmenskultur, die das Innovationsklima begünstigen oder hemmen können, findet sich auf oberster strategischer Ebene die Innovationsstrategie und daraus abgeleitete Ziele. Die operative Basis des Innovationsmanagements stellt die einzelnen Innovationsprojekte dar,

---

[377] Auch eine Kombination von bereits Bekanntem oder eine Idee, die einer Zielgruppe noch unbekannt ist, kann als Innovation gelten. Vgl. Drüner (2004), S. 398-412, insbes. S. 407; Strebel (2007), S. 2-5; Hauschildt/Salomo (2007), S. 3-10; Bergmann/Daub (2006), S. 1-4; Wildemann (2006), S. 23-34.

[378] In der Abbildung wird aufgezeigt, wonach die drei Konzepte trotz ihrer Überlappungen nicht deckungsgleich sind. So ist die Entwicklung und Umsetzung sozialer Neuerungen im Unternehmen zwar Gegenstand des Innovationsmanagements, aber nicht des Technologiemanagements / F&E-Managements (=Fläche 1). Ein wesentlicher Teil des Innovationsmanagements ist das Hervorbringen und wirtschaftliche Verwerten neuer Technologien durch unternehmensinterne F&E; Innovationsmanagement ist insofern auch F&E- und Technologiemanagement (=Fläche 3). Das Innovationsmanagement umfasst aber auch die Einführung neuer Technologien im Unternehmen, die bislang nicht durch eigene F&E-/Geschäftsfelder abgedeckt sind, so dass es über F&E-Management hinausgeht, aber immer noch zugleich auch Technologiemanagement ist (=Fläche 2). Schließlich beinhaltet das Technologiemanagement noch die Einhaltung, Nutzung und Entsorgung im Unternehmen bereits vorhandener, also zum Gegenwartszeitpunkt nicht neuer technologischer Anlagevermögensgüter wie z.B. die Wartung des PKW-Bestands eines Unternehmens (=Fläche 4). Insgesamt sind Innovations-, Technologie- und F&E-Management also durchaus eigenständige Managementbereiche.

[379] Gerpott (2001), S. 242.

die mittels eines strukturierten Prozesses umgesetzt werden. Dieser Prozess wird durch interne und externe Innovationstreiber ausgelöst und durchläuft in unterschiedlicher Form die Stufen von der Ideengenerierung über die Entwicklung und Umsetzung dieser Ideen bis hin zur Einführung und Erfolgskontrolle der Idee bzw. der Innovation.[380]

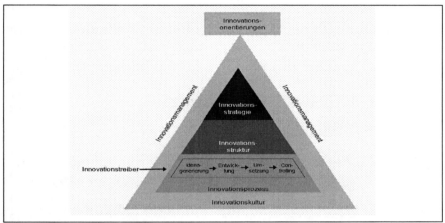

Abbildung 40: Struktur des Innovationsmanagements[381]

Aus der „Innovation Performance" Studie[382] zur Ausgestaltung des unternehmensindividuellen Innovationsmanagements, an der sich 141 Unternehmen aus acht Dienstleistungsbranchen beteiligt haben, ergab sich, dass mehr als 57 Prozent der Unternehmen keine ausdrückliche Innovationsstrategie besaßen und zudem ungefähr 80 Prozent über keinerlei Innovationsmanagement verfügen. Auch die Studie von *PwC* und *H.I.MA.* aus dem Jahre 2008 stellt fest, dass 80 Prozent der Händler und 68 Prozent der Konsumgüterhersteller über kein eigenes Innovationsmanagementsystem verfügen.[383] Dies ist gerade vor dem Hintergrund der besonderen Steuerungsfunktion der Innovationsstrategie zur Erreichung der optimalen Zielposition des Unternehmens besonders bedenklich.[384] Obwohl immerhin 49 Prozent der Meinung waren, dass der Einsatz eines Innovationsmanagementsystems zu Gewinnsteigerungen führen könnte, gaben

---

[380] Vgl. Bovensiepen/Zentes (2008), S. 28-29.

[381] Bovensiepen/Zentes (2008), S. 29.

[382] Vgl. Handermann et. al (2006), S. 36-43.

[383] Die Studie basiert auf Experteninterviews mit der obersten Führungsebene aus Handels- und Konsumgüterunternehmen. An der Befragung beteiligten sich 101 Unternehmen, wobei 60 aus der Konsumgüterindustrie und 41 aus dem Handel stammten. Vgl. Bovensiepen/Zentes (2008), S. 14.

[384] Als wesentlicher Bestandteil der Unternehmensstrategie sollten aus dieser konkrete Ziele im Zusammenhang mit der Entwicklung und der Vermarktung neuer Dienstleistungen sowie mit der Einführung entsprechender Organisationsstrukturen formuliert werden. Umso wichtiger ist es, dass die formulierten Aussagen und Ziele fixiert, jedem Mitarbeiter bekannt und nachvollziehbar sind. Vgl. Handermann et. al (2006), S. 36-43.

doch gleichzeitig 62 Prozent der Befragten an, dass sie nicht planen künftig ein Innovationsmanagement zu installieren. Dennoch konnte festgestellt werden, dass bei 63 Prozent aller
untersuchten Unternehmen 30 Prozent der tatsächlich umgesetzten Ideen den Schritt zur
erfolgreichen Markteinführung schafften.[385] Bei 15 Prozent liegt der Anteil erfolgreich
entwickelter Ideen sogar noch darüber. Aufgrund der übrigen Ergebnisse verwundert es jedoch
kaum, dass 22 Prozent der Studienteilnehmer, den Anteil der Ideen bis zur Markteinführung
nicht kennen und offensichtlich Defizite in der Erfassung und Steuerung ihrer Innovationsaktivitäten haben (Abbildung 41).[386]

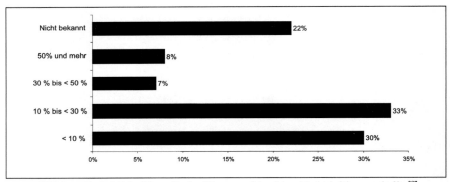

Abbildung 41: Anteil der Ideen, die den Weg zur erfolgreichen Markteinführung schaffen[387]

Beobachtet wurden auch eklatante Defizite bei der Einbindung der Kunden in den
Innovationsprozess. Gerade in den Anfangsphasen der Dienstleistungsentwicklung wurden
enorme Defizite bei der unternehmensindividuellen Berücksichtigung von Kundenwünschen
festgestellt.[388] In diesem Abschnitt, in dem die für die gesamte Produktentwicklung entscheidenden Ideen generiert werden, wurde eine beachtliche Diskrepanz zwischen der
prognostizierten Erfolgsauswirkung einer Innovation und den wirklichen Kundenwünschen
beobachtet. Erst in den späteren Phasen, wie etwa in der Realisierungsphase und im Zeitpunkt
der Vorbereitung der Markteinführung, reduzierte sich diese Differenz. Trotz des Postulats, dass
das Innovationsmanagement stets „Chefsache" sein sollte, obliegt die Verantwortung bei 89
Prozent der Studienteilnehmer dem ursprünglichen Ideengeber beziehungsweise bei 67 Prozent
einem speziellen Innovationsmanager. Dennoch gaben 57 Prozent der Unternehmungen an, eine
innovationsförderliche Unternehmenskultur zu besitzen. Dass dies eine zentrale Voraussetzung

[385] Vgl. Handermann et. al (2006), S. 38.
[386] Vgl. Haller (2003), S. 79-98.
[387] Handermann et. al (2006), S. 38.
[388] Vgl. Herrmann/Braunstein/Huber (2005), S. 187-213.

für gelingende Innovationen ist, war ihnen anscheinend bekannt. Lediglich 12 Prozent verneinen eine solche Unternehmenskultur. Die elementare Aufgabe der Unternehmensführung liegt daher in der Kreierung eines entsprechenden Innovationsklimas. Zudem sind die Marke, ihre Markenführung und die daran beteiligten Mitarbeiter in die Unternehmensführung organisatorisch zu integrieren[389] und die entsprechenden Marktwertsteigerungsziele sind in einem regelmäßigen Intervall einer stetigen Überprüfung zu unterziehen.[390] Grundsätzlich sollte jeder Mitarbeiter in den Innovationsprozess eingebunden werden und dadurch notwendiger Bestandteil des Innovationsmanagements sein. Innovationsfähigkeit beruht auch auf einer hinreichenden Informationsversorgung innerhalb der Innovationspartizipanten. Daher ist eine Zusammenarbeit der verschiedenen Unternehmensbereiche unumgänglich. Als die wichtigste Kennzahl im Rahmen des Innovationsmanagements wurde in der Studie „Innovative Performance" die Kundenzufriedenheit (Abbildung 42) benannt.[391]

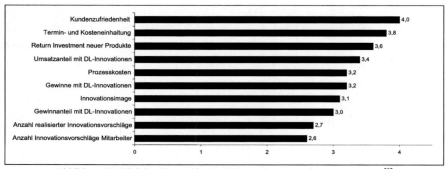

Abbildung 42: Wichtige Kennzahlen im Rahmen des Innovationsmanagements[392]

Die Kundenzufriedenheit erzielt in diesem Zusammenhang den höchsten Mittelwert und spiegelt damit die besondere Bedeutung des Kunden wider. Das Ziel muss es daher sein, dass die Kunden in den Innovationsprozess integriert werden, sowie in allen Unternehmen ein entsprechendes Innovationsmanagementsystem implementiert wird. Da jedoch einerseits lediglich ungefähr 34 Prozent der befragten Unternehmungen überhaupt eine systematische Operationalisierung der Innovationsaktivitäten durchführen und andererseits damit fast 66 Prozent keinerlei solche Aktivitäten vollziehen, zeigt sich deutlich die Notwendigkeit eines Innovationsmanagements und

---

[389] Vgl. Pauwels/Hanssens (2007), S. 293-311; Tomczak/Reinecke/Kaetzke (2004), S. 1821-1852.
[390] Jedoch ist bei einigen Unternehmen zu beobachten, dass eine solche notwendige Berücksichtigung beim Top-Management oft unterbleibt. Vgl. Wirtz/Klein-Bölting (2007), S. 48.
[391] Vgl. Handermann et. al (2006), S. 43.
[392] Handermann et. al (2006), S. 44.

-controllings, welches die innovativen Betätigungen nachhaltig plant, steuert und kontrolliert.[393] Überdies ist die Zukunftsorientierung im Innovationsmanagement eine wichtige Voraussetzung für langfristig erfolgreiche Innovationen.

4.2.2 Zukunftsorientierung des Innovationsmanagements

Aktuelle Beispiele für nicht gelungenes Innovationsmanagement dürfte sicherlich die Krise auf dem Finanzsektor liefern. Die Fachzeitschrift *FONDS professionell* äußerte sich noch 2008 über die führende Rolle der Finanzdienstleister auf dem Gebiet des Innovationsmanagements wie folgt: „Zudem berücksichtigen sie stärker als andere Branchen neben technologischen weitere Faktoren, die außerordentliches Wachstum begünstigen. Hierzu gehören unter anderem eine funktionierende Organisation der Geschäftsabläufe und eine umfassende Kundenkenntnis."[394] Dagegen zeigt die Finanzkrise in Wirklichkeit wohl nichts deutlicher, als dass viele neuartige Finanzdienstleistungen keinen tatsächlichen Mehrwert für die Kunden geschaffen haben – im Gegenteil. Ein effizientes Innovationsmanagement hätte dieses Desasterszenario auf den Kapitalmärkten zumindest verringert, wenn nicht gänzlich verhindert. An diesem Beispiel zeigt sich damit signifikant, was für eine wichtige Funktion als Krisenabsicherung ein wirkungsvolles Controlling beinhaltet und wie hoch der Bedarf danach in der gesamten Wirtschaft ist.

Die weltweite Finanzkrise wird nun sicherlich zu verstärktem Druck auf Innovationsbudgets führen, mit der Gefahr, dass die Unternehmen nun an falscher Stelle Einsparungen vornehmen. In der Krise schauen nicht nur die Konsumenten auf ihr Geld, sondern auch die Unternehmen sparen.[395] Dabei zahlen sich antizyklische F&E-Investments erfahrungsgemäß aus, um aus einer Krise gestärkt hervorzugehen.[396] Gleichzeitig steigen durch die zunehmende Verkürzung der Produktlebenszyklen und die voranschreitende Fragmentierung der Märkte die Anforderungen an Innovationen und Innovationsmanagement. Interessant sind in diesem Kontext auch die Behauptungen von *Cornelia Koller*, Volkswirtin bei der *Berenberg Bank*: „Know-How und Innovationen werden in den nächsten Jahrzehnten in zunehmendem Maße zu entscheidenden Produktionsfaktoren der Dienstleistungsgesellschaft. Damit wird Wissen als Ressource erheblich an Stellenwert gewinnen. [...] Immaterielle Vermögenswerte haben im Zuge des Strukturwandels

---

[393] Vgl. Handermann et. al (2006), S. 36-43.

[394] o. V. (2008), o. S.

[395] Vgl. Losse (2009), S. 43. Nachdem die Investitionen in Ausrüstungen und Anlagen im zweiten Quartal noch um nominal 10,6 Prozent und im dritten Quartal um 7,6 Prozent zugelegt hatten, gab es im vierten Quartal 2008 ein Minus von 2,2 Prozent. Die Investitionstätigkeiten sind in den letzten drei Monaten in 2008 regelrecht eingebrochen. Dieser Trend könnte sich in 2009 und 2010 noch weiter fortsetzen. Darauf deutet der Investitionsindikator hin, den das Münchner *ifo Institut für Wirtschaftsforschung* und der *Bundesverband Deutscher Leasing-Unternehmen* ermitteln.

[396] Vgl. Jaruzelski/Dehoff (2008), S. 52-68.

93

zur Wissens- und Technologiegesellschaft bereits in den letzten Jahren an Bedeutung gewonnen.
Sie müssen geschützt und bewertet werden, und sie müssen handelbar sein, wollen sie ihre volle
ökonomische Wirkung entfalten."[397] So haben multinationale Konzerne im vergangenen Jahr ihre
Investitionen in Innovationen im Vergleich zum Vorjahr massiv erhöht, da wachstumsstarke
Unternehmen ihren Hauptumsatz mit maximal drei Jahre alten Produkten machen (vgl. Kapitel
3.4.2). In 2007 haben Unternehmen weltweit rund 492 Mrd. USD ihres Budgets in F&E
investiert. Deutsche Unternehmen steigerten ihre Forschungsausgaben in 2007 ebenfalls deutlich
um 13 Prozent auf etwa 35,8 Mrd. USD (vgl. Abbildung 43). Gleichzeitig ist das Verhältnis von
F&E-Ausgaben zum Umsatz im Vergleich zum Vorjahr von 4,1 Prozent auf 4,8 Prozent
ebenfalls gestiegen.[398]

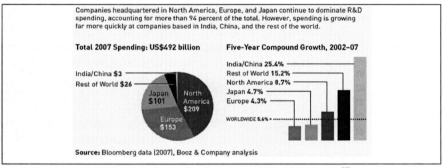

Abbildung 43: Innovation: Spending and Growth by Region[399]

Damit ist die deutsche Industrie wieder an der Spitze bei den Investitionen in Innovationen in
Europa. Jedoch kann nur durch die Zukunftsorientierung und ein entsprechendes Innovationsmanagement ein langfristiger Unternehmenserfolg gewährleistet werden.[400] Im Rahmen des
Problemlösungsprozesses, auf dem im Allgemeinen ein innovativer Vorgang beruht, besteht die
Gefahr, dass die Innovationen bestehende Marktpositionierungen zerstören können. Die
existierenden Marktpositionen können zwar durch Innovationen in einen effektiveren und
effizienteren Zustand versetzt werden, jedoch verdrängen neue bzw. innovative Produkte
zunehmend bestehende Marktanteile von bisherigen Produkten.[401] Da Innovationen in vielen
unterschiedlichen Bereichen eines Unternehmens möglich bzw. nötig sein können (vgl.

[397] Koller (2008), S. 1.
[398] Das sind die zentralen Ergebnisse der aktuellen „Global Innovation 1000" Studie von *Booz & Company*. Vgl. Jaruzelski/ Dehoff (2008), S. 52-68.
[399] Jaruzelski/Dehoff (2008), S. 62.
[400] Vgl. Vinkemeier/von Franz (2007), S. 38.
[401] Vgl. Bösch (2007a), S. 14-16.

94

Abbildung 37), wie etwa in den Sektoren Marketing, Qualitätsmanagement, Organisations-
verhalten und Produktentwicklung sowie dem strategischen Management, ist es ratsam, Innovationen einem Managementprozess zu unterziehen.[402] Problematisch hierbei ist, dass zwischen
erfolgreichen und weniger erfolgreichen Innovationen differenziert werden muss. Hierfür stellt
das Innovationsmanagement eine wichtige Orientierungshilfe dar und beeinflusst den Unternehmenswert entsprechend.

4.2.3 Einfluss des Innovationsmanagements auf den Unternehmenswert

Das Ziel von innovativen Aktivitäten sollte es grundsätzlich sein, die Marktstellung des
Unternehmens und dessen wirtschaftlichen Erfolg zu erhöhen. Hier kann festgestellt werden,
dass es einen signifikanten Zusammenhang zwischen einem innovativen Effekt auf den
Firmenwert und auf das damit verbundene Risiko der Neuerung gibt. Bei einer Daten-
untersuchung von mehr als 20.000 neuen innovativen Produkten aus der Konsumgüterbranche,
welche es von der Idee bis hin zur Marktreife schafften, wurde eine Zunahme des Unternehmenswertes in Höhe von durchschnittlich 4,2 Millionen USD festgestellt.[403] Entscheidend für
den Innovationserfolg (vgl. Kapitel 4.3.2) sind neben einem entsprechenden Bewusstsein auch
die nachhaltige Potentialidentifikation und eine adäquate Risikobeurteilung. Mit anderen
Worten: Eine Innovation ist ein Prozess, der bei der Idee beginnt und bis zu seiner
wirtschaftlichen Verwertung reicht.[404]

Damit ist schon die Wichtigkeit angesprochen worden, ein Instrument im Unternehmen zu
installieren, um diesen wichtigen Prozess auch entsprechend den unternehmensindividuellen
Zielen ausgerichtet zu planen, zu steuern und schließlich zu kontrollieren. Hier sei die
elementare Bedeutung eines Innovationscontrollingsystems (vgl. Kapitel 4.3) angesprochen.
Zudem zeigt sich, dass Unternehmen mit einem wirkungsvollen Innovationsmanagement in der
Regel deutlich leistungsfähiger sind und höhere Umsatz- und Kapitalrenditen gegenüber
vergleichbaren Unternehmen ohne Innovationsaktivitäten vorweisen können.[405] Daher muss ein
gut funktionierendes Innovationsmanagement auch den Ideenlieferanten Mitarbeiter berücksichtigen (vgl. Kapitel 3.4.3).[406] Zudem scheitern gerade bei kleinen und mittelständischen
Unternehmungen

---

[402] Vgl. Hauser/Tellis/Griffin (2006), S. 687.
[403] Vgl. Sorescu/Spanjol (2008), S. 114.
[404] Vgl. Gemünden/Littkemann (2007), S. 4-5.
[405] Vgl. Wahren (2004), S. 9.
[406] Vgl. Wildemann, (2008b), S. 1-2.

Investitionen in zukünftige Innovationen oft am Fehlen von ausreichenden finanziellen Mitteln (vgl. hierzu auch Kapitel 3.2.2).[407]

Die EU-Studie „IMP³rove"[408] zeigt, dass insbesondere Mittelständler bei Innovationen oft planlos und chaotisch vorgehen. Die Studie „IMP³rove" soll daher zur Steigerung der Innovationsfähigkeit und Wettbewerbsfähigkeit kleiner und mittlerer Unternehmen beitragen. In Deutschland sind KMU tendenziell risikoavers, bauen nicht genügend Innovationspotential auf und verfolgen kein systematisches Innovationsmanagement. So sagt *Gerhard Sabathil*, Leiter der Vertretung der *Europäischen Kommission* in Deutschland: „Von einem verbesserten Innovationsmanagement der KMU erwarten wir Wirtschaftswachstum sowie zahlreiche neue Arbeitsplätze [...] Ein verbessertes Innovationsmanagement, wie wir es mit IMP³rove anstreben, bedeutet einen nachhaltigen Beitrag für den Wirtschaftsstandort Europa."[409] In hoch industrialisierten Ländern wie Deutschland kann nämlich nur durch Innovationen ein langfristiges und nachhaltiges Wachstum gesichert werden.[410] Als ein gut funktionierendes Beispiel kann das Innovationsmanagement bei *SAP* angeführt werden. Nach Aussage von *Heuser*, des Chief Development Architekten der Softwareunternehmung *SAP*, machen folgende drei Erfolgsfaktoren *SAP* zu einem innovativen erfolgreichen Unternehmen:

„Hier gilt es drei Stufen zu nennen. Ein Faktor ist die Kreativität von der Spitze ausgehend. Dies sieht man auch bei anderen Firmen in unserer Branche, zum Beispiel Microsoft oder Apple. Das zweite und sicher wichtigste ist, dass wir uns sehr früh auf einen extrem starken Kundenbezug konzentriert haben. Was zu dem dritten Punkt führt, dass Innovationen stark projektbezogen entwickelt werden. Oftmals erfolgt dies zusammen mit unseren Kunden, oder um projekt- spezifische Lösungen für unsere Kunden zu entwickeln. Neben den zwei klassischen Säulen, die man in anderen Unternehmen der Softwarebranche findet, nämlich der Entwicklungs- und der Managementstufe, haben wir eine weitere dritte Stufe eingeführt – die Projektleitungsstufe, die vollkommen analog und gleichberechtigt bis auf die oberste Stufe geht. Das unterscheidet SAP von anderen Unternehmen, in denen Projektverantwortung und Linienverantwortung oftmals noch zusammengelegt werden. Bei SAP werden sie stärker entkoppelt."[411]

Interessant ist in diesem Zusammenhang die weitergehende Frage nach der Ausgestaltung des Innovationsmanagement- und Entwicklungsprozesses. Nach Aussage von *Heuser* beginnt bei *SAP* dieser Prozess auf der obersten Organisationseinheit mittels einer klar ausgeprägten

---

[407] Vgl. Spath et. al (2006), S. 41-42.

[408] Die Federführung der EU-Studie *IMP³rove* hatte die *Fraunhofer Gesellschaft* und *A. T. Kearney*. *IMP³rove* steht für „IMProvement of Innovation Management Performance with sustainable IMPact" und stellt einen wesentlichen Hebel dar, um die Lissabon-Strategie der Europäischen Union in die Tat umzusetzen Die *Fraunhofer Gesellschaft* unterstützt Regierung und Wirtschaft bei der Sicherung künftiger Wettbewerbsfähigkeit und sieht ihre Rolle darin, die Innovationsfähigkeit zu stärken wie auch den Innovationsprozess zu beschleunigen. Dazu entwickelt sie gemeinsam mit den Unternehmen zukunftsweisende Methoden und Konzepte.

[409] Brunswicker/Schröder (2008), o. S.

[410] Vgl. Bullinger/Warschat (2007), S. 200; Bovensiepen/Zentes (2008), S. 13.

[411] Handermann et. al (2006), S. 18.

Unternehmensstrategie, welche vom Vorstand auf der Grundlage von Vorschlägen des Senior-Managements entwickelt wird. Auf dieser Basis wird mittels des so genannten „Product-Innovation-Lifecycle-Prozesses" der gesamte Lebenszyklus von der Idee bis zum endgültigen Produkt festgelegt. Der Product-Innovation-Lifecycle dient der Strukturierung des Innovations-managements. Er beschreibt die Ideengenerierung, -evaluierung und -realisierung der Innovation bis hin zum Vertrieb des Produktes. Die Erfolgsmessung der Innovationsaktivitäten erfolgt in einem stetigen Projektcontrolling (vgl. Kapitel 4.3), in dem der Umsetzungsgrad sowie der Ressourcenaufwand nachgehalten werden.[412]

4.2.4 Integriertes Innovationsmanagement-Modell

Für die Schaffung eines allgemeinen Innovationsprozessverständnisses, ist es zweckmäßig die historische Entwicklung des Innovationsprozessverständnisses kurz darzustellen. Der britische Innovationsforscher *Rothwell* hat die Entwicklung von Innovationsprozessmodellen über die Zeit der 1950er Jahre bis in die 1990er Jahre analysiert. *Rothwell* identifiziert hierbei fünf Generationen von Innovationsprozessmodellen. Beginnend mit einfachen, linearen technology push und market pull Modellen der 1950er, 60er und früheren 1970er, über interaktive / gekoppelte Modellen der 1970er und früheren 1980er, sowie den integrativen / parallelen Modellen der 1980er und früheren 1990er hat er die heutigen Modelle der Systemintegration und des Networkings untersucht.[413] *Rothwell* beschreibt den Innovationsprozess in seinem "Coupling-Model" als einen „as complex net of communication path, both intra-organisational and extra-organisational, linking together the various inhouse functions and linking the firm to the broader scientific and technological community and to the marketplace."[414] Aus der nachfolgenden Abbildung (Abbildung 44) eines Innovationsmanagementprozesses lässt sich nun ableiten, dass ein wirkungsvolles Innovationscontrolling in diesem Bereich den gesamten unternehmerischen Geschäftsprozess von der Ideenentwicklung hin bis zum Kunden umfassen muss.

---

[412] Ausführlicher dazu vgl. Handermann et. al (2006), S. 18-21.
[413] Vgl. Rothwell (1994), S. 7-31; Jardin (2008), S. 2-3.
[414] Rothwell (1994), S. 12.

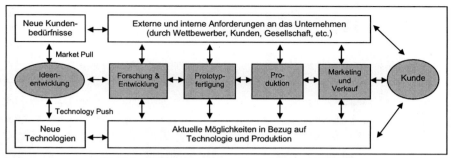

Abbildung 44: Integriertes Innovationsmanagement-Modell[415]

Aufgrund immer kürzer werdender Produktlebenszyklen steht diese Periode ganz im Zeichen der „time-based" Strategie (vgl. Kapitel 3.4.2). Durch die notwendige Verkürzung der Innovationszeit wird aus einem sequentiellen Innovationsprozess ein paralleler Innovationsprozess. Externe Quellen von Ideen gewinnen immer mehr an Bedeutung und werden früh in den Innovationsprozess integriert (vgl. hierzu auch Kapitel 3.4.3). Parallel hierzu werden die Aktivitäten der internen Abteilungen in den zeitlichen Ablauf der Produktentwicklung integriert, was zu einer hohen Überlappung der verschiedenen Aufgaben und Funktionen führt, aber im Vergleich zu sequentiellen Prozessen eine hohe Zeitersparnis bringt.[416]

Insbesondere vor dem Hintergrund des stetig wachsenden globalen Wettbewerbs (vgl. Kapitel 4.1), der weiterhin verkürzenden Produktlebenszyklen sowie dem rasanten technologischen Wandel, nimmt vor allem die Bedeutung der „time-based strategies" in dem Modell der fünften Generation kontinuierlich zu. Hierbei ist zu berücksichtigen, dass die Verkürzung der Entwicklungszeiten gleichzeitig zu einer Steigerung der Entwicklungskosten führt. „In der fünften Generation entwickelt sich der Innovationsprozess immer mehr hin zu einem Netzwerkprozess, bei dem es neben Effektivität vor allem auf Effizienz (lean innovation) ankommt."[417] Rothwell fasst den Innovationsprozess der fünften Generation mit den folgenden Merkmalen zusammen:[418] Integration, Flexibilität, Networking und parallele Informationsverarbeitung in Echtzeit. Wie soeben erläutert, handelt es sich also bei dem „Coupling-Model" um eine Kombination aus Technologieangebot und -nachfrage sowie integrierten Rückkopplungsmöglichkeiten, bei dem Marketing und F&E aufeinander abgestimmt werden. Das Hauptaugen-

---

[415] Eigene Darstellung und Übersetzung in Anlehnung an das „Coupling Model of Innovation" von Rothwell (1994), S. 10; Stockmeyer (2001), S. 21.

[416] Wie F&E und Prototypentwicklung und Herstellung. Vgl. Rothwell (1994), S. 7-31; Rothwell (1995), S. 258-291; Jardin (2008), S. 4-6.

[417] Jardin (2008), S. 6.

[418] Vgl. Rothwell (1994), S. 7-31; Rothwell (1995), S. 258-291; Jardin (2008), S. 4-6.

98

merk liegt in der Integration von technologie- und marktorientierter Entwicklungen zu einem ganzheitlichen Modell.

Dass Marktorientierung für Wachstum, Umsatz, und Rendite wichtig ist, zeigen auch die drei Studien von 2007-2009 zur Marktorientierung von *BBDO* und dem Bremer *Lehrstuhl für innovatives Markenmanagement (LIM)*.[419] Marktorientierung ist in hohem Maße wertschaffend und beeinflusst die Börsenperformance, Innovationskraft und Kundenzufriedenheit positiv. Darüber hinaus ist die Marktorientierung eines Unternehmens unabhängig vom Marktwachstum und von der Entwicklung des Preisniveaus und -drucks in einem Markt. Somit können marktorientierte Unternehmen selbst in schrumpfenden Segmenten ein Preis-Premium[420] und damit höhere Marktanteile erzielen. So sagt *Burmann* über marktorientierte Unternehmen: „Diejenigen, die besonders marktorientiert sind, hören ihren Kunden und ihren Markt besonders gut zu und tragen die Informationen ins Unternehmen."[421] Der Kundennutzen ist nämlich für die Marktorientierung ein klares Erfolgskriterium. Die Ergebnisse der Studien aus dem Jahr 2007-2009 zeigen, dass die Marktorientierung ein wichtiges Element für die Zukunftsfähigkeit eines Unternehmens ist:[422]

- Marktorientierung steigert die Innovationskraft von Unternehmen durch konsequente Ausrichtung an Marktentwicklungen und Kundenwünschen.

- Marktorientierung steigert die Börsenperformance von Unternehmen und ist Gradmesser für die Werthaltigkeit eines Unternehmens.

- Marktorientierung führt zu einer stärkeren Verbundenheit der Mitarbeiter mit ihrem Unternehmen und damit zu einer höheren Leistungsbereitschaft.

- Marktorientierung führt zu einer höheren Zufriedenheit und damit zu einer höheren Kundenloyalität.

- Marktorientierung beeinflusst nicht nur die Kunden- und Mitarbeiterzufriedenheit eines Unternehmens positiv, sondern zahlt sich auch in Form von Wachstum, Umsatz und Rendite aus.

- Bei marktorientierten Unternehmen weisen Marketing-, Vertriebs- und Markenstrategie eine hohe Konsistenz auf.

- Effektives und transparentes Informationsmanagement ist Grundvoraussetzung für Marktorientierung.

- Marktorientierte Unternehmen setzen ihr Marktwissen in innovative Produkte und Dienstleistungen um.

---

[419] An diesen Studien haben bei einer telefonischen Befragung in Deutschland börsennotierte Unternehmen Auskunft über ihre Marktorientierung gegeben. Vgl. Hermes (2008), S. 15-19; Hermes (2009), S. 34-38.

[420] Preisdifferenz zum Konkurrenzpreis, die ein Anbieter, eine Marke oder eine Einkaufsstätte aufgrund der individuellen Präferenz eines Nachfragers erzielen kann.

[421] Hermes (2008), S. 20.

[422] Vgl. Hermes (2008), S. 15; Hermes (2009), S. 35; Klein-Bölting/Trampe/Malzbender (2007); Klein-Bölting/Trampe (2008).

- Das Thema Marketing ist auf Top-Management-Ebene angesiedelt.

- Jedes Unternehmen kann marktorientiert sein – unabhängig von Größe, Branche und weiteren externen Faktoren.

Die relevanten Kennzahlen im Rahmen des Innovationsmanagements müssen daher entsprechend gesteuert und überwacht werden. Nur ein gut funktionierendes Controllingsystem sichert die notwendige Planung, Steuerung und Koordination sowie die Kontrolle jeglicher Aktionen, was die systematische und zielgerichtete Durchführung von Innovationsprozessen betrifft.[423] Hierzu bedarf es einem unternehmensindividuellen Innovationscontrollingsystems.

4.3 Innovationscontrolling als spezifische Steuerungsmaßnahme

4.3.1 Verhältnis des traditionellen Controllings zum Innovationsmanagement

Der Einsatz von Controllinginstrumenten zur Steuerung des Innovationsprozesses hängt insbesondere davon ab, um welchen Typ von Innovation es sich handelt (vgl. 2.1.3).[424] Bezogen auf die Steuerung von Innovationsprozessen bedeutet dies zum einen, dass festgestellt werden muss, welche Informationen beschafft werden müssen und wie diese zu strukturieren sind.[425] Zum anderen müssen die Aufgaben der Informationsgewinnung und –verarbeitung mit den am Innovationsprozess beteiligten Stellen verknüpft werden.[426] Dabei ist es jedoch unabdingbar, dass sich das traditionelle Controlling ebenfalls auf die neue Situation einstellen muss und sich ebenso wie das Innovationsmanagement zukunftsorientiert auszurichten hat. Obwohl das Controlling umfangreiche Instrumente und Tools (z. B. Planung und Reporting) für eine zukunftsgerichtete Steuerung des Unternehmens besitzt, werden diese teilweise noch zu zaghaft zur Steuerung des Innovationsmanagements eingesetzt (Abbildung 45).

---

[423] Vgl. Vahs/Burmeister (2005), S. 95.

[424] Vgl. Gemünden/Littkeman (2007), S. 6.

[425] Dazu bedarf es in erster Linie der Heranziehung von Instrumenten aus dem Rechnungswesen, so genannte Innovationsabrechnungen (modifizierte Planungs- und Kontrollrechnungen, welche die spezifischen Controllingeigenschaften von Innovationen berücksichtigen). Vgl. Gemünden/Littkeman (2007), S. 9-10.

[426] Der Projektcontroller soll möglichst Ansprechpartner für die Projektleitung als auch für die auftraggebende Unternehmensführung sein.

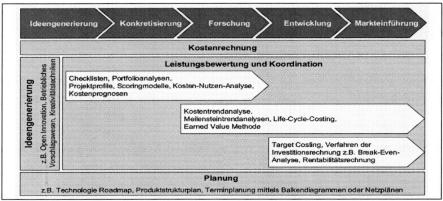

Abbildung 45: Instrumente des Innovationscontrollings[427]

Dies wird beispielsweise damit begründet, dass jegliche Controllingaktivitäten die notwendigen kreativen Freiräume restringieren würden.[428] Daraus ergibt sich jedoch die Gefahr, dass entsprechende Trends und Entwicklungen sowohl auf dem Beschaffungs- als auch auf dem Absatzmarkt unterschätzt und vernachlässigt werden.[429] Dies kann zu nachhaltigen Kosten- und Umsatzproblemen führen (z. B. Thematik der steigenden Energiepreise).[430] Daher sind der Kundennutzen oder entsprechende potentielle Wettbewerbsvorteile sorgfältig zu dokumentieren und an die Konsumenten zu kommunizieren, um in der Preisgestaltung flexibel zu sein.[431] So können in der Phase der Ideengenerierung Instrumente, wie ein betriebliches Vorschlagswesen oder Kreativtechniken eingesetzt werden, um die Findung innovativer Produktideen zu unterstützen.

Die Aufgabe des Innovationscontrollings ist es hierbei die notwendigen Methodenkenntnisse bereitzustellen. Der tatsächliche Einsatz der Methode fällt dagegen in den Aufgabenbereich des Innovationsmanagements.[432] Dabei ist es wichtig, dass auch das Management und Controlling künftige Trends antizipieren und innovative Aktivitäten adäquat steuern, planen und kontrollieren kann. Da dieses neue Szenario keine „Inselbetrachtung" sein kann, steht das Controlling vor der schwierigen Aufgabe, die einzelnen Unternehmensbereiche, die damit verbunden sind, auf das angestrebte Gesamtunternehmensziel hin auszurichten. Das

---

[427] Möller/Janssen (2009), S. 91.

[428] Vgl. Bösch (2007a), S. 45.

[429] Vgl. hierzu auch Wagner/Friedl (2007), S. 700-717.

[430] Vgl. Vinkemeier/von Franz (2007), S. 37-38.

[431] Vgl. Hamilton/Srivastava (2008), S. 450-461; Hamilton/Srivastava (2008), S. 450-461; Koçaş/Bohlmann (2008), S. 124-142.

[432] Vgl. Möller/Janssen (2009), S. 91; Vinkemeier/von Franz (2007), S. 44. Auch die Technologie-Roadmap würde sich als integrative Methode für das Innovationscontrolling eignen. Vgl. Weissenberger-Eibl/Joachim (2009), S. 83-88.

Innovationscontrolling erfährt insbesondere in den letzten Jahren einen stetigen Bedeutungs-zuwachs, der anhand der vier wesentlichen Entwicklungen verdeutlicht werden soll:[433]

- Durch den Übergang vom Verkäufer- zum Käufermarkt lastet auf den Unternehmen ein zunehmender Differenzierungsdruck. Produkte müssen den steigenden Kunden-anforderungen genügen, um erfolgreich am Markt zu bestehen. Der zunehmende Konkurrenzdruck verschärft dabei die Tendenz zur Produktdifferenzierung und verkürzt dabei die Produktlebenszyklen.

- Innovationsvorhaben fordern zunehmend mehr finanzielle Ressourcen aufgrund der rasanten Marktdynamik. Die steigenden Aufwendungen resultieren dabei aus den kürzer werdenden Produktlebenszyklen und aus einer wachsenden Komplexität der Produkte.

- Die zunehmende technische Komplexität der Produkte führt zu einem stetigen Ent-wicklungsrisiko, das durch die Anforderungen einer kurzen Produkteinführungszeit (time-to-market) noch verschärft wird.

- Die Novellierung des BilMoG wird voraussichtlich zu einer Annäherung des HGBs an IFRS führen und eine Aktivierung von Entwicklungsaufwendungen ermöglichen. Eine Kostenrechnung bzw. ein Controlling im Entwicklungsbereich muss diese Informations-anforderungen verarbeiten können.[434]

Darüber hinaus obliegt dem Innovationscontrolling die elementare Aufgabe, bisher unrealisierte Effizienz- und Effektivitätssteigerungspotentiale des Innovationsmanagements auszuschöpfen.[435] In der Praxis koordinieren Innovationscontroller die verschiedenen Tätigkeiten innerhalb des Innovationsgeschehens und stimmen diese mit der Unternehmensstrategie ab. Ohne explizit Unternehmensnamen zu nennen, muss festgestellt werden, dass die nötige Verzahnung und Verknüpfung von Unternehmensstrategie, Zukunftsorientierung, Innovation und Steuerung nicht immer gewährleistet ist. Als Störfaktor und Problemfeld sind hier die viel zu kurzfristige Denkweise und Entscheidungsausrichtung der Unternehmensführung anzuführen. Individuelle Fehldeutungen des Topmanagements sind in diesem Segment keine Seltenheit.[436]

---

[433] Vgl. Möller/Janssen (2009), S. 89-91.

[434] Vgl. Möller/Janssen (2009), S. 89-91.

[435] Vgl. Bösch (2007a), S. 45; Möller/Janssen (2009), S. 90.

[436] Vgl. Vinkemeier/von Franz (2007), S. 38. Ein Problem kann auch die asymmetrische Informationsverteilung der Manager von innovativen Projekten sein, welche Auswirkungen auf die Performance haben kann. Vgl. Bergmann/Friedl (2008), S. 1504-1514.

Ein weiterer Aspekt des Innovationscontrollings ist, dass es je nach Branche differenzierte Zukunftseinschätzungen gibt.[437] In diesem Zusammenhang sei auf *Vinkemeier* und *von Franz* verwiesen: „Innovation ohne explizite Zukunftsorientierung ist möglich, aber nicht nachhaltig. Zufallsgetriebene, ungerichtete Innovationsaktivitäten belegen dies immer wieder."[438] Das Controlling steht daher vor einer neuen Herausforderung bei der Instrumentalisierung der Zukunftsorientierung im Unternehmen. Mit der Einführung bzw. Intensivierung des Innovations-controllings kann beispielsweise potentiell zu hohen Entwicklungskosten und einem zu langen Produkteinführungsprozess erfolgreich entgegengewirkt werden. Ferner wird für Transparenz – gerade im Hinblick auf *Basel II* – in den diversen betrieblichen Geschäfts- und Innovations-prozessen gesorgt. Weiterhin kann es zu einer Zunahme von unerwünschten Bürokratieeffekten kommen.[439] Daher ist das Innovationscontrolling auch adäquat in diese betrieblichen Abläufe zu integrieren. Damit jener Vorgang angemessen reibungslos durchgeführt werden kann, müssen auch in diesem speziellen Controllingsegment Umdenkprozesse in Gang gesetzt werden. So sollte in bestimmten Situationen der Faktor „Unsicherheit" akzeptiert werden. Das Denken in langfristigen Perspektiven ist zu modifizieren, aber auch ein offenes Gegenüberstehen zu anderen Methoden ist vom Controlling zu postulieren.

Der Investitionscharakter der Innovation verlangt überdies die Einbeziehung zukünftiger Daten in die Erfolgsermittlung, welche unerlässlich für die Entscheidung über eine Projektfortführung sind. Aber auch nach dem Projektende sind die erwarteten Einnahmen und Ausgaben in der Innovationsergebnisrechnung gegenüberzustellen (vgl. 4.3.2).[440] Daher muss sich das Controlling zunehmend zukunftsorientierter ausrichten.[441] Von Bedeutung sind ferner die Planungs- und Informationsunterstützung des Innovationscontrollings.[442] Problematisch ist die Relevanz des Innovationscontrollings als Performance Measurement. Eine objektive und nachvollziehbare Operationalisierung der Arbeitsergebnisse und -leistungen der betroffenen Unternehmens-mitarbeiter ist mit zahlreichen Defiziten verbunden. Auch wenn beispielsweise *Kerssens-van Drongelen* im Rahmen einer Metauntersuchung zum Thema Innovation Performance Measurement feststellt, dass ein optimales Systemgebilde von einer Unmenge an Einflussfaktoren determiniert wird (z. B. Umwelteinflüsse, Unternehmens- und Innovations-

---

[437] Vgl. Vinkemeier/von Franz (2007), S. 38.
[438] Vinkemeier/von Franz (2007), S. 39.
[439] Vgl. Bösch (2007a), S. 50.
[440] Dabei kommt es weniger darauf an, den Erfolg auf den Cent genau auszurechnen, als ein Gefühl für die Größenordnungen zu bekommen.Vgl. Gemünden/Littkeman (2007), S. 10-11.
[441] Vgl. Vinkemeier/von Franz (2007), S. 43.
[442] Vgl. Bösch (2007a), S. 47-49.

strategie, Art der Forschungs- und Entwicklungsaktivitäten),[443] so darf dennoch diese Untersuchung nicht als vollständig angesehen werden. Sie dient vielmehr als nützliche und notwendige Orientierungshilfe für künftige weiterführende Forschungen auf diesem Gebiet.

4.3.2 Innovationsergebnisrechnung zur Steuerung radikaler Innovationen

Ein betriebswirtschaftliches Konzept zur Steuerung radikaler Innovationen im Rechnungswesen, das auf der Investitionsrechnung aufbaut, wurde Anfang der neunziger Jahre von *Hauschildt* entwickelt.[444] Die Innovationsergebnisrechnung ist eine Art Orientierungshilfe im Rahmen der Evaluation von Innovationsprojekten, ob die erwarteten Einnahmen aus dem Projekt die realisierten und noch zu erwartenden Ausgaben rechtfertigen. Aufgrund seiner einfachen und klaren Struktur eignet sich das Konzept hauptsächlich zur Steuerung von radikalen Innovationen. Bei inkrementalen Innovationen, bei denen üblicherweise die Zahlungsreihen weniger unsicher als bei radikalen Innovationen sind und die Finanzierung des Projektes zumeist klarer ist, empfiehlt sich der Einsatz eines vollständigen Finanzplanes.[445]

Der Innovationserfolg kann bei radikalen Innovationen in Form eines Kapitalwertes zu jedem Zeitpunkt des Projektverlaufs ermittelt werden, in dem realisierte und erwartete Einnahmen den realisierten und erwarteten Ausgaben gegenübergestellt werden. Im Mittelpunkt steht die Prognose der zu erwartenden Ein- und Auszahlungen. Diskussionen über die Wahl des richtigen Zinssatzes spielen bei hoch innovativen Projekten eine eher untergeordnete Rolle. Für die Unternehmensbewertung bietet sich die Innovationsergebnisrechnung insbesondere an, wenn der Wert des zu begutachtenden Unternehmens ausschließlich durch eine Innovation begründet ist und sich die Zahlungsgrößen möglichst verursachungsgerecht zuordnen lassen. Wie bei *Riebels* Konzept der Einzelkosten- und Deckungsbeitragsrechnungen werden als Rechengröße Zahlungen verwendet.[446] Er versteht unter diesen Größen nicht diskontierte Zahlungen im finanzwirtschaftlichen Sinne. *Hauschildt* stellt die Abrechnungen in einer Kontenform auf, was die Nähe zur Finanzbuchhaltung durch Abrechnungsbezug (Projekt-, Erfolgs-, Zukunftsbezug) dokumentieren soll (vgl. Tabelle 6).

---

[443] Vgl. Bösch (2007a), S. 50; Kerssens-van Drongelen (1999); Kerssens-van Drongelen/Bilderbeek (1999), S. 35-46; Kerssens-van Drongelen/de Weerd-Nederhof (1999), S. 397-426.

[444] *Hauschildt* verwendet hierbei keine Differenzierung zwischen Ausgaben und Auszahlungen sowie zwischen Einnahmen und Einzahlungen. Vgl. Hauschildt (1994), S. 1019; Gemünden/Littkeman (2007), S. 11.

[445] Vgl. Gemünden/Littkeman (2007), S. 12.

[446] Vgl. Riebels (1987), S. 1154; Hauschildt (1994), S. 1019.

Einnahmen
1. realisierte (kumulierte) Einnahmen
a) extern über den Markt (z.B. Lizenzen)
b) an andere Prozesse weiterbelastete Ausgaben (Weitergabe von Teilergebnissen)
c) sonstige Einnahmen (z.B. Subventionen)
2. zukünftige (gesamt zu schätzende) Einnahmen
Ausgaben
3. realisierte (kumulierte) Ausgaben
a) extern über den Markt (z.B. Büromaterial)
b) von anderen Prozessen übernommene Ausgaben (z.B. Gehälter)
c) sonstige Ausgaben (z.B. Gebühren)
4. zukünftige (gesamt zu schätzende) Ausgaben
Innovationserfolg
5. Einnahmen (1.+ 2.) - Ausgaben (3.- 4.)

Tabelle 6: Grobgliederung einer Innovationsergebnisrechnung[447]

Die Innovationserfolgsrechnung von *Hauschildt* kommt im Falle einer Produktinnovation einer strategischen Planung im Sinne eines integrierten Produktlebenszyklus-Konzepts sehr nahe, ohne auf den Vorteil einer organisatorischen Trennung zwischen Innovationsmanagement und dem Management der Routineaufgaben verzichten zu müssen.[448] Im nächsten Kapitel wird nun auf die innovationsdeterminierten Aspekte der Markenwertbestimmung eingegangen.

---

[447] Gemünden/Littkeman (2007), S. 11.
[448] Vgl. Gemünden/Littkeman (2007), S. 11.

5 Innovationsdeterminierte Aspekte der Markenwertbestimmung in Verbindung mit emotionaler Markenbedeutung

5.1 Markenwertermittlung und Bestandteile des Markenwertes

5.1.1 Klassifizierung von Markenbewertungsverfahren

Dieses Kapitel soll einen Überblick über verschiedene Markenbewertungsverfahren und Bestandteile des Markenwertes geben, bevor das Markenbewertungsverfahren „Brand Equity Meter" von *McKinsey* und dem *Betriebswirtschaftlichen Institut für Innovationsforschung* der *Universität Kiel* (vgl. Kapitel 5.1.2) näher analysiert wird. Gerade in jüngster Zeit wird dem Thema Marke und deren Bewertungsmethoden ein beträchtliches Interesse gewidmet. So betont dies beispielsweise *Sandner* in seiner durch den *Ladas Memorial Award 2009* ausgezeichneten Arbeit durch folgende Aussage:[449] „Brands are important intangible assets for companies. The ways in which companies create new brands and develop existing ones influence brand assets to a large extent."[450] Diese verstärkte Aufmerksamkeit geht mit der Tatsache einher, dass ein erheblicher Teil des Shareholder Values von Marken generiert wird.[451]

Aufgrund der Vielzahl der Bewertungsverfahren ist es aber schwierig einen vergleichbaren Markenwert zu bestimmen. Für einen ersten Überblick über die Vielzahl von diversen Markenbewertungsverfahren können grundsätzlich die Regelungen der Standards des *IDW* und die „10 Grundsätze zur monetären Markenbewertung" des *Markenverbandes* (Anhang 1) hilfreich sein.[452] Bei der Determination des Markenwertes ist jedoch, wie in der Folge noch weiter ausgeführt werden soll, das größte Problem, dass es bisher kein allgemeingültig anerkanntes Markenbewertungsmodell gibt, welches sich bei der bilanziellen Bewertung als zweckmäßig erwiesen hat.[453] Aus bilanziellen Gesichtspunkten muss zudem unterschieden werden, ob es sich um eine Zugangsbewertung oder eine Folgebewertung handelt.[454] Ferner muss differenziert werden, ob die Vermögensgegenstände beziehungsweise Vermögenswerte entgeltlich erworben oder selbst erstellt worden sind und ob diese einzeln oder in einer Gesamtheit von Vermögenswerten bzw. von Vermögensgegenständen erworben wurden.[455] Dass Marken zu den wichtigsten Vermögensgegenständen von Unternehmen gehören, entspricht zunehmend der

---

[449] Dieser Preis wird jährlich von der *International Trademark Association* mit Sitz in New York für Arbeiten vergeben, die sich aus einer ökonomischen oder rechtlichen Perspektive heraus mit dem Thema Marken beschäftigen und so zum Verständnis dieser Form von Schutzrechten beitragen.

[450] Sandner (2009), S. 73.

[451] Nach einer Studie von *PwC* trugen im Jahr 2005 Marken mehr als zwei Drittel zum durchschnittlichen Unternehmenswert bei. Vgl. Menninger (2006) und auch Kriegbaum (2001), S. 1; Rao/Bharadwaj (2008), S. 16-26; Raihtel (2009), S. II.

[452] Hier wären insbesondere IDW S1, IDW RS HFA 10, IDW S 5, IFRS 1 bis 5, IAS 36, IAS 38 zu nennen.

[453] Zurückzuführen ist dies vermutlich auf das Isolierungs- und Prognoseproblem. Vgl. Frahm (2003), S. 43; Kriegbaum (2001), S. 60; Tafelmeier (2009), S. 75-87.

[454] Vgl. Wieser (2007), S. 31-48.

[455] Vgl. Bialas (2005), S. 85.

106

allgemeinen Wahrnehmung.[456] Die wohl meist zitierte Aussage einer *PwC*-Studie aus dem Jahr 1999 war, dass der Anteil des Markenwerts am Gesamtunternehmenswert von den Befragten auf durchschnittlich 56 Prozent beziffert wurde.[457] Eine neue Studie von *PwC* zeigt, dass dieser Wert 2005 noch einmal gestiegen ist und zwar auf 67 Prozent (vgl. Abbildung 46). Auch wenn es sich nur um grobe Schätzungen der von *PwC* befragten Führungskräfte handelt, so untermauert diese Studie die enorme und nochmals gestiegene Relevanz von Marken.[458]

Abbildung 46: Anteil der Marke am Gesamtwert des Unternehmens[459]

Überdies gibt *Biesalski* von der Firma *Brand Rating* in dem vom Verfasser durchgeführten Interview an: „Eine Auswertung unserer Markenwert-Datenbank, die mehr als 300 im Kundenauftrag bewertete Marken umfasst, quantifiziert die Bedeutung der Marke als Werttreiber im Unternehmen. Im Bereich Finanzdienstleistungen macht das Asset Marke nach dieser Auswertung durchschnittlich 18 Prozent des Unternehmenswertes aus. [...] Grundsätzlich hat im Vergleich zur Versicherungsbranche die Marke im Handymarkt eine höhere Bedeutung. Unsere Benchmark-Auswertungen zeigen einen durchschnittlichen Anteil des Markenwertes am Unternehmenswert im Bereich Consumer Electronics von 64 Prozent.“[460] Dabei ist aber zu beobachten, dass es für die Markenwertberechnung derzeit in der Praxis über 40 verschiedene Verfahren gibt (Anhang 3).[461] Diese weisen teilweise große Unterschiede im Ergebnis, in der Objektivität, Komplexität, Reliabilität und Validität auf.[462] Bisher existiert kein Markenbewertungsverfahren,

---

[456] Vgl. Frahm (2003), S. 7; Sandner (2009), S. 73.

[457] Vgl. Sattler (1998), S. 191-212; Sattler (2001a); S. 14; Sattler (2001b), S. 11; Sattler (1999), S. 9; Kotler/Bliemel (2001), S. 740; Bialas (2005), S. 131.

[458] Die Ergebnisse beruhen auf einer Umfrage von *PwC* aus dem Jahre 2005. Vgl. Menninger et. al (2006), S. 8. Auch Tafelmeier von der Firma *IP Valuation* stellt in seinen zugrunde liegenden Studien fest, dass der durchschnittliche Anteil von Marken am Gesamtunternehmenswert zwischen 31 und 67 Prozent eingeschätzt wird. Vgl. Tafelmeier (2009), S. 263.

[459] Menninger et. al (2006), S. 8.

[460] Vgl. Interview Biesalski (Anhang 17).

[461] Vgl. Riesenbeck/Perrey/Marc (2005), S. 58.

[462] So beträgt z. B. der von *Semion* ermittelte Markenwert der *Deutschen Bank* fast das Dreifache des von *BBDO* ermittelten Markenwertes. *Batten, Barton, Durstine & Osborn (BBDO)* ist eine der weltweit führenden Werbeagenturen. Vgl. Kriegbaum (2001), S. 79; Goldfarb/Lu/Moorthy (2007), S. 1-3.

welches zu einer objektiven und zuverlässigen monetären Markenbewertung führen würde. Vor diesem Hintergrund ist die Entwicklung eines geeigneten Instruments zur Markenbewertung von entscheidender Relevanz.[463] Doch die Schwierigkeit beginnt schon bei der Frage, nach welcher Methodik die Marken bewertet werden sollen. So spiegelt sich die Verschiedenheit und Inkompatibilität der existierenden Verfahren schon in den zum Teil sehr unterschiedlichen Klassifizierungen in der Literatur:[464] Vereinfacht können die Markenbewertungsverfahren in monetäre und nicht monetäre sowie kurzfristige und langfristige Verfahren differenziert werden.[465] Monetäre Markenbewertungen sind für fast alle Anlässe geeignet.[466] Nicht monetäre Markenbewertungen erfolgen insbesondere im Rahmen der Steuerung und Kontrolle von Marken und sind für viele Dokumentationsanlässe geeignet.[467] Die systematischen Beziehungen der unterschiedlichen Ansätze verdeutlicht die Abbildung 47.

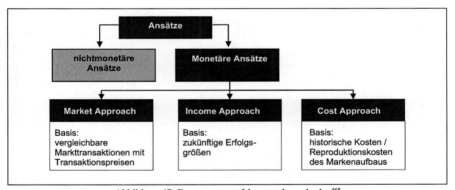

Abbildung 47: Bewertungsverfahren und -methoden[468]

Die Ansätze zur Ermittlung des Markenwertes können generell in Ertrags- („Income Approach"), Markt- („Market Approach") und Kosten-orientierte („Cost Approach") Ansätze differenziert werden.[469] Aus unternehmensinterner Perspektive scheinen eine regelmäßige Berechnung und ein Tracking des Markenwertes äußerst erstrebenswert, um eine zielgerichtete

---

[463] Vgl. Frahm (2003), S. 7.
[464] Vgl. Bialas (2005), S. 135.
[465] Siehe hierzu Anhang 3.
[466] Monetäre Markenbewertungen erfolgen z. B. bei der Kaufpreisfindung von markenmotivierten Fusionen, Akquisitionen bzw. Veräußerung von Unternehmensteilen, Kreditakquisitionen bzw. –absicherungen durch Marken, Schadensersatzbemessungen und Bilanzierung von Marken. Vgl. Frahm (2003), S. 40-41.
[467] In der Literatur haben nicht monetäre Markenbewertungsverfahren bislang eine höhere Verbreitung gefunden, als monetäre Ansätze. Vgl. Frahm (2003), S. 40-51.
[468] In Anlehnung an IDW S 5.
[469] Vgl. IDW S 5.58-5.69.

Allokation des Markenbudgets zu gewährleisten.[470] Unternehmen müssen ihre knappen Marketingressourcen auf die Marken konzentrieren, die das höchste Wachstumspotential versprechen.[471] Darüber hinaus ist der Zeitpunkt für die Investition in das Marketing maßgeblich.[472] Die richtige Zielplanung sowie der richtige Zeitpunkt sind gerade in Zeiten beschränkter Budgets von besonderer Bedeutung.[473] Dies ist vor dem Hintergrund auch sehr interessant, da viele Experten, darunter *Volker Nickel* vom *Zentralverband der Deutschen Werbewirtschaft*, mit einer Budgetkürzung der zukünftigen Marketingausgaben für die deutsche Werbewirtschaft rechnen.[474] Voraussetzung für die Bestimmung der richtigen Investitionsziele ist ein funktionierendes Markencontrolling, das die Veränderungen des Markenwertes überwacht und damit auch für eine adäquate Leistungsbeurteilung des Brand Managements hilfreich ist (vgl. hierzu auch Kapitel 2.3.2).[475] Innerhalb des Markencontrollings werden die vielfältigen Informationen zur Planung, Steuerung und Kontrolle von Marken erfasst und aufbereitet, was auch die Basis für eine zielgerichtete Führung einzelner Marken darstellt.[476]

5.1.2 Extrahierung des Markenwertes aus dem Unternehmenswert

Zur Ermittlung des Markenwertes gibt es, wie in Kapitel 5.1.1 erläutert, eine Vielzahl von verschiedenen Bewertungsverfahren. Im Folgenden wird auf den „Brand Equity Meter" von *McKinsey, Marc Fischer* und dem betriebswirtschaftlichen *Institut für Innovationsforschung der Universität Kiel* eingegangen, da dieser einen einfachen und wissenschaftlich anerkannten Ansatz zur Bewertung von Marken liefert.[477] Ausgehend von der gegenwärtigen Performance der Marke wird zunächst der Customer Equity bestimmt, welcher dem mit den Kunden verbundenen Gegenwartswert der zukünftigen Zahlungsströme entspricht.[478] Die Berechnung des Customer

---

[470] Zu Ansätze und Methoden zur Marketingbudgetierung siehe auch Wang/Zhang, S. 15-30; Reinecke/Janz (2007), S. 127-138.

[471] Vgl. Amon (2005), S. 154-158.

[472] Der Investitionszeitpunkt des Budgets hat Auswirkungen auf nachfolgende Entscheidungen. Vgl. Friedl (2001), S. 45-47.

[473] Vgl. Friedl (2007a), S. 185-194; Wang/Zhang, S. 15-30.

[474] Vgl. Ballhaus et. al (2008), S. 30.

[475] Die Grundlage eines solchen Managementsystems sind Controlling- und Monitoringsysteme, die es ermöglichen, Entscheidungen im Hinblick auf Unternehmensstrategien und Ressourcenallokationen zu institutionalisieren. Das Markencontrolling dient zur Informationsversorgung und Unterstützung marketingbezogener Entscheidungen und übernimmt dabei Koordinationsaufgaben und stimmt die Kommunikation mit anderen Unternehmensbereichen ab. Der Markenwert wird zu einer zentralen Erfolgsgröße im strategischen Markencontrolling. Vgl. Kriegbaum (2001), S. 61-68; Bialas (2005), S. 131; Hinz (2005), S. 2-3; Aders/Wiedemann (2004), S. 19-20; Cerar/Schmidt (2006), S. 8-10; Kalka (2006), S. 3; Wernerfelt (2005), S. 15-23.

[476] Der Schwerpunkt der operativen Marketing-Planung liegt in der Auswahl, Gewichtung und Ausgestaltung der absatzpolitischen Instrumente, in der Festlegung des Aktivitätsniveaus der einzelnen Entscheidungen, deren Zusammenführen zu einem zielgerichteten, möglichst optimalen Marketing-Mix sowie in der Bereitstellung und Aufteilung der notwendigen finanziellen Mittel im Rahmen der Budgetierung. Vgl. Frahm (2003), S. 37; Kriegbaum (2001), S. 66; Schlaberg (1997), S. 38-39; Hermanns (1995), S. 29; Kotler/Bliemel (2001), S. 635, 1274; Cerar/Schmidt (2006), S. 8-10; Kalka (2006), S. 3.

[477] Vgl. Fischer (2006), S. 5-11; Perrey/Reisenbeck (2004), S. 1-5.

[478] Vgl. Wiesel/Skiera/Villanueva (2008), S. 1-14; Bolton (2004), S. 18-27; Pullig/Simmons/Netemeyer (2006), S. 52-66; O'Sullivan/Abela (2007), S. 79-93; Lei/Dawar/Lemmink (2008), S. 111-123; Reinecke/Janz (2007), S. 420-436.

Equity folgt, wie die des Unternehmenswertes, dem DCF-Ansatz. Der Unternehmenswert wird in der Regel über ein Discounted-Cash-Flow-Verfahren (DCF-Verfahren) ermittelt, das heißt zukünftige Free Cash Flows (FCF)[479] werden mit einem adäquaten Diskontierungsfaktor (WACC = gewichtete durchschnittliche Kapitalkosten) abgezinst. Hiernach ist ein Vermögens-gegenstand zu dem Preis veräußerbar, der dem Gegenwartswert seiner Free Cashflows entspricht. Gemäß *Rappaport* setzt sich der operative Free Cash Flow der Periode t (FCF_t) aus dem operativen Gewinn vor Zinsen und nach Steuern ($NOPAT_t$) abzüglich der Netto-investitionen in das Anlagevermögen (NI_t^{AV}) und in das Working Capital (NI_t^{WC}) zusammen (vgl. Formel 1):[480]

$$FCF_t = NOPAT_t - NI_t^{WC} - NI_t^{AV}$$

Formel 1: Free Cash Flow Berechnung[481]

Aus der Summe der diskontierten Free Cash Flows der Prognosejahre und der Kalkulation des sogenannten Terminal Values (Fortführungswertes)[482], der sich als Barwert einer ewigen Rente ergibt, ermittelt sich die Summe der Barwerte (vgl. Formel 2).[483]

$$\text{Unternehmenswert} = \text{Summe der Barwerte}$$

Formel 2: Unternehmenswertermittlung[484]

Nach diesen kurzen Informationen, wie sich der Unternehmenswert determinieren lässt, gilt es nun auf die Besonderheiten zur Ermittlung des Markenwertes einzugehen. Um den Wert der Marke bestimmen zu können, muss vorher klar sein, welchen Nutzen die Marke aus Sicht des Käufers hat, da dieser Nutzen die sogenannte Zahlungsbereitschaft bestimmt. Bei der Markenbewertung kommt es darauf an, den Anteil der Marke aus dem Unternehmenswert zu extrahieren. Der spezifische Markenanteil setzt sich aus dem allgemeinen Gewicht von Marken bei der Kaufentscheidung (Brand Relevance) und der individuellen Stärke der Marke im

---

[479] Die Free Cashflows bilden das Residuum der Zahlungsüberschüsse ab, das nach Abzug aller pagatorischen Kosten, investiven Ausgaben und Steuerzahlungen an den Staat verbleibt. Vgl. Perrey/Reisenbeck (2004), S. 4; Rust (2007), S. 26-27.

[480] Vgl. Rappaport (1999), S. 39-45; Dreyer (2004), S. 203-210.

[481] Vgl. Rappaport (1999), S. 39-45; Dreyer (2004), S. 203-210; Stermertz (2008), S. 93.

[482] Terminal Value = [Free Cash Flow des letzten Jahres der expliziten Prognoseperiode x (1 + Wachstumsrate)] / (Diskontierungssatz – Wachstumsrate). Vgl. Dreyer (2004), S. 368-370; Friedl/Schwetzler (2009), S. 2-6.

[483] Der Unternehmenswert setzt sich aus dem Eigenkapitalwert und Fremdkapitalwert zusammen, wobei in dieser Arbeit die Auswirkungen eines potentiellen Fremdkapitals außer Acht gelassen werden. Vgl. Rappaport (1999), S. 39-45; Friedl/Schwetzler (2008), S. 2-4; Fischer (2006), S. 5-11; Dreyer (2004), S. 368; Friedl/Schwetzler (2009), S. 3-6.

[484] Eigene Darstellung. Für die Entwicklung des Steuereinflusses (Anteilseignersteuern) in der objektivierten Unternehmens-bewertung vgl. Kaserer/Knoll (2009), S. 1.

110

Vergleich zu den Wettbewerbern (Brand Strength) zusammen. Die Bestimmung des Markenanteils beruht auf dem fundamentalen Konzept der Nutzentheorie. Käufer entscheiden sich demnach eher für solche Produkte, von denen sie sich einen höheren Nutzen versprechen.[485]

Um zunächst den Rahmen abzustecken, innerhalb dessen sich das Markenmanagement bewegt, kann der Stellenwert der Markenführung im Unternehmen mit der Markenrelevanz bewertet werden.[486] Je stärker die Käufer ihr Entscheidungs- und Konsumverhalten an der Marke ausrichten, desto ausgeprägter ist die Markenrelevanz (Brand Relevance) und damit das allgemeine Gewicht der Marke am Kaufentscheidungsprozess.[487] Der Einfluss der Marke im Kaufentscheidungsprozess kann mittels einer Conjoint-Analyse determiniert werden.[488] Hier werden marken- und marketingorientierte komparative Ansätze durch den Einsatz multivariater Verfahren kombiniert. Durch innovative Aktivitäten, welche dem Kunden einen Nutzen bringen, kann der Einfluss der Marke im Kaufentscheidungsprozess ebenso erhöht werden.

Die individuelle Stärke einer Marke innerhalb des Wettbewerbs (Relevant Set) wird typischerweise durch Marktforschungsinstitute ermittelt und wird durch den Markenstärkefaktor (Brand Strength) ausgedrückt (vgl. Formel 3). Der Markenstärkefaktor reflektiert die Markenstärke des eigenen Unternehmens im Verhältnis zum Wettbewerb.[489] Je stärker eine Marke ist, desto geringer ist ihr Risiko und desto gewisser sind ihre zukünftigen Markenerträge.[490] Wichtig ist hierbei die kontinuierliche konkurrenz- und kundenorientierte Messung. Insbesondere ist die Differenzierung einer Marke auf Basis der kundenrelevanten Aspekte eine notwendige Voraussetzung für einen langfristigen Markterfolg.[491]

---

[485] Der Nutzen setzt sich hierbei grundsätzlich aus fünf Komponenten zusammen, die für ein Unternehmen relevant und steuerbar sind. Aus den 4Ps von *McCarthy* (Preis-, Produkt-, Distributions- und Kommunikationspolitik) sowie aus der Marke als übergeordnetes Instrument. Vgl. McCarthy (1960); Perrey/Reisenbeck (2004), S. 4. Für ein einfaches Prozeß-modell der kollektiven Kaufentscheidung bei Innovationen vgl. Kotzbauer (1992), S. 125-126 und das Interview mit Huber (Anhang 16).

[486] Vgl. Reinecke/Janz (2007), S. 413.

[487] „Eine Brand Relevance Studie der Allianz, welche für mehrere europäische Märkte durchgeführt wurde, zeigt, dass die Marke (gemessen im Vergleich zu anderen Aspekten des Marketingmixes) mit ca. 18 Prozent in die Kaufentscheidung einfließt." Vgl. Interview mit Kaltenbacher (Anhang 18).

[488] Mit dieser Berechnung wird festgestellt, welcher Anteil der Marke aus dem „gebrandeten" Umsatz resultiert. Die Conjoint-Analyse ist eine Vorgehensweise zur Messung der Bewertung eines fiktiven Gutes. Sie untersucht, in welchem Maß einzelne Merkmale beziehungsweise Merkmalskombinationen, die ein bestimmtes Produkt auszeichnen, vom Nutzer bevorzugt werden. Dazu werden bestimmte Eigenschaften des Gutes mit bestimmten Bedeutungsgewichten versehen, um daraus ein möglichst allgemein gültiges Gesamt-Präferenzurteil des Verbrauchers über das Gut ableiten zu können. Wird Marke als Produkteigenschaft angesehen, so kann bestimmt werden, welchen Anteil die Marke am Kaufentscheidungsprozess bedingt. Auch die multiattributive Präferenzmessung von Innovationen kann mit einer Conjoint-Analyse erfolgen. Vgl. Havenstein (2004), S. 38; Sattler (2006), S. 154-176; Kroeber-Riel/Weinberg (2003), S. 279; Fischer (2006), S. 5-11.

[489] Nachdem die allgemeine Markengewicht in einem Markt bestimmt ist, muss per Marktforschung die individuelle Stärke einer Marke im Vergleich zu ihren Wettbewerbern bestimmt werden. Vgl. Perrey/Reisenbeck (2004), S. 4.

[490] Der ökonomische Wert zukünftiger Markenerträge korreliert negativ mit dem Markenrisiko, während dieses direkt mit der Markenstärke zusammenhängt. Vgl. Reinecke/Janz (2007), S. 410-413.

[491] Vgl. Aaker (2002), S. 326-327.

111

Markenwert = Summe der Barwerte x Brand Relevance x Brand Strength

---

Formel 3: Markenwertermittlung[492]

Allerdings sollte der Markenwert keinesfalls mit einer der Treibergrößen, der Markenstärke verwechselt werden. Daher sollte die Messung auch mehrdimensional und unter Verwendung unterschiedlicher Verfahren erfolgen. Rein ökonomische Messverfahren helfen zwar zu ermitteln, wie sich der Markenwert entwickelt, erklären diesen aber nicht.[493] Andererseits erreichen rein verhaltenswissenschaftliche Messungen nur Marketingexperten und sind für andere Führungskräfte bzw. Finanzexperten zu wenig aussagekräftig. Der Aufbau einer Marke braucht Zeit – und die meisten Unternehmen verfügen bei finanzwirtschaftlichen Aspekten nicht über die erforderliche Geduld.[494] Dabei sind Marken in der Regel umso erfolgreicher, je deutlicher sie selbst ein inhaltliches und emotionales Profil gewinnen (vgl. hierzu auch Kapitel 5.3.1). Sobald Innovationen für die Marke von Bedeutung sind und dem Kunden einen Nutzen bringen, verändert sich auch der Markenstärkefaktor, wenn sich bestimmte Innovationsgradfaktoren im Vergleich zum Wettbewerb verändern. Dies wiederum bestimmt das Image der Marke (vgl. Formel 4).

Formel 4: Innovationsdeterminierte Markenwertermittlung[495]

Ob Innovation bei der Marke von Relevanz ist, lässt sich feststellen über die Frage an den Kunden: „Ist Ihnen Innovation bei der Marke wichtig?" Grundsätzlich lässt sich feststellen, dass Innovationen beim Kaufentscheidungsprozess im Versicherungsbereich weniger wichtig sind, als beispielsweise in der Handygerätebranche. Während Versicherungen beispielsweise für Vertrauen stehen und auch über längere Produktlebenszyklen verfügen, erwarten die Kunden bei Handys in viel kürzeren Zeitabschnitten neue innovative Produkte.[496] Diese Werte gilt es in den Markenkern einer Marke zu transportieren, denn nur so bleibt die Markenidentität gewahrt (vgl. Kapitel 5.3). Trotzdem lässt sich der interessante Zusammenhang erkennen, dass starke Marken

---

[492] Eigene Darstellung.
[493] Vgl. Esch/Andresen (1994), S. 219; Fischer (2006), S. 5-11.
[494] Vgl. Reinecke/Janz (2007), S. 413.
[495] Eigene Darstellung.
[496] Die im Rahmen der Dissertation durchgeführten Experten-Interviews bestätigen die Aussagen. Vgl. hierzu Interviews mit Kraft, *Allianz Group Market Management Controlling* (Anhang 5); Bruhn (Anhang 10); Koers (Anhang 11); Menninger (Anhang 12); Huber (Anhang 16).

112

(hohe Brand Strength) innovativer als schwache Marken sind. *Judith Kaltenbacher* von *TNS Infratest* bestätigt diese Korrelation wie folgt: „Die innovative Wahrnehmung einer Versicherungsmarke stellt einen wichtigen Treiber für Markenstärke / Markenführerschaft dar. Dies zeigen Korrelationsanalysen, welche auf einer jährlichen, weltweit durchgeführten Markenstudie der Allianz basieren. [...] Auffällig ist weiterhin, dass Innovationen im Versicherungsbereich von den Konsumenten meist mit Produktinnovationen (erstklassige Produkte, breite Produktpalette) in Verbindung gebracht werden, während andere Innovationsbereiche (Zusatzservices etc.) noch weitgehend unausgeschöpft sind."[497]

Bei Luxusuhren wurde hingegen von Marktforschungsinstituten festgestellt, dass dem Kunden Innovationen unwichtig sind und daher nur in einem sehr geringen Umfang bis überhaupt nicht im Markenstärke-Index und dadurch im Markenwert enthalten sind (vgl. Kapitel 5.3.2).[498] Da es aber auch Produkte gibt, bei welchen Innovationen den Kunden wichtig sind, sollte Innovation auch als ein Faktor in den Markenstärke-Index integriert werden. Ein Paradebeispiel hierfür dürfte die Handybranche sein.[499] Kundenorientierte Produktinnovationen haben dazu geführt, dass sich das Handy von einem reinen Telephoniegerät zu einem Multifunktionsgerät mit integrierter Digitalkamera, integriertem Touchscreen und Internetzugang entwickelt hat. Ohne die vom Kunden gewünschten Produktinnovationen würden sich die Handys zwischen den Mitwettbewerbern nur minimal differenzieren und die sich ständig verändernden Kundenbedürfnisse wären nur bedingt erfüllbar. Insbesondere erscheinen den Käufern jene Marken als besonders wertvoll, die Sehnsüchte stillen bzw. befriedigen können.[500]

5.1.3 Korrelation von Markenstärke und Börsenwert

Weitere Studien haben ergeben, dass eine positive Korrelation zwischen Markenstärke und Börsenwert besteht.[501] Dies bedeutet jedoch auch, dass ein abnehmender Markenwert den Börsenwert negativ beeinflusst und so dem Unternehmen nachhaltig Schaden zufügen kann. Ein retrospektiver Vergleich ausgewählter Markenwerte aus den Jahren 2001 und 2007 von *KPMG* zeigt, dass sich ein enormes Wertpotential hinter Marken verbergen kann (vgl. Abbildung 48).[502]

---

[497] Vgl. Interviw mit Kaltenbacher (Anhang 18).
[498] Vgl. hierzu Interview mit Heil (Anhang 7).
[499] Vgl. hierzu Interviews mit Heil (Anhang 7) und Schikora (Anhang 9).
[500] Vgl. Kapitel 3.3.2 und Laube/Maatz/Wendel (2009), o.S..
[501] Vgl. Barth et. al (2003), S. 177-184.
[502] Vgl. Kerin/Sethuraman (1998), S. 260; Jenner (2001), S. 577-578.

113

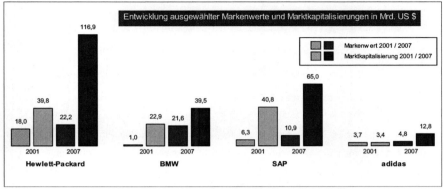

Abbildung 48: Markenwerte versus Marktkapitalisierung[503]

Bei allen vier ausgewählten Unternehmen ist im zeitlichen Verlauf der Anstieg beim Markenwert ersichtlich. Insbesondere ist jedoch die Zunahme der Marktkapitalisierung hervorzuheben und dokumentiert die anwachsende Relevanz der Relation Markenwert und Börsenwert. Der Wert eines Vermögenswertes bestimmt sich an der Börse grundsätzlich nach dem erwarteten zukünftigen finanziellen Nutzen, den ein Erwerber aus dem Vermögenswert ziehen kann.[504] Der Preis ist das Ergebnis einer konkreten Markttransaktion. Der Marktpreis ergibt sich an dem Punkt, bei dem sich Angebot und Nachfrage treffen. Er stellt daher die Grenzeinschätzung der Marktteilnehmer hinsichtlich des Wertes eines Vermögenswertes dar und kann sich somit von einem typisierten oder individuell-subjektiv bestimmten Wert unterscheiden.[505]

5.1.4 Situative Anlässe zur Markenbewertung

In der Praxis gibt es eine Fülle von potentiellen Anlässen, um Marken zu bewerten. Die Anlässe, aus denen heraus eine Markenbewertung vorgenommen wird, geben zugleich Aufschluss darüber, welche Information sich die Unternehmen von der Bewertung erhoffen bzw. welchen Aspekt des Markenwertes diese erkunden wollen. Eine Differenzierung kann nach folgenden Kriterien erfolgen:[506]

---

[503] Fetsch/Beyer (2007), S. 11.
[504] Vgl. IDW S 5.15.
[505] Vgl. IDW S 5.16.
[506] Vgl. Frahm (2003), S. 35; Repenn/Weidenhiller (2005), S. 1-50; IDW S 5.50-5.53.

114

- rechnungswesenbasiert (Jahresabschlusserstellung, Impairment Test, PPA)

- steuerlich motiviert (Asset Transfer, Betriebsprüfung, Verrechnungspreise)

- rechtlich motiviert (Ansprüche aus Markenverletzungsklagen)

- wirtschaftlich orientiert (Kauf, Verkauf, Lizenzierung, Markenmanagement)

- zur Markensteuerung (Entscheidungsmaßstab M&A, Markenpositionierung).

In einer Umfrage der Unternehmensberatung *PwC* aus dem Jahre 2005 wird als wichtigster bzw. häufigster Anlass für die Bewertung von Marken die Steuerung und Kontrolle der Marke (80 Prozent) genannt.[507] Unternehmenstransaktionen rangieren an zweiter Stelle (57 Prozent), gefolgt von der unternehmensinternen Berichterstattung (47 Prozent). Die Ermittlung des Markenwertes ist insbesondere beim Kauf und Verkauf von Marken bzw. Unternehmen essentiell.[508] Wert der Marke, sondern vielmehr um den Markenwert im Vergleich zur Konkurrenz (vgl. Abbildung 49).

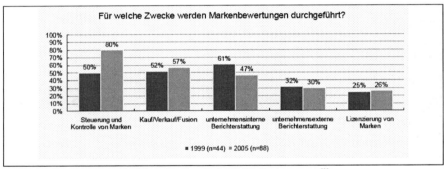

Abbildung 49: Gründe für die Markenbewertung[509]

Diese Abbildung macht die Relevanz der unterschiedlichen Beweggründe sehr deutlich und zeigt zugleich eine Entwicklung auf: Die Unternehmen nutzen in der Praxis ihren Markenwert hauptsächlich zur Steuerung des Markenwertes. Damit geht es weniger um einen absoluten Die externe Berichterstattung mit 30 Prozent und die Lizenzierung von Marken mit 26 Prozent sind deutlich nachrangig. Obgleich die Aufteilung von Marketingbudgets von den befragten Unternehmen als unwichtig angesehen wird, wurde zu diesem Zweck von 23 Prozent der Unternehmen tatsächlich eine Markenbewertung durchgeführt.[510] Kreditsicherung (vgl. Kapitel 3.3.6)

---

[507] An der *PWC*-Studie nahmen 96 Unternehmen teil, die Mitglieder des *Deutschen Markenverbandes* sind und / oder zu den 100 umsatzstärksten Unternehmen in Deutschland zählen. Vgl. Menninger et. al (2006), S. 13-15.

[508] Vgl. Bialas (2005), S. 131-133.

[509] Menninger et. al (2006), S. 14.

[510] Vgl. Menninger et. al (2006), S. 13-15.

und steuerliche Zwecke werden als deutlich nachrangige Gründe für bisher durchgeführte Markenbewertungen angegeben.[511] Die Bewertung für externe Zwecke dürfte jedoch aufgrund des Impairment-only-Ansatzes zukünftig an Bedeutung gewinnen.[512] Wie sich in der Umfrage von *PwC* gezeigt hat, wird die Markenbewertung für die Steuerung von Marken immer wichtiger. Daher sollen im nächsten Abschnitt in einer modellhaften Darstellung Instrumente vorgestellt werden, die zu einer Überprüfung und Steuerung sowohl der internen als auch der externen Markenstärke herangezogen werden können.

5.2 Markenstärke-Index als Steuerungsinstrument der inneren und äußeren Markenstärke

5.2.1 Theoretischer Aufbau des Markenstärke-Indexes

Informationen über die zentralen Treiber der Markenstärke sind unerlässliche Voraussetzungen für fundierte Markenstärke. Als eine mögliche aggregierte Spitzenkennzahl empfiehlt sich ein mehrdimensionaler Markenstärke-Index.[513] Dieser dient zur Messung und weiterhin zur Operationalisierung der emotionalen Beziehungen zwischen Marke und Konsumenten,[514] insbesondere der Markensympathie, welche den Schlüssel für die Beziehung von Menschen zu Marken darstellt. Dieser lässt sich als Prozentanteil oder Wahrscheinlichkeiten der Verhältnisse des Markenmehrklangs ausdrücken. Der Marken-Vierklang stellt somit ein geeignetes Instrument dar, um den Markenstärke-Index zu ermitteln.[515] Als illustratives Beispiel möge das Modell des Marken-Vierklangs bei Versicherungen in Abbildung 50 dienen.

---

[511] Vgl. Köhler (2008), S. 88-91; Menninger et. al (2006), S. 9; Velthuis (2007), S. 158-183.

[512] Nach SFAS 142 gilt der derivative Goodwill nicht mehr als abnutzbares Asset. Er soll daher nicht mehr planmäßig über die wirtschaftliche Nutzungsdauer abgeschrieben werden. Vielmehr darf ein festgestellter Wertverschleiß bilanziell nur noch im Wege einer außerordentlichen Abschreibung erfasst werden. Daher wird auch von einem Übergang auf den Impairment only Approach gesprochen. Unter konzeptionellen Gesichtspunkten ist der Impairment only Approach der planmäßigen Abschreibung überlegen. Voraussetzung für einen Verzicht auf das Modell der planmäßigen Abschreibung ist jedoch, dass der Impairment Test zu einer zuverlässigen und objektivierbaren Wertermittlung führt. Die Verpflichtung zur Werthaltigkeitsprüfung bei Vorliegen von Indikatoren für eine Wertminderung bleibt unabhängig davon bestehen. Vgl. Wieser (2007), S. 31-48; Velthuis/Wesner/Schabel (2006), S. 458-466; Tafelmeier (2009), S. 166-170.

[513] Vgl. Reinecke/Janz (2007), S. 413-414.

[514] Vgl. hierzu auch Sun (2006), S. 594-597; Yli-Renko/Janakiraman (2008), S. 131-148.

[515] Das Modell des Markenmehrklangs hat sich seit den 1980er Jahren in der Untersuchungsreihe MarkenProfile bewährt. Für eine Vielzahl von Marken aus unterschiedlichen Branchen werden die (gestützte) Bekanntheit, die Markensympathie, die Kaufbereitschaft und die Verwendung erhoben. Vgl. Spannagl (2001); S. 38-44; Buhr/Hallemann/Sander (2004), S. 359-360.

Abbildung 50: Markenmehrklang bei Versicherungen[516]

Diese vierstufige Gliederung beginnt bei der Bekanntheit der Marke des Versicherungs-unternehmens und endet mit dem gewünschten Abschluss des entsprechenden Versicherungs-vertrages. Mit anderen Worten: Die Marke dient als Ausgangsbasis für einen erfolgreichen Vertragsabschluss. Der Kunde ist gerne bereit, für das präferierte Markenprodukt einen höheren Preis zu bezahlen, was sich wiederum positiv im Unternehmensergebnis niederschlägt. Ohne eine allgemein akzeptierte Marke des potentiellen Nachfragers erfolgt keine geschäftliche Vereinbarung. Daher kann die Marke als eine elementare Prämisse für eine nachhaltige Geschäftsbeziehung angesehen werden. Dies unterstreicht die Wichtigkeit einer Marke – unabhängig vom Wirtschaftszweig.

Die Informationen zum Markenmehrklang werden zu Kennziffern über die innere und äußere Markenstärke verdichtet. Dahinter steht die Vorstellung, dass die Marke auf dem Weg zum Kunden einen mehrstufigen Prozess durchlaufen muss. Mit Hilfe einer zielgruppenorientierten Kommunikation muss diese zunächst Bekanntheit erwerben und im Bewusstsein der Konsumenten verankert werden. *Lintemeier* ergänzt hierzu: „Eine Marke, insbesondere eine Unternehmensmarke, darf nicht wie ein Produkt kommuniziert werden. Ein Produkt befriedigt Bedürfnisse, eine Marke stiftet Sinn."[517] Auch bei bekannten Marken bedarf es daher immer neuer Anstöße, denn die Präferenzen der Nachfrager unterliegen dynamischen Wandlungs-prozessen. Als Nächstes wird für den Erfolg einer Marke eine positive Stimmung zu Marke und Produkt benötigt – aus Markenkennern werden Markensympathisanten.

---

[516] Stern MarkenProfile 12 (2008).
[517] Lintemeier (2008), S. 42.

Darauf aufbauend muss es den Markenführungsstrategen gelingen, in die konkreten Kaufüberlegungen der Konsumenten mit einbezogen zu werden. Dies bedarf einer möglichst glaubhaften bzw. authentischen Übermittlung von Werbebotschaften.[518] Je höher die Glaubwürdigkeit ist, desto größer ist die Wahrscheinlichkeit, dass die Marke auch tatsächlich erworben und verwendet wird. Die Analyse des Markenmehrklangs dient der Diagnose als Voraussetzung der Therapie. Erscheint der Bekanntheitsgrad zu niedrig, so kann es etwa sinnvoll sein, ihn durch eine breit streuende Werbung innerhalb der Zielgruppe zu steigern. Ist in der Vergangenheit der Bekanntheitsgrad gestiegen, die Markensympathie aber zurückgeblieben, so muss über den Markenkern und das Imageprofil nachgedacht werden. Lassen trotz hoher Sympathie die Kaufbereitschaft und die tatsächlichen Käufe zu wünschen übrig, so können zum Beispiel distributionspolitische Maßnahmen angebracht sein, vielleicht aber auch der Wechsel zu einer stärker aktivierenden Werbung. Bei Versicherungen wurde der Markenmehrklang in diesen vier Stufen analysiert:[519]

Stufe 1: Bekanntheit
Die Marke muss in das Bewusstsein des Verbrauchers dringen.

Stufe 2: Sympathie
Verbraucher müssen eine positive Einstellung zur Marke haben.

Stufe 3: Abschlussbereitschaft
Die positive Einstellung wird in der Abschlussbereitschaft konkretisiert.

Stufe 4: Persönliche Verbindung
Die Marke gelangt zum Verbraucher.

Die Markensympathie repräsentiert die Beziehung von Menschen beziehungsweise des Kunden zur Marke und bildet die Kerndimension des Images einer Markenpersönlichkeit. Sie steuert den Wunsch, die Marke zu besitzen und auch zu verwenden. Ferner sagen auch das Verhältnis von Bekanntheit zu Sympathie, die Ausschöpfung des Bekanntheitspotentials und die Umsetzung von Sympathie in Besitz oder die Verwendung viel über den Status der Marke aus. Hinsichtlich der Markenstärke lässt sich jede mögliche Markenmehrklangrelation positiv oder negativ bewerten.[520] Die nachfolgende Abbildung zeigt einen Überblick der Faktoren zur Berechnung der Markenstärke (vgl. Abbildung 51).

---

[518] Vgl. Coenen (2007), S. 32-35; Tomczak/Reinecke/Kaetzke (2004), S. 1821-1852.
[519] Vgl. Stern MarkenProfile 12 (2008).
[520] Vgl. Stern MarkenProfile 12 (2008).

118

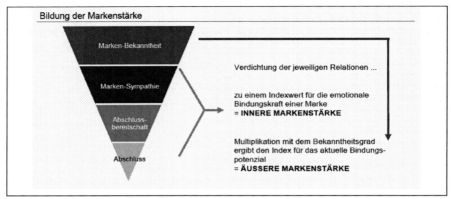

Abbildung 51: Faktoren zur Berechnung der Markenstärke aus dem Markenmehrklang[521]

Die Trichterform der Markenstärkebildung hat ihre breiteste Stelle im Bekanntheitsgrad, um sich durch die konsumentenindividuelle Sympathie nach unten zu verjüngen und durch die Abschlussvorbereitung in den Abschluss zu münden. Hierbei kann zwischen der inneren und der äußeren Markenstärke differenziert werden. Die innere Markenstärke ist Ausdruck der emotionalen Bindungskraft einer Marke, die äußere Markenstärke deren Bekanntheit. Aufgrund dieser Informationen können seitens des Anbieters entsprechende Marketinginstrumente je nach Trichterstufe eingesetzt werden.

Die einzelnen Zustände werden im Markenstärke-Index mit Hilfe des geometrischen Mittels verknüpft.[522] Hierbei stehen die positiven Zustände (Prozentanteile) im Zähler und die negativen im Nenner. Je größer die positiven Zustände sind, desto stärker ist die Marke. Anders ausgedrückt: Je größer die negativen Zustände sind, desto schwächer ist die Marke. Für die Ermittlung der inneren Markenstärke kann die folgende Formel verwendet werden (vgl. Formel 5):[523]

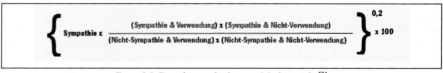

Formel 5: Berechnung der inneren Markenstärke[524]

---

[521] Stern MarkenProfile 12 (2008).

[522] Bei fünf Faktoren emtspricht das geometrische Mittel der fünften Wurzel des Produkts.

[523] Vgl. Stern MarkenProfile 12 (2008).

[524] Stern MarkenProfile 12 (2008).

Die **innere Markenstärke** ist Ausdruck der emotionalen Bindungskraft einer Marke. Das geometrische Mittel eignet sich besonders zur Darstellung von Empfindungsintensitäten. Zunächst einmal muss eine Marke bekannt sein, ehe sie auch als sympathisch empfunden werden kann.[525] Aus der inneren Markenstärke und der Markenbekanntheit lässt sich nun wie folgt die äußere Markenstärke bestimmen (vgl. Formel 6):

> Äußere Markenstärke = Innere Markenstärke x (Anteil Markenbekanntheit)

Formel 6: Berechnung der äußeren Markenstärke[526]

Die **äußere Markenstärke** resultiert aus der Multiplikation von innerer Markenstärke und Bekanntheitsgrad und ist ein Index für das aktuelle Bindungspotential (vgl. Abbildung 52).[527]

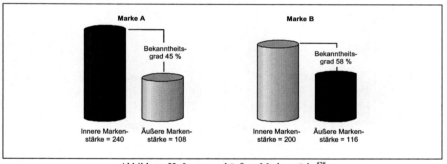

Abbildung 52: Innere und äußere Markenstärke[528]

Die innere und äußere Markenstärke sind vor allem bei bekannten Marken nahezu identisch. Dagegen drückt die innere Marktstärke bei kleinen Marken die Stärke innerhalb einer eng begrenzten Zielgruppe aus.[529] Durch die äußere Markenstärke werden die Marken in der Gesamtbevölkerung unter Berücksichtigung der Bekanntheit verglichen. Diese stellt auch ein Personenmerkmal dar, denn die Marke ist nicht bei jedem Konsumenten gleich stark. Vielmehr besitzen einige Marken soziodemografisch oder psychografisch beschreibbare Hochburgen in der Bevölkerung. Jede Information des Markenmehrklangs ist hinsichtlich ihrer Stärken und Schwächen in einzelnen Zielgruppen anwendbar und liefert somit wichtige Hinweise zum Status

---

[525] Vgl. Esch (2007b), S. 135-136; Esch et. al (2006), S. 98-10.
[526] Eigene Darstellung in Anlehnung an Stern MarkenProfile 12 (2008).
[527] Vgl. Buhr/Hallemann/Sander (2004), S. 360.
[528] Stern MarkenProfile 12 (2008).
[529] Somit vergleicht die innere Markenstärke Marken im Kreis der jeweiligen Markenkenner und gilt dadurch als geeignetes Maß für die emotionale Bindungskraft.

120

der Marke in den betrachteten Schichten. Mittels der Markenstärke kann somit zwischen starken und schwachen Marken differenziert werden.

Thorsten Möll hat mit einem Magnetresonanztomografen neue Erkenntnisse über die Bedeutung von Emotionen gewonnen und fand dabei heraus, dass schwache Marken dem Konsumenten nicht egal sind, sondern sogar negative Gefühle auslösen können.[530] Wird die Analyse noch weiter vertieft, kann die Marke als lebendes System betrachtet werden, eine Art kommunikativer Regelkreis. Die Vorstellung einer eindeutigen Kausalrichtung wird aufgegeben und es werden zudem Rückkoppelungseffekte analysiert.[531] Solche Rückkopplungseffekte werden aus dem Regelkreis der nachfolgenden Abbildung 53 ersichtlich.

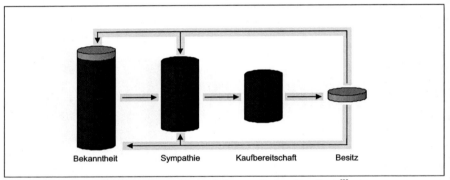

Abbildung 53: Die Marke als kommunikativer Regelkreis[532]

Für diese systematische Sicht ist entscheidend, dass die Besitzer beziehungsweise Verwender der Marke – bewusst oder unbewusst – stets als Botschafter der Marke fungieren. Vom „Subsystem Kundschaft" gehen auf dreifache Weise Rückkoppelungseffekte aus:[533]

---

[530] Vgl. Möll/Esch (2008), S. 34-37.
[531] Vgl. Stern MarkenProfile 12 (2008).
[532] Stern MarkenProfile 12 (2008).
[533] Vgl. Stern MarkenProfile 12 (2008).

- **Markenverwendung steigert die Wahrnehmungshäufigkeit:** Je größer die Kundschaft, desto stärker ist die Präsenz der Marke im öffentlichen oder privaten Raum.[534]

- **Kunden wirken bewusst als Multiplikatoren:** Überzeugte Kunden empfehlen „ihre" Marke weiter, durch Mund-zu-Mund-Propaganda oder auch via Mausklick im Internet.

- **Die Kundenstruktur prägt das Image der Marke mit:** Für das Image der Marke ist die Struktur ihrer Kundschaft von Bedeutung. Es kommt auch darauf an, wer Markenprodukte demonstrativ konsumiert und darüber hinaus womöglich weiterempfiehlt.[535]

Über steigende Bekanntheit, zunehmende Wahrnehmungshäufigkeit und wachsende Mund-zu-Mund-Propaganda kann sich die Markensympathie erhöhen. Dies wiederum steigert die Kaufbereitschaft und schließlich auch die tatsächlichen Käufe und somit die Zahl der Kunden. Damit wird der Kreislauf erneut in Gang gesetzt. Es handelt sich, wenn alles gut läuft, um einen sich selbst verstärkenden Prozess mit positivem Feedback. Aber selbstverständlich sind auch negative Rückkoppelungen möglich, durch die eine Marke in eine Abwärtsspirale geraten kann.[536] Mögliche Anwendungsbeispiele sollen anhand des Versicherungskonzerns *Allianz* dokumentiert werden.

5.2.2 Praktisches Anwendungsbeispiel: Der Versicherungskonzern Allianz

Die Ausführungen zur Markenstärke lassen sich am Beispiel Versicherungen mit dem *Allianz*-Konzern verdeutlichen. Im Beispiel kommt der Markenmehrklang zum Ausdruck. Die Daten stammen aus der Veröffentlichung „Stern Markenprofile 12" – einer der großen deutschen Markt-Media-Studien aus dem Jahr 2007.[537]

---

[534] Die bloße Wahrnehmungshäufigkeit kann Markensympathie erzeugen, weil die Menschen im Allgemeinen das mögen, was sie kennen und schon oft gesehen haben. Sozialpsychologische Experimente haben vielfach gezeigt, dass bis dato unbekannte Reize von den Menschen umso positiver beurteilt wurden, je öfter sie wahrgenommen worden sind. Psychologen bezeichnen dies als Effekt „der bloßen Darbietung" („mere exposure"). Vgl. Stern MarkenProfile 12 (2008).

[535] Manche Unternehmen statten Prominente gratis mit ihren Produkten aus, um sie als Botschafter der Marke zu gewinnen. Umgekehrt kann es der Marke, vor allem der Luxusmarke schaden, wenn ihre Produkte über zweifelhafte Distributionskanäle in „falsche" Hände geraten. Vgl. Stern MarkenProfile 12 (2008).

[536] Vgl. Stern MarkenProfile 12 (2008).

[537] Es wurde ein mündliches Interview bei 14-64-Jährigen anhand eines voll strukturierten Fragebogens und zusätzlich eine schriftliche Befragung mittels eines Ausfüllheftes durchgeführt, das der Interviewer bei der Zielperson nach drei bis vier Tagen wieder abholte.

122

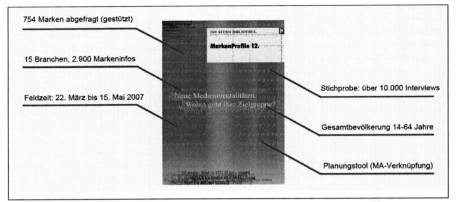

Abbildung 54: Studie „Markenprofile 12" – Das Untersuchungsmodell[538]

Die *Allianz* erreicht die höchste emotionale Bindungskraft unter allen Versicherungsmarken und besitzt zudem die höchste Markenbekanntheit. Für die Berechnung der äußeren Markenstärke muss die innere Markenstärke noch mit der Bekanntheit multipliziert werden, die im Markenmehrklang auch die erste Stufe darstellt. Ausschnitt 2 und 3 der Abbildung (Abbildung 55) führen noch weitere Versicherungsunternehmen auf.[539]

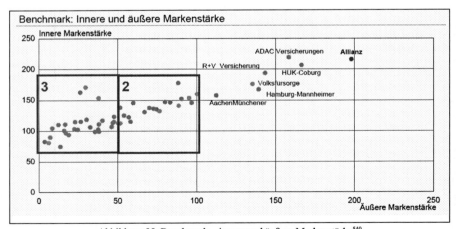

Abbildung 55: Benchmark – innere und äußere Markenstärke[540]

[538] Stern MarkenProfile 12 (2008).
[539] Sie können in der Studie *Markenprofile 12* nachgelesen werden. Vgl. Stern MarkenProfile 12 (2008).
[540] Stern MarkenProfile 12 (2008).

Die Marke muss in das Bewusstsein des Verbrauchers vordringen, um den Bekanntheitsgrad der Marke zu erhöhen. Die *Allianz* ist bei der Markenbekanntheit unangefochten die Nummer Eins (vgl. Abbildung 56), auch wenn sich der Bekanntheitsgrad von 2003 auf 2007 um zwei Prozentpunkte verringert hat.

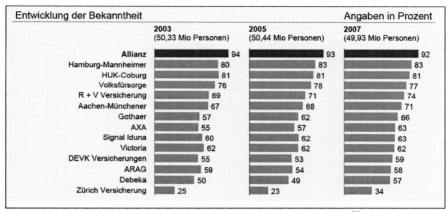

Abbildung 56: Entwicklung der Bekanntheit der Marke *Allianz*[541]

Nach dem Markenstärke-Index des Vierklang-Modells ist eine Marke umso stärker, je größer die emotionale Zuwendung ist, die ihr von den Konsumenten entgegengebracht wird – genauer gesagt, je stärker sich die grundsätzliche Kaufbereitschaft (Marke befindet sich im „Relevant Set"[542]) und der Besitz der Marke mit der Sympathie dafür verbinden. Die Markensympathie spielt bei der Berechnung der Markenstärke eine entscheidende Rolle. Die entsprechenden Werte der *Allianz* sind in diesem Zusammenhang von 43 Prozent in 2003 auf 38 Prozent in 2007 gesunken (Abbildung 57). Ein möglicher Grund könnte in dem Allfinanzmodell der Unternehmen liegen. Fast sieben Jahre nach der Übernahme der *Dresdner Bank* durch die *Allianz* bleiben Zweifel am gemeinsamen Allfinanzmodell; es wurden Stimmen laut, die *Dresdner Bank* wieder abzustoßen. Im Jahre 2008 wurde schließlich die *Dresdner Bank* von der *Allianz* an die *Commerzbank* verkauft.

---

[541] Stern MarkenProfile 12 (2008).
[542] Unter Relevant Set wird die zu betrachtende Peer Group bzw. Auswahl verstanden.

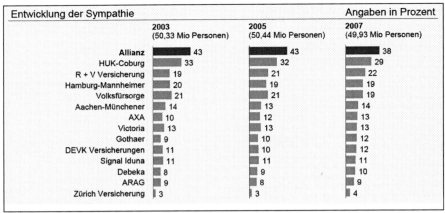

Abbildung 57: Entwicklung der Sympathie der Marke *Allianz*[543]

Auch die Abschlussbereitschaft für die *Allianz* nimmt leicht ab, was an dem Verdrängungs-wettbewerb durch die Direktversicherer liegen könnte (Abbildung 58).

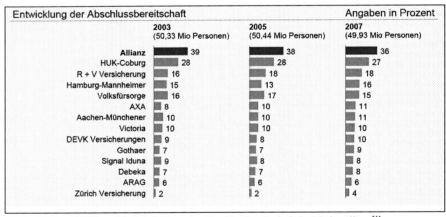

Abbildung 58: Entwicklung der Abschlussbereitschaft der Marke *Allianz*[544]

Mehr als ein Viertel der Versicherten sind bei der *Allianz* versichert. Einzelne Fusionen unter den Gesellschaften werden den Markt langfristig verändern (Abbildung 59).

---

[543] Stern MarkenProfile 12 (2008).
[544] Stern MarkenProfile 12 (2008).

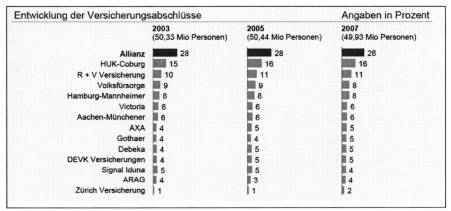

Abbildung 59: Entwicklung der Versicherungsabschlüsse der Marke *Allianz*[545]

Unter Verwendung des Markenstärke-Indexes ist zu erkennen, welche Beziehungen Konsumenten zu einzelnen Marken entwickelt haben. Die folgende Abbildung 60 gewährt einen Überblick:

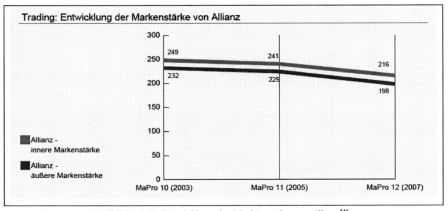

Abbildung 60: Entwicklung der Markenstärke von *Allianz*[546]

Die Verdichtung der einzelnen Markenstufen aus dem Markenmehrklang zum Markenstärke-Index zeigt, dass die innere Markenstärke der *Allianz* von 249 in 2003 auf 216 in 2007 gesunken ist. Die äußere Markenstärke ist sogar noch stärker zurückgegangen, da sich zudem die Markenbekanntheit von 94 in 2003 auf 92 in 2007 reduziert hat. Die Markenstärke lässt sich nun

---

[545] Stern MarkenProfile 12 (2008).
[546] Stern MarkenProfile 12 (2008).

126

noch detaillierter analysieren. In Abbildung 61 und Abbildung 62 werden für jede Marke eine Heatmap[547] der Markenstärke – nach zwei einfachen sozioökonomischen Merkmalen: Alter und soziale Schicht (gesellschaftlich-wirtschaftlicher Status) – aufgezeigt.

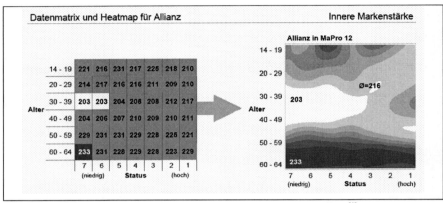

Abbildung 61: Aktuelle Datenmatrix und Heatmap für *Allianz*[548]

Es ist festzustellen, dass die Markenstärke jeweils mit dem Status der Zielgruppe steigt, wenn auch in unterschiedlichem Maße. Dieses Phänomen zeigt sich neben der Versicherungsbranche bei fast allen Marken. Dies verdeutlicht zudem den Umstand, dass Marken überproportional vom oberen Drittel der Bevölkerung verwendet werden.[549] Bei den Zonen, in welchen die Markenstärke deutlich über dem Durchschnitt liegt, zeigt sich die Positionierung der Marke.[550]

Aus der Gegenüberstellung von 2005 und 2007 wird deutlich, dass die *Allianz* insbesondere in den mittleren Altersgruppen an innerer Markenstärke verloren hat (Abbildung 62). Die Kennziffern zur Markenstärke vermitteln also ein plausibles Bild der Beziehungen zwischen Menschen und Marken. Ferner sind diese für die Diagnose, die Therapie und die Steuerung im Markt sowie die strategische Markenführung geeignete Hilfsinstrumente. Aufgrund seiner Konstruktion eignet sich der Markenstärke-Index als Frühindikator für die Markenführung.

---

[547] Heatmap ist eine zweidimensionale grafische Darstellung von Daten, bei denen gleichartige Werte durch gleiche Farben dargestellt werden.

[548] Stern MarkenProfile 12 (2008).

[549] Im Hinblick auf die Wertschätzung und in finanzieller Hinsicht.

[550] Vgl. Buhr/Hallemann/Sander (2004), S. 358-368, insbes. S. 366.

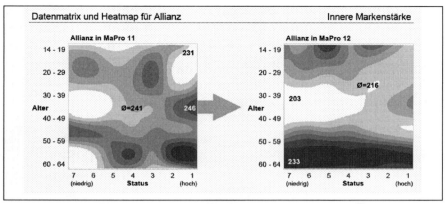

Abbildung 62: Datenmatrix und Heatmap für *Allianz* im Vergleich[551]

Einen alternativen Ansatz zur Markensteuerung bildet der Markenkern in Verbindung mit der emotionalen Markenbedeutung.[552] Wie in den vorangegangen Kapiteln erläutert sind Innovationen für ein kontinuierliches Wachstum wichtig und können den Markenwert erhöhen. Allerdings gibt es auch Produkte, bei denen dem Kunden Innovationen relativ unbedeutend sind. Innovationen haben in diesem Fall einen nur sehr geringen Einfluss auf die Markenstärke bzw. dadurch auf den Markenwert. Daher soll im nächsten Abschnitt der Einfluss von Innovationen auf den Markenkern und dessen emotionalen Markenbedeutung untersucht werden.

5.3 Einfluss von Innovationen auf den Markenkern und die emotionale Markenbedeutung

5.3.1 Markenkern unter Einfluss von Innovation und Evolution

Eine Marke hat eine Identität, welche trotz Innovationen bzw. im besten Fall durch Innovationen gesichert werden muss.[553] In der Markenidentität verbinden sich spezifische Merkmale bzw. Eigenschaften eines Gegenstands zur unverwechselbaren Markenpersönlichkeit. Andere Begriffe hierfür sind Markenkern oder Markensubstanz.[554] Der Markenkern stellt die eigentliche Substanz einer Marke dar und wird durch die Markenpersönlichkeit und dem Markenlebenszyklus näher bestimmt. Damit eine Marketingstrategie erfolgreich umgesetzt wird, muss der Markenkern im Mittelpunkt aller Überlegungen stehen und ständig mit dem gesamten Marketinginstrumentarium

---

[551] Stern MarkenProfile 12 (2008).

[552] Der Markenkern ist der genetische Code der Marke. Durch und mit ihm wächst die Marke.

[553] Vgl. Interview Biesalski (Anhang 17).

[554] Bezogen auf Marken, stellt die Identität den Grundinhalt einer Marke dar. Zudem ist die Markenidentität in der Regel mit einer Markenhistorie verbunden, kann also auf eine Geschichte verweisen und vermittelt eine zentrale Markenbotschaft. Vgl. Adjouri (2002), S. 226, vgl. auch Interview mit Koers (Anhang 11).

gepflegt werden. Hierbei stellt die Markenkommunikation eine zentrale Schnittstelle für das Markencontrolling im Kontext von Innovation und Evolution dar, da auch Firmen- oder Markenlogos einem Wandel unterliegen.[555] Diese können sich schrittweise in die allgemeine Entwicklung oder an gewisse Trends oder „Moden" anpassen. Insofern ist es vorstellbar, dass die Marke über ein eigengesteuertes Change-Management und dadurch über ein eigenes Controllingsystem mit entsprechenden Selbstregulierungsprozessen verfügt.[556]

Zunächst fällt der Schwerpunkt der Betrachtung auf den Markenkern. Eine Marke muss ihre Innovationskraft und Kundennähe erhalten. Hierzu hat das Markencontrolling mit seinen Steuerungsinstrumentsystemen einen bedeutenden Beitrag zu leisten. Einige Unternehmen haben ihre Marken durch übertriebene Markenausweitungen geschwächt. Unter dem Zugzwang, kurzfristig wachsen zu müssen, haben viele ihren Markenkern überdehnt und deprofiliert.[557] Die Identität einer Marke ist wie ihr genetischer Code. Diesen zu verändern, heißt den Markenkern zu modifizieren und das sollte bei einer guten Markenführung niemals passieren. Die Bedeutung dieser beiden Markenpostulate wird an diversen Beispielen von erfolgreichen Marken deutlich.[558] So feiert beispielsweise *Persil* „100 Jahre Innovation aus Tradition". Die Identität ist bei *Persil* über einhundert Jahre immer die gleiche geblieben: *Persil* hat den Anspruch, das beste Waschmittel zu bieten, für höchste Qualität, für beste Wasch- und Pflegeleistung zu stehen - und für Verbrauchernähe. Um dem gerecht zu werden, entwickelt *Henkel* seine Produkte ständig weiter.[559] Daher ist es nicht verwunderlich, dass die Erfolgsgeschichte von *Persil* von zahlreichen Innovationen geprägt ist. *Ulrich Lehner* von der *Henkel AG* beschreibt diese Identitätsbewahrung und Marktanpassung prägnant:

„Persil bleibt *Persil*, weil *Persil* nicht *Persil* bleibt."[560]

Das Besondere an dieser Markengeschichte sind die immer wieder neu auftauchenden innovativen Werbeformen und -mittel. Die Herausforderung liegt darin, die Marke täglich neu zu

---

[555] Vgl. Wang/Zhang, S. 15-30; Bosmans (2006), S. 32-43.

[556] Vgl. Herzenstein/Posavec/Brakus (2007), S. 251-260; Holak/Tang (1990), S. 16-29.

[557] Vgl. Brandtner (2008), S. 48; Bünte (2005), S. 17-28.

[558] Vgl. Esch (2007a); Esch (2007b), S. 132; Esch (2007c), S. 6.

[559] Vgl. Tönnesmann (2007), S. 12-15.

[560] *Ulrich Lehner* von der *Henkel AG* zitiert nach Rieger (1987), S. 399; Esch (2007c), S. 6. Am 6. Juni 1907 brachte die Düsseldorfer Firma *Henkel AG Persil* auf den Markt. Seitdem sorgt die Marke dafür, dass „Waschen noch einfacher, schonender und effektiver wird". Ein Image, das vom *Institut für Demoskopie* in Allensbach mit den folgenden Worten beschrieben wird: „Persil verbindet Waschleistung, Spitzenqualität und Modernität. Gleichzeitig ist Persil voll Tradition und immer bodenständig geblieben. Diese Mischung ist kein Gegensatz, sondern definiert das einmalige Markenimage von Persil." Vgl. Morwind/Koppenhöfer/Nüßler (2005), S. 623-646.

erfinden.[561] Ein alleiniges Festhalten am Tradierten, an einer festen Identität, wird die Marke letztlich auf dem Markt ins Hintertreffen bringen, weil sie neuen praktischen Anforderungen sowie dem emotionalen Wettbewerb nicht mehr gewachsen sein wird. Es sind jedoch auch gewisse Rahmenbedingungen erforderlich, damit es keinen „Wildwuchs" der Marke in Bereichen gibt, die nicht dazu passen.[562] Der Marke *Persil* ist es bisher beispielhaft gelungen, Tradition und Innovation in Einklang zu bringen.[563] Die Verpackung ist hierbei ein bedeutender Erfolgsgarant. Innovationen werden häufig durch Verbraucher und Marketing gemeinsam entwickelt.[564] So hat beispielsweise *Henkel* sein Innovationsmanagement stets weiterentwickelt und investierte im Jahr 2005 bis 2007 etwa 2,7 Prozent seines Umsatzes in Forschung und Entwicklung. Dies illustriert die nachfolgende Abbildung (Abbildung 63).

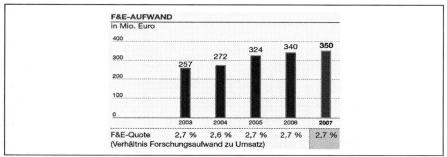

Abbildung 63: F&E-Aufwand von *Henkel* 2007[565]

So lässt sich, trotz des steigenden Umsatzes in den dokumentierten Jahren, eine weitestgehend gleichbleibende prozentuale Forschungs- und Entwicklungsquote beobachten.[566] Mit anderen Worten: Durch die ansteigenden Umsatzzahlen lassen sich innovationsförderliche Investitionen ohne zusätzliche liquiditätsmindernde Auswirkungen finanzieren. Die Identität einer Marke bzw. Markenkern bleibt so lange stabil, wie sich die Marke auf unterschiedliche Belange einlässt, ohne dass sie die Identität verliert. *BMW* hat als Markenkern das „Prinzip Freude". Um diesen

---

[561] „Eine traditionsreiche Marke muss vor allem innovativ sein, d.h. sie muss sich permanent neu erfinden, um dauerhaft attraktiv und erstrebenswert zu bleiben", betonen auch Menninger (Anhang 13) und Beyer (Anhang 13) in den durch den Verfasser durchgeführten Interviews.

[562] Vgl. Esch (2007c), S. 6.

[563] *Persil* machte Verbraucherwünsche zur Grundlage von Forschung und Entwicklung. So entstanden *Persil* Innovationen, die das Waschen erleichtern sollen. *Persil* Innovationen waren stets wegweisend, wodurch Innovation zur Tradition der Marke *Persil* wurde. Vgl. Morwind/Koppenhöfer/Nüßler (2005), S. 623-646; Bode/Gehling (2007), S. 22-25.

[564] Vgl. Orth/Malkewitz (2008), S. 64-81.

[565] Henkel (2008), S. 48.

[566] Vgl. Henkel (2008), S. 48. Die Aufwendungen für Forschung und Entwicklung bei *Henkel* lagen im Berichtsjahr 2007 bei 350 Mio. EUR nach 340 Mio. EUR im Vorjahr. Der prozentuale Anteil am Umsatz betrug damit unverändert 2,7 Prozent. 36 Mio. EUR wurden hierbei für Zentrale Forschung und 314 Mio. EUR für die Produkt- und Verfahrensentwicklung der Unternehmensbereiche eingesetzt.

herum gruppieren sich als weitere Markenwerte die Attribute: dynamisch, kultiviert und herausfordernd. Jedes einzelne *BMW*-Modell spiegelt den Markenkern und die Markenfacetten wider – die *BMW*-typische Freude am Fahren.[567] Die Markenkommunikation der Marke muss daher auf dieser Markenidentität aufbauen. Gleichzeitig würde die Veränderung des Markenkerns die Marke in ihrer Eigenheit beschädigen.[568] Immer mehr Marken propagieren, selbst Trends zu setzen. Wenn Evolution als Selektionsmechanismus beschrieben wird, dann beinhaltet diese Variation, Selektion und Restabilisierung.[569] Dadurch wird deutlich, dass jedes Prinzip der Veränderung ausgesetzt ist. „Markierung und Wandlung sind natürlich kein Widerspruch."[570]

Im evolutionären Prozess bedarf die Marke dieses Prozesses einer permanenten Veränderung. Dass sich erfolgreiche Marken im Laufe der Zeit verändern und kontinuierlich an die Kundenbedürfnisse anpassen, ist völlig natürlich und wurde durch das Beispiel *Persil* verdeutlicht. Nur mit der Fähigkeit der Adaption an Veränderungen kann sich eine Marke gegenüber den technischen, multimedialen, wettbewerblichen und sonstigen Veränderungen des globalen Wandels erfolgreich durchsetzen. Wie soeben erläutert, sind die Wirkungen, welche Innovationen und Evolution auf den Markenkern ausüben, eher objektiver Natur. Jedoch spielen auch subjektive Aspekte in diesem Zusammenhang keine unbedeutende Rolle. Jener Zustand wird deutlich, wenn die Relevanz der Innovation auf die emotionale Betrachtung im Kontext der Markenbedeutung analysiert wird.

5.3.2 Relevanz von Innovationen für die emotionale Markenbedeutung

Das Begehren und die Wünsche der Verbraucher unterliegen einer ständigen Fluktuation durch sich ändernde ökonomische und gesellschaftliche Einflüsse. Daher müssen sich die emotionalen Markenbedeutungen kontinuierlich an den Wandel der Gesellschaft anpassen. Dieser Meinung ist auch *Biesalski* von der Firma *Brand Rating*: „Das Thema Innovation spielt in der Regel eine sehr wichtige Rolle in der Markenführung vieler Unternehmen aus unterschiedlichen Branchen. Hierbei nimmt Innovation als Teil der definierten Markenbedeutung eine zentrale Stellung bei der Formulierung des Markenversprechens bzw. der Persönlichkeit der Marke ein."[571]

---

[567] Das „Prinzip Freude" als Kernbotschaft der Marke ist offensichtlich schon so stark, dass es auch ohne das Produkt funktioniert: So war dieser Slogan dem Einstieg in den hart umkämpften Markt der Kompaktklasse im Jahr 2004 zunächst nur auf Werbebannern im Internet zu lesen. Neugierige erfuhren auf der gleichnamigen Website: „Freuen Sie sich mit uns auf den BMW 1er." Den Wagen gab es nämlich erst sieben Monate später zu kaufen. Vgl. Garber (2005), S. 51.
[568] Vgl. Rieger (1987), S. 399; Ahluwalia (2008), S. 337-350.
[569] Vgl. Holak/Tang (1990), S. 16-29; Herzenstein/Posavac/Brakus (2007), S. 251-260; Wang/Zhang, S. 15-30; Bosmans (2006), S. 32-43.
[570] Grünewald (1997), S. 17.
[571] Vgl. Interview Biesalski (Anhang 17).

Kaltenbacher von *TNS Infratest* konstantiert hierzu: "Eine Metaanalyse, welche auf einer umfassenden Datenbank von *TNS Infratest* und *RI* basiert, zeigt weiterhin, dass die Kaufentscheidung im Versicherungsmarkt stärker durch emotionale / intangible Aspekte einer Marke beeinflusst wird als durch funktionale Aspekte (ca. 60% zu 40%). Dies unterstreicht die Bedeutung der (emotionalen) Markenwahrnehmung von Versicherungen."[572] Emotionale Markenbedeutung ist aber nicht mit dem gewachsenen Markenkern gleichzusetzen, der wie ein genetischer Code innere Bilder hervorruft und auch nicht zu verändern ist. Unverwechselbares Markendesign ist einer der Haupttreiber für emotionale Markenbedeutung, welche wiederum von der emotionalen Bindungsfähigkeit abhängig ist.[573]

Ein gutes Beispiel hierfür ist die Biermarke *Warsteiner*, die den Begriff „Premium" in den 70er und 80er Jahren geprägt hat. *Warsteiner* hat es jedoch nicht verstanden das „einzig Wahre" des Bieres in glaubhafte Werte als Inbegriff der „Erfolgreichen" zu transportieren.[574] Unberührt davon und offensichtlich auch in der Wahrnehmung der Konsumenten anerkannt ist ihr Anspruch, ein qualitativ hervorragendes Bier zu sein. Markenwerte müssen daher nicht nur auf der Produktebene, sondern auf allen Bereichen der Markenwahrnehmung „emotional" erlebbar werden. Erst wenn der Nachfrager emotional spürt, was sie für ihn bedeutet, ist er bereit, mit der Marke eine starke Beziehung einzugehen. Nicht umsonst schlagen einige Unternehmen mit ihren aufwendigen Markeninszenierungen neue Wege hin zum Endverbraucher ein. Die zahlreichen *Apple*-Stores oder die *BMW*-„Erlebniswelt" sind beste Beispiele, um emotionale Werte zu erleben. Der emotionale Mehrwert von Marken muss jedoch am Produkt erlebbar werden und nicht nur in der Kommunikation. Markenpositionierung ist daher mehr als Benefit und Reason Why.[575]

Markenpositionierung von heute ist der Versuch einer emotionalen Alleinstellung mit einer eigenen Geschichte (vgl. Kapitel 8.2.1), die keine andere Marke erzählen kann. Nicht mehr der USP (Unique Selling Proposition) ist differenzierend, sondern die UFP (Unique Feeling Proposition).[576] Nur eine emotionale Markenbindung schafft Vertrauen. Kleinste Unstimmig-

---

[572] Vgl. Interview mit Kaltenbacher (Anhang 18).
[573] Vgl. Coenen (2006), S. 40-43; Sun (2006), S. 594-597; Yli-Renko/Janakiraman (2008), S. 131-148; Ahluwalia (2008), S. 337-350; Kehrer (2005), S. 136.
[574] Vgl. Hoffmann Linhard (2001), S. 172.
[575] Wenn ein Anbieter von sich behauptet, ein besonders gutes Angebot zu haben, sollte er das auch beweisen können, denn Kunden sind skeptisch. Die Begründung, mit der in der Werbung aufgestellte Behauptungen belegt werden, nennen die Fachleute "Reason why" und ist meist kognitive Begründung der Benefits (Nutzens). Der Produktnutzen wurde beispielsweise bei *Blend-a-med* durch eine „Reason Why Story" visualisiert, die beweisen sollte, dass man bei täglicher Anwendung auch morgen noch kraftvoll zubeißen kann. Vgl. Coenen (2007), S. 32.
[576] Vgl. Coenen (2006), S. 40-43.

132

keiten können jedoch das nötige Vertrauen zerstören.[577] Auch *Hewlett-Packard* hat dies vor Jahren erkannt, als mangelnde Kundenloyalität das PC-Geschäft bedrohte. *HP* installierte daraufhin ein Feedback-Programm und schulte Mitarbeiter im Umgang mit Kundenwünschen. Der Indikator „Mitarbeiterbegeisterung für den Kunden" stieg stark an und *HP* sprang in Kundenzufriedenheit und Marktanteil auf Position eins.[578] Daher braucht die Marke insbesondere jene Innovationen, welche die Beziehungsebene zum Verbraucher stärken und somit die Kundenbindung erhöhen.[579] Kundenbeziehungen umfassen rationale und emotionale Aspekte und dienen daher auch als strategisches Führungsinstrument. Dabei wird erfragt, wie groß der Vorteil sei, beim jetzigen Anbieter Kunde zu sein. Kunden, die bei ihrem Anbieter einen hohen Vorteil wahrnehmen, sind loyaler. Die nachfolgenden Aussagen von *Coenen* verdeutlichen dies treffend:[580]

- „Ich kaufe diese Marke, weil sie mir etwas bedeutet."
- „Sie spielt eine unverzichtbare Rolle in meinem Leben."
- „Genau diese Marke passt zu mir, weil sie mir das Gefühl gibt, meine Wünsche und Bedürfnisse zu erkennen und zu erfüllen."
- „Weil sie genau meine Sprache spricht."
- „Weil sie mein Leben begleitet in allen Phasen."
- „Weil sie mit ihren Werten und in ihrem gesamten Charakter zu mir passt."
- „Weil sie mich in meinem Lebensstil markiert."

Diese Äußerungen zeigen auf, welche subjektiven Elemente eine Marke bestimmen können. Hieraus ist aber auch ersichtlich, dass sich das Produkt und damit die Marke durch entsprechende Innovationen kontinuierlich an die jeweiligen Kundenbedürfnisse anpassen muss (vgl. hierzu auch Kapitel 7.3).

---

[577] Vgl. Interview mit Huber (Anhang 16).
[578] Vgl. Ballhaus et. al (2008), S. 32.
[579] Vgl. Apergis/Milenovic/O'Gorman (2008), S. 150-151.
[580] Vgl. Coenen (2006), S. 41.

<u>Emotionale Markenbedeutung ohne Innovationsabhängigkeit:</u>

Bei einer „emotionalen Markenbedeutung ohne Innovationsabhängigkeit" sind den Konsumenten allerdings Innovationen beim Kauf einer Marke unwichtig. Ein gutes Beispiel hierfür sind Luxusuhren, da die Kunden bei diesen Produkten primär auf Exklusivität und Prestige setzen. Die Luxusuhren zeichnen sich zudem durch eine lange Tradition aus. Anhand der über viele Jahre hinweg gleichbleibenden Produktausstattung (Uhrwerk, Design etc.) zeigt sich auch, dass in diesem Segment Innovationen weitestgehend peripher sind. Der Markenstärkefaktor (vgl. Kapitel 5.1.2) verändert sich also trotz Innovationsaktivitäten bei einer „emotionalen Markenbedeutung ohne Innovationsabhängigkeit" nicht (vgl. Abbildung 64).

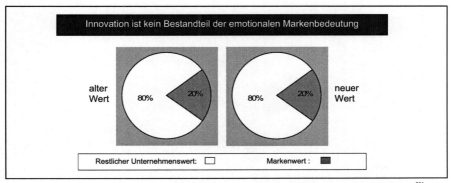

Abbildung 64: Markenwert bei emotionaler Markenbedeutung ohne Innovationsabhängigkeit[581]

Die Markenstärke des Unternehmens wird einzig und allein in der unternehmensindividuellen Ausprägung der Markenstärke definiert. Der betriebsspezifische Innovationsgrad des Unternehmens hat also keinen Einfluss auf die Markenstärke und somit auf das Verhältnis von Markenwert zum Gesamtunternehmenswert. Wie bereits angesprochen kann die Beziehung Innovationsgrad und Markenwert als branchenabhängig bezeichnet werden. [582]

---

[581] Eigene Darstellung.

[582] Vgl. Interviews mit Heil (Anhang 7); Bruhn (Anhang 10); Koers (Anhang 11) und Menninger (Anhang 12). Insbesondere bei Luxusuhren scheinen Innovationen eine weniger starke Rolle zu spielen als beispielsweise bei hochinnovativen Touchscreen-Handys.

134

Emotionale Markenbedeutung mit Innovationsabhängigkeit:

Sobald Innovation ein elementarer Bestandteil der emotionalen Markenbedeutung ist, verändert sich der Markenstärkefaktor bei zunehmenden Innovationsaktivitäten. Die Kunden sehen Innovationen als einen wichtigen Hauptbestandteil bzw. als Persönlichkeit der Marke an (hauptsächlich im technischen Bereich). Sollten sich die Innovationsgradfaktoren verändern, so variiert auch der Markenstärkefaktor und der Anteil der Marke um Gesamtunternehmenswert modifiziert sich (vgl. Kapitel 5.1.2). Der deklarierte innovationsdeterminierte Markenstärkefaktor des Unternehmens ergibt sich als Ergebnis aus der spezifischen Markenstärke und dem entsprechenden Innovationsgrad (vgl. Abbildung 65).

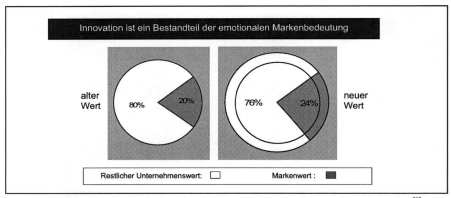

Abbildung 65: Markenwert bei emotionaler Markenbedeutung mit Innovationsabhängigkeit[583]

Wie aus der Abbildung ersichtlich, können Innovationen den Unternehmenswert erhöhen.[584] Gemäß der vorher gemachten Annahme erhöht sich in der exemplarischen Darstellung durch das innovative Handeln des Unternehmens der individuelle Markenwert am ebenfalls gestiegenen Unternehmenswert von 20 auf 24 Prozent. Innovatives Engagement erhöht neben der Markenstärke auch die Bekanntheit des Unternehmens (vgl. Kapitel 5.1.2). Die Innovationsaktivitäten beeinflussen aber nicht nur die Markenstärke, sondern auch die markeninduzierten Zahlungsströme. Ein Markenstärke-Index über 100 bedeutet, dass die eigene Marke durch die getätigten Innovationsaktivitäten mehr Kraft gegenüber der Konkurrenz besitzt, um in den Köpfen der Verbraucher positive Assoziationen hervorzurufen und diese in entsprechendes

---

[583] Eigene Darstellung.
[584] Vgl. hierzu auch Schwaiger (2008), S. 6; Eberl/Schwaiger (2005), S. 838-854. Investitionen in Inovationen müssen jedoch reputationsfördernd sein. Reputation setzt sich hierbei aus Sympathie und Vertrauen zusammen (vgl. Anhang 15). Investitionen in reputationsbildende Maßnahmen über einen längeren Zeitraum wirken sich positiv auf den Unternehmenwert („Investitions-Effekt") aus. Von der Gesamtreputation hängt wiederum von finanzwirtschaftlichem Erfolg ab („Performance-Effekt"). Der Einfluss von Unternehmensrepuation auf die Markenstärke wird von Fuchs (2008) untersucht.

Verhalten umzuwandeln.[585] Bei einem höheren Markenstärke-Index sind nämlich die Konsumenten bereit, einen höheren Preis zu bezahlen. Dadurch erhöhen sich die Zahlungsströme und der Unternehmenswert vergrößert sich.

Durch innovative Aktivitäten, welche dem Kunden einen Nutzen bringen, kann der Einfluss der Marke im Kaufentscheidungsprozess (Brand Relevance) ebenso erhöht werden, wodurch der Markenwert im Vergleich zum Unternehmenswert weiter ansteigt. Die hier beobachteten Auswirkungen müssen jedoch immer unter dem Aspekt der Relativität innerhalb des vorherrschenden Wettbewerbs gesehen werden und von den externen Marktteilnehmern registriert werden. Damit jedoch unternehmensindividuelle innovative Betätigungen vom Markt identifiziert werden, müssen diese Innovationsinitiativen stärker als die innovativen Tätigkeiten der gesamten Mitbewerber am Markt sein. Sind die innovativen Kräfte des einzelnen Unternehmens in Relation zum Wettbewerb geringer, so werden diese unternehmensindividuellen innovativen Aktivitäten in der Gesamtbetrachtung verpuffen und damit unwirksam erscheinen.[586] Eine alternative Darstellung dieser Situation kann mittels der folgenden Abbildung des innovationsdeterminierten Markenwertes erfolgen. Dabei wird deutlich, dass sich der ursprüngliche Markenwert unter dem Einfluss von Innovationen weiter erhöhen kann (Abbildung 66).

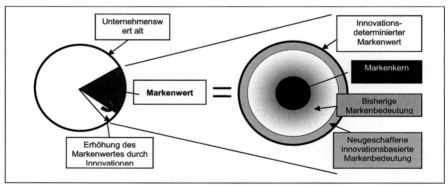

Abbildung 66: Innovationsdeterminierter Markenwert[587]

Mittels dieser Darstellung sei nochmals aufgezeigt, dass die Unternehmen den Markenwert durch nachhaltige Innovationsbetätigungen nach oben treiben können. Während der Markenkern durch die innovativen Betätigungen unverändert bleibt, verändert sich die emotionale Marken-

[585] Vgl. Fischer/Hieronimus/Kranz (2002), S. 9.
[586] Chandy/Hopstaken/Narasimhan/Prabhu (2006), S. 505; Im/Workman (2004), S. 114-132; Kirca/Jayachandran/Bearden (2005), S. 24-41.
[587] Eigene Darstellung.

136

bedeutung, wodurch sich der Markenstärke-Index erhöht und der Markenwert ansteigt. Wie bereits vorher erwähnt, müssen die Innovationsaktivitäten des Unternehmens höher als der Wettbewerbsdurchschnitt ausfallen, damit sich der Markenstärkefaktor erhöht. Allerdings kann ein zu hoher Innovationsgrad auch Wert vernichten, wenn beispielsweise der Kunde das Produkt nicht mehr bedienen kann und damit keinen weiteren Kundennutzen generiert.

Ein langfristiger Unternehmenserfolg und somit höherer Markenwert kann sich daher nur durch Innovationen einstellen, die auch vom Kunden gewünscht und akzeptiert werden. Hierfür ist jedoch ein unternehmensindividuelles und funktionsübergreifendes Innovationsmanagement notwendig, welches die markenwertorientierte Steuerung von Innovationen gewährleistet. Erinnert sei an dieser Stelle an die schon erwähnte Schwierigkeit der richtigen Dimensionierung der Innovation (vgl. Kapitel 5.3.1). Sobald nämlich Innovation ein Bestandteil des Markenkerns ist und entsprechend starke Innovationen durchgeführt werden, nimmt die Gefahr einer Markenerosion zu.[588] Daher muss der Innovationsgrad im Zusammenhang mit der Marke entsprechend gesteuert werden, damit dieser zu einem langfristigen Wertzuwachs im Unternehmen beitragen kann.

---

[588] Markenerosion lässt sich *Kirchgeorg* und *Klante* zufolge definieren als eine durch „Stimuli ausgelöste langsame Destruktion des in der Psyche des Konsumenten und sonstiger Bezugsgruppen der Marke verankerten, unverwechselbaren Vorstellungsbildes von einem Produkt oder einer Dienstleistung. Dabei kommt es zu einer von der Markenführung ungewollten Ver-änderung des verankerten Vorstellungsbildes beim Konsumenten." Kirchgeorg/Klante (2005), S. 332.

6 Unternehmensindividuelle Rahmenbedingungen: Ausgewählte Innovationsgradfaktoren und Steuerung des Innovationsgrades im Kontext der Markenwertdeterminierung

6.1 Ausgewählte Innovationsgradfaktoren zur Markenwertdeterminierung

6.1.1 Produkttechnologie und Marktorientierung in der Aufgabendimension

Nachdem im Kapitel 5 die innovationsdeterminierten Aspekte der Markenwertbestimmung aufgezeigt wurden, sollen in diesem Kapitel ausgewählte Innovationsgradfaktoren und deren Einfluss auf den Markenwert analysiert werden. An dieser Stelle kann auf die Innovationsgrad-Dimensionen von *Schlaak* (vgl. Kapitel 2.1.2) und auf die marktlichen Zusammenhänge zwischen Innovationsgrad, Unternehmens- und Innovationserfolg aus Kapitel 3 zurückgegriffen werden. Im Nachfolgenden soll untersucht werden, welche Faktoren des Innovationsgrades einen besonderen Einfluss auf dem Markenwert ausüben. Um eine Markeninnovation kontrollieren und steuern zu können, ist es vorher nötig die Aufgabendimensionen des gesamten Unternehmens unter die Lupe zu nehmen, um daran anschließend den optimalen Innovationsgrad zu bestimmen. In seiner konzeptionellen und nicht empirisch gestützten Innovationsgraddefinition (vgl. Kapitel 2.1.1) differenziert *Schlaak* unter der Aufgabendimension folgende Faktoren:[589]

- Technologie-Faktor

- Technik-Faktor

- Markt-Faktor

Interessant ist hierbei, dass *Schlaak* den Technologie-Standpunkt in einen technologischen und technischen Aspekt aufteilt. Unter Technologie wird ein System von anwendungsbezogenen, aber allgemeingültigen Ziel-Mittel-Aussagen verstanden. Die Handhabung einer solchen Technologie wird als Technik bezeichnet.[590] Dies wird als notwendig erachtet, „da Neuerungen von Produktcharakteristika, die auf der Verwendung neuer technologischer Wirkungsmechanismen beruhen und damit nach ihrer Implementierung auch technische Veränderungen mit sich bringen, nicht zwangsläufig einen höheren Wirkungsgrad bedingen als Innovationsgrade von Produkten, die gänzlich auf veränderten technischen Umsetzungen bekannter Technologie basieren."[591] Neben Technologie und Technik, die damit letztlich beide der Herstellungsseite zugehören, spielt das Agieren auf dem Markt, also das Verkaufen, die zweite zentrale Rolle unter den Unternehmensaufgaben. Technologie / Technik und Markt werden deshalb oft in der

---

[589] Vgl. Schlaak (1999), S. 51.
[590] Vgl. Schlaak (1999), S. 50-51; Chmielewicz (1994), S. 14.
[591] Schlaak (1999), S. 50.

138

Literatur unter dem Stichwort „Produkt-Konzeptionalisierungen" zusammengefasst.[592] Wie in Kapitel 3.3 erläutert, sollte hierbei eine entsprechende Kundenorientierung nicht vernachlässigt werden, da diese nach einer Studie von *Wirtz/Klein-Bölting* eine zentrale Komponente für den Unternehmenserfolg darstellt. Bei dem Versuch, diese Synthese theoretischer und empirischer Erkenntnisse auf die von *Schlaak* definierten Dimensionen zu beziehen, stellt jedoch die Aufgabendimension die größte Problematik dar, da in der Literatur bei den Technologie- und Technikfaktoren sowie beim Marktfaktor nur zwischen technologischen und marktlichen Aspekten differenziert wird, ohne dass sich diese auf eine übergeordnete Produktaufgabe beziehen.[593]

Ein einfaches Hilfsmittel zur Strukturierung der Aufgabendimension stellt die Produkt-Markt-Matrix von *Ansoff* dar. Mit seiner Produkt-Markt-Matrix unternimmt *Ansoff* den Versuch eine praktische Methode zur Fällung strategischer Entscheidungen zu entwickeln.[594] Die Produkt-Markt-Matrix von *Ansoff* differenziert die Produktmärkte nach technologischen und marktlichen Ausprägungen und dient zur Generierung von Strategien in wachsenden Märkten, um den Marktanteil weiter auszubauen. Das *Ansoff*-Modell richtet seinen Fokus jeweils auf bestehende und neue Produkte und Absatzmärkte. Im Rahmen dieser Arbeit wurde diese Produkt-Markt-Matrix auf Marken erweitert (Tabelle 7):

	Bestehende Produkte / Marken	Neue Produkte / Marken
Bestehende Märkte bzw. Markenabsatzmärkte	Markt-Durchdringung	Produkt- bzw. Marken-Entwicklung
Neue Märkte bzw. Markenabsatzmärkte	Markt-Entwicklung	Diversifikation

Tabelle 7: *Ansoff*-Produkt-Markt-Matrix im Kontext der Marke[595]

Die *Ansoff*-Matrix[596] beinhaltet vier verschiedene Wachstumsstrategien:[597]

- **Marktdurchdringung** (Market Penetration): Das Unternehmen wächst mit vorhandenen Produkten bzw. Marken in seinem aktuellen Marktsegment und muss seinen Marktanteil in einem Verdrängungswettbewerb mit Konkurrenten erhöhen.

- **Marktentwicklung** (Market Development): Unternehmenswachstum wird durch die Erschließung neuer Marktsegmente für die bereits vorhandenen Produkte / Marken erzielt.

---

[592] Vgl. Schlaak (1999), S. 121.
[593] Vgl. Schlaak (1999), S. 121.
[594] Vgl. Ansoff (1965), S. 98-99; Ansoff (1958), S. 393-395; Wernerfelt (2005), S. 15-23.
[595] Eigene Darstellung. Die ursprüngliche *Ansoff*-Matrix wurde nunmehr hinsichtlich der Betrachtung der Marke modifiziert. Original-Matrix siehe Ansoff (1965), S. 98-99.
[596] Vgl. Ansoff (1965), S. 98-99.
[597] Vgl. Klempien (2008); Ansoff (1965), S. 98-99.

- **Produktentwicklung** (Product Development): Das Unternehmen entwickelt für die bereits bestehenden Marktsegmente neue Produkte bzw. Marken.

- **Diversifikation** (Diversification): Das Unternehmen entwickelt neue Produkte bzw. Marken, das heißt Innovationen für neue Märkte.

Kotler[598] erweiterte diese Matrix unter Bezugnahme auf *Madique* und *Zirger*[599] noch auf modifizierte Produkte und den geografischen Markt der Produkte. Durch diese Differenzierung sind in der Produkt-Markt-Matrix von *Ansoff* noch fünf zusätzliche Kategorien hinzugekommen. Diese Wachstumsstrategie zum Ausbau des Marktanteils wurde im Rahmen dieser Arbeit ebenso auf Marken modifiziert (Tabelle 8). Diese modifizierten Strategien sind durch die neue Unterteilung vor allem in Industrien mit relativ kurzen Lebenszyklen (vgl. hierzu auch Kapitel 3.4.2) besser vermittelbar, da zwischen existierenden Produkten und neuen Produktinnovationen bzw. Marken teilweise erhebliche Investitionsunterschiede bestehen. Insbesondere ergeben sich erhebliche Kostenunterschiede in den anfallenden Forschungs- und Entwicklungskosten sowie in den Marketingaufwendungen bei noch nicht bestehenden Marken.

	Bestehende Produkte bzw. Marken	Modifizierte Produkte bzw. Marken	Neue Produkte bzw. Marken – Schaffung von Innovationen
Bestehende Marken-Zielgruppe und geografischer Markt	Mehr unserer existierenden Produkte / Marken an unsere existierenden Kunden verkaufen (Marktpenetration)	Existierende Produkte / Marken modifizieren und mehr davon an unsere existierenden Kunden verkaufen	Neue Produkte / Marken als Innovationen entwerfen, welche unsere existierenden Kunden ansprechen (Neuentwicklung)
Geographischer Markt der Marke	Markteintritt und Verkauf unserer Produkte / Marken in anderen geografischen Regionen (geographische Ausdehnung)	Anbieten und Verkauf von modifizierten Produkten / Marken in neuen geografischen Regionen	Entwicklung neuer Produkte / Marken also auch Innovationen für potentielle Kunden in neuen geografischen Regionen.
Neue Marken-Zielgruppe	Vertrieb bestehender Produkte / Marken an neue Kundentypen	Angebot und Verkauf modifizierter Produkte / Marken an neue Kundentypen	Entwicklung neuer Produkte / Marken, also Innovationen, und Verkauf an neue Kundentypen (Diversifikation)

Tabelle 8: Erweitertes *Ansoff*-Modell von *Kotler* modifiziert für Marken[600]

Die Konzepte von *Ansoff* und *Kotler* sind jedoch generell noch ausbaufähig, da sich die Produkt-Markt-Matrix nur am Wachstum orientiert. Zudem bleibt die Abstimmung der einzelnen strategischen Geschäftseinheiten in Bezug auf die Auslastung der Ressourcen und ihrer Risikosituation unberücksichtigt, interne Schwächen und Stärken werden mit dieser Strategie nicht

---

[598] Vgl. Kotler (1999), S. 47.

[599] Vgl. Maidique/Zirger (1984), S. 192-203.

[600] Eigene Darstellung. Erweitertes *Ansoff*-Modoll von *Kotler* modifiziert für Marken. Zur ursprünglichen Version siehe Kotler (1999), S. 47. Zur ersten Erweiterung des *Ansoff*-Modells siehe Maidique/Zirger (1984), S. 192-203.

aufgedeckt und kunden- und wettbewerbsbezogene Aspekte bleiben außen vor. Dies ist allerdings insbesondere im Hinblick auf Innovationen problematisch, da hier die Gefahr besteht, dass Innovationen am Kunden vorbei entwickelt werden und nicht zum gewünschten Erfolg führen. Daher sollte neben der Produkt- und Marktorientierung auch die Kundenorientierung im Innovationsgrad enthalten sein (vgl. hierzu auch Kapitel 3.3). Die strategische Ausrichtung der Innovations- und Marketingaktivitäten muss jeweils auf das entsprechende Marktsegment in Verbindung mit der jeweiligen Produkttechnologie erfolgen. Die Kundenorientierung trägt hierbei zu einer schnelleren Akzeptanz der Innovationen bei Konsumenten bei und kann den Markenwert erhöhen. Alle drei Faktoren stehen dabei im Fokus des Interesses, jedoch besonders die Kundenorientierung spielt in diesem Kontext eine herausragende Rolle.

Aufgrund seiner empirischen Erkenntnisse bildet *Schlaak* in seinem reduzierten Innovationsgradmodell (vgl. Kapitel 2.1.2) für die technologischen und marktlichen Innovationsgradfaktoren der konzeptionellen Aufgabendimension jeweils eine eigene Dimension. Die beiden neuen Dimensionen bezeichnet er als: „Technik und Produktion" sowie „Absatz und Ressourcen" (vgl. Kapitel 6.1.2).[601] *Schlaak* hat in der Zusammenfassung seiner konzeptionellen und empirischen Erkenntnisse letztendlich die Technologie-Faktoren der Dimension „Technik / Produktion" zugeordnet, die zusätzlich aus den Faktoren „Beschaffungsbereich" und „Produktionsprozess" bestehen. Die Faktoren „Absatzmarkt" und „Ressourcen" führt er schließlich unter der Dimension „Absatz / Ressourcen" zusammen, womit auch die sonst getrennten Bereiche „Markt" und „Ressourcen" auf einer höheren Ebene zusammengeführt werden können. Dies begründet *Schlaak* damit, dass das Bearbeiten noch wenig bekannter Märkte im Vergleich zu technologiebasierten Innovationssprüngen als ganz besonders ressourcenintensiv wahrgenommen werde.[602] Auf diesen Punkt wird aber noch gesondert eingegangen werden (vgl. Kap. 7).

6.1.2 Dimension: Absatz und Ressourcen

Von den bei *Schlaak* untersuchten Dimensionen dürfte neben dem Faktor Produkttechnologie die Dimension Absatz und Ressourcen den stärksten Einfluss auf den Markenwert haben. Aus diesem Grund soll in der Folge diese Dimension mit den ihr zugeordneten Faktoren Absatzmarkt und Kapitalbedarf sowie den zugrunde liegenden Befragungsitems näher analysiert werden. Damit soll jedoch nicht gesagt sein, dass die anderen Faktoren völlig unbedeutend für den

---

[601] Vgl. Schlaak (1999), S. 121.
[602] Vgl. Schlaak (1999), S. 196.

Markenwert seien oder dass die einzelnen Faktoren in keinerlei interdependenten Beziehungen zueinander ständen. Die Fokussierung auf die zwei Inputgrößen Absatzmarkt und Kapitalbedarf orientiert sich an der Überlegung von *Schlaak*, nach der mögliche Veränderungen in dieser Dimension Auswirkungen sowohl auf die Effizienz als auch auf die Effektivität der sich herausstellenden Ergebnisse haben.[603]

Auf dem Absatzmarkt ist eine interessante Beobachtung zu konstatieren: Auf der einen Seite sind Produkte am Absatzmarkt erfolgreich, wenn diese von den Konsumenten als neu und divergierend hinsichtlich der Angebote der anderen Mitbewerber betrachtet werden. Auf der anderen Seite sollten jedoch die innovativen und neuartigen Güter keine bedeutsamen Veränderungen im bestehenden Absatzbereich mit sich bringen. Dies würde als eine negative Konsequenz zu einer zu starken Ressourcenbeanspruchung seitens der Unternehmen führen, welche mitunter von den neuartigen Produkten nicht mehr kompensiert werden kann. Eng damit verknüpft ist die Gefahr eines explosionsartigen Anstiegs der Marketingkosten für die Produktneuheit, welche zu einem erhöhten und unerwünschten Kapitalbedarf für das Unternehmen führen kann.[604] Für die Steuerungsfunktion des Controllings bedeutet dies insbesondere folgende zwei Sachverhalte miteinander zu verbinden: Beibehaltung eines „geordneten" Absatzmarktes für die bereits etablierten Produkte / Marken und die Ermittlung eines optimalen Innovationsgrades für die neuen Produkte (vgl. hierzu Kapitel 7.3).

Bei der Ermittlung des optimalen Produktinnovationsgrades muss der Kundennutzen eindeutig im Vordergrund des Interesses stehen, denn letztlich ist es der Kunde, der darüber entscheidet, ob sich das neue Produkt auf dem Markt durchsetzt oder nicht. Bei der Entwicklung einer innovationsorientierten Marken Scorecard gilt es diese Punkte zu integrieren, dass heißt genau das erforderliche Maß an Innovation abzurufen, welches den bestehenden Absatzmarkt bzw. Marktanteil nicht gefährdet, sondern steigert und dabei das vorhandene Budget für Marketingaktivitäten im Auge behält (vgl. hierzu Kapitel 7). In diesem Kontext geht es vor allem darum, ein Brand Leadership zu erzielen, wie *Linxweiler* dies nennt.[605]

---

[603] Vgl. Schlaak (1999), S. 194.
[604] Vgl. Schlaak (1999), S. 310-311.
[605] Vgl. Linxweiler (2001), S. 285, insbesondere S. 287.

6.2 Modifizierte Nutzung und Strukturierung des Innovationsgrades

6.2.1 Unternehmensindividuelles Innovationspotential

Bevor auf die tatsächliche Steuerung des Markenwertes durch die Steuerung des Innovations-grades eingegangen wird, soll hier noch eine weitere, zumeist unberücksichtigte Determinante des Innovationsgrades beschrieben werden, nämlich das unternehmensindividuelle Innovations-potential. Sobald der Innovationsgrad in Hinblick auf den Absatzmarkt und auf den Kapital-bedarf zu optimieren ist, hat der Innovationsgrad für jedes Unternehmen die Grenze in dessen Innovationsfähigkeit. Die Innovationsfähigkeit ist die Fähigkeit, bei sich verändernden Produktions- und Marktbedingungen nachhaltig Innovationen hervorzubringen und umzu-setzen.[606] Deshalb kann die Ausschöpfung der Fähigkeiten eines Unternehmens zur Innovation, also dessen Innovationspotential als eine zusätzliche Definitionsmöglichkeit des Innovations-grades bezeichnet werden und wie folgt ausgedrückt werden (vgl. Formel 7):

$$\text{Innovationsgrad} \quad = \quad \frac{\text{Innovative Aktivitäten}}{\text{Innovatives Potential}} \quad < \quad 1$$

Formel 7: Modifizierter Innovationsgrad[607]

Hierbei sollte zunächst von Interesse sein, welche Faktoren etwa die innovativen Aktivitäten bzw. das innovative Potential einschränken könnten. Eng verbunden mit dieser Fragestellung ist weiterhin, von welchen Determinanten die angesprochenen Bestimmungselemente wiederum abhängig sind. Um hier genauer differenzieren zu können, ist es von Vorteil, den Innovationsgrad in eine Input- und eine Outputkomponente zu unterteilen. In dieser Überlegung wird unterstellt, dass sich die innovativen Aktivitäten, die den Zähler des Innovationsgrades bestimmen, die Outputorientierung definieren, während der Bestimmungsfaktor des Nenners des Innovationsgrades, also die innovativen Potentiale, sich als Inputkonzentrat auffassen lassen.[608] Zunächst werden die diversen exemplarisch bezifferten Limitierungsfaktoren betrachtet, welche die innovativen Aktivitäten determinieren können. Zum Anfangsverständnis sollte noch erwähnt werden, dass die innovativen Aktivitäten nicht isoliert von den innovativen Potentialen an-gesehen werden dürfen, da jegliche Inputaktivitäten und -voraussetzungen die Outputwirkungen

---

[606] Für die Messung der Innovationsfähigkeit müssen neben der Input- und Outputseite des Innovationsprozesses auch die Rahmenbedingungen einer Volkswirtschaft, die Ressourcen, die Präferenzen und das Verhalten der Akteure berücksichtigt werden. Vgl. Sammerl/Wirtz/Schilke (2008), S. 132-133.

[607] Eigene Darstellung.

[608] Einschränkend ist jedoch zu anzumerken, dass die hier aufgeführten und genannten Bestimmungsfaktoren nur eine beliebige Auswahl darstellen können und daher niemals eine Allgemeingültigkeit erhalten werden. Überdies ist anzumerken, dass wie bei fast allen Wirkungsgradbestimmungen auch beim Innovationsgrad von einem prozentualen Satz ausgegangen wird, der sich unter 100 Prozent bewegt.

bestimmen und vice versa. Die innovativen Aktivitäten sind beispielsweise an der Zahl der angemeldeten Patente ablesbar (vgl. Kapitel 3.3.3). Diese wiederum können Auswirkungen auf den entsprechenden Marktanteil des zu betrachtenden Unternehmens haben und können sich auf den einzelnen Wirtschaftszweig bzw. auf das jeweilige Land beziehen. Dabei kann es beispielsweise vorkommen, dass das Unternehmen bisweilen eine temporäre monopolähnliche Stellung einnimmt.

Darüber hinaus kann abgeleitet werden, dass sich durch eine innovative Aktivität eine potentielle, nachhaltige Markenerhaltung des Produktes herauskristallisiert. Die Produktmarke kann wiederum von den Konsumenten als ein Gütesiegel für Qualität angesehen werden, welches bei den Konsumenten als Erinnerung langfristig im Gedächtnis bleibt. Damit kann sich eine logische Kausalkette in der Form ergeben, dass aufgrund von innovativen Aktivitäten permanente Produktneuheiten auf dem Markt positioniert werden. Jene innovativen Güter werden eine Markenbestimmung erhalten, welche von den (zukünftigen) Käufern dahingehend honoriert wird, dass damit nicht nur ein gewisses Maß an Qualität, sondern auch stets das neueste und innovativste Produkt auf dem Markt verbunden ist.

Die angesprochene Zielgruppe dürfte dieses Produkt dann auch nachfragen, sofern diese über die entsprechenden finanziellen Mittel verfügt. Aus dieser Abfolge kann das Unternehmen eine angemessene und relativ sichere Finanzplanung ableiten, aus welcher nach Bedienung sämtlicher fälliger Zahlungsverpflichtungen entsprechende Mittel für Investitionen im Bereich Innovation eingesetzt werden können. Nur durch ein ständiges finanzielles und personelles Engagement in den Sektoren Forschung und Entwicklung kann das Unternehmen gewährleisten, dass stets ein innovatives Produkt nach den Vorstellungen der Zielgruppe auf dem Markt angeboten wird. Gelingt diese Strategie, so wird sich auch langfristig eine gewünschte Verknüpfung von Innovation und Marke einstellen. Die Marktausweitungspotentiale sind jedoch stets auch durch das (möglicherweise sich wandelnde) Budget der (potentiellen) Konsumenten determiniert.[609] Voraussetzung für diesen wirtschaftlichen Prozess ist jedoch etwa ein funktionierender Kapital- und Finanzmarkt und ein entsprechend vorliegendes innovatives Potential. Zu berücksichtigen ist dabei aber, dass die Limitierungen des Innovationspotentials beispielsweise durch Ressourcen- beschränkungen, Budgetbeschränkungen, Standortfaktoren oder limitiertes Wissen auch gleich- zeitig die Grenzen der Innovationsfähigkeit bilden. Der Innovationsgrad ergibt sich somit als der Quotient von tatsächlich daraus verwirklichten Innovationen und dem, was möglich gewesen

---

[609] Auf diesen Punkt wird noch spezieller in Kapitel 7 eingegangen. Vgl. Barzen (1990), S. 10; Reinecke/Janz (2007), S. 127-138.

wäre. Bezogen auf die Faktoren „Absatzmarkt" und „Kapitalbedarf" ergäbe sich der Innovationsgrad dann aus dem Quotienten von tatsächlich durchgeführten bzw. umgesetzten Innovationen zu den potentiell möglichen, die aber wegen der begrenzten Aufnahmekapazität des Marktes nicht umgesetzt wurden. Wird noch einmal auf die Tatsache zurückgegriffen, dass die innovativen Aktivitäten betragsmäßig stets kleiner als das innovative Potential sind, so sollten mit dieser Notwendigkeit auch die Anforderungen von *Hauschildt* und *Salomo* nach einer einheitlichen Vorgehensweise für eine vergleichbare Messung des Innovationsgrades unter der Berücksichtigung der zeitlichen Vorgaben und Prämissen erfüllt werden.[610] Aus der unterstellten Definition des Innovationsgrades können sich nun folgende Konstellationen ergeben:

1. Die innovativen Aktivitäten nehmen zu, während das innovative Potential konstant bleibt. Dadurch erhöht sich der Innovationsgrad.

2. Das innovative Potential erhöht sich, beispielsweise durch die Einstellung besonders qualifizierter Mitarbeiter oder durch vermehrtes Kapital, das möglicherweise durch vorangegangene Innovationen erwirtschaftet wurde. In der Folge steigen auch die innovativen Aktivitäten an. Sind die innovativen Aktivitäten höher als die des Potentials, dann korrigiert sich der Innovationsgrad nach oben. Liegt der umgekehrte Fall vor, fällt der unternehmensindividuelle Innovationsgrad, trotz einer positiven Reaktion der beiden anderen Größen.

3. Bleiben die beiden Bestimmungsgrößen innovative Aktivitäten und innovatives Potential konstant, dann hat dies auch keine Auswirkungen auf den Innovationsgrad.

4. Reduzieren sich die innovativen Aktivitäten bei nicht verändertem innovativen Potential, dann orientiert sich der Innovationsgrad nach unten.

5. Das innovative Potential verringert sich, beispielsweise weil das Unternehmen mit einer vorangegangenen, nicht marktgerechten Innovation Verluste gemacht hat. In der Folge verringern sich auch die innovativen Aktivitäten. Sind die innovativen Aktivitäten wiederum höher als die des Potentials, dann hat dies ungünstige Auswirkungen auf den Innovationsgrad. Liegt auch hier der umgekehrte Fall vor, dann wird sich der Innovationsgrad erhöhen, obwohl Zähler und Nenner einen Rückgang aufweisen. Bei gelingendem Innovationsmanagement, insbesondere in Bezug auf die Steigerung des Markenwertes, liegt hierin nun die Chance für einen Unternehmenserfolg, der wiederum zu einer Erhöhung des Innovationspotentials und folglich zu mehr innovativen Aktivitäten genutzt werden kann.

Die wichtigsten Indikatoren zur Bestimmung des Innovationsgrades sind der gegenwärtige Stand der „Produkttechnologie" und die Dimension „Absatz / Ressourcen", wobei der Kapitalbedarf mit dem Kundenpotential in Beziehung gesetzt wird und der Kundennutzen, also der Wert der neu zu entwickelnden Marke für den Kunden, vorher ermittelt werden muss. Dies ergibt dann den tatsächlichen Innovationsgrad für diesen Bereich. Die Kriterien für den Kundennutzen

---

[610] Vgl. Hauschildt/Salomo (2005), S. 15.

ergeben sich aus den Kennzahlen, die mittels der innovationsorientierten Brand Scorecard ermittelt werden (näheres dazu siehe auch Kapitel 7.2).

6.2.2 Steuerung des Innovationsgrades zur Markenwertsteuerung

Mit der Änderung des Innovationsgrades ändert sich auch gleichzeitig der Markenwert. Hierbei ist zu beachten, dass diese wechselseitige Beziehung auch in umgekehrter Richtung besteht. Es kann sich nämlich die Situation ergeben, dass durch eine Variation des Markenwertes der Innovationsgrad ebenfalls eine Veränderung erfährt.[611] Dieses Szenario kann als eine Art „Ping-Pong-Effekt" bezeichnet werden. Begründet wird jener Umstand damit, dass der Markenwert kein statisches, sondern ein dynamisches Gebilde ist. Hieraus kann sich nun ein interessantes Szenario ergeben. Theoretisch besteht die Möglichkeit, dass durch entsprechende Kapitalbedarf- und Absatzmarktsituationen Auswirkungen auf den Markenwert entstehen, welche den Innovationsgrad beeinflussen können.[612] So ist es durchaus denkbar, dass ein entsprechender positiver Markenwerteffekt einem negativen Innovationsgradeffekt entgegenwirkt. Um nun zu bestimmen, an welcher Stelle über den Innovationsgrad auf den Markenwert Einfluss genommen werden kann, wird auf die von *Schlaak* festgelegten Dimensionen des Innovationsgrades zurückgegriffen.[613]

Wie schon soeben erläutert, kann der Markenwert insbesondere durch Innovationen in der Dimension Absatz und Ressourcen, also im Absatzmarkt (z. B. Kundennachfrage) und dem vorhandenen Kapital, beeinflusst werden, aber auch die *Strukturdimension* mit dem Faktor der *informalen Organisation*. Die Schulung der Mitarbeiter tritt in diesem Kontext als dritte wichtige Variable der Innovations- und damit Markenwertsteigerung hinzu. Der Markenwert wiederum wird in der Regel von der Markenstärke (vgl. hierzu Kapitel 5.2) bestimmt. Hierbei sollten kontinuierlich Ausgaben in die Marke getätigt werden, um so die Markenstärke zu erhöhen. Für Investitionen wird Kapital benötigt, um die notwendigen Markenwertinvestitionen zu finanzieren. Markenwertprodukte können in der Regel als Renditeprodukte angesehen werden und können Werttreiber für das Unternehmen sein, da diese „Kapital" erwirtschaften und dadurch den Unternehmenswert erhöhen. Jenes Kapital kann dann zur Finanzierung für notwendige und zusätzliche Innovationsaktivitäten etwa im Bereich Forschung und Entwicklung

---

[611] Dies könnte dann beispielsweise der Fall sein, wenn das Markenprodukt aufgrund von positiven Erfahrungen aus der Vergangenheit viel mehr an Innovation suggeriert, als es in Wirklichkeit beinhaltet. Ein weiteres Beispiel könnte sein, dass die Mitarbeiter aufgrund der starken Marke motivierter sind, wodurch sich ihre Innovationsaktivitäten erhöhen.

[612] Eine ausführlichere Darstellung der Verbindungen zwischen Innovationsgrad und Innovations- sowie Unternehmenserfolg findet sich in Kapitel 3.

[613] Vgl. Schlaak (1999), S. 310-311.

verwendet werden. Zudem würde eine öffentliche Förderung Anreize für risikoreichere und langfristige Innovationsaktivitäten schaffen. Allerdings werden die Besteuerungs- und Förderungsverhältnisse häufig nur unzulänglich berücksichtigt.[614]

Die Fokussierung der Betrachtung auf den Absatzmarkt erhält auch dadurch ihre Begründung, dass jener Sektor als eine Finanzierungsquelle für künftige innovative Aktivitäten des Unternehmens angesehen werden kann. So kann durch eine markendeterminierte Umsatzsteigerung der abgesetzten Produkte unter der Annahme konstanter Aufwendungen eine Zunahme des Ertrages beziehungsweise eine positive Entwicklung des unternehmensindividuellen Gewinns erwartet werden. Dadurch wird Liquidität geschaffen, welche etwa für die weitere Finanzierung von Investitionen verwendet werden kann. Dabei ergibt sich nun finanzieller Spielraum für innovative Aktivitäten, beispielsweise in den Sektoren Human Capital und im Bereich Forschung und Entwicklung. Dies wiederum kann sich einerseits in einem höheren Qualifizierungsgrad von Human Resources reflektieren und andererseits in einem erwünschten Anwachsen des technischen Fortschritts im Anlage- und Umlaufvermögen des Forschungs- und Entwicklungsbereiches. Diese Auswirkungen dürften dann positive Effekte auf die innovativen Ressourcen des Unternehmens und damit ein Anwachsen der unternehmensindividuellen Aktivitäten mit sich bringen. Der Innovationsgrad kann mit einer Veränderung des bestehenden oder sich noch entwickelnden Markenwertes des unternehmerischen Leistungserstellungsprozessergebnisses korrespondieren. Daraus ergibt sich, dass der Markenwert zunimmt, je höher der Innovationsgrad ist. Eng damit verknüpft dürften die Auswirkungen auf den damit verbundenen Bekanntheitsgrad der Marke, der Produkte und Dienstleistungen sein.

Neben dem notwendigen Kapital spielen für die Bestimmung des Innovationspotentials eines Unternehmens dessen Human Resources eine zentrale Rolle. Der Faktor Bildung, einhergehend mit den diversen Forschungs- und Entwicklungsaktivitäten, ist jedoch stets auch seinerseits in Verbindung mit einem anreizfähigen Lohnsystem zu sehen. Nachhaltig wirkendes Human Capital muss angemessen honoriert werden. Dies beginnt bereits im Aufbau dieser Ressourcen und endet in der Entlohnung der Mitarbeiter. Wenn allerdings kein entsprechendes Kapital für eine adäquate Bezahlung dieses Produktionsfaktors vorliegt, so wird auch kein Anreiz gegeben sein, dass sich die Mitarbeiter mit einem hohen Qualifikationsniveau mit innovativen Aktivitäten in den entsprechenden Infrastrukturen auseinandersetzen werden.

---

[614] Vgl. Brunswicker/Schröder (2008), o. S.

Damit sich die Mitarbeiter im Unternehmen entsprechend engagieren, sollte über adäquate Anreiz- bzw. Entlohnungssysteme nachgedacht werden, welche jegliche innovative Aktivitäten determinieren und von den individuellen Motivatoren der betreffenden Entscheidungsträger abhängen. Vorstellbar wäre beispielsweise eine entsprechende erfolgsabhängige Vergütungsstruktur. Eine derartige erfolgsabhängige Vergütung wird sich bei den Mitarbeitern in einer zunehmenden Motivation bei der Erfüllung ihrer Arbeitsleistung zeigen.[615] Dadurch dürfte sich auf der einen Seite die Produktivität der geleisteten Arbeit erhöhen und auf der anderen Seite wären kostenreduzierende Auswirkungen beim Personalaufwand denkbar. Diese Kosteneffekte könnten sich etwa durch den motivationsgeprägten Rückgang der Krankheitsquote und der Fehlzeiten ergeben. Darüber hinaus ist der Einfluss auf den Identifikationsgrad der Mitarbeiter mit dem unternehmensindividuellen Markenprodukt zu berücksichtigen, welcher zusätzliche positive Auswirkungen auf die Markenstärke und damit auf das Markenimage hat. Die Mitarbeiter sind die entscheidenden Markenbotschafter, um die Marke erlebbar zu machen. Deshalb investieren Unternehmen wie *Lufthansa* und *BMW* kräftig in die Markenschulung von Mitarbeitern in einer „Brand Academy", was sich konsequenterweise in einer ansteigenden Produktweiterempfehlungsrate der Mitarbeiter an anderweitige, potentielle Konsumenten widerspiegelt. Hierzu ist es jedoch auch wichtig, dass sich die Mitarbeiter durch Schulungen kontinuierlich fortbilden können, um so das Bildungsniveau im Unternehmen zu erhöhen (vgl. 3.3.4).

Durch gut ausgebildete, hoch motivierte und überdurchschnittlich qualifizierte Fachkräfte lassen sich nicht nur die Innovationsaktivitäten erhöhen, sondern es kann ein genereller Anstieg des Innovationspotentials festgestellt werden. Damit kommt auch die *Strukturdimension* zwecks Steigerung des Innovationspotentials eines Unternehmens ins Spiel. Um das Bildungsniveau und die Qualifikation der Mitarbeiter zu stärken bzw. anzuheben, muss in diesem Fall der Faktor *informale Organisation* als innovationssteigernder Faktor neben der Dimension „Absatz / Ressourcen" als ein wichtiger Zusatzfaktor erwähnt werden. Dieser trägt zusätzlich dazu bei den Markenwert zu steigern, indem die Mitarbeiter durch eine bessere Qualifikation in die Lage versetzt werden, den Innovationsgrad des Unternehmens im Sinne eines „Total Quality Managements" auszubauen und auf den optimalen Grad zu steigern.[616] So lassen sich nun zusammengefasst folgende Verbindungskanäle aus einem ansteigenden Innovationsgrad auf eine Zunahme des Markenwertes ableiten:

---

[615] Wie Forscher der *Yale Universität* herausfanden, steckt gute Laune an. Glückliche Kollegen erhöhen die Motivation und Arbeitsleistung anderer Kollegen. Vgl. Borghardt (2009), S. 72.

[616] Nähere Ausführungen dazu finden sich vor allem in Kapitel 7, in welchem es um die Entwicklung einer innovationsorientierten Marken Scorecard geht.

148

a) Unterne_hmensintern: Durch eine Umsatzsteigerung erhält das Unternehmen bei Ceteris-paribus-Annahme eine zusätzliche Liquidität.

b) Unternehmensextern: Durch entsprechende Shareholder- bzw. Stakeholder-Effekte[617] ergeben sich durch diverse Anreizauswirkungen (z. B. „Investitions-Incentives[618]" und soziales Ansehen des Unternehmens in der Öffentlichkeit) positive Konsequenzen für das Unternehmen.

Eine weitere interessante Darstellungsweise von Innovationen und noch verborgenen Marken- bzw. Unternehmenswerten dürfte sich durch das neu entwickelte Innovations-Eisberg-Modell ergeben.

6.2.3 Alternative Markenwertdarstellung mit dem Innovations-Eisberg

Der Einfluss des Innovationsgrades auf den Markenwert kann mit einem Eisberg verglichen werden. Wie in Kapitel 3 ausführlich entwickelt, findet Innovation in einem Unternehmen in verschiedenen Dimensionen statt. Dabei gibt es einen großen Anteil von Veränderungen, deren Wirkungen auf den ersten Blick kaum zu erkennen sind und die doch einen essentiellen Bestandteil des gesamten Innovationsprozesses darstellen – was den Vergleich mit einem Eisberg nahe legt, wie in der Abbildung 67 demonstriert: Nur ein kleiner Teil des Eisbergs erscheint sichtbar an der Oberfläche. Je größer die Ausdehnung des Innovationsgrades in den entsprechenden „richtigen" bzw. adäquaten Innovationsgradfaktoren, desto umfangreicher werden der unternehmensspezifische Gesamtinnovationsgrad und der Einfluss auf den Markenwert sein. Die bekannten Innovationsgradfaktoren reflektieren den augenblicklichen Markenwert und damit partiell den Unternehmenswert, welcher häufig von externen Analysten als Referenzgröße für die Unternehmensbeurteilung herangezogen wird.

---

[617] Vgl. Sorescu/Shankar/Kushwha (2007), S. 468-489.

[618] Incentives sind beliebte Mittel, um Mitarbeiter und Kunden an das Unternehmen und seine Ziele zu binden, Leistungsanreize zu vermitteln und Verdienste zu belohnen

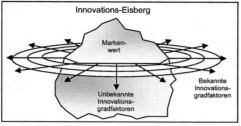
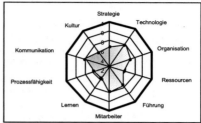

Abbildung 67: Querschnitt des Innovations-Eisbergs[619]

Unter der Oberfläche liegt jede Menge an noch unbekanntem Innovationspotential. Erkennbar werden nur tatsächlich durchgeführte Innovationsaktivitäten. Der sichtbare Teil des Eisbergs an der Oberfläche ist daher im Rahmen des Innovationscontrollings entsprechend zu steuern, zu planen und zu kontrollieren. Die Mindestanforderung muss deshalb sein, diesen auf dem augenblicklichen Niveau zu halten. Das Ziel jeglicher Innovationsaktivitäten ist es, die bekannten Innovationsgradfaktoren zu stärken und zu pflegen, sowie die unbekannten an die Oberfläche zu bringen und langfristig zu stärken. Je mehr sichtbarer Markenwert geschaffen wird, desto größer wird die Ausprägungsdimension des Innovations-Eisberges sein und die Wettbewerbsbeständigkeit und Existenzsicherung des Unternehmens nachhaltig positiv determinieren.

Es ist jedoch zu beachten, dass die Vernachlässigung einzelner Innovationsgradfaktoren zum negativen Effekt eines Abschmelzungsprozesses des Innovations-Eisberges führt. Dies bewirkt einen Rückgang des Markenwertes, welcher sich im weltweit vorherrschenden Konkurrenzdruck nicht positiv auswirken wird. Werden etwa quantitativ mehr unbekannte Innovationsgrad-faktoren als sichtbare vermutet, so kann das Unternehmen beziehungsweise der Unternehmens- und Markenwert in die Gefahr von spekulativen Handlungen geraten, da das Unternehmen ggf. unterbewertet sein könnte. Bei börsennotierten Unternehmungen besteht das Risiko, dass so genannte „speculative bubbles" auftreten, die aber eigentlich nicht den wahren Wert des Unternehmens widerspiegeln. Bei einem hohen Bestand an unbekannten Innovationsgrad-faktoren kann durchaus unterstellt werden, dass sich bei der Identifikation beziehungsweise im Rahmen eines Transformationsprozesses der unbekannten in bekannte Innovationsgradfaktoren sowohl der Innovationsgrad erhöht als auch der Markenwert nach oben bewegen wird. Dies wiederum würde gerade für Bewertungsfragen im Umfeld von Kapitalmarktanalysen des Unternehmens und – wie bereits erwähnt – im Kontext von *Basel II* – förderlich sein.

---

[619] Eigene Darstellung. Der Querschnitt des Innovations-Eisberges orientiert sich an den identifizierten Innovationsgradfaktoren von Wahren (2004), S. 79.

Auf der anderen Seite muss angemerkt werden, dass sich die entsprechende Konkurrenz auf diese Situation einstellen könnte, wenn zu viele bekannte Innovationsgradfaktoren im Verhältnis zu den unbekannten vorliegen würden. Allgemein kann gesagt werden, dass der Markenwert von einer Vielzahl von bekannten, aber auch unbekannten Innovationsgradfaktoren determiniert wird. Eine kleine Vorauswahl der potentiellen Innovationsgradfaktoren wird durch die Querschnittsdokumentation des Innovations-Eisberges deutlich. Durch eine Zunahme im Überführungsprozess der unbekannten in die bekannten Innovationsgradfaktoren kann es einerseits zu Synergieeffekten kommen, und andererseits erhalten die bereits bekannten dadurch einen positiven Impuls und verstärken damit ihre Wirkungskraft. Im nächsten Kapitel werden die wesentlichen Anforderungen an ein innovationsorientiertes Markencontrollinginstrument erläutert, woraus wiederum die optimale Innovationsgradhöhe abgeleitet werden kann.

7 Grundlinien für ein Controllinginstrument zur unternehmens- und marktindividuellen Steuerung des Markenwertes über den Innovationsgrad

7.1 Mess- und Steuerungskonzepte für Erfolgsfaktoren in Unternehmen

7.1.1 Kriterien für den Aufbau eines Steuerungskonzeptes

Innovationen bieten den Unternehmen eine zentrale Möglichkeit den Wert ihrer Marken und damit letztlich auch den ROI des Unternehmens zu steigern.[620] Dabei hängt der Erfolg von Innovationen von einem funktionierenden und optimal an die Bedingungen des Unternehmens angepassten Innovationsmanagement ab, das beispielsweise das Ineinandergreifen der unterschiedlichen Funktionsbereiche innerhalb des Unternehmens bei Entwurf, Entwicklung und Umsetzung der Innovationen sichert (vgl. Kapitel 4 dieser Arbeit). Ein zweiter wesentlicher Faktor ist die Bestimmung des unternehmensindividuellen und auf die Marktsituation angepassten optimalen Innovationsgrades. Ein besonderes Augenmerk gilt hier dem Einfluss des Innovationsgrades und auf den Markenwert. Wie in Kapitel 6 ausgeführt wurde, kommt es für die Steuerung des Markenwertes vor allem darauf an den Innovationsgrad in den einzelnen Dimensionen Technologie / Technik, Absatz und Ressourcen sowie Strukturen und hier jeweils für die einzelnen Faktoren zu bestimmen.

Um nun aber die Steigerung des Markenwertes durch Innovationen auch zahlenmäßig benennen und steuern zu können, bedarf es eines speziellen Markencontrollinginstruments, das in der Folge in groben Zügen entwickelt werden soll. Das Controllinginstrument sollte neben der dimensionsübergreifenden Perspektive auch monetäre und nicht monetäre Elemente einbeziehen, sowie eine stärkere Zukunftsorientierung wie auch eine verstärkte Berücksichtigung von Kundendaten gewährleisten. Zur Beschreibung, Messung und Steuerung der Erfolgsfaktoren eines Unternehmens liegen bereits diverse ausgearbeitete Konzepte vor auf die in dieser Untersuchung zurückgegriffen werden soll. Besondere Bedeutung erlangt haben die PIMS-Forschung sowie die Balanced Scorecard von *Kaplan* und *Norton* (vgl. Kapitel 7.1.3) sowie deren Weiterentwicklung von *Linxweiler* zur Brand Scorecard (vgl. Kapitel 7.2). Für das zu entwickelnde innovationszentrierte Markenwertcontrollinginstrument sollen diese Grundlagen zunächst umrissen und in der Folge um den spezifischen Aspekt der Innovation erweitert werden.

---

[620] Vgl. Interviews mit Kraft (Anhang 5); Heil (Anhang 7); Bruhn (Anhang 10); Koers (Anhang 11) und Menninger (Anhang 12).

152

7.1.2 Unternehmerische Erfolgsfaktoren nach dem PIMS-Konzept

Es existieren nur wenige Erfolgsfaktoren, die eine große Erfolgsauswirkung haben, und diese korrelieren wiederum mit den spezifischen Branchenbedingungen, Marktgegebenheiten und Unternehmens- und Umweltbedingungen.[621] Den bekanntesten Beitrag zur Ausdifferenzierung der zentralen Faktoren liefern die Ergebnisse zur PIMS-Forschung, die den Unternehmenserfolg am ROI messen und den marktorientierten Faktoren Marktattraktivität, Wettbewerbsposition und Marketingaktivitäten eine hohe Erfolgsrelevanz bescheinigt.[622] Die fünf wesentlichen Schlüsselfaktoren nach dem PIMS-Ansatz sind in der nachfolgenden Abbildung 68 dargestellt.

Abbildung 68: Die fünf Schlüsselfaktoren des ROI nach PIMS[623]

Die Marktattraktivität bestimmt sich demnach wesentlich aus der Fähigkeit des Marktwachstums und der Position eines Produkts im Produktlebenszyklus – übrigens schon ein Aspekt, der eng mit dem Thema Innovation verbunden ist. Die Erfolgsfaktoren im Bereich der relativen Wettbewerbsposition bestimmen sich aus dem relativen Marktanteil im Vergleich zu den wichtigsten Wettbewerbern (Relevant Set) sowie der eigenen Produktqualität und den eigenen Kosten im Vergleich zu denen der Wettbewerber. Der dritte Block benennt die indirekt marktbezogene Investitionstätigkeit. Im vierten Block werden die Marketing- sowie Forschungs- und Entwicklungsaufwendungen als kostenorientierte Relation aufgezeigt, während der fünfte Block Veränderungen der schon beschriebenen Schlüsselfaktoren beschreibt. Auch wenn der Schwerpunkt bei der vorstehenden Abbildung auf Markt und Produkt liegt, so bleibt festzustellen, dass die meisten Faktoren von den marktbezogenen Aktivitäten des Unternehmens

---

[621] Vgl. Hildebrandt (1994), S. 274; Linxweiler (2001), S. 41-42.

[622] Ursprung des PIMS-Konzepts ist eine interne empirische Studie von *General Eletric* aus dem Jahre 1960. Vgl. Buzzell/Gale (1989), S. 59-61.

[623] Bea/Haas (1987), S. 105.

abhängen.[624] Problematisch an diesem Modell ist, dass es die Kundenzufriedenheit, die Sicht der Mitarbeiter sowie „weiche" Faktoren wie Unternehmenskultur, Lernen im Unternehmen, Praktikabilität etc. nicht berücksichtigt.[625]

In Bezug auf die Produktqualität ist zu bemerken, dass diese sich in einer „Fast moving consumer-Gesellschaft" zu einem eher passiven Erfolgsfaktor verändert hat. Zudem betrachten die Konsumenten nicht mehr Produkt allein, sondern die gesamte Marke, welche erst aus dem Zusammenwirken des unternehmensspezifischen Leistungsbündels des Marketing-Mix von Produkt, Distribution, Preis und der Kommunikation entsteht.[626] Hierauf wird an späterer Stelle ausführlicher eingegangen.

7.1.3 Balanced Scorecard als Mittel zur strategischen Unternehmensführung

Wesentliche Grundlagen für ein Instrument zur Messung und Steuerung des Unternehmens-erfolgs, das nicht allein monetäre Aspekte berücksichtigt, sondern auch die Kundenzufriedenheit sowie die Mitarbeiter einbezieht, haben *Norton* und *Kaplan* 1992 mit ihrer Balanced Scorecard (BSC) gelegt. Die Balanced Scorecard hat sich zwischenzeitlich als Instrument der strategischen Unternehmensführung bewährt und dient als Führungsinstrument zur Ausrichtung des Unter-nehmens an strategischen Zielen in unterschiedlichen Perspektiven. Die BSC basiert auf dem Gedanken, dass der wirtschaftliche Erfolg von einer Vielzahl von Faktoren abhängt, die sich nicht auf die Position der Produkte eines Unternehmens am Markt reduzieren lassen.

Auswahl der Dimensionen und deren Ursachen-Wirkungs-Zusammenhänge:

Die Betrachtung einer Organisation aus mehreren Blickwinkeln und Dimensionen ist ein wesentlicher Bestandteil der Balanced Scorecard. Unter „Gesamtauftrag" werden die Wirkungs-ziele verstanden. Die genaue Anzahl der Dimensionen ist für jede Organisation individuell festzulegen.[627] Die Balanced Scorecard umfasst typischerweise neben einer Finanz- und Kundenperspektive eine Prozess- und Potential- bzw. Mitarbeiterperspektive und kann auf die Unternehmensgegebenheiten individuell angepasst werden (vgl. Abbildung 69).

---

[624] Vgl. Linxweiler (2001), S. 41-43.
[625] Vgl. Bea/Haas (1987), S. 105.
[626] Vgl. Linxweiler (2001), S. 41-43.
[627] Vgl. Horak/Schwarenthorer/Furthmüller (2002), S. 16.

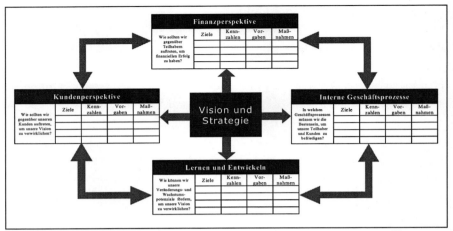

Abbildung 69: Die Balanced Scorecard als strategischer Handlungsrahmen[628]

Die vier Perspektiven der Balanced Scorecard (BSC) bestehen aus folgenden Komponenten:[629]

- *Die finanzielle Perspektive:* Diese zeigt auf, ob die im Unternehmen umgesetzte Strategie zur Optimierung der Geschäftsresultate beigetragen hat. Kennzahlen hier sind z. B. Umsatz, Gewinn. Die finanziellen Kennzahlen haben eine Doppelfunktion: Zum einen spiegeln sie die finanzielle Leistungsfähigkeit wider, zum anderen gelten sie in der Planung als Endziel der anderen Perspektiven.

- *Die Kundenperspektive:* Diese gibt die strategischen Ziele, die Zielvorgaben, die Kennzahlen und die Maßnahmen im Hinblick auf die Kunden vor. Strategische Ziele sind hier z. B. Preisführerschaft, mit einem neuen Produkt zuerst auf dem Markt sein, Erschließung neuer Marktsegmente. Typische Kennzahlen der Kundenperspektive sind: Marktanteil, Stamm- und Neukundenanteil, Kundenzufriedenheit, Time to Market.

- *Die interne Prozessperspektive:* Diese beinhaltet die Geschäftsprozesse, die vor allem zur Erzielung der Kunden- und Finanzziele notwendig sind. Diese Prozesse zeichnen sich durch besondere Leistungsstärke aus, die gesamte Wertschöpfungskette fließt hier in die Analyse mit ein. Klassische Kennzahlen sind hier: Qualität (Ausschuss), Kosten (Produktivität), Zeit (Durchlaufzeit).

- *Die Potentialperspektive:* Diese wird auch als *Mitarbeiterperspektive* oder *Entwicklungsperspektive* bezeichnet. Die Bedingungen und Voraussetzungen werden hier beschrieben, die nötig sind, um die Ziele der anderen Perspektiven zu erreichen. Schwerpunkt der Potentialperspektive ist die Qualifikation der Mitarbeiter, die Motivation und Zielausrichtung der Mitarbeiter sowie die unternehmensinterne Infrastruktur (Informationssystem). Kennzahlen (Indikatoren) sind beispielsweise: Betriebsklima, Mitarbeitermotivation und –zufriedenheit, Mitarbeiterproduktivität, Krankenstand und Fluktuation.

---

[628] In Anlehnung an Kaplan/Norton (1997), S. 9.
[629] Vgl. Kaplan/Norton (1997), S. 10.

Der größte Nutzen der BSC liegt in der Steigerung der Effektivität organisatorischer Prozesse mittels konsequenter Ausrichtung an den Zielen. Dies bildet sich im BSC-Berichtswesen wie folgt ab (vgl. Abbildung 70):[630]

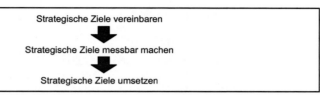

Abbildung 70: Strategische Zielausrichtung[631]

Um langfristig Erfolg zu haben, muss jedes Unternehmen eine Strategie entwickeln. Nicht selten jedoch klafft eine Lücke zwischen den Absichten und dem tatsächlichen Tun. Die BSC schließt diese Lücke mit Hilfe eines Kennzahlensystems (Scorecard), mit dem die Zielerreichung gemessen werden kann. Jede BSC besteht aus einem Set an Zielen, wobei sich jedes Ziel an folgenden Kriterien orientiert:[632]

- Messgröße

- Ist-Wert

- Plan mit Zielbezug (Zielwert)

- Maßnahmen zur Umsetzung.

Für die Ausgewogenheit der Strategie ist es erforderlich, Ziele nicht für nur einen Bereich (Finanzen, Prozesse) zu formulieren. Vielmehr sollten für alle Dimensionen Ziele entwickelt werden. Die Ziele beeinflussen sich wechselseitig. Diese Zusammenhänge werden im Rahmen der BSC in Form von Ursache-Wirkungsbeziehungen offengelegt. Auf diese Weise lassen sich rechtzeitig Zielkonflikte identifizieren. Damit besteht die BSC aus einem Zielgerüst, das nach mehreren Dimensionen gegliedert sowie aufeinander abgestimmt ist, wobei jedes Ziel einzeln gemessen und umgesetzt wird. Die formulierte Zielerreichung wird kontinuierlich überprüft (Gegenüberstellung Plan- und Ist-Werte bei den Messgrößen) und gegebenenfalls durch korrigierende Maßnahmen gesteuert. Die BSC ist damit nicht ein statisches Set von Zielen, Strategien und Maßnahmen, sondern muss als dynamischer Managementprozess, gleichsam als

---

[630] Vgl. Horak/Schwarenthorer/Furtmüller (2002), S. 6.
[631] Eigene Darstellung.
[632] Vgl. Horak/Schwarenthorer/Furtmüller (2002), S. 8.

156

„work in progress" begriffen werden.[633] Die wesentlichen Kennzeichen des strategischen Steuerungsinstruments BSC sind daher:[634]

- Zielorientierung
- Zukunftsorientierung
- Denken in Zusammenhängen
- Verknüpfung quantitativer und qualitativer Aspekte
- Umsetzungsorientierung.

Durch die Festlegung von Ursache-Wirkungs-Beziehungen werden die Perspektiven miteinander verknüpft, Istzustände und Ziele werden mittels Kennzahlen beschrieben. Mit der Benennung von Zielkennzahlen kann eine Unternehmensstrategie festgelegt werden. Die Herausforderung liegt in der Auswahl von wenigen und zugleich relevanten Kennzahlen, zwischen welchen idealerweise direkte Interdependenzen innerhalb der einzelnen Perspektiven bestehen und die das Erreichen der Unternehmensziele gewährleisten.[635] Durch die Bildung von Ursache-Wirkungsketten kann eine umfassende Zielorientierung implementiert werden. Die folgende Abbildung 71 zeigt ein einfaches Beispiel eines Ursache-Wirkungszusammenhanges auf:[636]

Abbildung 71: Beispiel eines Ursache-Wirkungszusammenhanges[637]

---

[633] Vgl. Horak/Schwarenthorer/Furtmüller (2002), S. 10.
[634] Vgl. Horak/Schwarenthorer/Furtmüller (2002), S. 8-10.
[635] Eine BSC sollte nicht mehr als 20 Kennzahlen haben. An der konsequenten Auswahl und Reduzierung auf wenige Kennzahlen scheitern viele BSCs. Diese Reduzierung ist notwendig, um die Komplexität zu verringern und um überhaupt die Marke noch effizient steuern zu können.
[636] Vgl. Horak/Schwarenthorer/Furtmüller (2002), S. 7.
[637] Eigene Darstellung.

Vorentscheidungen und strategische Stoßrichtungen:

Vor dem eigentlichen Projektbeginn muss eine Grundsatzentscheidung über den Einführungs-umfang und die Einführungstiefe von der BSC getroffen werden, in welche idealerweise möglichst alle Mitarbeiter integriert werden sollten. Auf alle Fälle sollten auch die Vorgesetzten bzw. die Führungskräfte in diesen Prozess involviert werden, da diese im Verlaufe des „Herunterbrechens" dann ggf. als Multiplikatoren oder „Mutmacher" eingesetzt werden können. Zudem sind diese Entscheidungen von der Leistungsstruktur, Organisationsstruktur, Grad der Zentralisierung oder Dezentralisierung abhängig. Sobald diese Grundsatzentscheidungen gefällt worden sind, kann mit dem eigentlichen Projekt begonnen werden. Klar definierte Projektziele schaffen Transparenz und Verbindlichkeit. Dazu gehört auch beispielsweise die Einplanung von Handlungsträgern, Meilensteinen, Zeitrahmen und Ressourcen. Die wichtigsten Faktoren für das Gelingen eines BSC-Projekts sind:[638]

- Die Führung muss voll hinter dem Projekt stehen.

- Die Führung kommuniziert klar und eindeutig die Ziele und den Nutzen der BSC-Einführung.

- Eine gute Projektplanung.

- Es werden Mitarbeiterkapazitäten für Tätigkeiten, wie Feinjustierung der Kennzahlen und Organisation der Datenerhebung „freigeschaufelt".

- Externe Unterstützung / Consulting sollte zu Rate gezogen werden.

- Professionelle Moderation ist vorteilhaft.

- Das BSC-Projekt umfasst die gesamte Umsetzung (Implementierung).

- Erfahrung mit betriebswirtschaftlichen Methoden ist von Vorteil.

Für die BSC-Entwicklung ist ferner eine mehrstufige Vorgehensweise wie folgt anzuraten:[639]

- Strategische Stoßrichtungen festlegen

- Dimensionen der Balanced Scorecard auswählen

- Strategische Ziele vereinbaren

- Zielzusammenhänge überprüfen (Ursache / Wirkung)

- Messgrößen bestimmen

- Zielwerte fixieren

- Strategische Maßnahmen vereinbaren

---

[638] Vgl. Horak/Schwarenthorer/Furthmüller (2002), S. 14.
[639] Vgl. Horak/Schwarenthorer/Furthmüller (2002), S. 15.

158

Strategische Stoßrichtungen betreffen Kategorien wie Produkte, Kunden, Mitbewerber usw. und stellen Schwerpunktsetzungen dar. Die Gesamtheit der Schwerpunktsetzungen bestimmt dann die Strategie.[640] Jede Organisation hat einen eigenen Daseinszweck: In der Erwerbswirtschaft ist dieser Zweck die Gewinnerzielungsabsicht bzw. -maximierungsabsicht, im Falle des öffentlichen Dienstes die Mission bzw. der Auftrag und in der Speditionslogistik die pünktliche Lieferung von Waren oder Investitionsgütern. Die Frage lautet dann: „Wie kommen wir dorthin?", die Antwort stellt die Strategie dar. Die Strategieentwicklung ist ein strukturierter Prozess, der aber auch kreative Elemente enthält. Der Wissenstransfer an alle Beteiligten sowie eine professionelle Moderation sind jedoch ebenso wichtig.[641] Die strategischen Ziele sind das Herzstück der BSC. Die Anzahl der Strategieziele sollte allerdings überschaubar bleiben (zwei bis fünf). Die strategischen Ziele sind eine Konkretisierung der „groben" strategischen Stoßrichtung.[642] Eine Strategie muss in sich stimmig sein, um erfolgreich umgesetzt werden zu können. Es muss also überprüft werden, inwieweit die entwickelten Ziele zueinander passen oder sich aber ggf. widersprechen. Dies stärkt das Verständnis für Zusammenhänge und dient zusätzlich als Reflexionsschleife im Zielvereinbarungsprozess (nochmaliges Überprüfen der Ziele).

Messgrößenbestimmung und Festlegung der Zielwerte:
Die Messgrößen ermitteln den Zielerreichungsgrad. Das Festlegen der Messgrößen erfolgt in mehreren Schritten. Während der Grobauswahl ist die Geeignetheit jeder der vorgeschlagenen Messgrößen nach folgenden Kriterien zu überprüfen:[643]

- Bildet sie das Ziel wirklich gut ab?

- Bewirkt sie zielkonformes Verhalten?

- Ist sie beeinflußbar (es sollten keine der Organisation vorgegebenen Parameter in das BSC-Berichtswesen mit einfließen!)

- Übersteigt der Messnutzen den Erhebungsaufwand?

Im Anschluss werden die Messgrößen en detail definiert. Hierfür gelten folgende Kriterien:[644]

- Aus welchen Bestandteilen besteht eine Messgröße?

- Liegen die notwendigen Daten vor, oder müssen sie erst noch ermittelt werden (Fragebogen entwickeln, um Kundenzufriedenheit messen zu können)?

---

[640] Vgl. Horak/Schwarenthorer/Furthmüller (2002), S. 15; Horváth & Partners (2004), S. 37.
[641] Vgl. Horak/Schwarenthorer/Furthmüller (2002), S. 15.
[642] Vgl. Horváth & Partners (2004), S. 48.
[643] Vgl. Horváth & Partners (2004), S. 63.
[644] Vgl. Horak/Schwarenthorer/Furthmüller (2002), S. 19.

- Aus welchen Datenquellen (Vorsystem) können die Bestandteile eruiert werden?
- Wie häufig soll gemessen werden (monatlich, vierteljährlich, etc.)?
- Wer ist für die Erhebung verantwortlich?

Messgrößen spielen im BSC eine große Rolle, da sie mit ihren ermittelten Plan- und Ist-Werten den Mittelpunkt des Berichtswesens bilden. Allerdings sollte es vermieden werden, das strategische Berichtswesen mit Zahlen zu überfrachten.[645] Zielwerte (anderes Wort für Planwerte) sind „die für einen bestimmten Zeitpunkt angepeilte Ausprägung der Messgröße zu einem Ziel. Mit Hilfe des Zielwertes wird der gewünschte Grad an Umsetzung soweit konkretisiert, dass spezifische Maßnahmen gesetzt werden können."[646] Zur Festsetzung von Zielwerten ist es allerdings vonnöten, zunächst Ist-Werte zu erheben, die dann als Orientierungshilfe dienen. Fehlen Kennzahlen zur Messung von Zielen, liegen also noch keine relevanten Ist-Werte vor, empfiehlt es sich, nicht auf einen Zielwert abzustellen, sondern auf das Ziel selbst. Die Messgröße kann dann herangezogen werden, wenn erste Zahlen vorliegen.[647]

7.2 Ziele und Dimensionen der Marken Scorecard
7.2.1 Marke als zentrales Erfolgselement in der Marken Scorecard

Überlegungen, die BSC als Instrument im Bereich der Markenführung einzusetzen, erfordern jedoch sich vorab auch mit einigen kritischen Aspekten auseinander zu setzen.[648] So können zentrale Faktoren des Unternehmenserfolgs, wie die Mitarbeiterführung oder die Gestaltung der Unternehmensidentität, nicht ausschließlich auf Basis von Kennzahlen bewertet werden. Auch sind Ursache-Wirkungszusammenhänge teilweise nicht in dem Maße im Unternehmen vorhanden, wie im Konzept der BSC vorgesehen. Weitere Schwächen sind die fehlende Begründung der Ausgewogenheit der Perspektiven oder auch Probleme bei der Messung der Kennzahlen. Problematisch ist auch die deutliche Top-down-Perspektive der Balanced Scorecard, welche Widerstände bei der Implementierung erwarten lässt, obgleich die Mitarbeiterbeteiligung am Umsetzungsprozess immer wieder betont wird. Wie schon bei der kurzen Kritik am PIMS-Konzept angedeutet, sind die bisher beschriebenen Erfolgsfaktorenmodelle noch zu sehr auf das Produkt ausgerichtet statt auf die Marken eines Unternehmens. Die Wahrnehmung einer grundlegenden Wandlung der Märkte führte zu einer Modifikation der

[645] Vgl. Horak/Schwarenthorer/Furthmüller (2002), S. 20.
[646] Horak/Schwarenthorer/Furthmüller (2002), S. 20.
[647] Vgl. Horváth & Partners (2004), S. 70.
[648] Vgl. Bruhn et. al (1998), S. 163; Hubbard (2004), S. 182.

160

BSC: Aus Verkäufer- wurden Käufermärkte, in denen die Wahlmöglichkeiten der Kunden die Märkte bestimmen und sich die Unternehmen nach den Kunden ausrichten müssen. Der Konsument nimmt hierbei die innerbetrieblichen Aktivitäten zur Leistungserstellung in der Regel nicht wahr und sieht nur das Ergebnis, nämlich die Marke. Während bei der Balanced Scorecard die Controllingsicht im Vordergrund steht, basiert die nunmehr entwickelte, auf die Marke fokussierte Brand Scorecard (Marken Scorecard) darauf, dass der unternehmerische Erfolg vom Markt ausgeht und demnach auch vom Markt her betrachtet werden muss.

Mit der Brand Scorecard wird somit eine Nutzung der Balanced Scorecard für die Strategie-entwicklung und -umsetzung von Marken ermöglicht und auf die wesentlichen Perspektiven aus Markensicht modifiziert.[649] Das Konzept der Brand Scorecard schließt hierbei die Lücke zwischen der BSC als Managementsystem und der Marke als Managementobjekt.[650] Bei der Brand Scorecard stellt die Marke den wichtigsten vom Unternehmen steuerbaren und beein-flussbaren Erfolgstreiber im Wertschöpfungsprozess dar, entsprechend müssen alle unter-nehmerischen und kundenorientierten Aktivitäten in der Marke münden. Auf den Einwand, warum die Marke im Mittelpunkt der Betrachtung steht und nicht der Konsument, ist zu ant-worten, dass nicht der Kunde, sondern die Marke über den Kunden den Erfolg und die Wertschöpfung schafft.

Auf die Marke kann das Unternehmen zudem direkt Einfluss ausüben und damit seine Position am Markt verändern, wohingegen Kunden nicht direkt, sondern nur auf indirekte Weise beeinflussbar sind. Indem jedoch die Marke durch geeignete Marktforschung und Kommunikation so weit als möglich an die Wünsche der Kunden angepasst – bzw. durch ein entsprechendes Marketing bestimmte Kundenwünsche geschaffen – wird, organisiert das Unternehmen über die Marke auch eine starke Kundenorientierung. Die Marke erfüllt per Definition die Voraussetzung der Wahrnehmbarkeit, Akzeptanz, Präferenz und Loyalität und ist damit der zentrale Schlüsselfaktor für den Erfolg des Unternehmens. Der Erfolg der Marke hängt hierbei vom Unternehmen, dem Markt oder den Kunden, vom Handel, den Wettbewerbern und vom Umfeld ab (Abbildung 72).

---

[649] Vgl. Linxweiler (2001), S. 119-122.
[650] *Kapferer* hat bereits im Jahre 1992 die Marke als das zukünftig wichtigste Kapital des Unternehmens bezeichnet. Vgl. Kapferer (1992), S. 9.

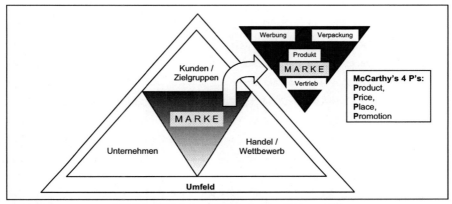

Abbildung 72: Marke als KPI in der Brand Scorecard[651]

Ist die Marke am Markt erfolgreich, dann wirkt sich der Erfolg auch auf die finanzielle Perspektive aus. Allerdings sind die finanziellen Aspekte selbst kein Erfolgsfaktor, sondern lediglich ein Set von Messgrößen zur Bestimmung des unternehmerischen Erfolgs. Die Brand Scorecard basiert damit auf den Grundannahmen, dass alle Aktivitäten des Unternehmens (beschrieben als Markenproduktion, Markenprofilierung und Markenleistung) auf den Erfolg der Marke abzielen müssen, da sie quantitativ bzw. qualitativ messbar sind und dass langfristige Wettbewerbsvorteile und Unternehmenserfolg nicht in erster Linie durch Kostenmanagement, sondern vielmehr durch ein nachhaltiges markenorientiertes Leistungsmanagement zu erzielen sind.[652] Wie einerseits kurzzeitiges Kostendenken der Marke schadet, reichen qualitativ einwandfreie Leistungsangebote heutzutage nicht mehr alleine aus, um bei den Kunden Präferenzen zu erzeugen. Leistungsangebote müssen kommunikativ so gestaltet sein, dass der Kunde die Einzigartigkeit und Attraktivität der Offerte unter der Vielzahl von Konkurrenzangeboten auch wahrnimmt – was optimal allein über das Konzept der Marke zu bewirken ist.

Konsequenterweise sieht *Linxweiler* das Leistungsmanagement als Markenmanagement als ein „marktbezogenes Kundenzufriedenheitsmanagement, Kommunikationsmanagement der Marke, Differenzierungsmanagement und Markenmanagement durch Berücksichtigung aller der Marke vorgelagerten unternehmensinternen und -externen Erfolgsfaktoren. Diese sind von Marke zu Marke unterschiedlich und können sich erstrecken auf Humanpotential, Kreativität, Kunden-

---

[651] In Anlehnung an Linxweiler (2001), S. 40, McCarthy (1960).

[652] In ein nachhaltiges Leistungsmanagement ist daher das Markenmanagement zu integrieren. Vgl. Bea (1997), S. 408; Linxweiler (2001), S. 19.

162

forschung, Service, Zuverlässigkeit, Schnelligkeit, Zulieferer- und Handelsleistungen, Umfeld-einflüsse und vieles mehr."[653] Die Brand Scorecard fasst also alle Leistungsbündel des Unternehmens in der Marke zusammen, um die Leistungen erfolgreich am Markt absetzen zu können.

Modernes Markenmanagement hat sich damit zu einem unternehmensumfassenden Managementmodell entwickelt, in welchem die Marke den zentralen Werttreiber für einen nachhaltigen Marken- und damit Unternehmenserfolg darstellt. Daher muss die Marke in den Mittelpunkt aller strategischen Überlegungen und operativen Maßnahmen gestellt werden. Die Marken Scorecard berücksichtigt alle relevanten Einflussfaktoren und Rahmenbedingungen, die für einen Markenerfolg wichtig sind, und zeigt wie Marken analysiert, bewertet und aus den daraus formulierten Zielen Strategien abgeleitet und in Aktionen umgesetzt werden können. Die markenrelevanten Aspekte sollen dabei zugleich eine Balance schaffen zwischen den erfolgstreibenden vergangenheits- und zukunftsbezogenen sowie zwischen den ökonomischen sowie nicht ökonomischen und schließlich quantitativen und qualitativen Kennzahlen / Kriterien, insoweit sie für den nachhaltigen Markenerfolg von Relevanz sind.

Ein weiterer Aspekt, dem sich heutige Unternehmensstrategien zu stellen haben, ist die zunehmende Globalisierung und damit einhergehend unterschiedliche Handels- und Zulieferbe-dingungen an verschiedenen Orten, die von den Unternehmen eine stärkere Berücksichtigung diverser kultureller Faktoren erzwingen. Die Markenperspektive erlaubt es Kundenbeziehungen und die unternehmensinternen Erfolgsfaktoren, wie das Management-Know-How oder das Betriebsklima bei den Mitarbeitern und Führungskräften, in die Strategie des Unternehmens zu integrieren. Damit hat die Marke eine integrative Funktion, welche den Markt, die Kunden-bedürfnisse, die Unternehmensperspektive (betriebliche Leistungserstellung), Handels- und Zuliefererbedingungen und Wettbewerbsperspektive miteinander verknüpft und zu einem System zusammenfasst.[654] Dabei werden der Markenführung über das Marketing durch neue Medienkanäle, darunter vor allem das Internet, neue Dimensionen erschlossen. In Bezug auf die Markenführung bietet sich insbesondere durch die Interaktivität des Internets die Chance, Interdependenzen zwischen Konsument und Marke aufzubauen. All dies ist schließlich vor dem Hintergrund von permanenten Anpassungs- und Wandlungsprozessen zu sehen. Neu an diesen permanenten Herausforderungen der Marktdynamik sind gegenwärtig die rasante Schnelligkeit und Gleichzeitigkeit der sich verändernden ökonomischen, gesellschaftlichen und technolo-gischen Rahmenbedingungen, unter denen sich ein Unternehmen heute am Markt behaupten

---

[653] Linxweiler (2001), S. 19.
[654] Vgl. Linxweiler (2001), S. 21-23.

muss.[655] Neben den gesellschaftlichen und wirtschaftlichen Herausforderungen muss sich ein Unternehmen vor allem technologischen Herausforderungen anpassen. Diese lassen sich durch eine markenorientierte Strategie konstruktiv und erfolgsorientiert in die Unternehmensführung integrieren.

7.2.2 Ziele der Brand Scorecard

Das Hauptziel der Brand Scorecard ist die Entwicklung von Marketingkonzepten und -strategien und deren effiziente Operationalisierung in konkrete Maßnahmen. Ferner unterstützt die Brand Scorecard das Unternehmen darin, Veränderungen durchzusetzen und zu steuern, und hilft bei der Bewältigung der durch diese Veränderungen entstandenen Herausforderungen. Überdies trägt das Konzept der Brand Scorecard dazu bei, aktuelle erfolgs- und markenrelevante Faktoren und Perspektiven sowie Trends und Entwicklungen frühzeitig zu erkennen, um sie in die strategische Planung zu integrieren.[656] Zur Identifikation der kurz-, mittel- oder langfristigen Erfolgskriterien gilt es, die markenrelevanten Perspektiven und Erfolgsfaktoren zu bestimmen, welche natürlich von Marke zu Marke divergieren. Unterschieden wird hier zwischen internen und externen Kriterien wie beispielsweise Lieferanten, Kunden, Wettbewerber, Marktsituation auf der externen Seite und Technologie / Technik, Ressourcen und Struktur auf der internen Seite. Erfolgsfaktoren sind alle Aktivitäten und Kriterien, die zum Markenerfolg beitragen, wie beispielsweise der Preis, das Design, die Qualität, pünktliche Lieferung oder prägnante Werbespots.[657]

Bei den verwendeten relevanten Perspektiven (Bereichen) und Erfolgsfaktoren (Leistungstreiber) ist sodann über Kennzahlen der Status zu beschreiben und eine Bewertung und Auswahl für die Visions-, Ziel- und Strategieformulierung vorzunehmen. Durch den gezielten Einsatz von Selektionsmodellen für Erfolgsfaktoren und Ursachen-Wirkungs-Analysen können frühzeitig Trends identifiziert werden, aus dem Set solcher Erfolgsfaktorenketten die wichtigsten ausgewählt und deren Kennzahlen ermittelt oder festgelegt, sowie das Bewusstsein und die Akzeptanz bei den Mitarbeitern gefördert werden. Dabei muss im Auge behalten werden, dass zu viele Kennzahlen Unübersichtlichkeit und Konfusion schaffen, sodass die entsprechende Auswahl relevanter Kennzahlen für Entwicklung und Umsetzung von Marketingkonzepten und -strategien gut überlegt sein sollte. In der nachfolgenden Abbildung (Abbildung 73) sind die Ziele der Brand Scorecard nochmals komprimiert dargestellt.

---

[655] Vgl. Linxweiler (2001), S. 25.
[656] Vgl. Linxweiler (2001), S. 108-119.
[657] Vgl. Linxweiler (2001), S. 108-119.

164

Ziele der Brand Scorecard:

- **Erkennen von erfolgs- und markenrelevanten**
  - Faktoren / Perspektiven und
  - Trends / Entwicklungen
- **Herausforderungen nutzen, Veränderungen steuern**
  - Sache: Methode, Organisation
  - Mensch: Verhalten, Einstellung
- **Abgrenzung, Status, Bewertung der Markenperformance und Formulierung von Visionen und Zielen für die Marke**
- **Markenkonzepte und Strategien**
  - entwickeln, umsetzen, kontrollieren, aktualisieren
- **Verknüpfung und Integration von**
  - Brand Scorecard und
  - Balanced Scorecard

Abbildung 73: Ziele der Brand Scorecard[658]

Wie es beispielsweise in den Aspekten der Steuerung von Veränderungen, der Formulierung von Visionen und Zielen für die Markenperformance oder der Aktualisierung von Markenkonzepten und Strategien anklingt, legt die Marken Scorecard Wert auf Innovationen, auch wenn diese nicht explizit in den Fokus des bisherigen Instruments gerückt sind. Bei der Entwicklung einer innovationsorientierten Marken Scorecard gilt es daher den Innovationsaspekt zu integrieren. Wie zudem zusätzliche Darstellungen (vgl. Abbildung 74) zeigen, herrscht in der Brand-Scorecard-Forschung ein geschärftes Bewusstsein dafür, welche Herausforderungen das Thema „Veränderung" an ein Unternehmen stellt.

Das System des Markenmanagements kann hoch dynamisch sein, welches unaufhörlich von Innovationen und Veränderungen des Marktes gepusht wird. Hierbei ist es wichtig, die Beteiligten von der Notwendigkeit der Innovation zu überzeugen. Veränderungen von Methoden sind sehr viel leichter zu erreichen, als das Verhalten und die Einstellung von Menschen zu verändern (vgl. Abbildung 74). Das Vertrauen spielt neben einer effizienten Kommunikation hierbei eine tragende Rolle, um das Verhalten von Menschen zu beeinflussen und Motivation positiv zu beeinflussen.[659] Nur wenn jeder Beteiligte den Sinn und die Notwendigkeit von Innovationen versteht, kann sich der angestrebte Erfolg einstellen.

---

[658] In Anlehnung an Schafbuch (2000); Linxweiler (2001), S. 108.
[659] Vgl. Linxweiler (2001), S. 110-111.

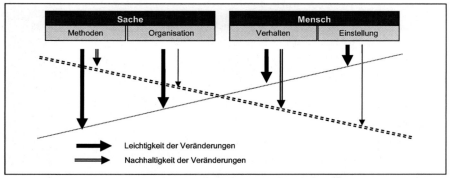

Abbildung 74: Die Durchsetzung von Veränderungen[660]

Die Brand Scorecard unterstützt nicht nur bei der Durchsetzung von Veränderungen, sondern kann auch durch die Einführung im Unternehmen selbst einen Veränderungsprozess auslösen. Insbesondere ist der Mensch in Bezug auf Unternehmens- und Markenführung der entscheidende Erfolgsfaktor.[661] Die Unternehmenskultur gilt zudem als ein wichtiger Rahmen für Veränderungsprozesse.[662]

7.2.3 Dimensionen der Marken Scorecard

Mit ihrer Sensibilität für die Notwendigkeit von Veränderung versteht sich die Brand Scorecard entsprechend als ein Markenmanagementsystem mit einer strukturellen und einer prozessualen Dimension. So analysiert sie einerseits den Aufbau des Systems Unternehmen mit relevanten Systemelementen als dessen Systemarchitektur. Die prozessuale Dimension kennzeichnet die Abläufe innerhalb dieses Systems als chronologischen und konzeptionellen Ablauf von der Statusanalyse bis zur Umsetzung der Maßnahmen und zur Erfolgskontrolle. Die Dimensionen des Brand Scorecard-Systems sind:[663]

Strukturdimension (Aufbau der Scorecard):

1. Markenrelevante Perspektiven, Bereiche und Prozesse festlegen
2. Markenrelevante Erfolge (Ziele) mit Kennziffern darstellen
3. Markenrelevante Erfolgsfaktoren (Mittel) mit Kennziffern ermitteln (z. B. Produktivität, Kundenzufriedenheit).

---

[660] Friedag (2000), S. 5.
[661] Vgl. Linxweiler (2001), S. 111.
[662] Dies wird an späterer Stelle noch dargelegt werden (vgl. Kapitel 7.3.3).
[663] Vgl. Linxweiler (2001), S. 122-123.

166

Prozessdimension (Ablauf des Scorecard-Prozesses):

4. Status und Bewertung der Erfolgsfaktoren vornehmen (Ursache-Wirkungs-Ketten)
5. Visionen, Ziele formulieren
6. Strategien / Maßnahmen definieren und durchführen
7. Feedback / Erfolgs-Kontrolle und Lernen aus dem Prozess.

Wie bereits ausgeführt, enthält die Brand Scorecard in mehreren Elementen das Thema Innovation. Allerdings ist dieses Thema bisher nicht einzeln zum Gegenstand der Markensteuerung über die Brand Scorecard gemacht worden. Grundlinien für ein entsprechendes, auf der Brand Scorecard aufbauendes Instrument sollen in der Folge formuliert werden. Dazu ist es notwendig, die einzelnen Elemente einer Marken Scorecard explizit zu benennen und in Relation zum Innovationsgrad zu setzen (vgl. Abbildung 75).

Abbildung 75: Eckpfeiler des innovationsorientierten Markencontrollings[664]

Die Eckpfeiler des innovationsorientierten Markencontrollings stellen eine Einheit dar und greifen ineinander. Im Rahmen des strategischen Managements müssen die Innovationsaktivitäten systematisch geplant und vorbereitet werden, wobei die Ressourcen und Kapazitäten, das Know-How sowie die Zielsetzung aufeinander bezogen werden müssen. Bei der zielgerechten Markensteuerung müssen der Unternehmenssituation angemessene und realistische Inno-

---

[664] Eigene Darstellung.

vationsvorhaben entwickelt werden, wobei hier der Markenwert und die Markenpositionierung auf den jeweiligen Märkten die entscheidende Rolle spielen. Beim Innovationsmanagement müssen mit Hilfe der Analyse und unter Berücksichtigung des F&E-Prozesses bzw. von dessen Entwicklungsstand eine optimale Innovationshöhe ermittelt und dementsprechend die Innovationsaktivitäten gesteuert werden. Im vierten Bereich, dem Innovationscontrolling, muss schließlich darauf geachtet werden, dass das gesamte Innovationspotential des Unternehmens berücksichtigt und aktiviert wird, was von den verfügbaren materiellen bzw. immateriellen Ressourcen über das Erfahrungswissen (das heißt die kumulierten Wissensbestände des Unternehmens selbst und der Mitarbeiter) bis hin zum erreichten Forschungsstand und nicht zuletzt zu den Kundenerwartungen sowie dem Kundennutzen reicht, wobei die beiden Letzteren mit der Markenpositionierung eng verknüpft sind.

7.3   Theorie der optimalen Innovationshöhe

7.3.1   Grundmodell des optimalen Innovationsgrades

Um nun zu einem Instrument zu gelangen, dass das Thema Innovation innerhalb des Markencontrollings gezielt steuern kann, sind auf die bisherigen Überlegungen zum Innovationsgrad zurückzugreifen (vgl. Kapitel 6). Dabei soll zunächst allgemein, also unabhängig von den einzelnen Dimensionen, die Relation von Innovationsgrad und Produkterfolg (vgl. Kapitel 4.3.2) in den Blick genommen werden. *Schlaak* ermittelt seinen (optimalen) Innovationsgrad aus einer subjektiven Betrachtung des Unternehmens, indem er die Werte für die Dimensionen des Innovationsgrades jeweils als gleich gewichteter Durchschnitt der jeweiligen Items berechnet.[665] Die Studien von *Cooper*[666], *Kotzbauer*[667] und *Hauschildt/Salomo*[668] bündeln die Ansätze der Innovationsgradforschung, welche *Schlaak*[669] in ihrer Gesamtheit als „Theorie der optimalen Innovationshöhe" bezeichnet. Hierzu werden der Zusammenhang und das potentielle Optimum in der Relation zwischen der Innovationshöhe[670] und -erfolg untersucht. Zu beachten ist, dass der Innovationsgrad der angestrebte Zielwert ist, während der Innovationserfolg das Resultat hieraus ist.[671] So entwickelt *Kotzbauer* ein verhaltenstheoretisches Erklärungsmodell für die optimale

---

[665] Die Frage lautet hierbei: "Wie neu ist die Innovation für unser Unternehmen?" Vgl. Schlaak (1999), S. 190.
[666] Auch Cooper beobachtet einen u-förmigen Zusammenhang zwischen Neuigkeit und Innovationserfolg. Vgl. Cooper (1993), S. 13-16.
[667] Vgl. Kotzbauer (1992), S. 123.
[668] Vgl. Hauschildt/Salomo (1995), S. 3-20.
[669] Vgl. Schlaak (1999), S. 59.
[670] Andere Bezeichnung für Innovationsgrad.
[671] Vgl. Hauschildt/Salomo (2005), S. 3-6.

168

Innovationshöhe aus Anbietersicht.[672] Die optimale Innovationshöhe lässt sich grundsätzlich aus einer Anbieter- und Abnehmersichtweise betrachten. Die optimale Innovationshöhe aus Abnehmersicht ist an dem Punkt gegeben, an welchem der maximale Nutzen für den Konsumenten am größten ist und lässt sich dabei für jeden einzelnen Abnehmer individuell oder für die Gesamtheit der potentiellen Abnehmer bestimmen. Aus Anbietersicht ist die primäre Entscheidungsgröße die Innovationshöhe und die damit verbundene Höhe der Innovationskosten sowie das Ausmaß der Durchführungsrisiken des Innovationsprojektes (vgl. Abbildung 76).[673]

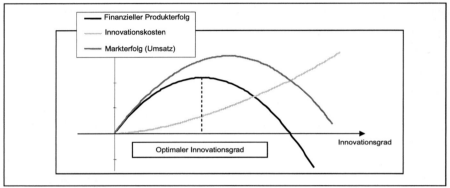

Abbildung 76: Grundmodell des optimalen Innovationsgrades[674]

Das Risiko, gemessen an der Varianz der Erträge, steigt mit einem steigenden Innovationsgrad überproportional an. „Die Erfolgserwartung des risikoscheuen Planers ergibt sich nach den Annahmen der Kapitalmarkttheorie aus der Differenz zwischen den Ertragserwartungen und den mit einer subjektiven Risikoneigung gewichteten Ertragsvarianzen.“[675] Je nach Konstellation können positive oder negative Korrelationen zwischen dem Innovationsgrad, den Innovations- kosten, finanziellem Produkterfolg und dem Markterfolg abgeleitet werden. Die betrachtete Beziehung ist durch einen inversen u-förmigen Verlauf des finanziellen Markterfolgs (=Umsatz) in Abhängigkeit mit dem Innovationsgrad charakterisiert und verläuft in der Regel annähernd parallel zu den bereits umgekehrt u-förmig verlaufenden Produktertragserwartungen

---

[672] Kotzbauer gelingt es für technische Produkte erste empirische Hinweise zu der postulierten umgekehrt u-förmigen Beziehung zwischen der Innovationshöhe und dem finanziellen Neuprodukterfolg zu generieren. Vgl. Kotzbauer (1992), S. 120-125. Avlonitis et al. (2001) kommen zu einem ähnlichen Ergebnis für Financial-Service-Innovationen. Vgl. Avlonitis et al. (2001), S. 338.

[673] Vgl. Kotzbauer (1992), S. 167-169.

[674] In Anlehnung an Kotzbauer (1992), S. 123 und S. 169 sowie Brockhoff (1999), S. 236.

[675] Brockhoff (1999), S. 236.

(=finanzieller Produkterfolg).[676] Der finanzielle Erfolg eines Neuproduktes ergibt sich hierbei aus der Gegenüberstellung der Umsatzerlöse auf Marktebene und der auf Anbieterebene mit der Produktentwicklung, der Markteinführung und der Marktbearbeitung verbunden Kostenbelastung. Zudem ist zu beachten, dass der Erfolg neuer Produkte mit unterschiedlichen Innovationsgraden entscheidend durch die Wettbewerbsstruktur und die Reaktionen der Konkurrenten determiniert wird. Die Erwartung eines baldigen Nachfolgeproduktes senkt daher den wahrgenommenen Innovationsgrad. *Kotzbauer* weist auch darauf hin, dass die Neuheitseigenschaft einer Innovation nicht unveränderlich gegeben ist, sondern zeitlich gebunden ist und durch den Zeitverlauf in dem Maße verloren geht, indem das Produkt zum Bestandteil des Gewohnten wird.[677]

Ein zunehmender Innovationsgrad verspricht zunächst für den Kunden einen individuellen Nutzengewinn und für das Unternehmen einen höheren finanziellen Produkterfolg, größere Anteile des Marktpotentials sowie eine bessere Nutzung der Ressourcen.[678] Überschreitet der Innovationsgrad das Optimum des finanziellen Produkterfolges, so ist mit sinkenden Erfolgsaussichten der Innovation zu rechnen, da die Innovationskosten weiter ansteigen und zu frühe Markteintritte beziehungsweise Verluste von Synergieeffekten oder ähnliche Effekte eintreten können (vgl. Abbildung 76).[679] Je höher der Innovationsgrad ist, desto überproportionaler ist die Zunahme der Innovationskosten und desto höher ist die Gefahr des technischen, marktlichen und organisatorischen Scheiterns (vgl. auch Kapitel 3.2.2).[680] Steigende Ansprüche an die F&E-Abteilung sind nur mit steigendem Ressourceneinsatz (zeitlich, finanziell) zu befriedigen, wobei beim Erreichen bestimmter Kapazitätsgrenzen ein überproportionaler Kostenanstieg zu erwarten ist.

Für Unternehmen, deren F&E-Aktivitäten noch nicht das implementierte Technologieentwicklungsniveau im Markt erreicht haben, werden relativ höhere F&E-Kosten zur Erreichung einer bestimmten technischen Innovationshöhe nötig sein als für Unternehmen, die den Marktstandard bereits anbieten können. Ferner ist ein Ansteigen der Markteinführungs- und Marktbearbeitungskosten zu beobachten, da mit zunehmendem Innovationsgrad Akzeptanzbarrieren auf Abnehmerseite vorhanden sind, deren Überwindung einen verstärkten Einsatz

[676] Vgl. Schlaak (1999), S. 59-60; Kotzbauer (1992), S. 123 und S. 167; Brockhoff (1999), S. 236; Mauroner (2009), S. 81.
[677] Wie schnell der Abbau eines Neuheitscharakters vollzogen und zu welchem Zeitpunkt das Produkt als bekannt eingestuft wird, dürfte kaum praktikabel bestimmbar sein. Vgl. Kotzbauer (1992), S. 10-11.
[678] Vgl. Krasnikov/Jayachandran (2008), S. 1-11.
[679] Vgl. Kotzbauer (1992), S. 125-126.
[680] Je höher das subjektiv wahrgenommene Risiko der Adaption ist, desto geringer ist somit der optimale Innovationsgrad. Vgl. Schlaak (1999), S. 59; Mauroner (2009), S. 81, Kotzbauer (1992), S. 167.

marketingpolitischer Instrumente bedarf.[681] Die angestrebte Effektivität wird nicht erreicht und die erwarteten Innovationserträge bleiben aus. Die Bemühungen dieses Scheitern zu verhindern und das Risiko zu vermindern kosten Zeit und Geld, so dass die angestrebte Effizienz nicht erreicht wird. Im Ergebnis sinkt der Erfolg der Innovation und wird möglicherweise negativ.[682]

Das wahrgenommene Risiko nimmt in der Verhaltensforschung bei der Analyse von Konsumentenentscheidungen eine wichtige Rolle ein. „Das wahrgenommene Risiko kennzeichnet die vom Konsumenten als nachteilig aufgefassten Folgen seines Verhaltens, die er nicht sicher vorhersagen kann."[683] Es wird somit jenes Risiko in den Mittelpunkt gestellt, das der Käufer im Zuge seiner Kaufentscheidung erlebt und nicht das Risiko, wie es tatsächlich in der realen Umwelt des Konsumenten vorzufinden ist. Dabei wird die Einschätzung der negativen Kaufkonsequenzen als von den jeweils verfolgten Konsumzielen abhängig angesehen, so dass das wahrgenommene Risiko auf unterschiedlichen Risikoinhalten basieren kann.[684] Hierbei kommt das durch die wahrgenommene Neuheit des Produktes hervorgerufene Unsicherheitsgefühl des Konsumenten zum Ausdruck. Zum einen ist sich der Konsument nicht sicher, ob der erhoffte relative Vorteil bei der Übernahme der Innovation tatsächlich eintritt und welche negativen Konsequenzen aus einer Adaption resultieren. Zum anderen ist es für den Konsumenten unklar, ob die Nichtübernahme einer Innovation den Verzicht auf eine bessere Bedürfnisbefriedigung bedeutet.

Bezogen auf die Versicherungsbranche stellt *Huber* fest: „Der Umstand, dass die erbrachte Leistung intangibel ist und von der Beteiligung des Kunden abhängt, verstärkt das subjektiv wahrgenommene Kaufrisiko für den Konsumenten. Marken reduzieren, aufgrund der im Gedächtnis gespeicherten Assoziationen […] dieses wahrgenommene Risiko."[685] *Kotzbauer* stellt in seiner Untersuchung fest, dass das subjektive Risiko umso größer ist, je höher der Preis und je neuartiger ein Produkt ist.[686] Diese Zunahme der erwarteten Risiken äußert sich in der wachsenden Furcht vor „Kinderkrankheiten" des neuartigen Produktes, in der Angst vor sozialen Repressalien bei Änderungen des Lebensstils und in den auftretenden Bedenken darüber, ob das Neuprodukt das Leistungsversprechen des Anbieters überhaupt einhalten kann.[687]

---

[681] Vgl. Kotzbauer (1992), S. 167.
[682] Vgl. Hauschildt/Salomo (2005), S. 6-7.
[683] Kotzbauer (1992), S. 35.
[684] Vgl. Kotzbauer (1992), S. 35. Diese können durch das funktionale, finazielle, pysischen, psychischen und soziales Risiko beschrieben werden.
[685] Vgl. Interview mit Huber (Anhang 16).
[686] Vgl. Kotzbauer (1992), S. 38-39. Kotzbauer weist zudem darauf hin, dass in einer Vielzahl von anderen Studien dieser Zusammenhang bestätigt wird.
[687] Vgl. Kotzbauer (1992), S. 121.

Mit einem zunehmenden wahrgenommenen Innovationsgrad sind sowohl die Erwartung steigender Vorteile als auch überproportional steigende Risiken der Adaption (Bedeutung und Wahrscheinlichkeit negativer Kauffolgen) verbunden.[688] „Wird der Innovationsgrad der Projekte höher eingestuft, dann sollte auch das mit dem Projekt verbundene Risiko für die Unternehmen steigen, das in solchen Fällen vom erwarteten Erfolgspotential der Produktinnovationen zu kompensieren ist."[689]

Insbesondere weisen radikale Innovationen für Kunden ein höheres Adaptionsrisiko auf, wenn sie von bekannten kognitiven Schemata abweichen, was letztendlich die Kundenakzeptanz verringert.[690] Daher kann ein steigender Innovationsgrad aus betriebswirtschaftlicher Sicht nicht per se als positiv eingestuft werden. Vielmehr ist ein optimaler Innovationsgrad erstrebenswert, da ein überhöhter Innovationsgrad vor allem einen Rückgang der Erträge und ein erhöhtes Risiko in kostensensiblen Märkten bedeutet.[691] Zudem erhöht sich mit einem steigenden Innovationsgrad das Risiko eines Scheiterns des Innovationsprojektes, was zu einem kompletten Abbruch des Projektes führen kann.[692] Ferner verdeutlichen konkave Risikonutzenfunktionen bei Unterstellung der Risikoaverion des Entscheiders, dass zunehmende positive Erträge mit abnehmendem Grenznutzen einhergehen, zunehmende negative Erträge (bei eintretenden negativen Konsequenzen der Übernahme) mit zunehmendem Grenznutzen verknüpft sind (vgl. Kapitel 7.3.4). Dies spiegelt sich in einem u-förmigen Verlauf der Nutzenfunktion wider.

Ein innovationsorientiertes Markencontrolling sollte nun einerseits den Punkt einkreisen und diesen möglichst weit nach oben verlagern können, bei dem sich der optimale Neuigkeitsgrad einstellt. Perspektivisch muss das Controlling aber auch dafür sorgen, dass nach dem Scheitelpunkt (also dem optimalen Neuigkeitsgrad) der Rückgang des Produkterfolges und des Unternehmensertrages möglichst langsam erfolgt bzw. möglichst lange hinausgezögert werden sollte. Eine Möglichkeit der zeitlichen Verlagerung bzw. Vermeidung des Abschwungs kann etwa durch eine entsprechende Produkt- bzw. Dienstleistungsmodifikation durch kontinuierliche Innovationen erfolgen, um die bisherige Marktstellung auszubauen bzw. den gegenwärtigen Marktanteil konstant zu halten.

---

[688] Vgl. Schlaak (1999), S. 60; Kotzbauer (1992), S. 125; Steinhoff (2008), S. 12-13; Steinhoff (2006), S. 45-46; Brockhoff (1999), S. 236.

[689] Schlaak (1999), S. 233.

[690] Vgl. Binsack (2003), S. 30-37; Gemünden/Kock (2008), S. 207.

[691] Der optimale Innovationsgrad stellt der in der Regel eine Teilmenge des potentiellen Innovationsgrades dar. Vgl. Komorek (1998), S. 399.

[692] Vgl. Cratzius (2003), S. 133.

172

Bei der Suche nach dem optimalen Innovationsgrad, der für eine etwaige Markenbestimmung bzw. -festigung von Relevanz ist, erfolgt eine Spezifizierung des Innovationsgrades in eine zielgruppen- und in eine länderspezifische Betrachtungsweise. Möglicherweise müssen die unterschiedlichen Auswirkungen der einzelnen Innovationsgrad-Dimensionen gegeneinander abgewogen werden, um einen optimalen Innovationsgrad zu erreichen. Allerdings ist es meist nicht möglich, einen angestrebten Innovationsgrad für jede Dimension einzeln zu bestimmen.[693] Weitere potentielle Diversifikationen, wie beispielsweise die Fokussierung auf einen speziellen Innovationsgrad bezüglich des Wirtschaftszweiges, bleiben hingegen unberücksichtigt.

7.3.2 Zielgruppenspezifische Verlagerung des optimalen Innovationsgrades

Bei der Frage, wie eine solche Modifikation aussehen könnte, wird deutlich, dass hier wieder die verschiedenen Dimensionen des Innovationsgrades von *Schlaak* (vgl. Kapitel 6) unter Einbeziehung der Marken Scorecard-Perspektiven von *Linxweiler* als ein Erklärungsansatz herangezogen werden können. Beispielsweise kann eine Einflussnahme im Bereich der Kundenperspektive dafür sorgen, neue Zielgruppen für das gleiche Produkt zu erschließen – sei es eine andere Käuferschicht oder seien es neue Märkte in anderen Ländern. Veränderungen im Bereich Technologie / Technik können das Produkt für die bisherige Zielgruppe erneut attraktiv machen. Hierzu zählen möglicherweise auch Anpassungen in Hinblick auf die Produkte der Wettbewerber. Aber auch unternehmensinterne Innovationen, etwa in der Dimension Struktur in Form von Mitarbeiterschulung, können den Erfolg eines Produkts bzw. einer Marke stärken, beispielsweise durch spezielle Serviceangebote.

Jedoch muss diese Innovation am Produkt von der angesprochenen ursprünglichen Zielgruppe beziehungsweise Nachfragerschicht auch akzeptiert werden, da eine aus Unternehmenssicht durchaus nachvollziehbare Umstrukturierung des Güterangebots von der bisherigen Käuferschicht auch auf Ablehnung stoßen kann. Solch eine Situation ist vorstellbar, wenn etwa eine damit verbundene „Modernisierung" des Produkts für die bestehende Konsumentengruppe als zu „unpraktisch" in der künftigen Handhabung angesehen wird, was zu einem potentiellen Wegfall jener Nachfragegruppe führen würde.[694] Durch die zusätzlichen Funktionen werden bestimmte Produkte für eine gewisse Kundenschicht unattraktiv, was wiederum zu unerwünschten Reaktionen führen kann. Auf der anderen Seite kann eine solche innovative Umgestaltung das Käuferinteresse einer anderen Zielgruppe initiieren. Je mehr Funktionen etwa ein Produkt besitzt

---

[693] Vgl. Gemünden/Kock (2008), S. 217.

[694] Zu beobachten ist dies etwa in der Handy Branche. Vgl. Interviews im Anhang, beispielsweise mit Reinecke (Anhang 6); Menninger (Anhang 12); Tafelmeier (Anhang 14).

(z. B. Touchscreen-Handy ausgestattet mit Internetanschluss, integrierter Digitalkamera und Navigationsgerät), desto reizvoller ist es dieses nachzufragen.

Aufgrund dieser Konstellation, der Ablösung der bisherigen Zielgruppe durch eine andere, kann sich der optimale Neuigkeitsgrad nach rechts verschieben. Mittels dieses Substitutionseffektes lässt sich daher der unternehmerische Erfolg gemäß Abbildung 76 zeitlich in die gewünschte Richtung verlagern. Der Umfang einer solchen Reaktion kann etwa durch die unterschiedliche Kaufkraft der diversen Zielgruppen bestimmt sein. Aus strategischer Sicht ist daher zu analysieren, ob sich ein Verlust der bisherigen Käuferschicht etwa aus Rentabilitäts- und Unternehmensimagegesichtspunkten auch nachhaltig lohnt. Es kann sich nämlich die Gefahr ergeben, dass die eigentliche Unternehmensstrategie, durch einen hohen Innovationsgrad einen ansteigenden Markenwert zu erlangen, beeinträchtigt wird. Erklärbar wäre diese Konstellation etwa dadurch, dass die bisherige Stammkundschaft durch diese Produktumstrukturierung verprellt wird und eine kontinuierliche Neukundenfokussierung erfolgt.[695]

Um der vorher angesprochenen Kundenüberforderung beim Gebrauch der Ware entgegenwirken zu können, behelfen sich viele Unternehmen damit, dass sie versuchen, gemeinsam mit dem potentiellen Konsumenten innovative Produkte zu entwickeln (vgl. Kapitel 3.4.3).[696] Damit erhält das Unternehmen Marktinformationen, in welchem Umfang das neue Produkt innovative Elemente erhalten sollte, um einen erwünschten Nachfrageeffekt zu erlangen. Potentielle Preissteigerungen beim zukünftig angebotenen Gut sind nicht nur aus inflationären Gründen zu erwarten, sondern vielmehr müssen die im Vorfeld der Markteintritts angefallenen Forschungs- und Entwicklungskosten des innovativen Produktes refinanziert werden. Sicherlich kann aus Unternehmensgesichtspunkten die Strategie vollzogen werden, dass insbesondere ein hoher Markenwert, welcher aus einem entsprechenden Innovationsgrad des angebotenen Gutes resultiert auch seinen „Preis haben muss" und sich im Erfolg des Unternehmens positiv bemerkbar machen muss.[697] Jener Zustand kann gemäß des unterstellten Grundmodells etwa in einer Zunahme des optimalen Neuigkeitsgrades nach rechts bzw. in einer Verlagerung des Maximalpunktes nach oben interpretiert werden. Einschränkend ist aber anzumerken, dass der Abschwung umso deutlicher ausfallen wird, wenn das Produkt einen „Marktschaden" erleidet. Damit kann ein entsprechender potentiell eintretender Produkterfolgsrückgang bisweilen zu existenzbedrohlichen Situationen führen, wenn nicht genügend finanzielle Reserven im

---

[695] Allerdings belegen zahlreiche Untersuchungen, dass der Neukunde der teuerste Kunde ist.

[696] Siehe auch unter Open Innovation.

[697] Vgl. Interview mit Kaltenbacher (Anhang 18).

Unternehmen gebildet worden sind, um diesem bedrohlichen Szenario frühzeitig entgegen wirken zu können.

Zusammenfassend lässt sich daher sagen: Auf der einen Seite kann der optimale Innovationsgrad durch entsprechende Maßnahmen nach oben verlagert werden und auf der anderen Seite besteht die potentielle Ausrichtung nach rechts hin. Betrachtet man diese zwei Vorgehensweisen in einem zeitlichen Kontext, so lässt sich anmerken, dass zwar bei beiden Szenarien eine erwünschte Verlagerung des optimalen Neuigkeitsgrades erreicht werden kann, aber eine Bewegung nach oben eher von kürzerer Dauer sein wird als eine Transformierung nach rechts. Wird nun eher davon ausgegangen, dass eine innovationsdeterminierte Markenwerterhöhung tendenziell langfristig orientiert sein sollte, dann dürfte das Konzept der Ausrichtung nach rechts aus strategischen Erfolgsgesichtspunkten präferiert werden.

7.3.3 Regionale Verlagerung des optimalen Innovationsgrades

Eine weitere Möglichkeit der Transferierung des optimalen Neuigkeitsgrades in die gewünschte Richtung kann bei Beibehaltung des ursprünglichen Produktniveaus im Inland durch eine Produktrepräsentanz im Ausland vollzogen werden. Aus Controllingüberlegungen fallen zwar weitere Kosten für den Auslandsauftritt des entsprechenden Produktes an, wie etwa Abstimmungskosten des inländischen Produktes auf die kulturellen Gegebenheiten des ausländischen Marktes (z. B. soziokulturelle Bedingungen und Charaktere, die im fremden Land zu berücksichtigen und zu beachten sind, um einen erfolgreichen Marktauftritt zu gewährleisten). Auf dem neuen lokalen Markt kann sich nun aufgrund des angenommenen hohen Innovationsgrades des betrachteten Produktes ein entsprechender Markenwert einstellen. Zusätzlich zu diesen erwünschten Auswirkungen kann es zu potentiellen Multiplikatoreffekten in der Form kommen, dass beispielsweise durch eine Anpassung des inländischen Gutes an die ausländischen Restriktionen jenes Produktes mittels eines Rückkopplungsmechanismus im Inland wiederum einen innovativen Charakter erhält. So ist es durchaus vorstellbar, dass aufgrund von nationalen beziehungsweise internationalen Trends und durch entsprechende Marketingprozesse ein bisheriges nicht mehr so innovatives Produkt im Inland durch die Umstrukturierung des ursprünglichen Gutes, bedingt durch die Vorgaben im Ausland, nun wiederum im eigenen Land von der Zielgruppe als innovativ angesehen wird. Neben der bisher angesprochenen Zielgruppe im Inland ist es vorstellbar, dass nun auch eine neue Konsumentenschicht im Heimatland, die sich diesem Produkt bisher verweigert hat, dieses jetzt als innovativ einstuft. Wird diese mögliche Konstellation auf das zugrunde gelegte Modell übertragen, dann könnten sich folgende Auswirkung einstellen: Aufgrund der kulturell angepassten Modifikation des inländischen Gutes hinsichtlich des Marktauftritts im Ausland lässt sich einerseits eine Verlagerung des optimalen Neuigkeitsgrades nach rechts erreichen und andererseits durch den eintretenden Feedbackeffekt in das Inland eine Transformierung nach oben durchsetzen (vgl. Abbildung 77).

Im Gegensatz zum vorherigen, bei dem der ursprüngliche Innovationsgrad unter der Restriktion der Veränderung der kulturellen Komponente aufrecht erhalten bleibt, ist das ursprüngliche Produkt unter der Prämisse der Reduktion des Innovationsgrades auf dem Auslandsmarkt zu positionieren. Mit anderen Worten: Durch eine entsprechende Anpassung an die neue Zielgruppe bei Verringerung von diversen innovativen Faktoren kann dennoch ein höherer Erfolg für das Unternehmen erwirtschaftet werden. Obwohl eine Reduzierung des bisherigen innovativen Produktcharakters erfolgt, bleibt der Markenwert nicht nur bestehen, sondern kann sich sogar noch weiter erhöhen. Erfolgt beispielsweise eine auslandsspezifische Produktmodifikation mit einem geringeren Innovations- oder Neuigkeitsgrad, welcher auf die entsprechende Konsumentenschicht im Ausland zugeschnitten ist, die wiederum mit einer niedrigeren Kaufkraft als im Inland ausgestattet ist, kann sich beispielsweise das obere Segment der parabelförmig verlaufenden Erfolgskurve in der Weise ausdehnen, dass sich diese nach links volumenmäßig verlagert. Dadurch kann sich etwa eine Situation ergeben, dass sich nicht nur ein punktueller optimaler Neuigkeitsgrad ergibt, sondern eine Art Erfolgskurve mit mehreren optimalen Neuigkeitsgraden unterschiedlicher Niveaus – eben in unterschiedlichen Märkten und Ziel-gruppen.

Diese Konstellation kann eintreten, wenn das betreffende Produkt mit einem geringeren Neuigkeitsgrad, welches sich durch einen niedrigeren Preis auszeichnet, auch von einer ausländischen Käufergruppe nachgefragt wird, deren verfügbares Einkommen sich signifikant von dem der inländischen Nachfrager des ursprünglichen Produktes mit dem höheren Innovationsgrad unterscheidet. Dies würde zu einer Modifikation des bisherigen Grundmodells führen. Die entstehenden unterschiedlichen optimalen Neuigkeitsgrade können dabei in einer Abhängigkeit von der jeweiligen Branche und Zielgruppe, aber auch länderspezifisch variieren.[698] Voraussetzungen sind sicherlich ausreichende Markt-, Kultur- sowie Wirtschafts-zweigkenntnisse. Eine mögliche Darstellungsweise dieser neuen Konstellation des Grundmodells

---

[698] Das liegt daran, dass Marken in unterschiedlichen Industrien eine unterschiedlich hohe Bedeutung haben beziehungsweise die Rolle der Marke im Kaufprozess der Kunden unterschiedlich gross ist. Vgl. hierzu Interviews vom 21.08.2009 mit Heil (Anhang 7) und Schikora (Anhang 9). Insbesondere bei Luxusuhren scheinen Innovationen eine weniger starke Rolle zu spielen als beispielsweise bei hochinnovativen Touchscreen-Handys.

176

kann durch die folgende modifizierte Abbildung (vgl. Abbildung 77) des optimalen Innovationsgrades charakterisiert werden.

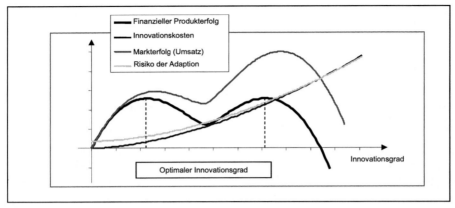

Abbildung 77: Modifiziertes Modell optimaler Innovationsgrade[699]

Auf den ersten Blick ist ersichtlich, dass durch diesen neuen Kurvenverlauf die Möglichkeit besteht, dass die einzelnen potentiellen Abschwünge durch die Aufschwünge beziehungsweise mittels des Vorliegens mehrerer optimaler Innovationsgrade für das Unternehmen durch unterschiedliche Erfolgssteigerungen in einzelnen Marktsegmenten, die in immer kürzeren Zeitintervallen auftreten können, aufgefangen werden. Aufgrund des ursprünglichen Grundmodells kann sich das Unternehmen einerseits längere Zeit auf einem höheren Erfolgsniveau positionieren und andererseits die eintretenden Erfolgsverluste im Kurvenverlauf durch die Existenz von weiteren optimalen Innovationsgraden in einer temporären Betrachtung kompensieren. Für das Unternehmen kann es aus Controllinggesichtspunkten ratsam sein, die diversen optimalen Neuigkeitsgrade einer entsprechenden Klassifizierung zu unterziehen. Dies kann etwa in der Ausprägung „Optimaler Neuigkeitsgrad ersten Grades" beziehungsweise „zweiten Grades" und so weiter erfolgen. Eine weitere Möglichkeit besteht in der Einteilung in eine Skalierung wie folgt: „Primärer Optimaler Neuigkeitsgrad", „Sekundärer Optimaler Neuigkeitsgrad" und so weiter in dieser Abfolge. Dabei kann diese Untergliederung unternehmensindividuell erfolgen, da durchaus die Möglichkeit bestehen kann, dass für das Unternehmen produktspezifisch ein „Optimaler Neuigkeitsgrad ersten Grades" existiert und dieser gleichzeitig als länderspezifischer „Optimaler Neuigkeitsgrad ersten Grades" vorliegt. Mit anderen Worten: Auf der einen Seite bestimmt das Ergebnis des betrieblichen Leistungs-

---

[699] Eigene Darstellung.

erstellungsprozesses das Optimum und auf der anderen Seite determiniert die wirtschaftliche Situation des entsprechenden Landes diesen Punkt. Je nach Orientierungsausrichtung sind dann die diversen Markencontrollinginstrumente zielgerichtet adäquat einzusetzen (vgl. Kapitel 7.2). Angemerkt werden muss jedoch, dass es im Laufe der Zeit auch auf dem Auslandsmarkt zu einer Zunahme des Wettbewerbs durch den Markteintritt von konkurrierenden Unternehmen kommen wird. Diese werden ebenso durch entsprechende Technologiekopierprozesse das ursprüngliche Produkt preisgünstiger anbieten können.

Diese Prozesse werden umso signifikanter ausfallen, je geringer der Innovationsgrad bisweilen sein wird. Diese Nachahmer haben häufig nur einen geringeren Forschungs- und Entwicklungsaufwand, da diese das Produkt teilweise imitieren. Ebenso kann festgestellt werden, dass sich viele Konsumenten relativ schnell an Produktinnovationen gewöhnen und diese dann nicht mehr als so innovativ registrieren.[700] Um einem potentiellen Rückgang der Verkaufserfolge entgegenzuwirken, wird bei vielen Unternehmen – wie bereits erwähnt – eine Produktentwicklung vollzogen, die sich kontinuierlich an den Bedürfnissen der Nachfrager orientiert. Diese Situation kann als ein Faktor im kontinuierlichen Verbesserungsprozess aufgefasst werden, um einen Rückgang der unternehmensindividuellen Erfolgsgrößen zu vermeiden. Passt sich nun das Unternehmen jedoch an das abnehmende Qualitätsniveau ihrer Mitbewerber an, so besteht die potentielle Gefahr eines Imageverlustes.[701] Ein möglicher Ausweg aus diesem Dilemma besteht in einem völligen Rückzug aus diesem Absatzmarkt oder in einer qualitätsorientierten Überarbeitung der Produktionsergebnisse. Beide Aktivitäten sind mit einem enormen Kostenaufwand verbunden und lassen die Risikoüberlegungen der Adaption für einen erneuten Markteintritt in einem fremden Land in einem völlig neuem Licht erscheinen.

Bezüglich der Ausgestaltung der optimalen Neuigkeitsgrade können nun folgende Aussagen getroffen werden. Je ähnlicher die Auslandsmärkte etwa bezüglich Kultur und Kaufkraftausstattung sowie Nachfrageeigenschaften sind, desto genauere Aussagen lassen sich über die (künftigen) Konstellationen der optimalen Neuigkeitsgrade machen. Mit anderen Worten: Je ähnlicher die Niveaus der unterschiedlichen länder- und produktspezifischen Innovationsgrade sind, umso detaillierter können die innovativen Ausstattungen der Produkte geplant und auf die entsprechenden Zielgruppen hin angepasst und die individuellen Forschungs- und Entwicklungskosten verringert werden. Dadurch kann sich nicht nur eine potentielle Fixkosten-

---

[700] Vgl. Brockhoff (1999), S. 236; Kotzbauer (1992), S. 121-126.
[701] Dieses Szenario kann insbesondere bei Unternehmen beobachtet werden, die beispielsweise ihre Produkte in China anbieten und produzieren wollen. Daraus resultiert nicht selten ein potentieller Rückgang des Markenwertes (z. B. Spielzeughersteller *Matell*).

178

degression[702] ergeben, sondern es erfolgt auch noch der positive Effekt einer zielgruppen-fokussierten Kundenorientierung.

Einhergehend mit diesem Vorgang ist die entsprechende Informationsgewinnung hinsichtlich der vorliegenden Wünsche der potentiellen Nachfrager. Daraus lassen sich nun Rückschlüsse ziehen, mit welchen Innovationsniveaus die künftigen Produkte ausgestattet sein sollten, um auf diesem Markt erfolgreich zu sein. Jene Informationen unterstützen die optimale Kundenorientierung (ausgerichtet auf die angestrebte Zielgruppe) und ermöglichen andererseits die potentielle Stärkung der Produkt- oder der Unternehmensmarke. An dieser Stelle sei noch auf potentielle Interdependenzen zwischen den unterschiedlichen optimalen Neuigkeitsgradniveaus und den unternehmensspezifischen Erfolgsgrößen hingewiesen.

So ist es durchaus vorstellbar, dass bei einer Kurvenausprägung gemäß des modifizierten Grundmodells mit unterschiedlichen optimalen Neuigkeitsgraden, es hinsichtlich der diversen Amplituden beziehungsweise der einzelnen Maximalausschläge es zu folgenden Situationen kommen kann: Ein optimaler Innovationsgrad beim Zustand eins kann niedriger ausfallen als beim Zustand zwei. Jedoch kann der Produkterfolg des Unternehmens bei Szenario eins höher als bei zwei sein. Aus Controllingüberlegungen kann sich die Unternehmensstrategie ergeben, dass sich die Unternehmensführung entscheidet das entsprechende Produkt mit einem niedrigeren Innovationsgehalt auszustatten, um den erwarteten Ertrag beziehungsweise das finanzielle Ergebnis zu erhöhen. Dadurch kann das Produkt mit einem niedrigeren Innovationsniveau durch die geringeren F&E-Kosten für das Unternehmen mehr Ertrag erwirtschaften, als jenes Produkt mit einem höher ausgeprägten Innovationsgrad.[703] Hierbei ist noch anzumerken, dass der eintretende Produkterfolg nicht mit dem wirtschaftlichen Erfolg des Unternehmens in der Gesamtbetrachtung gleichzusetzen ist. Aufgrund des niedrigeren Preisniveaus nimmt beispielsweise die nachgefragte Menge überproportional zu und es können mehr Produkte verkauft werden (Produkterfolgsanstieg) und trotzdem überkompensiert der Anstieg der Mengenkomponente den Rückgang der Preiskomponente (Umsatzrückgang).

---

[702] Durch die Fixkostendegression werden die Stückkosten mit jeder neu produzierten Einheit geringer.
[703] Das weniger innovative Produkt kann daher bei Beibehaltung seiner bisherigen Marke oder mittels Schaffung einer neuen Marke in einem niedrigeren Preissegment angeboten werden.

7.3.4 Preisdifferenzierung in Verbindung mit der Preiselastizität der Nachfrage

In diesem Zusammenhang muss jedoch angemerkt werden, dass die möglichen eintretenden Nachfrageeffekte maßgeblich von der Preiselastizität der Nachfrage bestimmt sein werden (vgl. Abbildung 78).[704]

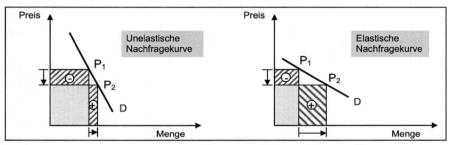

Abbildung 78: Umsatzverschiebungen aufgrund von Elastizitäten[705]

Unter der Preiselastizität der Nachfrage (E) wird der Quotient aus der prozentualen Änderung der nachgefragten Menge und der prozentualen Veränderung des Preises verstanden. Dabei kann zwischen einer elastischen und einer unelastischen Nachfragekurve (D) unterschieden werden. Aus den beiden Nachfragekurvenausprägungen ist ersichtlich, dass bei einer elastischen Nachfrage E größer als eins ist. Dies bedeutet, dass die prozentuale Änderung der nachgefragten Menge größer als die prozentuale Preisänderung ausfällt. Daraus ergeben sich bei sinkenden Preisen höhere Umsätze. Bei einer unelastischen Nachfragekurve ist der Wert kleiner als eins und beinhaltet eine prozentuale Änderung der nachgefragten Menge, die kleiner ist als die prozentuale Preisänderung. Damit stellt sich bei zurückgehenden Preisen ein geringerer Umsatz für das Unternehmen ein. Bei der unelastischen Nachfragekurve überwiegt der negative Effekt, während bei der elastischen Ausprägung der positive dominiert.

Wird dieses Szenario auf den unterstellten Kontext übertragen, so lassen sich folgende Auswirkungen ableiten: Je nach Preiselastizität der Nachfrage wird das Unternehmen mit einer Preisaktivität reagieren. Durch entsprechende Innovationsaktivitäten lassen sich nun Preiseffekte initiieren, die sich in speziellen Mengenreaktionen auf Seiten der potentiellen Konsumenten auswirken können. Jedoch sollte berücksichtigt werden, dass sich bei Gütern mit einem nicht so ausgeprägten Innovationsgrad, ein potentieller Verlust hinsichtlich der Markenbedeutung bei den

---

[704] Mittels der Preiselastizität der Nachfrage wird gemessen, inwieweit sich die nachgefragte Menge eines Gutes aufgrund von preislichen Veränderungen ändert.
[705] Eigene Darstellung.

180

Nachfragern und somit des Markenwertes ergeben kann.[706] Voraussetzung für diese Situation ist jedoch, dass die entsprechende Marke an den Innovationsgrad des Produktes gekoppelt ist. Dabei können sich beispielsweise folgende Preiskonstellationen ergeben: Unter der Annahme des Nichtvorliegens von sogenannten Dumpingpreisen ist ein hoher Innovationsgrad, bedingt durch die beachtlichen Entwicklungskosten, stets an ein relativ hohes Verkaufspreisniveau gekoppelt. Analog wird angenommen, dass ein niedriger Preis keinen Anspruch auf einen hohen Innovationsgehalt haben wird. Ferner wird unterstellt, dass keine Preisdiskriminierung vollzogen wird. Solch eine wertmäßige Trennung kann wie folgt bildlich dargestellt werden. Als Beispiel möge etwa folgender Fall gelten: Betrachtet wird die Situation zweier Konsumentenschichten mit unterschiedlich hoch ausgeprägter Preiselastizität der Nachfrage nach einem identischen Produkt (vgl. Abbildung 79).

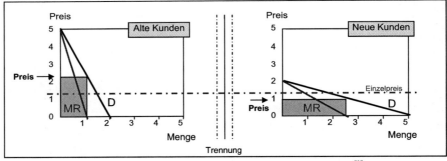

Abbildung 79: Preisdifferenzierung aufgrund von Preisdumping[707]

Auf der einen Seite liegt eine hohe Elastizität vor (z. B. Konsumentenschicht ausgestattet mit einem kleinen disponiblen Einkommen), bei der bereits eine kleine preisliche Veränderung zu einem relativ starken Anstieg der nachgefragten Menge führt. Auf der anderen Seite werden Nachfrager mit einem höheren verfügbaren Einkommen berücksichtigt. Diese haben in diesem Fall eine niedrige Elastizität und werden das betreffende Gut relativ preisunabhängig konsumieren. Grafisch lässt sich dieser Zusammenhang durch die entsprechende Steigung der individuellen Nachfragekurve dokumentieren. Das Szenario kann in der Form auf vorliegende Kundenstrukturen transferiert werden, indem etwa Neukunden, die durch eine große Elastizität charakterisiert sind, durch kleine Preisänderungen zu einem relativ starken Anstieg der nachgefragten Menge motiviert werden. Bei Stammkunden kann hingegen ein höherer Preis

---

[706] Dies wiederum kann als Konsequenz eine Verringerung des ursprünglichen Unternehmenswertes mit sich bringen.
[707] Eigene Darstellung.

verlangt werden. Dieser Umstand wird von vielen Unternehmen wahrgenommen, um etwa mittels so genannter Dumpingpreisen neue Kunden gewinnen zu können. Der maximale Umsatz ist erreicht, wenn die Zunahme des Umsatzes (Grenzumsatz = Marginal Return = MR) den Wert Null annimmt.

In der Praxis kann jedoch teilweise beobachtet werden, dass die Unternehmensführung häufig nur die Umsatzmaximierung im Auge hat. Die Informationen des Controllings werden bisweilen übersehen. Denn was passiert, wenn der Gewinn trotz steigendem Umsatz sinkt? Dies kann sich ergeben, wenn das Umsatzwachstum lediglich aufgrund der innovativen Produktvielfalt entstanden ist und die damit verbundenen hohen Investitions- und Vertriebskosten nicht beachtet werden. Ferner bleibt unberücksichtigt, dass die hohen Umsätze nur durch Aufnahme von Krediten ermöglicht worden sein können und die Fixkosten (z. B. Fremdkapitalzinsen) nicht ihre Beachtung erhalten. Ebenfalls sollte beachtet werden, dass viele innovative Güter zwar Umsätze bringen, aber keine positiven Deckungsbeiträge erwirtschaften. Durch das exakte Erfassen von nachvollziehbaren sowie aussagekräftigen optimalen Innovationsgraden lassen sich jedoch entsprechende wertvolle Informationen für ein nachhaltiges und innovationsorientiertes Markencontrolling gewinnen. Diese erhöhen beispielsweise nicht nur die Genauigkeit der Kalkulation von innovativen Produkt(palett)en, sondern verbessern auch die damit verknüpften Stundenverrechnungssätze.[708] Gerade bei der Bedienung eines neuen fremden Marktes dürften diese Informationen eine unabdingbare Notwendigkeit sein, um an diesem langfristig wirtschaftlich existieren zu können. Es lässt sich daher sagen: Je stichhaltiger und aussagefähiger die benötigten Informationen bezüglich der Bedienung des fremden Marktes gewonnen werden können, desto signifikanter dürften die entsprechenden Optima ausfallen.

Aus Controllingüberlegungen ist es nun wichtig zu wissen, dass es bei der Ausrichtung auf ein und dieselbe Branche zu ländertypisch divergierenden Ausprägungen kommen kann. Dieser Tatbestand spielt besonders im Umfeld des internationalen Managements eine nicht unbedeutende Rolle. Aufgrund dieser Unterschiedlichkeiten in der Ausgestaltung des Innovationsgehaltes der anzubietenden Produkte, lassen sich auch Konsequenzen auf anderweitige unternehmensbedingte Kosteneinflussfaktoren ableiten. So lässt sich beispielsweise ein Produkt mit einem geringeren Innovationsgrad auch mit weniger qualifizierten Fachpersonal und damit

---

[708] Hilfreich sind die dabei gewonnenen Aussagen auch bei der Verwendung der zahlreichen Controllinginstrumente, wie etwa beim Gebrauch des Marktanteils-Marktwachstums-Portfolios, etwa in der Ausgestaltung des *Boston-Consulting-Group*-Portfolios. Unterstützung im Controllingbereich finden die Ergebnisse etwa auch bei den Instrumenten der Stärken-Schwächen- und der Konkurrenzanalyse, um nur einige als willkürliche Beispiele herauszugreifen.

mit geringeren Personalkosten realisieren.[709] Doch auch hier ist der Innovationsgrad zu treffen, der genau den Ansprüchen jener Zielgruppe entspricht. Anders formuliert: Die Marke eines Produktes oder einer Dienstleistung muss nicht unbedingt mit einer bestimmten Preisvorstellung verbunden sein. Eher dürfte der Innovationsgrad den Kaufpreis bestimmen. Für den Anbieter besteht die Möglichkeit, mittels einer Innovationsniveaudiversifizierung seiner Produkte eine Vielzahl von Kaufinteressenten unterschiedlicher Kaufkraftausstattungen anzusprechen. Dies wiederum dürfte die Planungssicherheit des Zuflusses gegenwärtiger und zukünftiger Cashflows für das Unternehmen erhöhen. Damit wiederum reduziert sich deren Krisenanfälligkeit und erhöht sich die Kreditwürdigkeit der Unternehmen. Die damit verbundenen Erleichterungen bei den Finanzierungsmöglichkeiten können für künftige Investitionsaktivitäten bei innovativen Produkten wiederum förderlich sein.

Wird nun in einer alternativen Controllingstrategie ein individuelles Produkt aus einem vorgegebenen Produktportfolio ausgewählt, um den optimalen Neuigkeitsgrad in die unternehmensindividuell gewollte Richtung zu verschieben beziehungsweise ein potentielles Absinken der Erfolgskurve zu verhindern, kann dies durch eine Eliminierung des entsprechenden Gutes aus dem Markt erreicht werden. Es wird unterstellt, dass ein spezifisches Produkt für eine unerwünschte Reaktion der zugrunde gelegten Erfolgskurve verantwortlich wäre, das heißt dieses Gut ist der hauptsächliche Initiator für ein potentielles Abdriften des unternehmerischen Erfolges und damit ursächlich für den Scheitelpunkt in Abbildung 76. Dieses spezielle Produkt wird von dem Unternehmen dann als ein sogenannter Wertvernichter im Rahmen einer wertorientierten Unternehmensführung betrachtet. Daher wird es zum Zeitpunkt t_0 vom Markt genommen. Jedoch sollte die Unternehmensführung nicht vergessen, dass die Möglichkeit besteht, dass dieses eventuell zum Zeitpunkt t_1 als ein Werttreiber eingestuft werden kann. Gerade bei innovativen Produkten kann mit einer relativ hohen Wahrscheinlichkeit angenommen werden, dass diese nicht sofort als Wertbringer für das Unternehmen angesehen werden können. Als mögliche Erklärungsgründe hierfür können die damit verbundenen Finanzierungskosten der Forschungs- und Entwicklungsaufwendungen, aber auch die entsprechenden Markteintrittskosten genannt werden.

---

[709] Zu beobachten ist dieser Zustand etwa bei dem bekannten Fahrzeughersteller der Marke *MAN* im Reisebussektor. So produziert *MAN* seit Jahren Busse in der Türkei auch mit einem technischen und komfortablen Niveau, welches jedoch auf dem europäischen Markt sich nicht durchsetzen könnte. In Ländern wie etwa Syrien und Jordanien, wo zwar eine Nachfrageschicht für dieses Markenprodukt existiert, aber die herrschende Kaufkraft für einen innovativen *MAN*-Reisebus nicht ausreicht, ist dieses Produkt mit einem geringeren Innovationsgrad sowie damit verbunden mit einem niedrigerem Anschaffungspreis absetzbar. Damit besteht für das Unternehmen die Möglichkeit, seine Marke auch in einem Land zu positionieren, welches auf den ersten Blick bzw. wenn man nur einen auf das Inland bezogenen optimalen Innovationsgrad ins Auge gefasst hätte, möglicherweise nicht als Nachfrager in Frage gekommen wäre.

8 Entwicklung von Kriterien für eine innovationsorientierte Marken Scorecard

8.1 Empirische Befunde zum Innovationsgrad als Grundlage für eine innovationsorientierte Marken Scorecard

Um die Entwicklung einer innovationsorientierten Marken Scorecard im folgenden Unterkapitel darstellen zu können, muss zunächst noch einmal daran erinnert werden, was *Schlaak* über den (optimalen) Innovationsgrad bei seiner empirischen Studie herausgefunden hat. Laut *Schlaak* kann der Innovationsgrad beim Management von Produktentwicklungen als die strategische Erfolgsvariable bzw. als Schlüsselvariable betrachtet werden, wobei die Ausprägungen des Innovationsgrades als Projektstrategie bezeichnet werden. Der Innovationsgrad besteht dabei aus folgenden Dimensionen:[710]

- Technik / Produktion mit den Faktoren Produkttechnologie, Produktionsprozess und Beschaffungsbereich;

- Absatz / Ressourcen mit den Faktoren Absatzmarkt und Kapitalbedarf;

- Struktur mit den Faktoren formale sowie informale Organisation.

Folgende Typen wurden von *Schlaak* als eigen- bzw. selbständige Strategievarianten herausgestellt:[711]

- Inkrementale Innovationen,

- Synergistische Diversifikationen,

- Technologische Diversifikationen,

- Technische Schlüsselinnovationen sowie

- Radikalinnovationen.

Laut *Schlaak* zeigte sich bei seiner empirischen Untersuchung des Innovationsmanagements von Unternehmen, „dass das angestrebte Produktkonzept und die realisierte Produktinnovation durch unterschiedliche Innovationsgrade für das erstellende Unternehmen gekennzeichnet sein können. Der angestrebte Innovationsgrad ist bei den meisten Produktinnovationen geringer ausgeprägt gewesen als der realisierte Innovationsgrad. Dieser Unterschied hat sich insbesondere bei kleinen und mittleren Unternehmen feststellen lassen. Diese erhobenen Soll-Ist-Abweichungen können

---

[710] Vgl. Schlaak (1999), S. 307.
[711] Vgl. Schlaak (1999), S. 308.

184

theoretisch auf interne oder externe Ursachen zurückgeführt werden.[712] Darüber hinaus besteht die Gefahr, dass zu Beginn von Entwicklungsprojekten das Veränderungspotential von Innovationen für die eigene Organisation systematisch unterschätzt wird und Veränderungen des Unternehmenskontextes eine Veränderung des Produktkonzeptes bedingen können.[713]

Interne Projektstrategien sind laut *Schlaak* vor allen Dingen von Erfolg gekrönt, die entweder auf der Markt- oder der Technologieseite weit über das „normale" Maß hinaus innovativ tätig sind. Allerdings sind Projekte, die auf zu viele Veränderungen in zu vielen Dimensionen gleichzeitig aus sind, weniger erfolgsträchtig. Dagegen ist der Einfluss von Variablen der Projektorganisation auf die Innovationsgrad-Erfolg-Relation eher als schwach bis mäßig zu veranschlagen. Schwache Erfolgsfaktoren sind auf dieser Ebene in erster Linie die folgenden:[714]

- Hohe Kooperationsintensität unterstützt die Entwicklung neuer und innovativer Produkte auf der Marktseite, dagegen werden die Kosten- und Zeit-Ziele bei solchen Projekten eher nicht erreicht.

- Kosten- und Zeitziele lassen sich am ehesten mit dem Promotorenprinzip einhalten.

- Die Informationsnachfrage steht eher in einem negativen Verhältnis zum Erfolg. Hohe Informationsnachfrage deutet vielmehr darauf hin, dass es Schwierigkeiten bei der Projektausführung gibt.

Auf der Ebene der Innovationsgrad-Dimensionen lassen sich die Resultate bezüglich der strategischen Bedeutung der Variablen für den Produktentwicklungsprozess wie folgt zusammenfassen:[715]

- *Dimension Technik / Produktion:* Modifikationen der Produkttechnologie sowie der technisch orientierten Prozesse Produktion und Beschaffung behindern das Einhalten der Kosten- und Zeitziele bei der Neuentwicklung von Produkten. Dieser Effekt fällt umso stärker aus, je innovativer das Produkt im Vergleich zur Konkurrenz ist. Dies gilt insbesondere für kleinere Unternehmen.

---

[712] Schlaak (1999), S. 309.
[713] Vgl. Schlaak (1999), S. 309.
[714] Vgl. Schlaak (1999), S. 310.
[715] Vgl. Schlaak (1999), S. 311.

- *Dimension Absatz / Ressourcen:* Veränderungen des Absatzmarktes und des Ressourceneinsatzes wirken effizienzmindernd. Diese Veränderungen üben einen umso negativeren Einfluss aus, je mehr die Projektstrategie in Hinsicht auf den Innovationsgrad bei der Dimension „Absatz / Ressourcen" im Ablauf des Innovationsprozesses Modifikationen unterworfen wird. Wenn der Marktinnovationsgrad eines Produktes besonders hoch ist, schlagen diese Veränderungen besonders negativ zu Buche, weil ihr Veränderungsgrad besonders hoch ist.

Aufbauend auf die Befunde von *Schlaak* werden nun im Anschluss die Komponenten eines innovationsorientierten Marken Scorecard Ansatzes beschrieben.

8.2 Komponenten und Kennzahlen der Marken Scorecard

8.2.1 Integrativer Aufbau und Komponenten der Markenperspektive

Die Brand bzw. Marken Scorecard weist eine strukturelle wie auch eine prozessuale Dimension auf. Die Marken Scorecard Struktur besteht zum einen aus unternehmensinternen Faktoren (Management, Mitarbeiter, Anteilseigner, Forschung & Entwicklung, Produktion, Verwaltung, Vertrieb, Logistik, Marketing) und zum anderen aus unternehmensexternen Faktoren (Zielgruppen / Kunden, Öffentlichkeit, Konkurrenzunternehmen, Kreditgeber, Zulieferer).[716] Laut *Linxweiler* ist die Marke der integrative Erfolgsfaktor zwischen Unternehmen, Kunden, Wettbewerb und Handel. Dabei lassen sich diese unterschiedlichen Perspektiven nochmals mit ihren „Unterkategorien" bzw. „Subaspekten" wie folgt unterteilen:[717]

- *Unternehmen:* Mitarbeiter, Management, PR, Direktmarketing, Produktqualität, Prozesse, guter Preis, Share of Voice[718].
- *Marken:* Markenstärke, Ökonomischer Wert der Marke, Markenpotential.
- *Kunden:* Kundentreue, Vertrauen, Erinnerung und Identifikation, Word of mouth, Share of mind[719].
- *Handel / Wettbewerb:* Handelsdurchsetzung, Wettbewerbsvorteile, Marktanteil, Lieferantenvorteile.

---

[716] Vgl. Linxweiler (2001), S. 134.
[717] Vgl. Linxweiler (2001), S. 160.
[718] Der Share of Voice (kurz SoV) ist eine Marketingkennzahl und bezeichnet den Anteil an Kontakten, den man in einer definierten Nische, auf einem Markt oder bei einem Publikum erreicht.
[719] Der Wert wird in Prozent angegeben und bezeichnet den Anteil von Personen, die bei einer Befragung die Marke des Konkurrenten als erstes nennen.

- *Umfeld:* Rechtliche Absicherung, Trends, neue Märkte und wirtschaftliche Rahmenbedingungen.

Die für eine Marke wichtigen Erfolgskennzahlen und -faktoren sind z. B. Motivation, Kreativität, Finanzkraft und Kundenzufriedenheit. Diese Erfolgsfaktoren lassen sich wiederum in direkte Leistungsdimensionen[720] und indirekte Leistungsindikatoren[721] unterteilen. Diese Erfolgsfaktoren bzw. Leistungstreiber können gemessen und mit Kennzahlen versehen werden und bringen die uneinheitlichen Ausprägungen der Erfolgsfaktoren (qualitativ und quantitativ) sozusagen auf einen „gemeinsamen Nenner". Die Kennzahlen-Erfolgsfaktoren geben auf jeder Faktorenebene monetäre und nicht-monetäre „Kontrollzahlen" wider und werden häufig zu einer Gesamt-Kennzahl[722] hochaggregiert.

Für die Marken Scorecard ist die Konzentration auf eine Zielgruppe bzw. auf bestimmte Kundensegmente ein zentrales Element. Die Marke soll in den Köpfen der Kunden verankert werden. „Die Marke ist das Ergebnis der Verknüpfung aller Perspektiven und stellt damit die Bündelung aller Leistungen dar, die aus dem betrieblichen Wertschöpfungsprozess der Bereiche hervorgehen."[723] In den Bereichen werden Erfolgsfaktoren ausgebildet, dazu zählen z. B. Markenbild, Zuverlässigkeit, Pünktlichkeit, Zuverlässigkeit, Innovationsdynamik, Denken in Qualitätskategorien, Fehlerlosigkeit, Motivation und Handelskooperation. Zur Marke zählen sowohl einzelne Produktmarken eines Unternehmens, als auch das gesamte Unternehmen als Corporate Brand.[724]

Markenstrategien im Rahmen der Entwicklung einer Marken Scorecard legen auf Marken- identität auf Absenderseite sowie auf Markenimage auf Adressatenseite viel Wert. Für beide Seiten muss ein gemeinsamer Kernwert (ästhetisch-kulturell, sachlich-funktional, emotional oder ethisch-ideell) gefunden werden, ergänzt durch Markenvision und Brand-Philosophie. Die Kernwerte bestehen in den verschiedenen Bereichen aus folgenden Elementen:[725]

- *Ästhetisch-kulturelle Werte:* Prestige, Status, Kultur, Auftreten, Design, Humor.

---

[720] Auch Leistungstreiber oder Frühindikatoren genannt, wie beispielsweise Umsatz, Marktanteil, Ertrag (ökonomische Leistungsdimension), Pünktlichkeit, Flexibilität, Kundenorientierung, Fehlerfreiheit usw. (nichtökonomische Leistungs- dimension). Vgl. Kaplan/Norton (1997).

[721] Leistungsindikatoren (Aufbauorganisation, Ablauforganisation) werden auch Spätindikatoren genannt.

[722] Wie beispielsweise ROI, Produktivität oder gesamte Kundenzufriedenheit. Vgl. Linxweiler (2001), S. 134.

[723] Linxweiler (2001), S. 137.

[724] Vgl. Linxweiler (2001), S. 137.

[725] Vgl. Linxweiler (2001), S. 146.

- *Sachlich-funktonale Werte:* Qualität, Funktion, Preis, Garantie, Leistung.

- *Emotionale Werte:* Genuss, Liebe, Stolz, Erotik, Hass, Angst, Trauer, Abenteuer, Freude, Erlebnis.

- *Ethisch-ideelle Werte:* Verantwortung, Sinn, Glaube, Umwelt, Glaubwürdigkeit.

Eine Marken Scorecard betrachtet eine Marke in erster Linie aus dem Blickwinkel des Kunden. Dazu wird das *Bojen-Modell*[726] herangezogen, das als „Ursache-Wirkungssystem von kommunikativen Markenerfolgsfaktoren"[727] bezeichnet werden kann. Für die Markenperspektive stellen beispielsweise die Kennzahlen Umsatz, Kosten, Marktanteil, Qualitätsstandards oder Kundenzufriedenheit die Basis dar. Im Bereich Service / Produkt sind die Erfolgsfaktoren Produktqualität, Produktattraktivität, Langlebigkeit, Robustheit oder Serviceleistung. Im Bereich der Distribution gelten als Erfolgsfaktoren Lieferschnelligkeit, die ubiquitäre Erhältlichkeit, Regaltauglichkeit und Transportfreundlichkeit. Der Preis sollte angemessen sein, bei einer exklusiven Marke sollte die hohe Produktqualität oder die Warenknappheit bzw. Markenknappheit das oberste Kriterium sein. Bei den Konditionen sind wiederum Erfolgsfaktoren wie Rückvergütungen, Rabatte oder großzügige Zahlungsziele die Wichtigsten.[728]

Das Markenimage bzw. der kommunikative Mehrwert einer Marke besteht aus der subjektiven Sichtweise, die der Konsument bzw. der Verbraucher auf eine Marke hat. Die Wahrnehmungsmerkmale des Markenbildes können durch den Konsumenten „bewertet" werden. Diese Bewertung (Marken-Guthaben) durch den Kunden ist die Response (Antwort) des Kunden auf die Marke. Die Ausprägungen des Markenguthabens werden auch als Merkmale der intervenierenden Variablen angesehen.[729] Das Markenimage besteht aus dem ganzheitlichen, inneren und momentanen Markenbild, das der Konsument bezüglich einer Marke aufweist. Die zweite Komponente stellt das Markenguthaben oder der Brand Credit dar.[730] Das Markenbild besteht aus Form- und Farbcodes, Markenjingles, Gedächtnisspuren, Assoziationen, Gerüchen und haptischen Eindrücken. Das Markenbild setzt sich aus inneren Assoziationen (Brand Frames) zusammen. Die Merkmale des Markenbildes müssen bestimmten Gütekriterien entsprechen, die wiederum die Kennzahlen für die Erfolgsfaktoren des Markenbildes darstellen. Diese Gütekriterien tragen zur Prägnanz und Dynamik des Markenbildes bei, stellen Fragen nach

---

[726] Der Begriff Markenboje ist als Analogiebegriff zu verstehen. Jede Marke benötigt, ähnlich wie in der Schiffahrt Orientierungsmarkierungen, an denen sich diese ausrichten kann. Vgl. Andresen/Esch (2001), S. 1081-1103.
[727] Linxweiler (2001), S. 148. Vgl. auch Andresen (1994), S. 11.
[728] Vgl. Linxweiler (2001), S. 140.
[729] Vgl. Andresen (1994), S. 11.
[730] Vgl. Linxweiler (2001), S. 148-149.

Leistung, Benefits und Relevanz der Marke und müssen eine innere Stimmigkeit der Marke hervorheben, die diese von der Konkurrenz abgrenzen. Die Beeinflussung der einstellungs- und verhaltensrelevanten Markenerfolgsfaktoren ist beim Markenguthaben lediglich über den Umweg des Markenbildes zu erreichen und in dieser Hinsicht eher längerfristig angelegt.[731]

Die Kennzahlen des Markenguthabens bestehen aus affektiven und kognitiven Konstrukten wie der Markenbekanntheit, Markensympathie bzw. -akzeptanz und Markenpräferenz sowie aus Zufriedenheit, Markenvertrauen und -loyalität. Die Kennzahlen und Erfolgsfaktoren des Markenbildes haben Auswirkungen auf das Markenguthaben und dieses wiederum auf den Markenwert, sowohl in qualitativer (kommunikativer Markenwert) als auch quantitativer (monetärer Markenwert) Hinsicht. Dies kann auch als Ursache-Wirkungskette interpretiert werden.[732] Für die Entwicklung einer Marken Scorecard sind diese Kennzahlen und Erfolgsfaktoren von außerordentlicher Bedeutung, weil insbesondere durch diese die benötigten Indizien aufgezeigt werden können, ob eine Marke auf dem Markt erfolgreich ist oder nicht. Diese Indizien sind aber nur dann aussagekräftig, wenn sie als Beschreibung des Ist-Zustandes mit einem Soll-Wert verglichen werden, dass heißt mit den geplanten und erwarteten (intendierten) Resultaten der unternehmerischen Vorgehensweise.[733] Das beinhaltet neben den in bereits Kapitel 2.2 ausgeführten Punkten:[734]

- Eine Marke sollte sich durch ihr Alleinstellungsmerkmal klar von anderen unterscheiden, damit sie leichter identifizierbar ist.

- Das Verständnis für die Markenpositionierung muss gefördert werden. Eine Marke muss ihr Image klar, verständlich, einfach und prägnant vermitteln.

- Eine Marke sollte positive Wirkungen des Gefallens auslösen. Ästhetische Wirkungen müssen auf alle Fälle zur Akzeptanzförderung mit berücksichtigt werden.

- Das Branding sollte leicht merkbar sein und einen Erinnerungseffekt haben.

- Ein Markenname oder ein Markenzeichen sollte auch leicht schützbar sein.

Die Leistungsmerkmale von starken Marken und ihre Erfolgsfaktoren können damit als identisch angesehen werden. Was leisten nun starke Marken? *Markus Pfeiffer* fasst die Wesensmerkmale von starken Marken wie folgt zusammen:

---

[731] Vgl. Linxweiler (2001), S. 152.
[732] Vgl. Linxweiler (2001), S. 152 und S. 153.
[733] Vgl. Esch (2007), S. 208.
[734] Vgl. Langner (2003), S. 267.

> **Was leisten starke Marken?**
>
> ➢ Sie machen ein Angebot identifizierbar und unverwechselbar.
> ➢ Sie verleihen einem Angebot bestimmte Charaktereigenschaften, wie z.b. Sympathie, Vertrauen.
> ➢ Sie reduzieren das finanzielle und soziale Risiko für den Kunden und bieten Sicherheit.
> ➢ Sie sind als geeignet eine Leistung strategisch zu profilieren und damit objektiv und subjektiv (emotional) von anderen Leistungen abzuheben.

Abbildung 80: Leistungsmerkmale und Erfolgsfaktoren starker Marken[735]

Zudem muss bei der Installierung eines Markennamens auf den Aspekt des Geschichten-erzählens („Storytelling") geachtet werden. Zum Marketingevent und zum Aufbau langfristiger Kundenloyalität gehört nun einmal auch eine passende Geschichte, die bestimmte Erfahrungen vermitteln soll.

In den Worten von *Moon/Millison*:

„Why do we call it storytelling? Brand managers must tell potential and existing customers and the buying and using experience. They must connect the various branding events - moments of truth – into a coherent, meaningful narrative of what it means to use the brand and enjoy its satisfactions. Brand managers succeed when they link brand use to a customer's social or professional identity. Customers must put themselves in this story, envisioning themselves as an actor >wearing< the brand as a badge of belonging in a larger-than-life drama: part of the whole human family drinking Coke and singing together, for example."[736]

Der Prozess des Geschichtenerzählens („story-telling process") unterteilt sich dabei in folgende Unterpunkte:[737]

- Awareness: In der Phase der Aufmerksamkeitserregung wird der potenzielle Konsument auf neue Produkte hingewiesen, auf die er positiv oder negativ reagieren kann.

- *Involvement:* Der Konsument wird in das (Werbe-)Geschehen mit einbezogen, informiert sich aktiv über das neue Produkt, liest Zeitungsartikel oder diskutiert mit Freunden darüber.

- *Trial*: Das ist die Versuchsphase, in der der Konsument die Ware testet.

---

[735] Vgl. Pfeiffer (2000), S. 24.
[736] Moon/Millison (2000), S. 56.
[737] Vgl. Moon/Millison (2000), S. 56.

- *Commitment:* In dieser Phase baut der Konsument eine emotionale Beziehung zum beworbenen Produkt bzw. zur Werbung selbst auf.

- *Referral:* „In the referral stage, the brand becomes a currency of exchange among members of the community and the costumer becomes a brand advocate who seeks to expand this group of happy campers. Brand managers should use this brand storytelling model to prioritize their investments and explain their allocations to higher executives."[738]

8.2.2 Kernkennzahlen der Kunden- und Unternehmensperspektive

Aus der Sichtweise des Konsumenten stehen Themen wie beispielsweise die schnelle Verfügbarkeit der Ware, große Anwendungsvielfalt, Statustauglichkeit, Langlebigkeit und Preis-günstigkeit im Vordergrund. Die Kundenakquise geschieht nicht selten dadurch, dass man potenzielle neue Kunden über spezielle Adressagenturen herausfiltert. Dies sollten Kunden-adressen sein, deren Profil in etwa dem von bereits bestehenden guten Kunden entspricht. Die entsprechenden Selektionsmechanismen werden von der Adressagentur mittels bestimmter Parameter[739] vorgenommen. Die aktiven namensbekannten Kunden werden mittels der soge-nannten „Value-Loyalty-Potential-Matrix" klassifiziert und eingeordnet. Dies ist für die Steuerung der Marken Scorecard ein hervorragendes Mittel. Die Kernkennzahlen, die zwischen Marken- und Kundenperspektive vermitteln, messen aus Markensicht:[740]

- *Kunden- bzw. Markenrentabilität:* Misst den Nettogewinn einer Marke / eines Kunden unter Hinzunahme der für diesen speziellen Kunden entstandenen Ausgaben.

- *Marktanteil:* Drückt den Geschäftsanteil an einem gegebenen Markt aus (in Form von Kundenanzahl, ausgegebenen Beträgen oder Verkaufseinheiten).

- *Zufriedenheit / Vertrauen / Kunden- bzw. Markttreue:* Misst das Maß, zu dem eine Marke länger anhaltende/dauerhafte Beziehungen zu den Kunden aufrechterhält oder aber gewinnt.

- *Markenpräferenzen / Kundenakquisition:* Misst das Ausmaß der Anlockung neuer Kunden durch eine Marke in absoluten und relativen Zahlen.

---

[738] Moon/Millison (2000), S. 57.

[739] Beispielsweise Wohnort, Wohngebiet, Adresse, Alter, Einkommen oder Beruf. Vgl. Linxweiler (2001), S. 166.

[740] Vgl. Kaplan/Norton (1997), S. 66.

- *Bekanntheit / Sympathie / Einstellung:* Hier wird der Bekanntheitsgrad einer Marke untersucht, dessen Sympathien beim Kunden mittels spezifischer Leistungskriterien.

- *Inneres Markenbild:* Misst das innere Markenbild beim Kunden und dessen Eindruck von der Marke bzw. der Markenleistung.

Die Perspektive der Marke aus der Sicht des Produzenten bzw. Herstellers ist charakterisiert durch die vier Instrumentalbereiche Produkt / Service, Preis / Konditionen, Distribution sowie Kommunikation. Dabei ist das Feld Produkt / Service der Zentralbereich und kann seinerseits nochmals in Design, Zuverlässigkeit, Qualität und Freundlichkeit des Personals unterteilt werden. Bei jeder Marken Scorecard sollten daher in den Bereichsfeldern die wichtigsten Aspekte und Erfolgsfaktoren der jeweiligen Marke stehen.[741] Kennzahlen eines Erfolgsfaktors, wie der Produktqualität, sind beispielsweise die Reklamationsanzahl pro Dekade oder die periodische Reparaturrate. Aspekte des Markenerfolgs aus der Unternehmensperspektive sind:[742]

- *Sachliche / finanzielle Aspekte:* Hierzu gehören Unternehmensbereiche, Aufbauorganisation, Infrastruktur, Finanzaspekte, Kostenaspekte, Investitionen.

- *Personalbezogene Aspekte:* Potential der Mitarbeiter, deren Lernbereitschaft, fachliche / soziale Kompetenzen, Identifikation, kreative oder routinemäßige Produktivität.

- *Unternehmenskulturelle Aspekte:* Führungsstil, Betriebsklima, Corporate Culture, Corporate Identity.

- *Prozessbezogene Aspekte:* Ablauforganisation, Leistungserstellung, Innovation, Prozessoptimierung.

Bezüglich des Personals lautet die Grundfrage einer Marken Scorecard: Welchen Beitrag sind die Mitarbeiter in der Lage, direkt oder indirekt mit ihrer Leistung für den Markenwert zu erbringen? Dabei geht man von folgender Ursache-Wirkungs-Kette aus, wobei die vorgenannte Größe immer die Ursache der danach aufgeführten ist (die Kette führt also in aufsteigender Linie von der erstgenannten zur letztgenannten Größe):[743]

- *Potentialgrößen:* Welches Potential hat der Mitarbeiter? Begabung, Entwicklungsfähigkeit, Lernbereitschaft.

- *Befähigungsgrößen:* Können des Mitarbeiters: Fachliche, soziale, methodische, kommunikative Fähigkeiten.

---

[741] Vgl. Linxweiler (2001), S. 139.
[742] Vgl. Linxweiler (2001), S. 176.
[743] Vgl. Linxweiler (2001), S. 182.

- *Motivationsgrößen:* Haltung / Einstellung des Mitarbeiters: Motivation, Zufriedenheit mit der Arbeit, Loyalität, Betriebsklima, Stolz auf eigene Fähigkeiten.

- *Kerngrößen:* Produktivität des Mitarbeiters: Tatsächliches Verhalten, Routineproduktivität oder innovative / kreative Produktivität.

- *Ergebnisgrößen:* Arbeitsresultate.

Unter internen Prozessaspekten sind die innerbetrieblichen Abläufe von Innovations-, Planungs-, Aktions- und Kontrollprozessen zu verstehen, die zusammen den betrieblichen Wertschöpfungsprozess konstituieren. In der Marken Scorecard Perspektive ist der betriebliche Wertschöpfungsprozess der relevanteste Teil der Unternehmensperspektive. Der betriebliche Wertschöpfungsprozess ist ein Kreislaufprozess, der mit dem Informationsinput beginnt und mit dem Leistungsoutput endet.[744] „Dieser Prozess >durchläuft< idealtypisch alle in der Produktlinie stehenden Bereiche und Abteilungen und wird flankiert von den Zentralbereichen, den Service- und den Verwaltungsbereichen, die dafür sorgen, dass die Rahmenbedingungen für die Erstellung der Produkte und Leistungen optimal sind. Zu deren Aufgaben gehören Fragen der Finanzierung, Infrastruktur, Personalstruktur, Organisation usw."[745]

8.2.3 Wettbewerbsperspektive und Umweltperspektive

Aus der Wettbewerbsperspektive sind hingegen Punkte wie Regaltauglichkeit, Werbekostenzuschüsse sowie die „Drehzahl" (Umschlagsgeschwindigkeit im Regal) von besonderer Bedeutung. Je „ungreifbarer" eine Marke (wenn z. B. Verpackung, Artikel, Maschine, Produkte fehlen), desto mehr muss über Werbung und Marketing für die Marke „die Werbetrommel gerührt" werden.[746] In der Handels- / Wettbewerbsperspektive stehen bei *Linxweiler* dabei folgende Fragen im Vordergrund:[747]

- Kann sich die Marke / das Produkt am Markt durchsetzen und wie durchsetzungsfähig ist sie?

- Welche Wettbewerbsvorteile weist die Marke auf?

- Welche Lieferantenvorteile gibt es? Arbeiten die Lieferanten preisgünstig bei gleichzeitiger guter Qualität der gelieferten Produkte?

---

[744] Vgl. Linxweiler (2001), S. 189.
[745] Linxweiler (2001), S. 189.
[746] Vgl. Linxweiler (2001), S. 138.
[747] Vgl. Linxweiler (2001), S. 160.

- Wie hoch ist der Marktanteil der Marke?

Bei der Umfeld-Perspektive, welches auch ein Element der Marken Scorecard ist (vgl. Abbildung 72), geht es laut *Linxweiler* vor allem um folgende Fragen:[748]

- Wie ist die juristische Absicherung der Marke beschaffen (Urheberrechtsschutz, Fragen des geistigen Eigentums, patentrechtliche Fragen)?
- Welche neuen Trends gibt es auf dem Markt?
- Welche neuen (Teil-)Märkte gibt es (Market Newness)? Existieren neue Ausdifferenzierungen in bestimmten Marktsegmenten?
- Wie sind die allgemeinen wirtschaftlichen Rahmenbedingungen beschaffen (Aufschwung, Boom, Rezession, Depression, Kaufkraft der Kunden)?

Schlaak bezieht sich in seinen ressourcenorientieren Innovationsgrad-Dimensionen jedoch ausschließlich auf die betriebswirtschaftliche Mikroperspektive des Unternehmens. *Braunschmidt* erweitert diese Mikroperspektive um die Makroebene, in dem er die Umweltperspektive in Wettbewerb und Produktlebenszyklus unterteilt. Dabei sind für *Braunschmidt* folgende Fragen von Relevanz:[749]

- *Wettbewerb:* Wie hoch wird der Innovationsgrad von Produkten / Marken im Vergleich zu Konkurrenzprodukten eingeschätzt (Market Newness)?
- *Produktlebenszyklus:* In welcher Phase des Technologie-Lebenszyklus befindet sich die Technologie (Technology Newness)?

Bei *Braunschmidt* zählt allerdings im Unterschied zu *Linxweiler* die Handels- / Wettbewerbsperspektive zum Umfeld des Unternehmens. Der Innovationsgrad wird von *Braunschmidt* als das arithmetische Mittel der dimensionalen Ausprägungen definiert.[750]

---

[748] Vgl. Linxweiler (2001), S. 160.
[749] Vgl. Braunschmidt (2005), S. 14.
[750] Vgl. Braunschmidt (2005), S. 14.

8.3   Elemente der Innovationsgradperspektive

8.3.1   Markenbezogene und innerbetriebliche Innovationen

Markenbezogene Innovationen betreffen folgende Bereiche:[751]

- Entwicklung neuer Marken

- Entwicklung neuer Line Extensions

- Erweiterungen der Markenfamilie

- Kontinuierliche Weiterentwicklung des Markenbildes.

Neben den direkten markenbezogenen Verbesserungen und Erneuerungen spielen innerbetrieb-
liche Innovationen eine große Rolle. Diese Innovationen gestalten sich so, dass durch Verbesserungsvorschläge   seitens   der   Mitarbeiter   Produktionsprozesse,   Logistikleistungen,
Durchlaufzeiten optimiert werden, was meistens zu Kostensenkungseffekten führt. Viele Unter-
nehmen   haben   solche   Innovationsgedanken   in   Qualitäts-   oder   Verbesserungszirkeln
institutionalisiert (KVP = Kontinuierlicher Verbesserungsprozess).[752] Interne Kennzahlen für den
Innovationsprozess sind z. B. die Anzahl von verwertbaren neuen Ideen oder die Qualität dieser
Ideen sowie die strategische Bedeutung neuer Ideen für das Unternehmen bzw. für die Marke.[753]
Als   Kennzahlen   für   die   Entwicklungsprozesse   von   Marken   /   Produkten   gelten   nach
Kaplan/Norton die Folgenden:[754]

- Absatzanteil aus neuen Produkten / Marken

- Marktanteil an neuen Produkten / Marken

- „Time to market" für neue Produkt- bzw. Marktideen

- Umsetzungsgeschwindigkeit von anderen neuen Ideen

- BET (Break even time) bezeichnet die Zeitdauer vom Beginn der Produktentwicklung
  bis zu dem Zeitpunkt, an dem die Gewinnschwelle bei der Vermarktung überschritten
  wird.

---

[751] Vgl. Linxweiler (2001), S. 192 und Interview mit Huber (Anhang 16).
[752] Vgl. Steinkühler 1995); Linxweiler (2001), S. 193.
[753] Vgl. Linxweiler (2001), S. 194.
[754] Vgl. Kaplan/Norton (1997), S. 97.

8.3.2 Clusterung der Innovationsgradfaktoren

Es ist in dieser Arbeit schon mehrfach angesprochen worden, dass es laut *Schlaak* sieben Faktoren gibt, die den Innovationsgrad eines Unternehmens bestimmen.[755] Beim Markt-Faktor muss im Sinne der Anwendung neuer Marketing-Instrumente die Neuheit der bedienten Kunden berücksichtigt werden. Der Faktor „Absatzmarkt" umfasst damit die Neuheit des Marktes und des angewandten Absatzprozesses. Dieser Faktor spiegelt damit den Innovationsgrad des Zwecks der Produktaufgabe wider. Die Faktoren „Beschaffungsbereich" und „Produktionsprozess" werden anhand getroffener Korrespondenzregeln gebildet. Beide Faktoren berücksichtigen Veränderungen in technischen Teilprozessen des betrieblichen Leistungserstellungsprozesses (Prozessdimension).

Der Faktor „Formale Organisation" kann unter die aufbauorganisatorischen Modifikationen subsummiert werden, die mit einer Produktneuheit eintreten. Die Faktoren „Strategie" und „Kultur" bilden zusammen mit dem Wissens-Faktor (Ressourcen-Dimension) zusammen das Konstrukt „Informale Organisation". Letzterer Faktor initiiert Veränderungen in der Unternehmenskultur, Veränderungen der Anforderungen an Führungsfähigkeiten bzw. soziale Kompetenz sowie Modifikationen im Bereich der Strategie des Produktbereiches, die mit Produktinnovationen verbunden sind. Zusammen bilden sie die „weichen" Faktoren, die sich allerdings nur sehr eingeschränkt messen lassen. Hier bildet der strategische Aspekt eine Ausnahme, sobald die Veränderung der Produktstrategie offen zutage liegt bzw. ausformuliert worden ist.[756]

Die Ressourcen-Dimension wird durch den „Kapitalbedarf" repräsentiert. Der Kapitalbedarf stellt bei der Ressourcen-Dimension den übergeordneten Faktor dar, wobei hier wiederum die finanziellen Ressourcen eine Sonderrolle spielen.[757] Der Faktor „Kapitalbedarf" kann bei der Produktinnovation vom üblichen Schema abweichen, er stellt also eine Abweichung des Ressourceneinsatzes dar. Der Faktor „Produkttechnologie" ist ein Teil der Dimension „Technik / Produktion", zusammen mit den Bereichen „Beschaffung" und „Produktionsprozess". Diese Dimension erfasst die Veränderung der eingesetzten Mittel im Falle einer Produktinnovation.[758] „Absatzmarkt" und „Kapitalbedarf" bilden zusammen die Dimension „Absatz / Ressourcen".

---

[755] Vgl. Schlaak (1999), S. 188.
[756] Vgl. Schlaak (1999), S. 195.
[757] Vgl. Bamberger/Wrona (1996), S. 134.
[758] Vgl. Schlaak (1999), S. 196.

196

Eine Produktinnovation bringt auch eine Veränderung im Ressourcenbedarf mit sich. Das Bearbeiten noch wenig bekannter Märkte ist im Vergleich zu technisch bedingten Innovationssprüngen mit besonders hohem Ressourceneinsatz verbunden. Während die Technologie- und Prozessdimensionen sowie Markt- und Ressourcen-Dimensionen zusammen gemeinsame Konstrukte bilden, ergibt sich die Struktur-Dimension sowohl aus der theoretischen wie aus der empirischen Analyse. Da eine rein theoretische Analyse nicht ausreicht, müssen erfahrungsbezogene, empirisch gewonnene Resultate mit einbezogen werden. Die Zweck-Mittel-Dichotomie kann somit um eine weitere Dimension bereichert werden.[759]

In der nachfolgenden tabellarischen Übersicht (Tabelle 9) geht es insbesondere darum, exemplarisch einige Unternehmensbereiche aufzuzeigen, die für die Bestimmung des Innovationsgrades von Relevanz sind und was noch für die volle Entfaltung des Innovationsgrades auf den verschiedenen Gebieten getan bzw. geleistet werden muss.

Innovationsgradfaktoren	Innovationsgrad-Indikatoren
Produkttechnologie	Indikator: Technologisches Wissen, Produkttechnik
Beschaffungsbereich	Indikator: Lieferantenverhalten, Materialien
Produktionsprozess	Indikator: Produktionsanlagen, -verfahren
Kapitalbedarf	Indikator: Marketing-Kosten, F&E-Kosten
Absatzmarkt	Indikator: Struktur der Vertriebskanäle, Kundenzahl
Formale Organisation	Indikator: Bildung einer Organisationseinheit
Informale Organisation	Indikator: Unternehmenskultur, soziales Verhalten

Tabelle 9: Exemplarische Innovationsgrad-Indikatoren[760]

Aus den ausgewählten Indikatoren können sich nun folgende Schwierigkeiten ergeben:[761]

- Technologisches Wissen: Das für eine Produktneuheit erforderliche neue technologische Wissen kann für ein Unternehmen zu neu sein, so dass eventuell eine Übergangszeit erforderlich ist, bis die Mitarbeiter und das Management hinreichend qualifiziert sind mit der neuen Technologie umzugehen.

- Lieferantenverhalten: Eine Produktneuheit erfordert auch bei den Lieferanten, die die dafür benötigten Materialien liefern, einen Umstellungsprozess. Dieses Verhalten kann darum unter Umständen schlecht voraussagbar sein und es können Verzögerungen oder Stockungen beim Lieferungsprozess auftreten.

- Produktionsanlagen: Die benötigten Produktionsanlagen für die Produktneuheit müssen erst noch beschafft werden.

[759] Vgl. Schlaak (1999), S. 196-198.
[760] In Anlehnung an Schlaak (1999), S. 198.
[761] Vgl. Schlaak (1999), S. 198.

- Marketing-Kosten: Wie schon oben erwähnt, ist die Einführung eines neuen Produkts in der Regel mit erheblichen zusätzlichen Marketing-Kosten verbunden.

- Struktur der Vertriebskanäle: Eine Produktneuheit erfordert auch ggf. neue Vertriebskanäle, die höhere Kosten verursachen können, weil noch keine Erfahrungen mit diesen neuen Vertriebskanälen vorliegen und damit die Gefahr vertriebslogistischer Fehler erhöht sowie eine Übergangszeit nach sich ziehen kann.

- Bildung einer Organisationseinheit: Für eine Produktneuheit müssen häufig extra neue Abteilungen oder organisatorische Einheiten gebildet werden, die sich in die neue Aufgabe erst einarbeiten müssen.

- Unternehmenskultur: Entwicklung, Einführung und der Absatz einer Produktneuheit erfordern oft stellenweise erhebliche Veränderungen in der Kultur eines Unternehmens. Eine Culture Scorecard kann als ein Indikator der informalen Organisation hierzu unterstützen (beispielsweise bei der Entwicklung neuer, innovativer Unternehmensstrategien oder bei der Entwicklung neuer Marken / Produkte die Mitarbeiter mit „ins Boot holen" und sie von Anfang an in diese Entwicklungen und in die Unternehmenskultur miteinzubinden, um den Identifikationsgrad mit dem Unternehmen zu erhöhen).[762]

Auf der Grundlage dieser Indikatoren können Kennzahlensysteme für eine Marken Scorecard als Controlling-Instrument entwickelt werden. Bei der Messung der angestrebten Innovationsgradhöhe können Cluster gebildet werden, die die verschiedenen Faktoren miteinander in Beziehung setzen. Aus diesen gebildeten Clustern können folgende Schlussfolgerungen gezogen werden:[763]

- *Inkrementale Innovationen* bringen bei den Innovationsgradfaktoren nur unterdurchschnittliche Werte hervor. Die Cluster-Mittelwerte sind die niedrigsten im Vergleich zu allen anderen Clustern. Die Faktorvariablen Neuheit der Absatzmärkte sowie Veränderung des Kapitalbedarfs stellen insofern eine Ausnahme dar, weil dort bei „Technologischer Diversifikation" sowie „Technische Schlüsselinnovationen" die absolut niedrigsten Mittelwertausprägungen auftreten. Die Innovationsgrad-Eigenschaften zeichnen sich bei inkrementaler Innovation durch ihre relative Ausgeglichenheit aus, keine „schert aus". Diese Produktinnovationen können deshalb auch als „ausgeglichene synergistische Projekte" bezeichnet werden.

[762] Vgl. Graeff (1998), S. 55.
[763] Vgl. Schlaak (1999), S. 230-232.

- Bei *synergistischen Diversifikationen* ist die Leistungserstellung im Hinblick auf Technologie und Absatzmarkt moderat innovativ, wobei die Neuheit des Absatzmarktes in diesem Fall stärker ins Gewicht fällt. Auf die Gesamtstichprobe gesehen, unterscheiden sich die Innovationsgrade der verschiedenen Faktoren jedoch nicht signifikant voneinander. Auch bei Ressourcen und der informalen Organisation sind die notwendigen Veränderungen eher als normal einzuschätzen. Die ablauf- und aufbauorganisatorischen Variablen weichen allerdings erheblich vom Stichprobenmittel ab. Die Veränderungen der Prozessorganisation fallen eher unterdurchschnittlich aus. Dagegen ist bei der formalen Organisation der Bedarf zur Erweiterung und Neustrukturierung des Stellengefüges weit überdurchschnittlich ausgeprägt. Inkrementale Innovation und synergistische Diversifikation stellen Produktinnovationen aus gewohnten und etablierten Geschäftsfeldern in angrenzende Märkte dar, sodass nur relativ geringe Veränderungen des Leistungserstellungsprozesses notwendig sind.

- Bei der *radikalen Innovation* sind sämtliche Innovationsgradfaktoren überdurchschnittlich innovativ. Damit ist die radikale Innovation das Gegenstück zur inkrementalen Innovation, die sich dadurch auszeichnet, dass alle Innovationsgradfaktoren in eine Richtung vom Gesamtmittel abweichen. Bei der radikalen Innovation haben die Innovationsprojekte sehr unterschiedliche Aufgaben zu bewältigen. Besonders in den Bereichen Absatzmarkt und Technologie stellen sich umfangreiche Neuheiten ein. Der gesamte betriebliche Leistungserstellungsprozess verändert sich grundlegend. Der Kapitalbedarf ist entsprechend sehr hoch, viel höher als bei den anderen Arten von Innovation.

- Bei der *technologischen Diversifikation* sind die Neuheit von Produkttechnologie und Absatzmarkt nur mäßig bzw. durchschnittlich. Im Gegensatz zu synergistischen Diversifikationen zeichnen sich jedoch hier die Technologien durch ihre relative Neuheit aus, währenddessen der Absatzmarkt weniger stark betroffen ist. Begleitet wird die größere Bedeutung des technologischen Prozesses durch überdurchschnittliche Modifikationen in den Bereichen Betriebsprozesse und formale Organisation. Der Kapitalbedarf weicht dagegen nur unwesentlich von bisher in Unternehmen durchgeführten Innovationen ab. Veränderungen im Beschaffungsbereich und im Produktionsprozess, ergänzt durch Umbau der formalen Organisationsstruktur, haben keinen erhöhten Kapitalbedarf zur Folge. Produktinnovationen hier stellen technologisch bedingte Diversifizierungen in verwandte Märkte dar. Erhebliche

Veränderungen des Leistungserstellungsprozesses gehen nicht mit größeren Veränderungen der Projektkosten einher.

▪ Bei *technischen Schlüsselinnovationen* ist die Produkttechnologie überdurchschnittlich innovativ, und die Produktionsprozesse sind stark modifiziert. Die Absatzmärkte sind dagegen praktisch unverändert; dies stellt ein (vorübergehendes) Hindernis für den Absatz dar, weil mit der Einführung einer Produktneuheit auch erst neue Absatzkanäle installiert werden müssen.. Projekte können Schlüsselinnovationen darstellen, was einen überdurchschnittlich veränderten Kapitalbedarf impliziert. Ferner wird die informale Organisationsstruktur des Unternehmens starken Veränderungen unterworfen. Die gesamte Produktinnovation verändert mithin das „Wesen" bzw. das Grundgefüge des Unternehmens.

Einen Wettbewerbsvorteil erzielen Unternehmen gegenüber ihren Konkurrenten in der Regel dadurch, dass sie einerseits bessere Leistung zum gleichen Preis anbieten und andererseits mit geringeren oder zumindest gleich hohen Kosten im Vergleich zur Konkurrenz arbeiten. Die Bewertung von Innovationen stellt dabei auf die Faktoren Preis, Leistung und Kosten ab. Dies ist ein Unterschied zum Ansatz von *Schlaak*, der sich in seiner Untersuchung ausschließlich auf einen „subjektiven" Ansatz der Einschätzung des Innovationsgrades bezieht.[764]

8.3.3 Erarbeitung von Innovations-Strategiekarten

Die Entwicklung einer Marken Scorecard beinhaltet auch, wenn Innovationen in den Vordergrund des Interesses rücken, dass eine Innovations-Strategiekarte ausgearbeitet wird, die Innovationen mit bestimmten Unternehmensbereichen in einen Zusammenhang bringt und wiederum die Innovationskriterien, die mit bestimmten Kennzahlen versehen werden, miteinander in Relation setzt. Hierbei darf nicht zu prozess- und projektbezogen gedacht werden, sondern es kommt vielmehr darauf an, die Innovation in einen Zusammenhang mit der Portfolio-Perspektive zu bringen. Innovationen sollten immer in Zusammenhang mit Risiken gesehen werden, die allerdings nicht überhand nehmen dürfen. Ein richtiger „Mix" aus radikalen und inkrementalen Innovationen sorgt nämlich dafür, dass die Risiken überschaubar bleiben und zu große Risiken vermieden werden; zumindest wird dadurch die Erfolgswahrscheinlichkeit von Innovationen größer, weil ja die meisten Unternehmen sich nicht nur mit einer Innovation

---

[764] Die Innovationsarten-Matrix stellt die Grundlage für Geschäftsmodellinnovations-Matrix von Labbé/Mazet dar. Vgl. Labbé/Mazet (2005), S. 899-900; Schlaak (1999), S. 196.

200

befasse.[765] Eine Innovations-Strategiekarte könnte nach *Gackstatter/Mangels* folgende Messgrößen für Innovation enthalten (vgl. Tabelle 10):[766]

	Rückblick	Status	Vorausschau	Veränderung
Finanzen	Gewinn aus neuen Produkten	Anteil Innovation an Wachstumszielen	NPV des Portfolios	Zuwachs an ROI
Kunden	Marktanteil bei Innovationen	Zufriedenheit mit Produkteinführungen	Externe Beurteilung der Innovationsstärke	Zuwachs des Markenwerts
Prozesse	Anteil Entwicklung mit Partnern	Zielerreichung Projekte (Dauer, Kosten, Qualität)	Erwartete Neueinführungen	Entwicklung der Projektentwicklungszeit
Organisation	Ungewollte Fluktuationen im Innovationsbereich	Anteil an Fremdleistungen	Erwartete Ressourcenverteilung	Stärkung der Kernkompetenzen

Tabelle 10: Messgrößen für Innovationen[767]

Eine Strategiekarte formuliert im Wesentlichen die Richtung des Vorgehens; dann müssen Ziele konkret gemacht werden, die als Wegmarken fungieren und wiederum als Indizien für den Zielerreichungsgrad der Strategie dienen. Die vier Innovationsperspektiven nach *Gackstatter/Mangels* werden um den Zeithorizont ergänzt. In dieser Hinsicht haben sich folgende Zielgrößen bewährt:[768]

- *Rückblickende Zielgrößen:* Diese werden am meisten zur Messung der Innovationsstärke eingesetzt; sie sind jedoch bezüglich künftiger Entwicklungen nicht immer aussagekräftig.

- *Status-Zielgrößen:* Geben den aktuellen Zustand wider, sind jedoch oft lediglich als „weiche" Werte ermittelbar.

- *Vorausschauende Zielgrößen:* Diese sind besonders wichtig, vor allem im Hinblick auf die aktuellen Innovationsaktivitäten.

- *Veränderung der Zielgrößen:* Diese werden oft leider vernachlässigt. Dabei sind sie von großer Bedeutung für die Beurteilung getroffener Maßnahmen (was ggf. auch eine Revision der Zielgrößen impliziert).

Beispiele für die Erarbeitung solcher Innovations-Strategiekarten bzw. für die Erarbeitung entsprechender Messgrößen sind:

---

[765] Vgl. Hauschildt/Salomo (2005), S. 17.
[766] Vgl. Gackstatter./Mangels (2007), S. 219-222.
[767] Gackstatter/Mangels (2008), S. 221.
[768] Vgl. Gackstatter/Mangels (2008), S. 219-222.

Beispiel 1: Eine Firma plant, mit neuen Suchmaschinen und neuen Datenstrukturen neue Kunden zu akquirieren. Um dies möglichst schnell und unter Beteiligung möglichst vieler Mitarbeiter zu bewerkstelligen, erstellt die Geschäftsführung mit Hilfe von mehreren Abteilungen eine Balanced Scorecard. Die Neugestaltung der Datenanalyse sollten Leistungen und Service für die Kunden optimieren. Für diesen Zweck würden auf der IT-Ebene die technologischen Voraussetzungen festgelegt, als auch beim Personal eine Erweiterung der Mitarbeiterkompetenzen vorgenommen und die Anforderungen an deren Lernbereitschaft erhöht werden.[769]

Beispiel 2: Innovationen haben die Versicherungswirtschaft in den letzten Jahren vorrangig in Form von integrierten IT-Systemen, Prozessverbesserungen und alternativen Vertriebskanälen geprägt. Wurde damit bislang vor allem die Erzielung von Kostenvorteilen forciert, gewinnt heute zusehends auch die Suche nach Differenzierungsmöglichkeiten und richtungsweisenden Innovationen an Bedeutung, um dem verstärkten Wettbewerb und wachsenden Kundenansprüchen gerecht werden zu können.[770] Auf die Frage, welche Treiber für die Versicherungswirtschaft entwicklungsfördernd seien, wurden in einer Studie von *Accenture, I-Lab, ETH Zürich* und der *Universität St. Gallen*[771] im Jahr 2008 folgende Antworten gegeben (vgl. Abbildung 81):

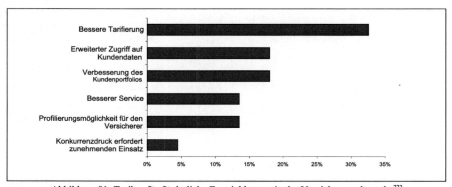

Abbildung 81: Treiber für förderliche Entwicklungen in der Versicherungsbranche[772]

---

[769] Vgl. Gackstatter/Mangels (2008), S. 222.

[770] In der Versicherungswirtschaft sollen beispielsweise technologiebasierte Innovationen eingeführt werden. Vgl. Ackermann/Fleisch/Scherer (2008), S. 9.

[771] Bei dieser Studie wurden während der empirischen Befragung 45 Führungskräfte auf Geschäftsleitungs- und Verwaltungsratsebene aus Deutschland, Österreich und der Schweiz befragt. Versicherungsseitig lag der Schwerpunkt dabei mit 38 Prozent der beteiligten Studienteilnehmer auf der Sach- und Personenversicherung, Industrieversicherung und Broker, Rückversicherer sowie Lebens- und Krankenversicherung waren mit je mehr als 10 Prozent an der Erhebung beteiligt, branchen-fremde Unternehmen mit 23 Prozent. Vgl. Ackermann/Fleisch/Scherer (2008), S. 9.

[772] Ackermann/Fleisch/Scherer (2008), S. 14.

202

Bessere Tarifierung, erweiterter Zugriff auf Kundendaten sowie die Verbesserung des Kundenportfolios sind also aus Sicht der Versicherer die wichtigsten Treiber für eine erfolgreiche Entwicklung in der Versicherungsbranche. Um das Bild zu komplettieren, wurde dementsprechend nach entwicklungshemmenden Entwicklungen gefragt (vgl. Abbildung 82):

Abbildung 82: Entwicklungshemmende Faktoren für die Versicherungsbranche[773]

Datenschutzaspekte und damit verbundene Reputationsrisiken[774] für die Versicherungswirtschaft (z. B. dann, wenn ihnen in der Öffentlichkeit vorgeworfen wird, mit Kundendaten unsensibel umzugehen oder mit diesen Missbrauch zu treiben) sind aus Sicht der Versicherer die entscheidenden entwicklungshemmenden Faktoren; dann folgen die Punkte „Tarife ohne Kollektivausgleich" sowie „hohe Technologiekosten". Aber auch die mögliche Überforderung des Kunden durch die Zunahme der Komplexität der Produkte und die Zunahme der Datenmenge sind nach Ansicht der Versicherer Punkte, die entwicklungs- und geschäftshemmend wirken können. Auf die Frage, was man den Kunden bieten müsse, damit diese freiwillig Daten bereitstellen, wurde geantwortet (vgl. Abbildung 83):

---

[773] Ackermann/Fleisch/Scherer (2008), S. 14.
[774] Vgl. Schwaiger (2008), S. 6; Eberl/Schwaiger (2005), S. 838-854 oder auch Interview mit Schwaiger (Anhang 15).

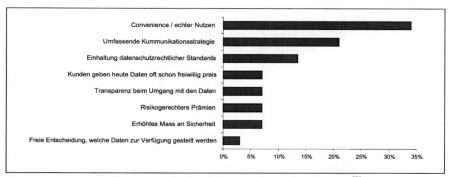

Abbildung 83: Aspekte für die Verfügbarkeit von Kundendaten[775]

Der „echte" Kundennutzen steht hier eindeutig im Vordergrund. Nach Ansicht der Versicherer muss aber auch unter anderem eine umfassende Kommunikationsstrategie seitens der Versicherungswirtschaft entwickelt sowie auf die Einhaltung datenschutzrechtlicher Standards auf alle Fälle geachtet werden. Auf die Frage, in welchen Bereichen der Einsatz ubiquitärer Technologien von Relevanz sei, antworteten die Befragten folgendermaßen:

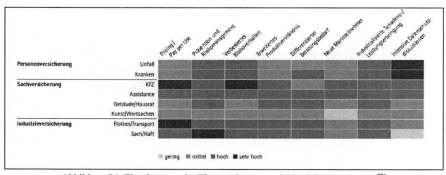

Abbildung 84: Einschätzung der Thesenrelevanz nach Versicherungssparten[776]

Wie die Auswertung zeigt, erwarten beispielsweise die Experten den größten Einfluss ubiquitärer Technologien in der KFZ-Sparte. Insbesondere nutzungsbasierten Pricingmodellen und einem durch Technologie unterstützten, verbesserten Risikoverhalten wird dabei Potential eingeräumt. Zudem ist eine zunehmende Industrialisierung der Schadensabwicklung nach Ansicht der Branchenvertreter durch den Einsatz ubiquitärer Technologien denkbar.[777] Wenn

---

[775] Ackermann/Fleisch/Scherer (2008), S. 16.
[776] Ackermann/Fleisch/Scherer (2008), S. 38.
[777] Vgl. Ackermann/Fleisch/Scherer (2008), S. 38.

man aus diesen Aussagen eine innovationsorientierte Marken Scorecard entwickeln will, muss man sich für den Technologiebereich an folgende Kriterien halten und dafür dementsprechende Kennzahlen entwickeln (=Handlungsempfehlungen vgl. Abbildung 85):[778]

- „Awareness" (Aufmerksamkeit) für die Bedeutung ubiquitärer Systeme im Technologiebereich schaffen.

- Eine detaillierte Kundenwertanalyse entwickeln (Kundengruppen identifizieren, loyale und profitable Kunden herausfinden).

- Umfassende Netzwerkfähigkeiten aufbauen (Zusammenarbeit mit Technologieanbietern, Serviceprovidern und Telekommunikationsunternehmen).

- Interdisziplinäre Denkansätze fördern (Schaffung einer „Denkkultur" im Unternehmen, Zusammenbringen verschiedenster Wissenszweige und Disziplinen innerhalb und außerhalb des Unternehmens).

- Hybride Geschäftsmodelle entwickeln (Flexibilisierung der Versicherungsprodukte, Ausdifferenzierung des Leistungsspektrums).

- Schaffung einer robusten Informatikbasis (Unternehmens-IT offen, integriert und mehrkanalig gestalten).

- Einen strukturierten und offenen Innovationsprozess etablieren (Schaffung der Rahmenbedingungen für eine wirkliche Innovationskultur im Unternehmen).

- Das Prinzip des „Trial and Error" einführen (neue Produkte z. B. erst in kleineren, abgegrenzten, überschaubaren Märkten einführen, um sie bei Erfolg dann auf größere Märkte auszudehnen).

- Einen Zusammenhang zwischen „Low Cost" und „High-Tech" im Unternehmen herstellen (Präferierung inkrementeller Innovationen, die Kostenbewusstsein generieren).

- Klare Verantwortlichkeiten schaffen (der Einsatz neuer Technologien ist eine Strategiefrage und bedarf deswegen der Unterstützung durch die Geschäftsleitungsebene. Eine klare Zuteilung von Verantwortlichkeiten in technologiebasierten Bereichen bzw. bei deren Innovation ist von entscheidender Bedeutung für den Unternehmenserfolg).

Abbildung 85: Handlungsempfehlungen zur Kennzahlenentwicklung[779]

Diese ganzen Maßnahmen lassen sich unter das Motto stellen: „Getreu dem Paradigma, dass nicht steuerbar ist, was nicht gemessen werden kann, gilt es, neue Kennzahlen im Führungsmodell der Versicherer zu etablieren, um den Grad der Zielerreichung in der Produkt- und Serviceentwicklung transparent und nachvollziehbar zu gestalten."[780] Dies versetzt die Unternehmen in die Lage, präzise und flexibel zu entscheiden, an welcher Stellschraube nun

---

[778] Vgl. Ackermann/Fleisch/Scherer (2008), S. 40.
[779] In Anlehnung an Ackermann/Fleisch/Scherer (2008), S. 40.
[780] Ackermann/Fleisch/Scherer (2008), S. 41.

gedreht werden soll, um innerhalb des vorhandenen Innovationspotentials für den Unternehmenserfolg optimale Neuerungsgrade zu erreichen. Einige Konsequenzen und Anregungen für weiterführende Forschungen mögen sich aus der Zusammenfassung sowie aus den Implikationen für die Praxis ergeben. Dazu bedarf es jedoch noch weiterer empirischer Forschung, weil es sich hier lediglich um vorgeschlagene Kriterien für die Entwicklung einer Innovations-Scorecard für die Versicherungswirtschaft handelt, die noch in die Praxis umgesetzt werden müssen.

8.4 Entwicklung der innovationsorientierten Marken Scorecard

8.4.1 Struktur der Marken Scorecard

Bei der Entwicklung einer innovationsorientierten Marken Scorecard sind grundsätzlich folgende Faktoren zu berücksichtigen. Die innovationsorientierte Marken Scorecard soll helfen, den optimalen Innovationsgrad zu ermitteln (welcher empirisch zu bestätigen ist). Dabei lautet die grundlegende These dieser Arbeit: Es gibt mehrere optimale Innovationsgrade, abhängig von der Zielgruppe (z.B. Alter, Land und Branche usw.). Etwaige Gründe für einen Rückgang des Produkterfolges können sein (vgl. Abbildung 77 in Kapitel 7.3.3):

- Zu schnelle Markteinführung ohne den Kunden einzubinden.
- Zu komplexe Technik.
- Mangelndes Vertrauen.

Hieraus resultiert ein geringerer Markenwert (durch Imageverlust, d. h. Verlust an Markenstärke und / oder geringerer Produktabsätze bzw. Umsätze). Grenznutzen und Elastizitäten dürften in diesem Kontext auch eine Rolle spielen; wenn mehr Wettbewerber auf dem Markt sind und das Produkt zusammen mit der dazu gehörigen Technologie kopieren, sinkt der Produktverkaufs-erfolg bei gleich bleibendem Innovationsgrad (Beispiel MP3-Player). Der Erste im Markt hat immer einen Vorteil gegenüber der Konkurrenz (z.B. Ebay als First Market Mover), aber auch das Risiko gänzlich am Markt zu scheitern. Ganz wichtig ist in diesem Zusammenhang auch immer, dass der Innovationsgrad mit der Konkurrenz bzw. mit dem allgemeinen Branchen-umfeld in Relation gesetzt wird.

Zudem gewöhnen sich die Kunden relativ schnell an Produktinnovationen und empfinden diese nicht mehr als neu. Das heißt die Entwicklung eines Produkts / einer Marke muss daher immer im Einklang mit Kunden stehen und muss kontinuierlich an die Bedürfnisse des Kunden angepasst werden (siehe *Persil*). Es ist auch empirisch nachgewiesen worden, dass die Einzigartigkeit eines Produkts und der Kundennutzen entscheidende Faktoren sind, wenn der Innovationsgrad einen positiven Einfluss auf die Erfolgsfaktoren (vgl. hierzu auch Abbildung 18 in Kapitel 3.2.1) haben soll.[781] Dies kann die negativen Einflüsse, die ein zu hoher Innovationsgrad auf innerorganisatorische Aspekte des Unternehmens aufweisen kann, kompensieren oder sogar überkompensieren. Andere Gesichtspunkte sind:

- Wie kann der Scheitelpunkt (Optimum) auf konstantem Level gehalten werden oder optimalerweise nach oben erhöht werden?

- Wie müsste ein Controllingkonzept aussehen, welches diese Anforderungen berücksichtigt? Verschiedene Kennzahlen sind bereits aufgezeigt worden. Dies bedarf aber noch weiterer empirischer Untersuchungen.

- Der Verkaufspreis wird vermutlich auch an den Innovationsgrad gekoppelt sein. Ein höherer Innovationsgrad hat vermutlich einen höheren Verkaufspreis zur Folge (Amortisation von F&E-Kosten), wodurch auch der Produkterfolg maßgeblich beeinflusst wird (z. B. auch beim Absatz im Ausland).

Der Innovationsgrad wirkt somit auf zwei Teile des Markenwertes: den finanziellen Aspekt und auf die Markenstärke. Wie bereits in Kapitel 5.1 aufgezeigt werden konnte, ist der Markenwert das Produkt aus:

1. der finanziellen Seite (Der Wert wird mittels eines DCF Verfahren ermittelt. Hierbei wird der Wert der Marke mittels eines Conjoint-Verfahrens aus dem Unternehmenswert extrahiert.) und

2. der Markenstärke (Der Innovationsgrad wird ein Teil der Markenstärke, wenn die Innovation ein Bestandteil der generellen Markenbedeutung ist. Als Beispiel kann dazu Folgendes angeführt werden: Dem Kunden ist bei dem ausgewählten Markenprodukt die Innovation wichtig. Falls das nicht so sein sollte, hat die Innovation keinen Einfluss auf die Markenstärke und somit keinen Einfluss auf den Markenwert.).[782]

Daher könnte es theoretisch sein, dass die finanzielle Seite bei einem höheren Innovationsgrad sinkt (da hohe F&E-Kosten), aber die Markenstärke kurzfristig zulegt, da dem Kunden Innovationen wichtig sind. Aus Marketinggesichtspunkten sollte das Unternehmen zunächst versuchen, seinen Markenstärke-Index im Vergleich zum Wettbewerb zu verbessern. Die

---

[781] Vgl. Gemünden/Kock (2008), S. 207; Kotzbauer (1992), S. 13; Steinhoff (2008), S. 7-8.
[782] Vgl. Reinecke (2004), S. 440.

Markenstärke ist durch gezielte „Brand Investments" vom Unternehmen unmittelbar beeinflußbar.[783] Durch die erhöhte Markenpräsenz und dem verbesserten Markenstärke-Index sollte sich dann auch der Erfolg auf der finanziellen Seite entsprechend einstellen. Eine vollständige Darstellung einer Marken Scorecard beinhaltet eine Zusammenfassung von Struktur- und Prozessdimension. Die Strukturdimension umfasst dabei die Eigenschaften von Organisationsstrukturen, je nach Anforderungen entweder Stabilität / Kontrolle oder Flexibilität / Anpassungsfähigkeit.

Die Prozessdimension umfasst Unterdimensionen wie die Kunden-Lieferanten-Prozesse, Entwicklungsprozesse, unterstützende Prozesse, Management- sowie Organisationsprozesse.[784] Der Aufbau einer Marken Scorecard sollte mit der Strukturdimension beginnen, wobei hier die Perspektiven und die marktrelevanten Bereiche an erster Stelle stehen. Bei einer Marken Scorecard-Konzeption müssen diese zunächst definiert und selektiert werden. Die Perspektiven umfassen dabei folgende Unterkategorien (vgl. Abbildung 86):[785]

- Kundenperspektive

- Markenperspektive

- Unternehmensperspektive

- Handels- / Wettbewerbsperspektive.

Bei einer BSC werden bereits die Finanzaspekte, die Kundenaspekte, die innerbetrieblichen Prozesse sowie die Lern- / Entwicklungsperspektive thematisiert, weil sie die Kernbereiche des Unternehmenserfolges darstellen. Die Marken Scorecard muss aber noch darüber hinausgehen. Jedes Unternehmen sollte dabei seine zentralen Perspektiven selbst definieren. Die eben aufgezählten Kern-Perspektiven können hierbei entsprechende Berücksichtigung finden.[786]

---

[783] Hierbei ist jedoch zu beachten, dass die Markenstärke auch noch gewissen nicht direkt beeinflußbaren Effekten (wie beispielsweise Erodierung einer Marke oder M&A von Marken) unterliegt, wodurch sich das Gesamtniveau der Markenstärke vom Wettbewerb verändern kann.

[784] Vgl. Linxweiler (2001), S. 127.

[785] Vgl. Linxweiler (2001), S. 124.

[786] Vgl. Linxweiler (2001), S. 124.

Abbildung 86: Struktur der markenrelevanten Perspektiven und Bereiche für die Marken Scorecard[787]

Die Perspektiven als „Oberbereiche" bzw. übergeordnete Bereiche können aus einer ganzheitlichen Unternehmensperspektive wiederum in folgende Teilbereiche untergliedert werden:[788]

- F&E-Bereich

- Produktionsbereich

- Marketingbereich

- Verwaltungsbereich.

Das nachfolgend abgebildete Schaubild muss für jedes Unternehmen und jede Marke einzeln aufgestellt und je nach Umständen und Bedürfnissen verschieden gestaltet werden. Es kann aus zusätzlichen oder aus wenigeren Bereichen bestehen, je nach dem, was für die betreffende Marke von Relevanz ist (vgl. Abbildung 87).[789]

---

[787] Linxweiler (2001), S. 124.

[788] Vgl. Linxweiler (2001), S. 125.

[789] Vgl. Linxweiler (2001), S. 125.

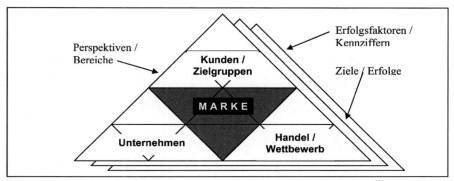

Abbildung 87: Struktur markenrelevanter Bereiche, Erfolgsfaktoren Ziele[790]

Bei der innovationsorientierten Markenscorecard wird noch der Faktor Innovationsgrad (nach der Definition von *Schlaak*[791]) in die bestehende Brand Scorecord von *Linxweiler* integriert. Bei der Strukturierung der innovationsorientierten Marken Scorecard sollte auch die Marke im Vordergrund stehen. Sie ist der zentrale Erfolgsfaktor und die zentrale Bereichsperspektive, der alle anderen Bereiche und Erfolgsfaktoren zuarbeiten. Die Marke steht mit den anderen internen und externen Perspektiven gleichberechtigt auf einer Stufe und verknüpft diese.[792] Alle Bereiche zusammen erwirtschaften innerhalb ihrer Wertschöpfungsprozesse Bereichserfolge, die ihrerseits mit bestimmten Kennziffern versehen werden. Hinter den Bereichserfolgen stehen die Erfolgsfaktoren, die unter anderem aus folgenden Komponenten bestehen:[793]

- Prägnantes Markenbild
- Pünktlichkeit
- Zuverlässige Mitarbeiter
- Innovationsdynamik
- Qualitätsdenken
- Schnelligkeit
- Fehlerlosigkeit
- Motivation
- Handelskooperation.

---

[790] In Anlehnung an Linxweiler (2001), S. 125.
[791] Vgl. Schlaak (1999), S. 202-203.
[792] Vgl. Linxweiler (2001), S. 125.
[793] Vgl. Linxweiler (2001), S. 125.

Neben den bereichsspezifischen Erfolgsfaktoren existieren beispielsweise noch folgende Erfolgsfaktoren:[794]

- Marktanteil der Marke

- Gesamtergebnis des Unternehmens (ROI).

Die zweite Dimension der Marken Scorecard ist die *Prozessdimension*. „Sie beschreibt den chronologischen Ablauf der Scorecard-Entwicklung bzw. der Durchführung. Die Prozess-dimension meint hier ausdrücklich nicht die Prozessfaktoren und Prozesserfolge der Perspektiven und Bereiche. Diese sind in den Bereichs- und Erfolgsfaktoren-Betrachtungen dargestellt. Bei der Prozess-Dimension beginnt man mit dem Status der relevanten Bereiche und kommt danach zur Ermittlung und Selektion sowie zur Bewertung der Erfolge, der Erfolgs-faktoren und der dazu gehörigen Prozesse."[795] Die erste Prozessstufe umfasst die Ermittlung der Kennzahlen, die zur Formulierung der Visionen für die Marke dienen. Die nächste Stufe ist die Festlegung der Ziele (Strategische Ziele, Perspektivziele). Operative Ziele werden anschließend in der dritten Stufe definiert. Die vierte Stufe umfasst die Erfolgskontrolle (Feedback) sowie die Lernperspektive.[796]

Damit ergeben sich für die innovationsorientierte Marken Scorecard fünf zentrale Perspektiven: Die Markenperspektive (Markenwert), die Handels- / Wettbewerbsperspektive (Absatz, Ressourcen, Marktpositionierung, etc.), die Kundenperspektive (Kundennutzen, Kundenloyalität, Kundenakquise, etc.), die Unternehmensperspektive (beispielsweise Personal, informale und formelle Organisationsstrukturen, Management)[797] sowie zusätzlich die Perspektive des optimalen Innovationsgrades, die *Linxweiler* herausgearbeitet hat.[798] Dabei sind die Perspektiven ineinander „verschachtelt" und lassen sich in der betrieblichen Praxis nicht immer klar voneinander trennen. Wichtig ist auf alle Fälle hervorzuheben, dass diese fünf Perspektiven die zentralen Orientierungsgrößen darstellen.

---

[794] Vgl. Linxweiler (2001), S. 126.
[795] Linxweiler (2001), S. 126.
[796] Vgl. Linxweiler (2001), S. 126.
[797] Vgl. Linxweiler (2001), S. 124, Abb. 16.
[798] Vgl. Schlaak (1999), S. 239.

2222

8.4.2 Innovationsgrad als multidimensionales Konstrukt

Die Marke und ihr optimaler Innovationsgrad sollten auf alle Fälle die entscheidende Orientierungsgröße darstellen, um den Markenwert mit Hilfe des Innovationsgrades zu erhöhen.[799] Weil aber ein Unternehmen nicht nur an einer Innovation arbeitet, sondern fast immer gleichzeitig an mehreren, kann es in diesem Zusammenhang nur darum gehen, die durchschnittliche Erfolgsquote von Produktinnovationen zu steigern, damit die „Flopraten" kompensiert bzw. sogar überkompensiert werden können und dadurch auch der Markenwert erhöht werden kann. Allerdings ist auch auf dem Gebiet des Mehrmarkencontrollings noch zusätzliche empirische Forschung zu leisten, weil der bisherige Forschungsstand auf diesem Gebiet noch nicht recht zu befriedigen vermag.[800] Zudem sollte die optimale Innovationshöhe in Verbindung mit dem Markenwert insbesondere aus der Kundenperspektive betrachtet werden, da nur die vom Kunden gewünschten und akzeptierten Innovationen zu dem ersehnten Erfolg führen. Der erwartete Nutzen steigt mit wachsendem Innovationsgrad zunächst an und verringert sich bei einem zu hohen und nicht zielgruppen- bzw. länderkonformen Innovationsgrad wieder, während das Risiko der Adaption überproportional ansteigt.

Die Abwägung von Kosten und Nutzen lässt sich somit als umgekehrt u-förmige Beziehung darstellen, was einen optimalen Grad von Neuartigkeit impliziert. Ist allerdings ein Produkt *zu* innovativ (z. B. dann, wenn dies zu große technische bzw. organisatorische Umstrukturierungen bei den innerbetrieblichen Abläufen erfordert oder die Kunden das innovative Produkt nicht annehmen usw.), dann übersteigen die Kosten den Nutzen des Produktes für das Unternehmen bei weitem.[801] *Kotzbauer* spricht in diesem Zusammenhang von einem optimalen Innovationsgrad (vgl. Kapitel 7.3.1).[802]

Neuere Ansätze zum Innovationsgrad konzeptionalisieren und operationalisieren den Innovationsgrad, basierend auf der Analyse bestehender Forschungsansätze, als ein multidimensionales Konstrukt.[803] Insgesamt betrachtet gibt es Überlegungen, dass die Neuartigkeit einer Innovation kein eindimensionales Konstrukt ist, sondern nach mehreren Perspektiven („neu für wen?": Mikro- vs. Makroperspektive) und nach mehreren Determinanten und Konsequenzen („in welcher Hinsicht neu?": Markt, Technologie und Umfeld) beschrieben werden sollte. In der Literaturrecherche stellen *Garcia/Calantone* (2002) sowie *Braunschmidt* (2005) fest, dass die

---

[799] Vgl. Linxweiler (2001), S. 125.
[800] Vgl. Kullmann (2006), S. 127.
[801] Vgl. Gemünden/Kock (2008), S. 207.
[802] Vgl. Kotzbauer (1992), S. 221-230.
[803] Vgl. Billing (2003); Avlonitis/Papastahopoulou/Gounaris (2001); Hauschildt/Schlaak (2001); Danneels/Kleinschmidt (2001); Salomo (2003); Garcia/Calantone (2002); Green/Gavin/Aiman-Smith (1995).

Operationalisierung der Neuartigkeit vor allem auf vier Ebenen stattfindet.[804] Dies steht ebenso im Einklang mit *Linxweiler* (2001), welcher das Umfeld auch als einen KPI in seiner Brand Scorecard (vgl. Abbildung 72) sieht.

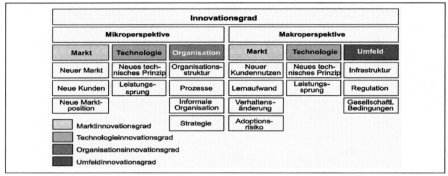

Abbildung 88: Innovationsgrad als multidimensionales Konstrukt[805]

Basierend auf der integrierten Betrachtung des Forschungsstandes durch *Salomo*[806] und *Billing*[807] stellt *Steinhoff* den Innovationsgrad auch als ein multidimensionales Konstrukt mittels vier Dimensionen dar. Sowohl auf Mikro- (einzelne Unternehmensebene) als auch auf Makroebene (allgemeines gesellschaftliches Umfeld, allgemeine Marktentwicklung, Technologieentwicklung) müssen immer die drei Ebenen Markt, Technologie und Organisation / Umfeld berücksichtigt werden. Auf der Mikroebene steht als dritter Faktor die Organisationsstruktur des Unternehmens, auf der Makroebene das Umfeld[808] im Fokus des Interesses.

Auf der Mikroebene sind für das Einzelunternehmen die Akquirierung neuer Kunden und die so gefundene Marktpositionierung das Wichtigste (unter der Voraussetzung, das Unternehmen ist in einen neuen Markt eingetreten). Auf der Makroebene stehen der Kundennutzen, die allgemeine Lernbereitschaft der Mitarbeiter sich auf etwas Neues einzulassen, der Lernaufwand[809] und nicht zuletzt die Adaptionsrisiken (Risiken der Anpassung an die Innovation) im Vordergrund.[810] Eine differenzierte Erfolgsbetrachtung der Innovationsgrade auf den Ebenen der Innovationsgrad-

---

[804] Vgl. Garcia/Calantone (2002), S. 118-119; Braunschmidt (2005), S. 13-14; Steinhoff (2008), S. 10-11.

[805] Steinhoff (2008), S. 10. Vgl. auch Krieger (2004), S. 16 und Salomo (2003), S. 406.

[806] Vgl. Salomo (2003), S. 412.

[807] Vgl. Billing (2003), S. 30.

[808] Infrastruktur eines Landes, gesetzliche Regelungen, allgemeine gesellschaftliche Rahmenbedingungen.

[809] Wie lange dauert es bis das Neue gelernt wird, wie hoch sind die (Um-)Schulungs- und Fortbildungskosten und wie hoch sind die Kosten des Feedback- und des damit verbundenen Lernprozesses.

[810] Vgl. Steinhoff (2008), S. 7-9.

Dimensionen Markt, Technologie, Umwelt sowie Organisation ergibt folgende zusammenfassende Befunde, die dem gegenwärtigen Stand der Forschung entsprechen:[811]

- Ein hoher *Markt-Innovationsgrad* kreiert neue Potentiale für ein Unternehmen.[812] Allerdings müssen bei einem neu adressierten Kundennutzen auch die Kunden die Bereitschaft mitbringen, um gegebenenfalls ihre Einstellung und ihr Verhalten zu verändern. Dies bedingt jedoch ein höheres Risiko, was sich typischerweise negativ auf den Erfolg auswirkt.[813] Da hier den vielen „Flops" nur wenige besonders eindrucksvolle Erfolge gegenüberstehen, kann hieraus keine eindeutige Korrelation des Innovationserfolgs abgeleitet werden.[814]

- Der *Technologie-Innovationsgrad* hängt ebenso wie der Markt-Innovationsgrad von gewissen, unwägbaren Risiken ab. Ein hoher Technologie-Innovationsgrad ist mit Ungewissheiten verbunden, weil noch Erfahrungswerte fehlen. Zu hohe technologische Innovationen können auf Kunden eher abschreckend wirken.[815] Wie beim Markt-Innovationsgrad stehen auch hier einige wenige spektakuläre Erfolge vielen Fehlinvestitionen gegenüber, insbesondere bei radikalen Innovationen.[816] Eine allgemeine Richtlinie für den Erfolgszusammenhang lässt sich derzeit empirisch noch nicht ableiten. Dies bedarf weiterer Forschung.

- Der *Umfeld-Innovationsgrad*, das heißt die gesamtgesellschaftlichen Effekte einer Innovation, haben in den meisten Fällen negative Auswirkungen auf den Erfolg einer radikalen Innovation.[817] Dies schließt jedoch nicht aus, dass beispielsweise bestimmte Kundensegmente (z. B. junge, kaufkräftige Konsumenten) im Gegensatz zur allgemeinen Öffentlichkeit einer radikalen Innovation sehr aufgeschlossen gegenüber stehen (z. B. bei Handys, bestimmten Softwareentwicklungen oder Hardware-Technologien).

---

[811] Vgl. zu den unterschiedlichen Dimensionen die jeweiligen Innovationsgrade bei Krieger (2004), S. 69-70.
[812] Vgl. Müller-Stewens/Lechner (2005), S. 326-329; Christensen/Overdorf (2000), S. 72.
[813] Vgl. Schlaak (1999), S. 100; Dannells/Kleinschmidt (2001), S. 361; Krafft/Krieger (2004), S. 211.
[814] Vgl. Hauschildt/Salomo (2004), S. 26-27.
[815] Vgl. O'Connor/Veryzer (2001), S. 154.
[816] Vgl. weiter ausführlich Hauschildt/Salomo (2004), S. 21-27.
[817] Vgl. Song/Montoya-Weiss (1998), S. 126; Leifer/O'Connor/Rice (2001), S. 102-113.

214

- Ein hoher *Organisations-Innovationsgrad* (das heißt ein hohes Ausmaß an organisatorischen Umstrukturierungen in den Produktionsabläufen, hohe Umstellungen für das Personal bzw. der Mitarbeiter in den Kommunikations- und Arbeitsabläufen, Umstellungen in der Hierarchie, zwischen Abteilungen) stellt für ein Unternehmen eine Diversifikation seines Kompetenzportfolios dar (was im negativsten Fall zur internen Zersplitterung seiner Gesamt-Kompetenzen führen kann).[818] Dies bedeutet, dass ein relativ niedriger Organisations-Innovationsgrad mit einem Innovationserfolg insgesamt positiv korreliert.[819]

An dieser Stelle sei nochmals betont, dass für die Markt- und Technologie-Dimension hohe Innovationsgrade von essentieller Bedeutung sind, auch wenn nur wenige dieser Innovationsvorhaben von Erfolg gekrönt sein werden. Diese Innovationen sichern jedoch den Fortbestand des Unternehmens und tragen positiv zum allgemeinen Wirtschaftswachstum bei. Die Marke, verbunden mit der Innovationsperspektive, sollte dabei immer im Mittelpunkt des Interesses stehen.[820] Kunden-, Unternehmens- sowie Handels- / Wettbewerbsperspektive sind um die Marke herum gruppiert.

Dies kann auch als innovationsorientierte Marken Scorecard-Pyramide (=innovationsorientierte Marken Scorecard) in der folgenden Abbildung (vgl. Abbildung 89) zusammengefasst werden, bei der der Innovationsgrad nach *Schlaak* mit den Perspektiven nach *Linxweiler* kombiniert wird, wobei die Marke das Zentrum bzw. den „Inhalt" der Pyramide bildet:

---

[818] Vgl. Schlaak (1999), S. 67; Müller-Stewens/Lechner (2001), S. 214; Krieger (2004), S. 69-70.
[819] Vgl. Krieger (2004), S. 69-70.
[820] Vgl. Linxweiler (2001), S. 106.

215

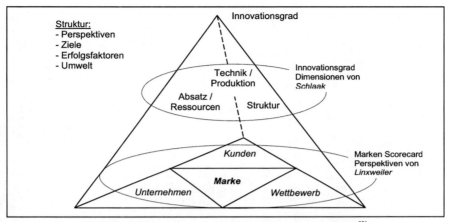

Struktur:
- Perspektiven
- Ziele
- Erfolgsfaktoren
- Umwelt

Innovationsgrad

Technik /
Produktion

Absatz /
Ressourcen

Struktur

Innovationsgrad
Dimensionen von
Schlaak

Kunden

Marke

Unternehmen

Wettbewerb

Marken Scorecard
Perspektiven von
Linxweiler

Abbildung 89: Innovationsorientierte Marken Scorecard-Pyramide[821]

Eine empirische Auseinandersetzung mit der Brand Scorecard nach *Linxweiler* wurde bislang noch nicht vorgenommen.[822] Vielleicht hilft in der vorliegenden Arbeit die neu geschaffene innovationsorientierte Marken Scorecard Pyramide mit der Einbeziehung des Innovationsgrades nach *Schlaak* auch dabei empirische Untersuchungen in diese Richtung zu initiieren. Einige Konsequenzen und Anregungen für weiterführende Forschungen mögen sich aus der Zusammenfassung sowie aus den Implikationen für die Praxis ergeben.

---

[821] Eigene Darstellung in Anlehnung an die Marken Scorecard von *Linxweiler* kombiniert mit dem Innovationsgrad nach *Schlaak*.

[822] Vgl. Hubbard (2004), S. 182.

9 Resümee und weiterführende Gedanken für Wissenschaft und Praxis

9.1 Zusammenfassung wissenschaftlicher Erkenntnisse

Ein umfassendes Markencontrolling bedeutet nicht nur Markenmessung bzw. -kontrolle, sondern dient durch Berücksichtigung verschiedener Steuerungsgrößen der unternehmensweiten Markensteuerung. Die bestehenden Marketingplanungs- und Marketingcontrollingansätze nutzen das Potential von Kennzahlen und Kennzahlensystemen bisher nicht genügend und sind nur teilweise geeignet, die Koordinationsprobleme des Marketings zu lösen. In dieser Arbeit geht es darum, die Basis für die Entwicklung einer innovationsorientierten Brand Scorecard zu schaffen, die wiederum eine Weiterentwicklung der Balanced Scorecard darstellt (vgl. Kap. 6.1.2 und 6.2). Für diesen Zweck wird ein Kennziffernsystem generiert, mit dessen Hilfe die Prozess- und Strukturqualität von Unternehmen sowie deren organisatorische Abläufe unter Einbeziehung der Arbeitnehmer optimiert werden sollen. Die Brand Scorecard stellt dabei die Steigerung des Markenwerts des Unternehmens in den Mittelpunkt. Hierbei ist zu beachten, dass der Markenwert mit dem Kundennutzen sehr stark korreliert.

Die Aufgabe einer innovationsorientierten Marken Scorecard ist es nun, die optimale Innovationsgradhöhe von Marken zu ermitteln, um so den Markenwert zu erhöhen. Um dies in die Tat umzusetzen, empfiehlt es sich, das Innovationsgradkonzept von *Schlaak* (1999) mit dem Marken Scorecard Ansatz von *Linxweiler* (2001) zu verbinden, womit sich die optimale Innovationsgradhöhe mit Hilfe der Kennziffernsysteme der Brand Scorecard herausfinden lässt. Dabei stellt der optimale Innovationsgrad immer eine Kombination aus den Innovationsgradfaktoren der verschiedenen Unternehmensdimensionen dar, wobei die Faktoren Produkttechnologie, Absatz und Ressourcen (Kapitalbedarf) die Bedeutendsten sind. Aber auch eine optimierte formale Organisation sowie die Steigerung des Qualifikationsniveaus und der fachlichen wie sozialen Kompetenzen der Mitarbeiter sind wichtige Faktoren, die bei der Ermittlung der Innovationshöhe bzw. des Innovationsgrades eine besondere Rolle spielen (Strukturdimension). Es existiert allerdings ein Optimum, dessen Unterschreitung negative Folgen für die Innovationsaktivitäten des Unternehmens haben könnte (vgl. Abbildung 76). Deshalb ist es notwendig den Punkt heraus zu stellen, an welchem die unterschiedlichen Innovationsgrade in den verschiedenen Dimensionen das bestmögliche Verhältnis zueinander bilden.

Das bestmögliche Verhältnis lässt sich unternehmensindividuell bestimmen: Mal ist es eine bestimmte Zielgruppe die avisiert wird, mal soll eine bestimmte Region mit Innovationen „versorgt" werden, wodurch theoretisch auch mehrere optimale Innovationsgrade bestehen können. Die optimale Relation hängt immer von der jeweiligen Zielsetzung der vorliegenden

Unternehmensstrategie ab, die im konkreten Einzelfall verfolgt wird. Für den optimalen „Innovationsgradmix" gibt es jedoch (noch) keine allgemeingültige Doktrin. Die jeweiligen Kennziffern der innovationsorientierten Brand Scorecard liefern dafür Hinweise in Form von „Indizien", die als „Indikatoren" bezeichnet werden.[823]

Der ressourcenbasierte und durch Befragungen ermittelte Innovationsgrad von *Schlaak* wird dabei im Wesentlichen von drei Faktoren bestimmt:[824]

- Absatzmarkt
- Ressourcen
- Produkttechnologie.

Schlaak verwendet dabei eine *subjektive* unternehmensindividuelle Einschätzung, die die Frage beantworten soll: „Wie neu ist die Innovation für das Unternehmen aus Sicht des Unternehmens?"[825] Diese Frage kann dadurch beantwortet werden, dass man das Innovationspotential zu den realen Innovationsaktivitäten in Beziehung setzt – allerdings stellt sich damit auch unweigerlich die Frage, wie das Potential adäquat gemessen werden kann (vgl. Kapitel 6.2).

Absatzmarkt und Ressourcen (Kapitalbedarf) bilden dabei die gemeinsame Dimension „Absatz / Ressourcen". Eine Veränderung des Zwecks der Produktaufgabe (z. B. Einführung eines vollständig neuen Produkts oder die Modifikation eines bereits etablierten, alten Produkts hinsichtlich Design, Funktion) wird durch eine Veränderung des Ressourcenbedarfs für Produktinnovationen begleitet. Die Bearbeitung noch wenig bekannter Märkte wird im Vergleich zu technologischen Innovationssprüngen als ausnehmend ressourcenintensiv registriert. Die Produkttechnologie kann nicht als eigenständige Dimension behandelt werden, sondern ist Teil der Dimension „Technik / Produktion", welche durch die Faktoren „Beschaffung" und „Produktionsprozess" komplettiert wird. Diese Faktoren bilden zusammen den produktionstechnischen Kern eines Unternehmens. Die technisch eingesetzten Mittel werden modifiziert, um eine neue Produktaufgabe zu bewältigen bzw. in die Tat umzusetzen.[826] Als weitere Faktoren kommen die formale und informale Organisation sowie der Beschaffungsbereich und

---

[823] Dabei lässt sich die innovationsorientierte Brand Scorecard durchaus mit anderen Methoden verknüpfen, um die benötigten Innovationsgradkriterien heraus zu finden. Beispielsweise mit anderen Unternehmensführungs- und Management-Instrumenten (Shareholder-Value-Ansatz, PIMS, TQM). Vgl. Linxweiler (2001), S. 290-293.
[824] Vgl. Schlaak (1999), S. 59-61 und S. 169-171.
[825] Vgl. Schlaak (1999), S. 190.
[826] Vgl. Schlaak (1999), S. 196.

Produktionsprozess hinzu.[827] Die verschiedenen Innovationsgradfaktoren von *Schlaak* beziehen sich somit ausschließlich auf die Mikroebene eines Unternehmens. In der Literaturrecherche stellen *Garcia/Calantone* (2002), *Braunschmidt* (2005) und *Steinhoff* (2008) fest, dass die Operationalisierung der Neuartigkeit vor allem auf vier Ebenen beruht (vgl. hierzu auch Kapitel 8.4).[828] Dies steht ebenso im Einklang mit *Linxweiler* (2001), welcher die Umwelt auch als einen KPI in seiner Marken Scorecard (vgl. Abbildung 72) sieht. Verbindet man diese Modelle mit der verkürzten Innovationsgrad-Skala von *Schlaak* (1999), kann mit diesem Messinstrument der Innovationsgrad nicht nur typologisch eingeordnet werden, sondern es lässt sich auch der Innovationsgrad auf Mikro- und Makroebene bestimmen (vgl. Tabelle 11):[829]

Dimensionen	Faktoren	Ebene	Indikatoren	Verkürzte Innovationsgrad-Skala: Fragen bzw. Aussagen
Technik / Produktion	*Produkttechnologie*	Mikro	Technologisches Wissen Produkttechnologie Produkttechnik Technische Komponenten	Die in der Produktneuheit eingegangene Technologie ist für das Unternehmen sehr neu gewesen.
	Beschaffungsbereich	Mikro	Lieferantenverhalten Materialien Lieferbeziehungen	Bei der Produktion der Produktneuheit konnte sehr wenig auf bestehende Lieferbeziehungen zurückgegriffen werden.
	Produktionsprozess	Mikro	Produktionsanlagen Produktionsmontageverfahren Produktionsverfahren	Die benötigten Produktionsanlagen waren im Unternehmen weitestgehend nicht vorhanden.
Absatz / Ressourcen	*Absatzmarkt*	Mikro	Vertrieb Kunden Kommunikation	Die Neuartigkeit hat sehr viele, von ihrem Unternehmen noch nicht bediente Kunden angesprochen und neue Vertriebskanäle erfordert.
	Kapitalbedarf	Mikro	Marketingkosten F&E-Kosten Investitionen in Produktionsprozess	Die Marketing- und F&E-Ausgaben haben weit überdurchschnittliche Höhen erreicht.
Struktur	*Formale Organisation*	Mikro	Produktionsmanager Bildung einer Organisationseinheit	Die Notwendigkeit für die Produktneuheit eine eigenständige Abteilung oder Gruppe zu bilden ist sehr groß gewesen.
	Informale Organisation	Mikro	Soziales Verhalten Unternehmenskultur Soziale Kompetenzen Managementwissen Wertvorstellungen Strategie Produktionsbereich	Die Entwicklung, Einführung und der Verkauf der Produktneuheit hat sich bisher in der Firma und Kultur stark verändert.
Umwelt	*Wettbewerb*	Makro	Market Newness	Wie hoch schätzen Sie die Neuartigkeit im Vergleich zu Konkurrenzprodukten ein?
	Lebenszyklus	Makro	Technology Newness	In welcher Phase des Technologie-Lebenszyklusses befindet sich die Technologie?

Tabelle 11: Bestimmung des Innovationsgrades und typologische Einordnung[830]

---

[827] Jedoch muss betont werden, dass die Faktoren Absatzmarkt, Ressourcen sowie Produkttechnologie eindeutig im Vordergrund stehen. Vgl. Schlaak (1999), S. 185.

[828] Vgl. Garcia/Calantone (2002), S. 118-119; Braunschmidt (2005), S. 13-14; Steinhoff (2008), S. 10-11.

[829] Vgl. Braunschmidt (2005), S. 14.

[830] In Anlehnung an Schlaak (1999), S. 198; Braunschmidt (2005), S. 14.

220

In den Dimensionen von *Schlaak* steht die betriebswirtschaftliche Sicht einer Innovation im Vordergrund, da ausschließlich neuartige Produkte betrachtet werden. Durch diese rein subjektive Unternehmenssicht wird jedoch der Fall ausgeschlossen, dass für eine bereits bekannte Technik völlig neue Anwendungen bzw. Produktfunktionen gefunden werden. Daher werden die Dimensionen von *Schlaak* noch um die Dimension „Umwelt" erweitert, um auf der Makroebene die Neuheit für den Markt und einen Technologievergleich zur Branche betrachten zu können. In der Umweltdimension kann zwischen der Neuartigkeit zum Konkurrenten und den Lebenszyklen differenziert werden.[831] Diese Faktoren lassen sich mit der Brand Scorecard von *Linxweiler* (2001), in welcher die *Marke* der zentrale Bezugspunkt aller unternehmerischen Strategieüberlegungen ist, in Beziehung setzen (vgl. auch Kap. 7 und 8). Folgende Dimensionen und Indikatoren bestimmen laut *Linxweiler* die Entwicklung des Markenwertes:[832]

- Unternehmen: Design, Werbung, PR, Direktmarketing, Produktqualität, Share of voice, guter Preis.

- Handel / Wettbewerb: Handelsdurchsetzung, Wettbewerbsvorteile, Lieferantenvorteile, Marktanteil.

- Kunden: Kundenverbundenheit zur Marke: Kundentreue, Vertrauen, Erinnerung, Identifikation, Share of mind.

- Marke: Markenstärke, Ökonomischer Wert der Marke, Markenpotential.

- Umfeld: Rechtliche und wirtschaftliche Rahmenbedingungen, Trends, neue Märkte, konjunkturelle Situation.

Schlaak stellt in seiner Untersuchung fest: „Veränderungen der Produkttechnologie […] erschweren das Einhalten von Kosten- und Zeitzielen in der Entwicklung von Neuprodukten. […] Veränderungen des Absatzmarktes und des benötigten Ressourceneinsatzes wirken ebenfalls effizienzmindernd. […] Der Innovationsgrad der Dimension Absatz / Ressourcen wirkt zudem effektivitätsmindernd."[833] Gemäß diesen Äußerungen bedingen Variationen des Absatzmarktes in Verbindung mit dem notwendigen Ressourceneinssatz ein effizienzminderndes Resultat. Dieser negative Input ist umso signifikanter, je intensiver sich die Projektstrategie hinsichtlich des Innovationsgrades dieser Dimension aufgrund des innovativen Prozesses verändert. Darüber hinaus sieht *Schlaak* eine Effektivitätsminderung dahingehend, dass

---

[831] Vgl. Braunschmidt (2005), S. 14.
[832] Vgl. Linxweiler (2001), S. 160.
[833] Schlaak (1999), S. 311.

potentielle Veränderungen umso intensiver ausfallen, je ausgeprägter der marktliche Innovationsgrad des Produktes ist. Somit lassen sich folgende Zusammenhänge konstatieren, die bei der Entwicklung der innovationsorientierten Brand Scorecard berücksichtigt werden müssen:[834]

- Modifikationen bei der Produkttechnologie sowie der technologieorientierten Betriebsprozesse (Produktion und Beschaffung) können unter Umständen das Einhalten von Kosten- und Zeitzielen bei der Entwicklung von neuen Produkten gefährden bzw. in Frage stellen.

- Veränderungen des Absatzmarktes und des damit in Zusammenhang stehenden Ressourcenbedarfs (Ressourceneinsatzes) können gleichfalls effizienzmindernd wirken und zwar umso mehr, je mehr die Projektstrategie bezüglich des Innovationsgrades der Dimension „Absatz / Ressourcen" im Verlauf des Innovationsprozesses modifiziert wird.

- Struktur / Mitarbeiter / Organisation: Ein hoher Innovationsgrad im Bereich der Produktionstechnologie bringt ebenso organisatorische Änderungen und höhere Qualifikationsanforderungen für die Mitarbeiter mit sich. Um die optimale Innovationsgradhöhe im Bereich der Produktionstechnologie zu erzielen, müssen von vornherein bzw. von Anfang an sämtliche Mitarbeiter in die notwendigen Veränderungen auch auf motivationspsychologischer Ebene mit eingebunden werden. Für die Arbeitnehmer müssen die Änderungen von Beginn an nachvollziehbar und transparent sein, sonst treten unweigerlich Reibungsverluste und Identifikationsprobleme in den „weichen Faktoren" (wie beispielsweise Betriebsklima, Arbeitsmotivation, Commitment) auf.

- Umfeld: Zum Umfeld zählt nach Braunschmidt in der Makroperspektive die Neuheit eines Produktes / einer Marke auf dem Markt (Market Newness) und der Lebenszyklus der Technologie (Technology Newness). Zum Umfeld nach Linxweiler zählen die rechtliche Absicherung eines Produkts / einer Marke (z. B. in Hinsicht auf Patent- und Urheberrecht), Trends, neue Märkte sowie die allgemeinen wirtschaftlichen Rahmenbedingungen (vgl. Kapitel 8.2.3).[835] Für die Umwelt- bzw. Wettbewerbsperspektive ist es jedoch notwendig, den Innovationsgrad in Relation zu anderen Wettbewerbern (relevant set) zu setzen.

---

[834] Vgl. Schlaak (1999), S. 311.
[835] Vgl. Braunschmidt (2005), S. 14.

Die innovationsorientierte Brand Scorecard stellt ein ganzheitliches Markenmanagementsystem dar. Jedoch sollte dabei nie vergessen werden, dass eine Marke nur bis zu einem bestimmten Grad gesteuert werden kann, da dem Controlling gewisse Grenzen gesetzt sind. Jede Marke besitzt ihr „Eigenleben", ihre eigene Dynamik sowie ihre eigene „Persönlichkeit" und steht unter dem Einfluss von konkurrierenden Marken, so dass sich die Entwicklung einer innovations-orientierten Marke trotz aller Steuerungsbemühungen nicht immer exakt voraussagen lässt.[836] Durch die Reduktion der an *Schlaak* angelehnten Dimensionen zur Bestimmung der Inno-vationsgrad-Skala auf den Faktor Produkttechnologie und auf die Dimension „Absatz / Ressourcen" mit den beiden Faktoren Absatzmarkt und Kapitalbedarf sowie auf die Struktur-dimension (formale / informale Organisation) und der damit modifizierten Definitions-strukturierung des Innovationsgrades[837] können bisweilen die negativen Einflussvariablen relativiert bzw. minimiert werden.[838] Ein wichtiger Beweggrund für diese dimensionale Einschränkung in dieser Arbeit begründet sich mit der Überlegung, dass diese drei primär berücksichtigten Faktoren einen direkteren Einfluss auf den Markenwert ausüben, als es die anderen beiden Dimensionen „Technik / Produktion" (ohne den Faktor „Produktionsprozess") und „Struktur" mit ihren Bestimmungsgrößen tun können.

So lässt sich beispielsweise durch diese Restriktion die immanente Problematik der recht eingeschränkten Operationalisierbarkeit des Innovationsgrades dahingehend nach unten korrigieren, dass sich die Umsatzaktivitäten und Absatzzahlen relativ problemfrei messen lassen. Der Forderung nach einer geringeren Komplexität und einer präziseren Messbarkeit des Inno-vationsgradkonstruktes wird durch die Fokussierung auf die Dimension „Absatz / Ressourcen" nachgekommen. Zudem wird dessen strategische Komponente durch eine mehrjährige Umsatz-bzw. Finanzplanung unterstützt. Dies trifft auch auf die Aufwendungen und Kosten zu, die für die entsprechenden Innovationsaktivitäten verwendet werden müssen. Dadurch besteht eine adäquate Beurteilungsmöglichkeit von Innovationsaktivitäten für Produkte und Innovationen in Form einer monetären Bewertung, die sich im Markenwert reflektiert.[839] Die entsprechende Pflege und die permanenten Anstrengungen im Sektor Forschung und Entwicklung, der durchaus als eine wichtige Quelle der Innovation anzusehen ist, sind mit finanziellen Restriktionen und dadurch mit Risiken behaftet. Jene innovativen Investitionen lassen sich nicht ohne weiteres

---

[836] Vgl. Linxweiler (2001), S. 291.

[837] Siehe dazu Gliederungspunkt 6.2.

[838] Vgl. Schlaak (1999), S. 311.

[839] Der Markenwert muss jedoch gepflegt werden, denn jegliche innovativen Produkte unterliegen einem temporären Verfall im Umfeld des Durchlebens ihrer Produktlebenszyklen. Dies dürfte signifikant die unterstellte primäre Bedeutung des Absatzmarktes und des Kapitalbedarfs unserer Analyse tangieren. Diese Güter müssen sich – wie alle anderen auch – über den Absatzmarkt beweisen.

amortisieren oder gewinnbringend vermarkten. Zudem ist die entsprechende Balance zwischen Umsatzwachstum und Wirtschaftlichkeit zu wahren.[840] Die gemachten Annahmen der Markenwertbestimmungen und -bewertungen lassen sich nicht vollständig auf monetäre Grundlagen zurückführen. Dies wiederum würde die unternehmerischen Kalkulationen in diesem Bereich erleichtern, welche finanziellen Mittel für den Ausbau des Innovationsgrades und den nachhaltigen Bestand des Markenwertes aufzuwenden sind und die potentiellen Interpretationsmöglichkeiten limitieren. Damit dürfte sich auch die Planungssicherheit für das Unternehmen erhöhen. Als wesentlicher Stellhebel für den Innovationsgrad und Markenwert ist daher der Faktor Produkttechnologie aus der Dimension „Technik / Produktion" und die untersuchte Dimension „Absatz / Ressourcen" zu benennen. Dies kann auch damit begründet werden, dass es durch die Verbesserung der Innovationsgradoperationalisierung und der damit verbundenen positiven Veränderung der Markenwertbestimmung vorstellbar wäre, eine höhere Einstufung in der unternehmerischen Ratingeinstufung bezüglich der neuen Eigenkapital-vereinbarungen gemäß *Basel II* zu erlangen.

Einschränkend ist jedoch anzumerken, dass dies primär kurzfristige Momentaufnahmen sind. Innovationsdeterminierte Markenwertbestimmungen sollten jedoch grundsätzlich von lang-fristiger Natur sein. Aufgrund der hier gemachten Analyse ist es aber möglich, den beschriebenen Umsatz-Absatz-Kapital-Liquiditäts-Prozess als einen längerfristigen Prozess aufzufassen. Wie bereits in Kapitel 6.2 aufgeführt, kann sich ein potentieller „Ping-Pong-Effekt" in der Form einstellen, dass innovative Güter mittels angemessener Marktprozesse (z. B. Umsatzsteigerung) für das Unternehmen Vorteile in der Kapitalbeschaffung erwirken können. Diese (zusätzlichen) Liquiditätsspielräume werden für weitere Investitionen im Bereich Innovationen und in einer Verbesserung des Innovationsgrades verwendet, solange diese auch den Kundennutzen erhöhen. Der zunehmende Markenwert in der Ausprägung von wachsenden Umsatz- und Ergebnisgrößen wird sich wiederum positiv für das Unternehmen auswirken. Darüber hinaus kann durch diese Konstellation erreicht werden, dass bei Aufweichung der unterstellten Annahme auf die Dimension „Absatz / Ressourcen" auch die restlichen Faktoren Produktionsprozess und Beschaffungsbereich sowie Formale und Informale Organisation gemäß den Annahmen von *Schlaak* einen wünschenswerten Impuls in Richtung Erhöhung des Innovationsgrades und damit eine zusätzliche Verbesserung des Markenwertes erhalten.[841] Abschließend seien an dieser Stelle nochmals die Punkte aufgezeigt, die nach Ansicht des

[840] Vgl. Billing (2003), S. 272.
[841] Vgl. Schlaak (1999), S. 304-315.

Verfassers als eigenständiger wissenschaftlicher Beitrag dieser Arbeit angesehen werden können:

- Vereinigung der beiden Ansätze von *Schlaak* und *Linxweiler* zu einer innovations-orientieren Markenscorecard (vgl. Kapitel 8.4), womit sich rein konzeptionell der optimale Innovationsgrad für Marken bestimmen lässt.

- Es gibt mehrere optimale Innovationsgrade, differenziert nach einer zielgruppen- und länderspezifische Betrachtungsweise. Der Innovationsgrad muss an die jeweilige Zielgruppe bzw. Region angepasst werden, wie dies schon bei der optimalen Innovationsgradermittlung ausgeführt wurde (vgl. Kapitel 7.3).

- Der ressourcenbasierte Innovationsgrad-Ansatz von *Schlaak* verhilft dazu, die Mittel im Unternehmen auf eine effektive und effiziente Weise einzusetzen (Mikroebene), um das Bestmögliche aus den verschiedenen Unternehmensfaktoren in Hinsicht auf den optimalen Innovationsgrad aus Anbietersicht herauszuholen. Nach *Linxweiler* deckt dieser Ansatz die Unternehmensperspektive ab. *Braunschmidt* erweitert das auf die Mikroebene basierte Innovationsgradkonstrukt von *Schlaak* durch die Umweltperspektive auf die Makroebene, indem neben dem Produktlebenszyklus der Wettbewerb (market newness) in die Betrachtung mit aufgenommen wird (was sich nach *Linxweiler* wiederum mit der Wettbewerbspespektive deckt). Für die Wettbewerbsperspektive ist es notwendig den Innovationsgrad in Relation zum Wettbewerb zu setzen (vgl. Kapitel 8.2 und 8.3).

- Eine wichtige Frage bei der Innovationsgradermittlung ist, ob die maximale Punktzahl bei einer subjektiven Fragebogenerhebung auch dem tatsächlichen Innovationspotential entspricht. Da sich das Innovationspotential nur sehr schwer in der Praxis messen lässt, sollte man sich bei der Messung eher auf die tatsächlichen Innovationsaktivitäten konzentrieren, welche sich auch in der Praxis leichter ermitteln lassen (vgl. Kapitel 6.2).

- Innovationen sind je nach Branche unterschiedlich wichtig (vgl. Kapitel 4.2 und 7.3.3) und prägen Marken in entsprechender Weise, was auch durch die geführten Interviews des Verfassers mit namhaften Markenexperten bestätigt werden konnte.[842] Insbesondere bei Luxusartikeln (z.B. Uhren oder teuren Parfümerieartikeln) hat die Marke auf den Kaufentscheidungsprozess einen größeren Einfluss als etwa bei Versicherungsprodukten. Konsumenten tun sich insbesondere bei Versicherungsprodukten schwer die Produkte aufgrund ihrer Beschaffenheit und Komplexität zu differenzieren. Dies lässt vermuten,

---

[842] Vgl. Interviews im Anhang.

dass die Bedeutung von Innovationen für die Versicherungsbranche zukünftig weiter ansteigen wird.[843]

- Nachdem der Markenwert auch in Relation zu den Wettbewerbern gesehen wird, muss bei der Marke und somit insbesondere bei der Markenstärke eine Vergleichsmöglichkeit zum relevant set (vergleichbare Unternehmen) gegeben sein, um beurteilen zu können, welche Zielgruppen tatsächlich angesprochen werden (Beispiel: *Apple iPhone* Handys im Vergleich zu anderen Touchscreen-Handys) und wie es sich mit dem tatsächlich realisierten Innovationsgrad verhält (vgl. Kapitel 5.2 und 7.3.2).

- Bezüglich der Markenperspektive lässt sich Folgendes resümieren: Mit einem höheren Innovationsgrad im Vergleich zu den Wettbewerbern kann der Markenwert (durch eine generelle Zunahme des Unternehmenswertes und der Markenstärke) erhöht und die Kundenzielgruppen können besser bedient werden. Der Fokus liegt hierbei immer auf dem Kundennutzen. Nur Innovationen, die dem Kunden etwas bedeuten und einen Nutzen stiften, können auch den Markenwert erhöhen (vgl. Kapitel 5.3).

- Laut einer erst kürzlich durch den Verfasser in Auftrag gegebenen Untersuchung mit *TNS Infratest* und der *Allianz* konnte auch noch empirisch der Nachweis erbracht werden, dass starke Marken innovativer als schwache sind und somit die Markenstärke mit dem Item „modern and innovativ" (=Innovationsgrad) stark positiv korreliert (vgl. Kapitel 5.1.2).[844] Wie *Schwaiger* im durchgeführten Interview des Verfassers konstatiert, konnte dieser Zusammenhang ebenso in der Automobilbranche für *BMW* aufgezeigt werden.[845] *Huber* sagt hierzu: „Verstärkend kommt hinzu, dass Marken (Mobilfunkmarkt) die nicht als innovativ gesehen werden, sich in diesem technologisch hoch dynamischen Markt gegen starke Wettbewerber nicht lange durchsetzen können. Es ist als folglich davon auszugehen, dass Innovationen von Versicherungsanbietern einen vergleichsweise geringeren Einfluss auf die Wahrnehmung der Marke und somit auf die Markenstärke haben, als dies bei Innovationen im Bereich Mobilfunk der Fall ist."[846]

- Innovationen sind immer dann von Relevanz, wenn eine Marke eine starke, herausragende Marke werden will, welche bei den Konsumenten einen hohen Bekanntheits- und Beliebtheitgrad anstrebt.[847] Dadurch wird die Marke an sich wichtiger als die Produkte, die sie repräsentiert. Die Marke vermittelt damit ein Lebensgefühl, eine

---

[843] Vgl. Interview mit Kaltenbacher (Anhang 18).

[844] Allerdings dürfen diese Daten aus firmeninternen und wettbewerbsrechtlichen Gründen noch nicht im Detail verwendet werden, weshalb es bei dieser Andeutung bleiben muss, die auf einem Interview des Verfassers mit *Kaltenbacher* von *TNS Infratest* basiert. Vgl. Interview mit Kaltenbacher (Anhang 18).

[845] Vgl. Interview mit Schwaiger (Anhang 15).

[846] Vgl. Interview mit Huber (Anhang 16).

[847] Bei Versicherungen wurde dies aktuell, wie schon angedeutet, durch *TNS Infratest* nachgewiesen. Vgl. Interview mit Kaltenbacher (Anhang 18).

Emotion (bei Innovation z. B. das Gefühl, als Konsument ständig auf dem „neuesten Stand" und „in" zu sein). In Branchen, in welchen Innovationen jedoch noch wichtiger sind, als bisweilen bei Versicherungen, kann dies den Kaufentscheidungsprozess noch zusätzlich positiv beeinflussen (vgl. Kapitel 4.1 und 5.3).

- Der Einfluss von Innovation auf den Unternehmenserfolg und damit auf die Marke ist nicht auf das Vorhandensein eines einzelnen Faktors zurückzuführen, sondern wird durch das Zusammenspiel zahlreicher Faktoren bestimmt. Jedoch kann das Fehlen eines einzigen wichtigen Erfolgsfaktors zum Scheitern der Innovationen führen (vgl. Kapitel 3.2).

Von weiterem Interesse dürften in diesem Zusammenhang zudem die potentiellen Implikationen für die Unternehmenspraxis sein.

9.2 Implikationen für die Unternehmenspraxis

Im Rahmen dieser Arbeit wurden einige Interviews mit namhaften Markenexperten durchgeführt. Wie die Interviews zeigen, wird die Relevanz von Marken Scorecards fast durchgängig als sehr hoch eingestuft, da diese eines der wenigen Instrumentarien sind, um Marken zu steuern, messen und vergleichen zu können.[848] So findet *Huber*:„Marken- oder Brand Scorecards bilden eine wertvolle Hilfestellung zur nachhaltigen Steuerung und Kontrolle der Markenführung im Unternehmen und erhalten dadurch ihre Relevanz als versiertes Controllinginstrument. [...] Die Praxistauglichkeit hängt sehr stark von der konsequenten Einführung und Umsetzung der Brand Scorecard ab. In der Praxis treten häufig Probleme bei der Erstellung von Ursache-Wirkungsketten oder fehlende Kennzahlen auf."[849] „Marken Scorecards sind als operatives Steuerungsinstrument in vielen Unternehmen im Einsatz", resümiert *Sven Beyer* von *KPMG*.

Martin Marganus von der *Allianz* unterstreicht die Praxistauglichkeit von Brand Scorecards und sagt hierzu: „Für ein global tätiges Unternehmen wie die Allianz ist für die Steuerung des Markenportfolios eine Brand Scorecard unerlässlich. Nur so kann man sich schnell und nach einheitlichen Kriterien einen Überblick über Stärken und Schwächen der Marke in den einzelnen

---

[848] Vgl. Interviews mit Marganus (Anhang 4); Kraft (Anhang 5); Reinecke (Anhang 6); Heil (Anhang 7); Linxweiler (Anhang 8); Schikora (Anhang 9); Bruhn (Anhang 10); Koers (Anhang 11); Menninger (Anhang 12); Beyer (Anhang 13); Tafelmeier (Anhang 14); Schwaiger (Anhang 15).
[849] Interview mit Huber (Anhang 16).

Ländern verschaffen.“[850] Und *Manfred Schwaiger* sagt hierzu: „Die Marken Scorecard ist das richtige Tool, wenn dieses gut aufgebaut ist. Marken Scorecards sind daher sehr relevant und sind sehr wohl praxistauglich. Die Frage ist nur, ob diese gut strukturiert sind und die wesentlichen Treiber für die Markenstärke abbilden.“[851] Ähnlich sieht dies auch *Martin Koers* vom *VDA*: „Die Relevanz von Marken Scorecards und dem Markencontrolling halte ich für sehr hoch, da diese ein wichtiges Instrumentarium sind, um Marken zu steuern, messen und vergleichen zu können. Die wirkliche praktische Umsetzung solcher Thematiken ist jedoch sehr, sehr schwierig. Marken Scorecards sind häufig sehr theoretisch aufgebaut und weit von der Praxis entfernt.“[852]

Die Entwicklung einer innovationsorientierten Marken Scorecard hilft daher vor allem den Branchen, die ohnehin über einen hohen Innovationsgrad verfügen, wie z. B. der Elektronik- und Softwarebranche sowie der Automobilindustrie. Dabei dient die innovationsorientierte Brand Scorecard vor allem dazu, den optimalen Innovationsgrad und die damit verbundene bestmögliche Innovationshöhe in Kombination mit den verschiedenen Unternehmensdimensionen im Hinblick auf die Erhöhung des Markenwerts mit Hilfe eines Kennziffernsystems heraus zu finden und für die unternehmerische Alltagspraxis nutzbar zu machen. In der Versicherungswirtschaft haben Innovationen in den letzten Jahren vorrangig in Form von integrierten IT-Systemen, Prozessverbesserungen und alternativen Vertriebskanälen geprägt. Nachdem IT-Integration und Prozessoptimierung die Innovationsthemen der Versicherer in den letzten Jahren waren, sind heute neue Innovationsansätze gefragt. Wurde damit bislang vor allem die Erzielung von Kostenvorteilen forciert, so gewinnt heute auch die Suche nach Differenzierungsmöglichkeiten und richtungsweisenden Innovationen in puncto Produktgestaltung und Servicedienstleistungen zunehmend an Bedeutung, um dem verstärkten Wettbewerb und wachsenden Kundenansprüchen gerecht zu werden. Als Handlungsoption rückt hier der Einsatz neuartiger Technologien ins Blickfeld.

Bislang nicht messbare Zusammenhänge werden erkennbar und ermöglichen ein umfassenderes Leistungsspektrum seitens der Versicherer. Innovation ist damit nicht länger nur ein unternehmensinterner Prozess, sondern wird in seiner Außenwirkung für den Kunden erlebbar. Durch den Einsatz ubiquitärer Technologien nimmt die Sehschärfe der Versicherungswirtschaft auf versicherte Personen und Objekte zu.[853] Daten von bislang nicht beobachtbaren Ereignissen

---

[850] Vgl. Interview mit Marganus (Anhang 4).
[851] Vgl. Interview mit Schwaiger (Anhang 15).
[852] Vgl. Interview mit Koers (Anhang 11).
[853] Vgl. Ackermann/Fleisch/Scherer (2008), S. 3-4.

werden erfassbar und stehen künftig in einer höheren Granularität zur Verfügung. Allerdings sind Innovationen keine Selbstläufer und bedürfen strukturgebender Rahmenbedingungen. Aus strategischer Sicht benötigen neue Technologien zudem die Unterstützung auf Management-ebene und die klare Zuteilung von Verantwortlichkeiten. So sorgt die Aufnahme relevanter Kennzahlen im Führungsmodell für die nötige Transparenz und macht den Zielerreichungsgrad in der Produkt- und Serviceentwicklung nachvollziehbar. Eine besondere Bedeutung wird dabei dem Innovationsgrad beigemessen.

Innovationshemmend wirken sich dagegen hohe Kosten und wirtschaftliche Risiken, büro-kratische Hindernisse vonseiten des Staates, mangelnde interne Finanzierungsquellen sowie zu geringe öffentliche Fördermittel aus, wie durch eine Studie der *Bertelsmann Stiftung* aus dem Jahr 2009 nachgewiesen werden konnte (vgl. hierzu Kapitel 3.2.2).[854] Zudem nimmt zu Zeiten der globalen Wirtschaftskrise auch die Innovationsbereitschaft von Unternehmen ab. Während im Zeitraum zwischen 2005 und 2007 noch 72 Prozent der Unternehmen in Deutschland mindestens eine Produkt- oder Verfahrensneuerung eingeführt haben, planen nur 62 Prozent der Unternehmen bis 2010 weitere Neuerungen zu entwickeln. Ursächlich für die rückläufigen Innovationsaktivitäten sind laut Angabe der Betriebe neben hohen Innovationskosten ins-besondere die im Zuge der Wirtschaftskrise wachsenden Risiken. Des Weiteren sehen die Unternehmen auch Defizite in den zu langen Verwaltungs- und Genehmigungsverfahren sowie in den komplexen Antragsverfahren der staatlichen Fördermittelpolitik.[855] Daher dürften verein-fachte (steuerliche) Anreizsysteme und Fördergelder die vorhandenen Innovationsaktivitäten positiv unterstützen.

Zusammenfassend lässt sich an dieser Stelle noch anmerken, dass Innovationen und ein ent-sprechender Innovationsgrad sich nur dann über Markenwerte ökonomisch wirkungsvoll platzieren lassen, wenn das Produkt oder die Dienstleistung vom Konsumenten akzeptiert wird. Dabei ist jedoch stets die sogenannte Konsumentensouveränität[856] von den Unternehmen zu berücksichtigen. In diesem Zusammenhang ist im Umfeld der Unternehmenspraxis weiterhin anzumerken, dass ein zu hoher Innovationsgrad nicht immer von Vorteil ist. Es besteht durchaus die Gefahr eines möglichen Konsumentenrückgangs in der Markenakzeptanzwirkung. Begründet werden kann dies durch eine veränderte Markenwerteinschätzung über die Zeit hinweg. Die Nachfrageeinstellung kann sich bei einem Markenprodukt im Laufe der Zeit modifizieren, da

---

[854] Diese Resultate gehen auf eine repräsentative Innovationsstudie der Bertelsmann-Stiftung aus dem Jahre 2009 zurück, wobei 2.448 Unternehmen aller Wirtschaftszweige ab 10 Mitarbeiter telefonisch befragt wurden. Vgl. Hess/Jesske (2009), S. 20.

[855] Vgl. Hess/Jesske (2009), S. 10-20.

[856] Der Begriff Konsumentensouveränität bezeichnet die Freiheit des Individuums zu entscheiden, wie seine Bedürfnisse gestillt werden.

sich die individuelle Beurteilung einer Marke aufgrund von Veränderungen in der Altersstruktur der bisherigen Käuferschicht differenziert. Mit anderen Worten: Die Einschätzung und Bewertung einer speziellen Marke wird sich bei einem jüngeren Käufer gegenüber einem älteren sicherlich unterscheiden.[857] Eng damit verbunden dürfte das Szenario sein, in welcher Form das innovative Produkt genutzt werden kann. So kann in der Praxis oft beobachtet werden, wie Konsumenten eines Markenproduktes mit der innovativen Ausgestaltung im Nutzen überfordert sind. Dies kann einerseits in der mangelnden Handhabung mit der innovativen Technik begründet sein (z.B. Produkt ist im Gebrauch für eine Konsumentenschicht zu kompliziert) und andererseits durch die Anhaftung von Funktionalitäten, die in der Regel unnötig wären (z. B. Mobiltelefon für Senioren mit Touchscreen und integriertem Fotoapparat).[858] Damit werden bisweilen bei den potentiellen Konsumenten Hemmschwellen durch innovative Aspekte geschaffen, die mit zukünftigen negativen Auswirkungen verbunden sein könnten. Zudem nutzen Konsumenten die Produkte nicht immer so, wie vom Hersteller geplant. Solche Zweckentfremdungen stellen aber keine Bedrohung für den Hersteller dar, sondern können vielmehr als Quelle für weitere Innovationen dienen.[859] Auf diese Szenarien sollten sich die Unternehmen frühzeitig einstellen und sich daher primär auf eine maximale Kundenorientierung konzentrieren.[860]

Es ist durchaus vorstellbar, dass radikale Innovationen für das Unternehmen völlig neue Geschäftsfelder bedeuten können. Zuviel Innovation kann somit dem Markenwert schaden und vom Kauf des Markenproduktes abschrecken (vgl. Kapitel 7.3). Deshalb ist es wichtig, die Unternehmensführung und Kunden frühzeitig mit in den Innovationsprozess zu integrieren, um potentielle „Flops" zu vermeiden. Der Erfolg im Innovationsmanagement stellt sich vor allem dann ein, wenn Unternehmen das Thema offensiv angehen, systematisch die Ideen Dritter einbeziehen, Kunden professionell beobachten und deren Kreativität aktiv nutzen.[861] Ferner sollte das Management bei Vorliegen eines hohen Innovationsgrades signifikanter an dessen Steuerung partizipieren als bei inkrementellen Innovationen. Dabei sind hierarchisch schlanke und funktional heterogene Steuerungsinstanzen zur effizienten Innovationssteuerung unabdingbar.[862] Überdies sollte der Unternehmensführung bekannt sein, dass der Innovationsgrad ex ante bezüglich des Innovationsprojektes zu definieren ist, um nicht mit unerwünschten radikalen

---

[857] Vgl. hierzu auch die Heatmap von *Allianz* in Kapitel 5.2.2.

[858] Vgl. Gutsche et al. (2005), S. 638-657.

[859] Vgl. Liebl (2005), S. 32-37.

[860] Die Kunden haben es nicht leicht, da die Sortimente immer größer, die Produkte komplexer und die Informationen immer vielfältiger werden. Die Käufer fühlen sich verwirrt und verweigern schlimmstenfalls den Konsum. Vgl. McNaughton et al. (2001), S. 521-542; Shu-Ching/Quester (2005), S. 779-808; Tajeddini/Trueman/Larsen (2006), S. 529-551.

[861] Vgl. Koop/Schloegel (2008), S. 28-33.

[862] Vgl. Billing (2003), S. 269-270.

Innovationen konfrontiert zu werden. Mit anderen Worten: Der spezifische Innovationsgrad sollte vorab bestimmt werden, damit schon im Vorfeld etwaige Probleme frühzeitig erkannt werden. Eng damit verbunden ist eine ungenügende Bereitstellung von notwendigen Ressourcen, die für innovative Aktivitäten benötigt werden. Zudem darf die Gefahr, die von der Konsumentenseite droht, auch nicht unberücksichtig bleiben. Wird etwa ein Produkt zu früh auf dem Markt positioniert, so können sich unerwünschte negative Folgen ergeben, wie etwa Reklamationen, Rückrufaktionen und notwendig werdende Nachbesserungen.[863] Wenn diese potentiellen Folgewirkungen und kritischen Szenarien rechtzeitig erkannt werden, können sich für das Unternehmen gegenüber den Mitbewerbern entsprechende positive Zeitvorteile ergeben. Jedoch sind als Prämissen angemessene unbürokratische und konkrete Maßnahmen notwendig, um diese Vorzüge und Nutzenbringer auch zu realisieren. Dies bedingt aber kurze Entscheidungswege.[864]

Als weiterer Hinweis für die Unternehmenspraxis ist analog *Hauschildt* und *Salomo* anzumerken: „Denn die radikalen Innovationen sind nicht allein durch technische und absatzwirtschaftliche Kriterien bestimmt, sondern durch weit reichende Veränderungen der anderen betrieblichen Funktionen."[865] Dies bedingt nun für das Management einen Drahtseilakt aus Freizügigkeit und Kontrolle der begleitenden unternehmensinternen und -externen dynamischen Umweltbedingungen, wenn eine erfolgsversprechende Koordinationssteuerung bei Entwicklung und Vermarktung einer radikalen Produktinnovation vollzogen werden soll. Dabei sind dem Innovationsteam weit reichende Freiheiten in der Strukturierung der Produkte und der Dienstleistungen sowie in den Kontrollaktivitäten und Steuerungsbetätigungen zu gewährleisten. Dies wiederum ist mit hohen Investitionen verbunden, die entsprechend finanziert werden müssen.[866] Daraus lässt sich nun wiederholt die dieser Analyse unterstellte Bedeutung der präferierten Faktoren Produkttechnologie, Kapitalbedarf und Absatzmarkt ablesen. Neben der Integration der Mitarbeiter sind auch alle wichtigen Stakeholder und Kapitalgeber beim Innovationsprozess zu berücksichtigen. Es müssen sämtliche Einflussgrößen, die innovative Prozesse determinieren, identifiziert werden. So dürfte der Innovationserfolg auch von externen Faktoren, wie etwa von Aktivitäten komplementärer Unternehmen abhängig sein.[867]

---

[863] Vgl. Hauschildt/Salomo (2005), S. 15.
[864] Vgl. Billing (2003), S. 269-270.
[865] Hauschildt/Salomo (2005), S. 16.
[866] Vgl. Billing (2003), S. 273-274.
[867] Vgl. Billing (2003), S. 273-274.

9.3 Herausforderungen moderner Marketingkommunikation

Die Verbesserung des Innovationsgrades und damit des Markenwertes ist jedoch betriebswirtschaftlich nur dann sinnvoll, wenn sich für das Unternehmen nachhaltige monetäre Effekte erzielen lassen. Dies wiederum ist nur möglich, wenn die entsprechenden Kunden auch adäquat angesprochen werden. Eine potentielle Kaufbereitschaft kann bei den Nachfragern etwa durch die Positionierung innovativer Werbe- und Marketingmaßnahmen erreicht werden.[868] Aber nicht nur die Produkte und Dienstleistungen können innovativ gestaltet sein, sondern auch mittels einer entsprechenden Verpackungsausgestaltung ist eine zielgerichtete Kunden-orientierung möglich.[869] Die emotionale Konsumentenbindung zu „seinem" Produkt liegt nicht selten in der Ausprägung der Verpackung. Als Beispiele können die Bedeutung der Verpackung der Mineralwasserflasche der Marke *Perrier* oder des Klebstoffes *UHU* genannt werden. In diesem Fall wird deutlich, wie von einer Verpackung auf eine Marke geschlossen wird, obwohl das ursprüngliche Produkt des „Produzenten" jener Marke gar nicht nachgefragt wird. Nicht weniger bekannte Konkurrenzunternehmen sind auf den Zug aufgesprungen und haben ihr Konkurrenzprodukt in der gleichen Verpackung dem Konsumenten präsentiert.

Moderne Marketingkommunikation steht daher vor vielfältigen Herausforderungen, da Einheitskampagnen nicht mehr im beabsichtigten Umfang wahrgenommen werden und der „Information Overload" häufig den Beworbenen überfordert. Dies hat zur Folge, dass Marketing-Botschaften nicht mehr bei der Zielgruppe ankommen oder die Zielgruppe sich der klassischen Marketingkommunikation verweigert, indem bestimmte Marketingkanäle ausge-blendet werden. Ist bei sozial schwächeren Zielgruppen Fernsehen noch die kostengünstigste und am stärksten nachgefragte Freizeitbeschäftigung, so verbringen Bürger mit steigenden Einkommen immer weniger Zeit vor dem Fernseher.[870] Diese Erkenntnis ist für viele Marken seit Jahren ein Alarmzeichen, dem sie mit einer Neuallokation von TV-Werbebudgets in Direktmarketing, Events-, CRM- und Internet-Maßnahmen begegnen. Das Marketing ziele künftig deutlicher auf Absatzförderung am PoS (Point of Sale), auf Image, auf Markenführung und –bekanntheit sowie auf Kundenbindung durch gezieltes Direktmarketing ab.[871] Weitere Stichworte in diesem Umfeld sind beispielsweise innovative Marketingformen, wie Guerilla-, Ambush- und Virales-Marketing, um überhaupt eine emotionale Markenbindung beim Kunden

---

[868] Hierbei gibt es eine Vielzahl von branchenunabhängigen Beispielen. So sind etwa die innovative Ausgestaltung der Scheckkarten mit individuellen Motiven bei der *HypoVereinsbank UniCredit Group* oder die bargeldbehaftete Erstausstattung der Girokonten bei der *Commerzbank* zu nennen.

[869] Vgl. Orth/Malkewitz (2008), S. 64-81.

[870] Vgl. Dohmen/Armbrecht (2006), S. 469-470.

[871] Waren 2007 noch knapp 70 Prozent des gesamten Marketing-Etats für traditionelle Handelswerbung eingeplant, so wird bis 2010 ein Rückgang auf 60 Prozent erwartet; zudem wird es einen stärkeren Medienmix geben. Klassische Werbetreibende werden Online im Jahr 2009 als Kanal für ihre klassischen Zielen entdecken. Vgl. Fösken (2008c), S. 50.

herstellen zu können.[872] Der Begriff Guerilla Marketing bezeichnet die Philosophie des Außergewöhnlichen und die Auswahl unkonventioneller und überraschender Marketing-aktivitäten, die mit einem möglichst geringen Budget eine möglichst große Wirkung erzielen sollen (vgl. Abbildung 90).

Abbildung 90: Außenwerbung auf Rädern von *Pepsi*[873]

Ambush-Marketing beinhaltet, Werbung im Umfeld von Events zu präsentieren, ohne selbst offizieller Sponsor zu sein.[874] Virales Marketing ist eine Marketingform, die existierende soziale Netzwerke und Medien ausnutzt, um so die Aufmerksamkeit auf Marken, Produkte oder Kampagnen zu lenken. Die Verbreitung der Nachrichten basiert damit letztlich auf dem Mund-zu-Mund-Propaganda-Prinzip (word of mouth).[875] Zusätzliche innovative Marketingmaßnahmen waren etwa die Einführung von kostenlosen Gratispostkarten in der Gastronomie, die heute nicht mehr wegzudenken sind und zur Außenwerbung im direkten Lebensumfeld ihrer Zielgruppe eingesetzt werden.[876] Zudem ist das Schaltvolumen von solchen tendenziell zunehmenden innovativen Sonderwerbeformen deutlich geringer und folglich ist die Relation von Aufwand zu Schaltvolumen wesentlich höher.[877]

---

[872] Vgl. Schminke/Koch/Reimuth (2007), S. 36-39; Fösken (2008a), S. 94-100.

[873] Fösken (2008a), S. 99.

[874] Ein Paradebeispiel hierfür ist der Sprinter *Linford Christie*, der mit farbigen *Puma*-Kontaktlinsen bei den Olympischen Spielen in Atlanta für Furore sorgte. Vgl. Schminke/Koch/Reimuth (2007), S. 36-39.

[875] Hierzu bietet beispielsweise das Videoportal *youtube.com* eine ideale Plattform.

[876] Diese Form von Marketingmaßnahmen wird als Ambient Media bezeichnet. Vgl. Morris/Schindehutte/LaForge (2002), S. 3; Morrin/Ratneshwar (2003), S. 10-25; Schminke/Koch/Reimuth (2007), S. 36-39.

[877] Die Investitionsbereitschaft für diese Art von Sonderwerbeformen überschreitet bei vielen Firmen selten ein Budget von 50.000 EUR pro Jahr. Vgl. Ehlert/Neumann (2007), S. 92; Fösken (2008a), S. 94.

Somit bleibt festzuhalten, dass innovative Werbeformen einen entscheidenden Beitrag zur durchgängigen Differenzierung einer Marke leisten können. Innovative Marken nutzen daher Marketinginnovationen, um neben ihrer Innovationsführerschaft beim Produkt auch der Innovationsführerschaft im Marketing Ausdruck zu verleihen. Ein globales Markenmanagement sollte entscheiden, welche Innovationsfelder im Abgleich zu Marketingplan, Produkt und Zielgruppe relevant sind.[878] Unternehmen müssen daher ihre knappen Marketingressourcen auf die Marken konzentrieren, die das höchste Wachstumspotential versprechen.

9.4 Entwicklungslinien vom originären Marketingcontrolling hin zum innovationsorientierten Markencontrolling

Wie *Reinecke* und *Janz* in ihrem Buch über das Marketingcontrolling aufgezeigt haben, lassen sich fünf zentrale Entwicklungslinien und Trends für das originäre Marketingcontrolling erkennen.[879] Dieses Grundkonzept kann nun durch diese Arbeit auf das innovationsorientierte Markencontrolling adaptiert werden und in diesem Zusammenhang um die Entwicklungslinie Innovation erweitert werden (vgl. Abbildung 91).

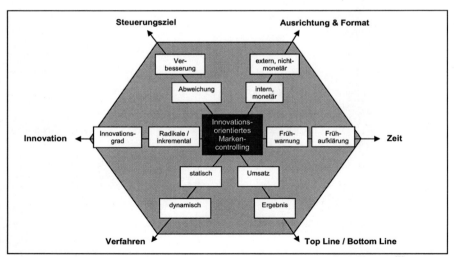

Abbildung 91: Entwicklungslinien des Innovationsorientierten Markencontrollings[880]

---

[878] Vgl. Dohmen/Armbrecht (2006), S. 469-488.
[879] Vgl. Reinecke/Janz (2007), S. 48-50.
[880] In Anlehnung an Gleich (2001); Müller-Stewens (1998), Reinecke/Janz (2007), S. 48.

234

Schäffer und *Weber* betonen, dass die Funktion des Controllings in ihrer konkreten Ausprägung kontext- und pfadabhängig ist und insbesondere an die Rationalitätsdefizite der Teilnehmer anzupassen ist.[881] Die sechs zentralen Entwicklungslinien und Trends des innovationsorientierten Markencontrollings können nun wie folgt aufgeteilt werden:

- *Ausrichtung & Format:* In den 1980er Jahren verstand man primär unter dem Markencontrolling ein monetär nach innen gerichtete Marketingaccounting. Der aktuelle Fokus des Markencontrollings liegt nun stärker auf einer externen Ausrichtung auf den Markt und nichtmonetären Größen.[882] Problematisch hierbei ist, dass viele Controller nicht über die erforderliche Marketing- und Marktforschungsausbildung verfügen, wodurch häufig auf externe Anbieter und Beratungsunternehmen zurückgegriffen wird.

- *Steuerungsziel:* Während die managementorientierte Ausrichtung auf eine Verbesserung der Lernprozesse im Sinne eines Regelkreises zunimmt, verliert die buchhalterische Erfassung von Abweichungen im Markencontrolling zunehmend an Bedeutung. Die Abweichungsregistrierung stellt hierbei die Basis für eine kritische Analyse dar, um mittels einer Ursachen-Wirkungs-Analyse Lernprozesse initiieren zu können. In zahlreichen Unternehmen bestehen diesbezüglich noch große Rationalitätsdefizite.[883]

- *Zeit:* Das Markencontrolling hat sich von einem kennzahlengestützten Frühwarnsystem über die Früherkennung von Marktpotentialen hin zu einem rationalitätsunterstützenden, handlungsbezogenen Frühaufklärungssystem entwickelt.[884] Ein vorausschauendes Markencontrolling muss daher kennzahlengestützte und nichtkennzahlengestützte Informationen bereitstellen, um beispielsweise Trends und Potentiale rechtzeitig zu erkennen.[885]

- *Verfahren:* Während früher primär statische Deckungsbeitragsrechnungen im Mittelpunkt des Markencontrollings standen, werden aktuell immer mehr dynamische Verfahren eingesetzt. Hierzu zählt beispielsweise auch die Ermittlung zukunftsbezogener Markt-

---

[881] Vgl. Weber/Schäffer (2006), S. 461-470.
[882] Beispielsweise der Messung von Kundeneinstellungen, -zufriedenheit und Markenstärke (vgl. Kapitel 5.2). Vgl. Reinecke/Janz (2007), S. 48-50.
[883] Beispielsweise durch fehlende Kundenorientierung, reine Umsatz- statt Profitabilitätsorientierung. Vgl. Reinecke/Janz (2007), S. 48-50.
[884] Vgl. Krystek/Müller-Stewens (1993), S. 21.
[885] Vgl. Reinecke/Janz (2007), S. 48-50.

werte (vgl. Kapitel 5.1). Dynamische Verfahren berücksichtigen den Zeitwert des Geldes und entsprechen damit stärker den Kapitalmarktanforderungen.[886]

- *Top-Line / Bottom-Line:* Frühere Markencontrollingansätze fokussierten sich in ihrer Deckungsbeitragsermittlung primär auf die Zielgröße Umsatz.[887] Umsatz ist jedoch eine Wachstumsgröße und bedeutet somit Beschäftigung, nicht aber automatisch Wirtschaftlichkeit. Ein modernes Markencontrolling muss allerdings ein umfassendes Zielsystem berücksichtigen. Die Ziele und Ergebnisse in der Marketingplanung und dem Markencontrolling sind daher wesentlich differenzierter festzulegen und sollten die Messung von Effektivität und Effizienz von Marketingmaßnahmen gewährleisten.[888]

- *Innovation:* Marken unterliegen kontinuierlichen Veränderungen (vgl. Kapitel 5.3.1), welche einer Steuerung bedürfen. Für Veränderungen sind jedoch Innovationen notwendig. Bei Innovationen wird zwischen radikalen und inkrementalen Innovationen (= Veränderungsumfang) differenziert (vgl. Kapitel 2.1.3). Zur Steuerung und zur angestrebten Erhöhung des Markenwertes (vgl. Kapitel 7) kann hierbei auf die drei Dimensionen des Innovationsgrades von *Schlaak* zurückgegriffen werden (vgl. Kapitel 2.1.3). Dabei sollte jedoch die Erhöhung des Markenwerts immer in Verbindung mit der Steigerung des Kundennutzens stehen, wie dies *Linxweiler* hervorgehoben hat. Besondere Beobachtung gilt auch dem Scheitelpunkt, an welchem der optimale Innovationsgrad unter- oder überschritten wird und so die Innovationsorientierung mit ihren Folgewirkungen unter Umständen ins Negative umschlagen kann.

An diesen sechs Entwicklungsebenen lässt sich aufzeigen, welche Komponenten für eine erfolgreiche Markensteuerung notwendig sind und wie vielseitig einsetzbar ein solches innovationsorientiertes Markencontrollingsystem sein sollte.

---

[886] Dynamische Verfahren vergleichen mehrere Perioden unter dem Gesichtspunkt der Wirtschaftlichkeit. Übersteigt der Barwert der Einnahmen den Investitionsaufwand, wird die Investition als wirtschaftlich betrachtet. Vgl. Reinecke/Janz (2007), S. 48-50.

[887] Moderne, differenzierte Preisgestaltungsansätze (nutzenorientierte Preisgestaltung und Preisdifferenzierung) stellen die Korrelation von Umsatz und Deckungsbeitrag in Frage.

[888] Vgl. Reinecke/Janz (2007), S. 48-50.

9.5 Abschließender wissenschaftlicher Ausblick

Angesprochen wurde schon der Faktor Zeit, der eine nicht unbedeutende Rolle bei der Ausgestaltung des Innovationsgrades und der Bestimmung des Markenwertes spielt. Jener wiederum wird durch Einflüsse determiniert, die in der Regel nicht exakt bestimmbar sind. Dies liegt etwa darin, dass keine präzisen Aussagen über zukünftige Ereignisse gemacht werden können. Darüber hinaus besteht der Zustand der Dynamisierung von wirtschaftlichen Geschehnissen und Abläufen. Diese beiden Inputfaktoren beinhalten eine Unmenge an unsicheren Elementen, die sich nicht im Innovationsgrad operationalisieren lassen. Ein wichtiger Forschungsbereich in der Betrachtung der zeitlichen Dimension dürfte auch in der Berücksichtigung des stetig veränderlichen Faktors des Transformationsprozesses Wissen und Wissensaustausch zwischen allen Partizipanten des Innovationsprozesses liegen. Durch eine adäquate Übertragung des benötigten Know-Hows und der Human Resources können sich signifikante positive Auswirkungen und Skaleneffekte in Form einer Verbesserung der Effektivität und der Effizienz des Innovationsprozesses ergeben.

Bei Innovationen in einem Innovations-Portfolio besteht noch viel Forschungsbedarf in Form einer nachhaltigen Analyse von den an Diskussionen beteiligten Personen der diversen Hierarchieebenen des Innovationsprozesses. Eng damit verknüpft sind weitere Forschungsaktivitäten auszumachen, die sich mit einer entsprechenden Zielformulierung des Innovationsvorganges auseinandersetzen sollten. Eine Folge daraus muss die Identifikation phasenspezifischer optimaler Konkretisierungsgrade der angestrebten Ziele sein, welches einen wichtigen Beitrag zum besseren Verständnis von Innovationen liefert.[889] Ein auftretendes Problem dürfte eine objektive und objektivierte Realisierung eines allgemeingültigen und branchenübergreifenden Systems sein, welches als Messapparatur des Innovationserfolges verwendet werden kann.[890]

Die Betrachtung dieses Forschungsbereiches beschränkt sich primär auf den kurzfristigen Sektor des Innovationserfolges. Eine nachhaltige Identifikation einer Verbindung von Innovationsgrad mit Markenwert und Innovationserfolg, die auch aus dem Markenerfolg resultiert, muss über einen längeren Zeitraum evaluiert und erforscht werden. Dies benötigt jedoch eine ganzheitliche Betrachtungsweise der Innovation als ein System mit einer Vielzahl von potentiellen Einflussfaktoren. Jene wiederum bedingen nicht nur die Qualität, sondern auch die zeitliche Dimensionierung des Innovationsprozesses. Daher müssen jegliche Innovationsdiskussionen

---

[889] Vgl. hierzu auch Białk (2006), S. 212.
[890] Vgl. Billing (2003), S. 272 und S. 275.

unter strategischen Gesichtspunkten gesehen werden und bedürfen langfristig ausgerichteter Forschungsaktivitäten.[891] Zudem unterliegen die Einflussgrößen bei einem solchen zeitlichen Betrachtungshorizont einer temporären Adaption und die Forschungskomplexität kann sich durch das Hinzukommen von weiteren Inputfaktoren kontinuierlich ausdehnen. Dies würde eine weitere Erschwernis in der Diskussion des Zusammenhangs Innovationsgrad, Markenwert und Innovationsprozess mit sich bringen. Daher sollen abschließend auch an dieser Stelle die Argumente von *Hauschildt* und *Salomo* aufgegriffen werden: „Wir plädieren zusätzlich dafür, diese Grobunterlagen etwa in kurz- vs. langfristig weiter zu differenzieren, und das auf der Basis verbesserter Messung und verfeinerter empirischer Kenntnisse über Innovationsgrade und Innovationserfolge."[892]

Im Rahmen dieser Analyse wurde der Schwerpunkt bewusst auf die drei bekannten Faktoren Produkttechnologie, Kapitalbedarf und Absatzmarkt gelegt (vgl. Kapitel 6.1), da bei diesen im Vergleich zu den anderen Innovationsgradfaktoren von *Schlaak* unterstellt werden kann, dass jene über den Innovationsgrad einen direkten Einfluss auf den Markenwert ausüben.[893] Diese entsprechende Restriktion wurde vorgenommen, da andere Variablen in dieser Diskussion nur schwer einer aussagefähigen Operationalisierung unterzogen werden können. Bei den Faktoren Kapitalbedarf und Absatzmarkt lassen sich überdies auch aus dem Jahresabschluss bzw. Geschäftsbericht mittels entsprechender Kennzahlen auch langfristige innovationsdeterminierte Erfolgsimplikationen ableiten.[894]

Bei den so genannten „soft skills", wie etwa bei der Innovationsgrad-Dimension „Struktur", ist dies hingegen mit einigen Limitationen verbunden. Weitergehende und zukünftige Forschungs-aktivitäten können sich daher noch intensiv mit dieser und mit der Dimension „Technik / Produktion" auseinandersetzen. Die Operationalisierung der einzelnen Innovationsgradfaktoren ist noch weiter entwicklungsfähig und in mehreren Stich-proben empirisch zu validieren.

Allgemein kann festgestellt werden, dass neben dem Markencontrolling auch im Bereich der Innovationsgradforschung noch genügend Potential für zukünftige Ideen und Forschungsansätze besteht. Für die Entwicklung einer innovationsorientierten Brand Scorecard in Anlehnung an die Erkenntnisse von *Schlaak* (1999) und *Linxweiler* (2001) wäre eine empirische Validierung bzw. Fundierung mit Sicherheit hilfreich, da noch so gut wie keine empirischen Erkenntnisse vor-

---

[891] Vgl. Hauschildt/Salomo (2005), S. 18.
[892] Hauschildt/Salomo (2005), S. 18.
[893] Vgl. Schlaak (1999), S. 194.
[894] Vgl. Dyckerhoff (2006), S. 32-57.

liegen, die der praktischen Implementierung der innovationsorientierten Brand Scorecard in der betrieblichen (Innovations-)Praxis eine solide Grundlage bieten können. Die vorliegende Arbeit innitiert daher weitere Impulse in diese Richtung.

Anhang

Anhang 1: 10 Grundsätze zur monetären Markenbewertung (Markenverband)[895]

Brand Valuation Forum - 10 Grundsätze zur monetären Markenbewertung vorgestellt.

Wiesbaden, 23. November 2006. Gut zwei Jahre nach seiner Gründung hat das Brand Valuation Forum (BVF) heute zehn Grundsätze der monetären Markenbewertung vorgestellt, deren Beachtung nach Auffassung des BVF Voraussetzung für valide und praxissichere Ergebnisse auf diesem Gebiet ist. Gleichzeitig soll mit den Grundsätzen auch ein Beitrag zur Transparenz und Akzeptanz monetärer Markenbewertung geleistet werden. Das Brand Valuation Forum hatte sich vor gut zwei Jahren als Arbeitskreis der Gesellschaft zur Erforschung des Markenwesens (GEM) und des Markenverbandes als offenes Dialogforum gebildet. Ihm gehören führende Markenbewertungsexperten an. Aktuell sind folgende Unternehmen im Brand Valuation Forum vertreten:

BBDO Consulting GmbH	**B.R. Brand Rating GmbH**	**Ernst & Young AG**
Königsallee 92	Nymphenburger Str. 20b	Mittlerer Pfad 15
40212 Düsseldorf	80335 München	70499 Stuttgart
Tel. +49 211 13 79-0	Tel. +49 89 523 02-02	Tel. +49 711 98 81-0
Fax +49 211 13 79-87 42	Fax +49 89 523 02-2 50	Fax +49 711 98 81-5 50
www.bbdo.de	www.brand-rating.de	www.de.ey.com
GfK Marktforschung GmbH	**Interbrand Zintzmeyer & Lux AG**	**Konzept & Markt GmbH**
Nordwestring 101	Kirchenweg 5	Rheingaustraße 88
90319 Nürnberg	CH-8008 Zürich	65203 Wiesbaden
Tel. +49 911 3 95-0	Tel. +41 44 388 78 78	Tel. +49 611 6 90 17-0
Fax +49 911 3 95-22 09	Fax +41 44 388 77 90	Fax +49 611 6 90 17-59
www.gfk.com	www.interbrand.ch	www.konzept-und-markt.com
KPMG Deutsche Treuhand Gesellschaft AG	**PricewaterhouseCoopers**	**semion brand-broker Gmbh**
Klingelhöferstraße 18	Elsenheimerstraße 33	Watteaustr. 12
10785 Berlin	80687 München	81479 München
Tel. +49 30 20 68-0	Tel. +49 89 57 90-50	Tel. +49 89 74 90 96 60
www.kpmg.de	Fax +49 89 57 90-59 99	Fax +49 89 791 22 29
	www.pwc.com/de	www.semion.de

---

[895] Vgl. Brand Valuation Forum (2006), S. 1-32.

240

Die 10 Grundsätze beschreiben die wichtigsten Schritte eines Bewertungsverfahrens, die sowohl im Bewertungsmodell wie auch im Gutachten oder Bericht ihren Niederschlag finden müssen. Sie sind inklusive einer zusammenfassenden Beschreibung als Anlage beigefügt. Der 1903 in Berlin gegründete **Markenverband** ist als branchenübergreifender Bundesverband der größte Markenverband weltweit. Seine knapp 400 Mitglieder stammen aus den Bereichen Nahrungs- und Genussmittel, Gebrauchsgüter (u. a. Körperpflege, Wasch- und Reinigungsmittel, Bekleidung, Haushaltsausstattung), pharmazeutische Produkte sowie Luxuskosmetik und Dienstleistungen. Die Umsätze der Markenartikelindustrie in Deutschland lagen 2005 bei 361 Mrd. €, der Anteil am Bruttoinlandsprodukt bei 7,5 Prozent. Mehr als ein Fünftel (22 Prozent) der deutschen Warenexporte gingen 2005 auf das Konto der Markenartikler, die hierzulande knapp 1,5 Millionen Menschen direkt beschäftigen.

*Die **G·E·M** Gesellschaft zur Erforschung des Markenwesens ist eingetragener Verein mit dem Zweck, die wissenschaftlichen und empirischen Grundlagen der Marke zu erforschen. Sie wurde 1910 in Berlin gegründet und 1954 in Wiesbaden von Mitgliedsunternehmen des Markenverband e.V. wiedergegründet. Heute zählen neben Konsumgüter-Herstellern und Wissenschaftlern führende Unternehmen aus den Bereichen Forschung, Medien, Agenturen und Beratung zu ihren Mitgliedern. Die G·E·M versteht sich als Informationsdrehscheibe und Forum für grundlegende und aktuelle Erkenntnisse zum Thema Marke und stellt den Transfer zwischen Wissenschaft und Unternehmenspraxis her.*

Zehn Grundsätze der monetären Markenbewertung

Die zehn Grundsätze, auf die sich jede seriöse monetäre Markenbewertung prüfen lassen muss, beschreiben die wichtigsten Schritte eines Bewertungsverfahrens, die sowohl im Bewertungsmodell wie auch im Gutachten oder Bericht zu finden sein müssen. Diese Grundsätze sind inklusive einer zusammenfassenden Bewertung:

1. Berücksichtigung des Bewertungsanlasses und der Bewertungsfunktion
Markenbewertungen werden aus verschiedenen Anlässen (z.B. wertorientierte Markenführung oder finanzorientierte Kommunikation) durchgeführt. Der Bewerter hat deshalb sicherzustellen, dass eine dem Anlass adäquate Methode zugrunde gelegt wird.

2. Berücksichtigung der Markenart und Markenfunktion
Marken kommen in unterschiedlichsten Erscheinungsformen wie zum Beispiel als Produkt-, Dach- oder Unternehmensmarke vor. Deshalb sollte zunächst eine genaue Definition erfolgen, um welche Art von Marke es sich handelt und welche Funktion sie im Markt erfüllt. Diese Differenzierung ist für die angemessene Bestimmung der relevanten Markenrisiken unabdingbar (vgl. Grundsatz 9).

3. Berücksichtigung des Markenschutzes
Marken sind immaterielle Vermögenswerte eines Unternehmens. Als solche sind sie flüchtig und volatil. Der erste Hinweis ihrer Existenz ist ihr Markenschutz. Eine Bewertung sollte immer auf der Basis gesicherter Markenrechte erfolgen.

4. Berücksichtung der Marken- und Zielgruppenrelevanz
Jedes Bewertungsverfahren sollte auf Marktdaten gestützt sein. Auch wenn Marken per definitionem einzigartig sind, basiert jede Bewertung auf vergleichbaren Informationen.

5. **Berücksichtigung des aktuellen Markenstatus auf der Basis von repräsentativen Daten der relevanten Zielgruppe**
Die Ermittlung des Markenstatus beruht auf der Identifikation des Markenerfolgs und der Markenstärke.

6. **Berücksichtigung der wirtschaftlichen Lebensdauer der Marke**
Eine monetäre Bewertung, die auf Einzahlungsüberschüssen basiert, wird ausschließlich die zukünftigen markenspezifischen Einzahlungen berücksichtigen. Vor dem Hintergrund zukünftiger markenspezifischer Erträge wird jede Bewertung deshalb eine Begründung für die angemessene Nutzungsdauer der Marke geben.

7. **Isolierung von markenspezifischen Einzahlungsüberschüssen**
Grundsätzlich sind für Marken mehrere Bewertungsverfahren denkbar. Für manche Bewertungsanlässe kann eine Ermittlung auf Basis von Lizenzpreisen ausreichend sein. Es herrscht jedoch große Einigkeit, dass das zu präferierende Bewertungsverfahren die Erträge berücksichtigt, die ein Unternehmen eben deshalb erzielt, weil es sich durch die Marke von Mitbewerbern im Markt zu unterscheiden vermag. Diese markenspezifischen Erträge können prinzipiell sehr unterschiedlich ermittelt werden, sollten aber im Mittelpunkt eines jeden Bewertungsverfahrens stehen und genau beschrieben werden.

8. **Berücksichtigung eines kapitalwertorientierten Verfahrens und eines angemessenen Diskontierungssatzes**
Bewertungsverfahren, die auf Zukunftserfolgswerten fokussieren, basieren grundsätzlich auf den Erkenntnissen der Finanzierungstheorie, das heißt auf kapitalmarkttheoretischen Bewertungsverfahren. Die meisten Markenbewertungsverfahren basieren auf dem Barwertkalkül, in dem erwartete zukünftige Überschüsse auf den Bewertungszeitpunkt abgezinst werden. Im Barwertkalkül wird das Unternehmensrisiko, verstanden als zukünftige Kapitalkosten, auch bei der Bewertung der Marke berücksichtigt.

9. **Markenspezifischen Risiken (Markt- und Wettbewerbsrisiken)**
Zukünftige Erträge unterliegen Risiken, die in der Natur der Zukunft; das heißt der Unsicherheit, liegen. Das Unternehmensrisiko kann vom Markenrisiko abweichen. Deshalb kann die Berücksichtigung des Unternehmensrisikos - bestimmt als die Kapitalkosten - unter Umständen nicht ausreichend sein. Ergänzend müssen markenspezifische Risiken angemessen berücksichtigt werden.

10. **Nachvollziehbarkeit und Transparenz**
Eine Bewertung ist nur dann aussagekräftig, wenn sie den Grundsätzen der Validität, Reliabilität, Objektivität und Transparenz verpflichtet ist.
Stand November 2006

Anhang 2:   Schutzrechte[896]

Grundsätzlich existieren folgende Schutzrechte:

- Patent: Technische Produkt- und Verfahrensinnovationen (Vorrichtungen, Schaltungen, Verfahren, Stoffe, Mikroorganismen und besondere Verwendungen), welche einen beachtlichen Fortschritt im Stand der Technik bewirken, können über einen Zeitraum von 20 Jahren geschützt werden (d.h. ein Kopieren dieser Idee ist verboten). In Deutschland werden diese Patente vom Deutschen Patentamt verwaltet.
  Rechtsgrundlage: Patentgesetz (PatG).

- Gebrauchsmuster: Technische Produktentwicklungen (Vorrichtungen, Schaltungen, Stoffe), welche den Gebrauchswert erhöhen ("kleinere Erfindungen") können maximal 10 Jahre lang geschützt werden.
  Rechtsgrundlage: Gebrauchsmustergesetz (GbmG).

- Geschmacksmuster: Neue Farb- und Formgestaltungen ("zwischen Alltagsdesign und Kunstwerk") können maximal 20 Jahre lang geschützt werden. Dies gilt aber nur für "neue und eigentümliche" Produkte.
  Rechtsgrundlage: Geschmacksmustergesetz (GeschmMG).

- Marke: Zeitlich unbegrenzter Schutz für Marken, geschäftliche Bezeichnungen und geografische Herkunftsangaben. Enthalten sind Zeichen, die eine Marke bzw. ein Unternehmen kennzeichnen (Logo, Wappen, Schriftzug).
  Rechtsgrundlage: Markengesetz (MarkenG).

- Urheberrecht: Schutz einer "kreativen Gestaltungsidee", welche aber 70 Jahre nach dem Tod des Urhebers erlischt.
  Rechtsgrundlage: Urheberrechtsgesetz (UrhG).

---

[896] Vgl. auch Giefers/May (2003).

Anhang 3:   Übersicht Markenbewertungsmodelle[897]

Markenwert-Modelle

TAIKN und Konzept & Markt
A.C. Nielsen und Konzept & Markt
BrandBalance (Konzept & Markt und Brandmeyer Markenberatung)
BBDO Consulting
Icon Added Value (früher: Icon Brand Navigation) und B.R. Brand Rating
Info Research International
Interbrand Zintzmeyer & Lux
Ipsos
GfK, PwC und Prof. Dr. Henrik Sattler
semion brand-broker
Brand Finance
IP-Valuation
Strategus

Wert-/Persönlichkeitskongruenz-Modelle

McKinsey
Roland Berger
semion brand-broker
Promikativ
TNS Infratest
GIM

Quantitative Markenpositionierungs-Modelle

McKinsey
Millward Brown
A.C. Nielsen
GfK
Icon Brand Navigation
Info Research International
Konzept & Analyse
Konzept & Markt
TNS Infratest
Prof. Dr. Trommsdorff

Qualitative Markenpositionierungs-Modelle

Henrion Ludlow Schmidt
Y&R Germany
Millward Brown
&Equity
TNS Infratest

Markenkommunikations-Modelle

Publicis Sasserath
Bates
Grey

---

[897] Eigene Darstellung.

Ogilvy & Mather
Saatchi & Saatchi

Nicht klassifizierte Modelle II

Grey
Konzept & Analyse
Bates
PwC
DDB Needham
M. Conrad & L. Burnett
Sturm und Drang und TBWA
PDC
WE DO communication
J. Walter Thompson
rheingold Institut

Markenmodelle

Markenidentitätsprozess
Brandfitness und Brandezza Assessment
Marken Audit
Das Erfolgsmuster der Marke
BrandEconomics (BAV & EVA), Charts & Text
Markenwertbarometer
Brand Ambassador
Conversion Model
Brand Audit, Brand Radar & Brand Style Filter
Markensteuerrad und Markeneisberg (inkl. Markenstatus, -iconographie, -guthaben)
Der Genetische Code der Marke und Markenarchitektur
MarkenMatik
Strategic Brand Management (inkl. rb Profiler)
Implizites System (Imp/Sys)
Brand Value Creation
BrandScoreCard
Brand Leadership und Change Model
Corporate Brand Census und Brand Census
Brand Performance System (früher: Markenbilanz)
Marken-Bilanz
BEVA (Brand Equity Valuation for Accounting)
BEES (Brand Equity Evaluation System)
(früher: Brand Potential Analysis)
Brand Navigator inkl. Markenstärke und Markeneisberg und Brand Rating (früher: Brand Trek)
Brand Equity Engine
Interbrand-Ansatz/Brand Valuation
Equity*Builder
Markenwertbestimmung (Indikatormodell)
Brand€valuation (neue Version erscheint demnächst!)
Brand Valuation (1) und (2)
BrandValue

Anhang 4:   Interview mit Dr. Martin Marganus

Interview mit Herrn Dr. Martin Marganus, 21.08.2009 **Herr Dr. Marganus, Sie sind bei Allianz im Group Market Management Market & Customer Insigth (MCI) u.a. für die Ermittlung des monetären Markenwertes verantwortlich. Vielen Dank, dass Sie sich Zeit genommen haben, für dieses kurze Interview.**	

Ich möchte Ihnen heute im Rahmen meiner Dissertation „Innovationsorientiertes Markencontrolling" ein paar Fragen zu dem Bereich Marke und Innovation stellen. Über was muss eine Marke verfügen, damit diese als eine starke Marke gilt?

Voraussetzung für eine starke Marke ist, dass sie bei den Konsumenten präsent ist. Dazu kommen noch emotionale und funktionale Qualitäten, die sie vom Wettbewerb differenzieren und klar signalisieren, was der Kunde von dieser Marke erwarten kann.

Welche Bedeutung haben Marken in der Versicherungsbranche?

Versicherungen sind sehr abstrakte und z. T. komplizierte Produkte oft auch mit einer sehr langen Laufzeit. Die Marke als Vertrauensanker spielt daher eine erhebliche Rolle und ist letztlich das einzige Mittel gegen einen reinen Wettbewerb um Preise und Konditionen.

Auch Marken verändern sich im Zeitverlauf und müssen sich kontinuierlich anpassen. Welchen Einfluss haben Innovationen auf die Marke und insbesondere auf die Markenstärke?

Aus unserer alljährlichen weltweiten Markenstudie wissen wir, dass die Wahrnehmung eine Marke sei innovativ, einen zunehmenden Einfluss auf die Kaufbereitschaft hat. Innovation bezieht sich dabei nicht nur auf neue Absicherungskonzepte, sondern zunehmend auch auf ergänzende Serviceleistungen und Distributionswege.

Wie beurteilen Sie den Einfluss von Innovationen auf die Markenstärke im Bereich des Handymarktes im Vergleich zur Versicherungsbranche?

Vordergründig mag die Innovationsfähigkeit im Handymarkt eine größere Bedeutung für die Markenstärke haben. Allerdings wird dieses Thema praktisch von allen Wettbewerbern im Markt bespielt, sodass es nur noch wenig Differenzierungskraft hat. Wenn ich mir die großen Herausforderungen beispielsweise durch die Alterung der Bevölkerung oder den Klimawandel in allen Teilen der Welt vor Augen führe, so müssen wir in Zukunft massiv in die Entwicklung neuer Angebote investieren und Innovation ist in unserer Branche ein noch weitgehend unbesetztes Feld.

Wie beurteilen Sie die Relevanz und Praxistauglichkeit von Marken Scorecards / Brand Scorecards?

Für ein global tätiges Unternehmen, wie die Allianz, ist für die Steuerung des Markenportfolios eine Brand Scorecard unerlässlich. Nur so kann man sich schnell und nach einheitlichen Kriterien einen Überblick über Stärken und Schwächen der Marke in den einzelnen Ländern verschaffen. Um eine Brand Scorecard für die Praxis aber wirklich relevant zu machen, ist es wichtig auch die wesentlichen kundenbezogenen Parameter für den Geschäftserfolg einzubeziehen. Andernfalls bleibt es eine zweitrangige Information zur Steuerung des Unternehmens hinter den Finanzkennziffern.

246

Anhang 5:   Interview mit Oliver Kraft

Interview mit Herrn Oliver Kraft, 21.08.2009

Herr Kraft, Sie sind bei Allianz im Group Market Management Controlling u.a. für die Ermittlung des monetären Markenwertes verantwortlich. Vielen Dank, dass Sie sich Zeit genommen haben, für dieses kurze Interview.

Ich möchte Ihnen heute im Rahmen meiner Dissertation „Innovationsorientiertes Markencontrolling" ein paar Fragen zu dem Bereich Marke und Innovation stellen. Über was muss eine Marke verfügen, damit diese als eine starke Marke gilt?

Bekanntheit, uniqueness, credibility, brand personality - alles im positiven Sinne

Welche Bedeutung haben Marken in der Versicherungsbranche?

Die Marke ist wie ein Leuchtturm: Diese stellt für den Kunden eine Art Orientierungshilfe dar und transportiert die Vertrauenswürdigkeit des Unternehmens.

Auch Marken verändern sich im Zeitverlauf und müssen sich kontinuierlich anpassen. Welchen Einfluss haben Innovationen auf die Marke und insbesondere auf die Markenstärke?

Innovationskraft ist ein wichtiges Item beim Markenimage, das in die Markenstärke und Markenwahrnehmung einzahlt. Grundsätzlich ist Innovation in der Versicherungsbranche noch ein unausgeschöpftes Feld, in welchem noch weiteres Innovationspotential steckt. Die Markenstärke kann insbesondere durch beim Kunden als positiv wahrgenommene Prozessinnovationen oder inkrementalen Innovationen positiv beeinflusst werden.

Wie beurteilen Sie den Einfluss von Innovationen auf die Markenstärke im Bereich des Handymarktes im Vergleich zur Versicherungsbranche?

Die Handygerätebranche lebt aufgrund kürzerer Produktlebenszyklen insbesondere von den Innovationen, während Versicherungen auf Stabilität und Verlässlichkeit setzen, d.h. Innovationen haben in der Versicherungsbranche generell eine längere Lebensdauer und sind daher weniger häufig. Daher richtet sich der Einfluss von Innovationen innerhalb den diversen Branchen auch nach der Produktlebensdauer.

Wie beurteilen Sie die Relevanz und Praxistauglichkeit von Marken Scorecards / Brand Scorecards?

Marken Scorecards sind besonders als ein zentralisiertes Steuerungsmodell für Marken-portfoliosteuerung und –diskussion wichtig und helfen bei Investitionsentscheidungen. Da Marken Scorecards insbesondere auf strategische Fragestellungen ausgerichtet sind, haben diese auf Länderebene tendenziell eher eine geringere Bedeutung. Grundsätzlich nimmt die Relevanz von Marken Scorecards bei einer starken Markenportfoliodiversifizierung zu.

Besten Dank für Ihre Zeit und Ihre Unterstützung.

Anhang 6:   Interview mit Prof. Dr. Sven Reinecke

Interview mit Herrn Prof. Dr. Sven Reinecke, 21.08.2009

Herr Prof. Dr. Reinecke, Sie sind als Direktor am Institut für Marketing an der Universität St. Gallen tätig und haben ein Buch über das Sicherstellen von Marketingeffektivität und –effizienz im Marketingcontrolling geschrieben. Vielen Dank, dass Sie sich Zeit genommen haben, für dieses kurze Interview.

Ich möchte Ihnen heute im Rahmen meiner Dissertation „Innovationsorientiertes Markencontrolling" ein paar Fragen zu dem Bereich Marke und Innovation stellen. Über was muss eine Marke verfügen, damit diese als eine starke Marke gilt?

Das lässt sich kaum allgemein beantworten, sondern hängt stark von Branche und Situation ab. Grundsätzlich denke ich aber, dass die Kategorien des Brand Asset Valuators (Relevanz, Differenzierung, Wertschätzung, Vertrautheit) eine ganz gute Basis sind. Ansonsten halte ich es mit Aaker: Preispremium ist die einfachste Heuristik, ansonsten benötigt man viele Indikatoren (z.B. Brand Equity Ten).

Welche Bedeutung haben Marken in der Versicherungsbranche?

Eine sehr hohe, wenn es um Wiederkauf (Kundenbindung) geht oder um Kundenakquisition auf Online-Portalen bzw. über Broker (Wiedererkennung ist hier wichtig). Der Erstabschluss erfolgt aber in den meisten Fällen über persönliche Beziehungen (Versicherungsaußendienst), meist auch über die Empfehlungen der Eltern. Die Marke ist dann absolut sekundär.

Auch Marken verändern sich im Zeitverlauf und müssen sich kontinuierlich anpassen. Welchen Einfluss haben Innovationen auf die Marke und insbesondere auf die Markenstärke?

Gute Markenpflege setzt auf Kontinuität (z.B. Kaufsicherheit bei VW) und Aktualität / Innovation (Eingehen auf aktuelle Trends, z.B. Ökologie, Sicherheit usw.). Die Kontinuität ist das Wichtigste, aber Innovationen sind sehr wichtig, um Marken aktuell und relevant zu halten.

Wie beurteilen Sie den Einfluss von Innovationen auf die Markenstärke im Bereich des Handymarktes im Vergleich zur Versicherungsbranche?

Da sich das kaufentscheidende Bedürfnis im Handymarkt stärker verändert, ist dort Innovation m. E. wichtiger. "Echte" Innovationen in der Versicherungsbranche gibt es nur sehr selten, meist sind es Adaptionen.

Wie beurteilen Sie die Relevanz und Praxistauglichkeit von Marken Scorecards / Brand Scorecards?

Sehr hoch, aber nur wenn sie richtig eingesetzt werden. Gerade in Versicherungsunternehmen werden Scorecards aber manchmal so detailliert gemacht, dass sie nur noch von Profis in den Konzernzentralen verstanden werden - die es dann gerade bei internationalen Gesellschaften in den Landesorganisationen kaum noch gibt. Scorecards lebend davon, dass sie einfach und verständlich sind - ohne unnötig trivial zu sein. Ein schwieriger Kompromiss.

Besten Dank für Ihre Zeit und Ihre Unterstützung.

248

Interview mit Herrn Prof. Dr. Oliver Heil, 21.08.2009

Herr Prof. Dr. Heil, Sie haben die Professur Marketing und BWL an der Johannes Gutenberg-Universität in Mainz inne. Vielen Dank, dass Sie sich Zeit genommen haben, für dieses kurze Interview.

Ich möchte Ihnen heute im Rahmen meiner Dissertation „Innovationsorientiertes Markencontrolling" ein paar Fragen zu dem Bereich Marke und Innovation stellen. Über was muss eine Marke verfügen, damit diese als eine starke Marke gilt?

Stabiler Markenkern, präzise Positionierung, vielleicht noch etwas Heritage. Starke Marken produzieren natürlich auch eher überdurchschnittliche Profite oder ROIs und sollten in der Verteilung der Marktanteile eher mit „vorne" liegen.

Welche Bedeutung haben Marken in der Versicherungsbranche?

Eher gering oder, anders formuliert, das Potential das starke Marken mit sich bringen wurde hier noch nicht ausgeschöpft.

Auch Marken verändern sich im Zeitverlauf und müssen sich kontinuierlich anpassen. Welchen Einfluss haben Innovationen auf die Marke und insbesondere auf die Markenstärke?

Na ja, dass kommt schon auf die Branche an. Die Branche der Micro Chips lebt ja seit langem von Innovationen im Produktkern was durchaus den Schluss zulässt, dass mangelnde Innovationen auch eine starke Marke (wie Intel) schnell zu Fall bringen könnte (zu Fall bringen heißt hier drop in revenues und profits). In der Branche der Nobeluhren gibt es gewiss Marken die lange als „stark" klassifiziert werden sollten (z.B. Rolex, IWC, Patek) und wo es eher wenig Innovation im Kern (nach wie vor mechanische Werke) und aber auch im Marketing etc. gegeben hat (z.B. Rolex wirbt nach wie vor mit Künstlern). Der Einfluss von Innovationen auf die Markenstärke erscheint also beträchtlich von der Branche abzuhängen.

Wie beurteilen Sie den Einfluss von Innovationen auf die Markenstärke im Bereich des Handymarktes im Vergleich zur Versicherungsbranche?

Innovationen haben wahrscheinlich einen höheren Einfluss im Handymarkt (etwas unklar ist mir ob Sie auf Netzprovidern oder auf Handyproduzenten abstellen). Versicherungsprodukte „leiden" ja, zumindest im Konsumentengeschäft, darunter, dass diese Produkte eher abstrakt sind und meist mit einer Situation zu tun haben (Versicherungsfall) an den man lieber gar nicht denken mag. Vielleicht liegt hier ein ungenutztes Potential für Innovationen.

Wie beurteilen Sie die Relevanz und Praxistauglichkeit von Marken Scorecards / Brand Scorecards?

Besser als nichts. Kaum gute Modelle as signaled by the considerable variance across the different approaches.

Besten Dank für Ihre Zeit und Ihre Unterstützung.

Anhang 8:   Interview mit Prof. Dr. Richard Linxweiler

Interview mit Herrn Prof. Dr. Richard Linxweiler, 21.08.2009

Herr Prof. Dr. Linxweiler, Sie sind als Professor an der Fakultät für Wirtschaft und Recht an der Hochschule Pforzheim tätig und haben ein Buch über die Brand Scorecard geschrieben. Vielen Dank, dass Sie sich Zeit genommen haben, für dieses kurze Interview.

Ich möchte Ihnen heute im Rahmen meiner Dissertation „Innovationsorientiertes Markencontrolling" ein paar Fragen zu dem Bereich Marke und Innovation stellen. Über was muss eine Marke verfügen, damit diese als eine starke Marke gilt?

Eine Marke muss „KLASSE" haben, d.h., K, wie Klarheit in ihren Aussagen (Benefits, Reason whys, Uniqueness, Auftritt), L, wie Lebendigkeit, d.h. Aktualität im Angebot, gute Geschichte erzählen (z.B. Lurchi, etc.), A wie Assoziationsreichtum, d.h. mit der Marke soll der Konsument eine Vielfalt von positiven Assoziationen verbinden (z.B. Marlboro), S, wie Stereotypie, d.h. die Markenbotschaften sollen nicht in die Irre führen, sondern ihre Botschaften markentypisch (eben Stereotyp) vermitteln, Bsp.: der Esso-Tiger; S, wie Sensualität, d.h., die Marke muss mit allen Sinnen erlebt werden können, nämlich optisch, haptisch, auditiv, etc. und E, wie Eindruck oder Werbedruck, d.h., die Marke muss Geld in die Werbung investieren und stark auftreten.

Welche Bedeutung haben Marken in der Versicherungsbranche?

Überall, wo sich viele Wettbewerber im Markt bewegen, muss man sich über eine eigenständige Marke differenzieren, d.h. eine Marke aufbauen. Das gilt eben auch für die Versicherungsbranche und hier noch mehr als bei Produktmarken, denn Dienstleistungsmarken müssen sich noch stärker als Produkte in die Köpfe der Konsumenten setzen, weil sie nicht via „Verpackung" im Regal für sich selbst sprechen können.

Auch Marken verändern sich im Zeitverlauf und müssen sich kontinuierlich anpassen. Welchen Einfluss haben Innovationen auf die Marke und insbesondere auf die Markenstärke?

Wie oben erwähnt muss eine starke Marke Klarheit haben, d.h. Aktualität im Angebot. Aktualität erreicht man am ehesten durch Innovation.

Wie beurteilen Sie den Einfluss von Innovationen auf die Markenstärke im Bereich des Handymarktes im Vergleich zur Versicherungsbranche?

Meist bestimmt der Marktführer in einer Branche das Innovationstempo einer Markenkategorie. In einem Markt für Handys sind aber Innovationen durch Außenseiter der Branche gesetzt worden, die dann den Markt für sich gewonnen haben (iPhone).

Technologische Innovationen und Dienstleistungsinnovationen können durchaus eine ähnliche Dynamik entwickeln, wenn die richtigen Unternehmen dahinter stehen. Insofern kann die Markenstärke in der Versicherungsbranche durchaus von ihrer Innovationsdynamik wesentlich beeinflusst werden (siehe Kosmos-Versicherungen).

Wie beurteilen Sie die Relevanz und Praxistauglichkeit von Marken Scorecards / Brand Scorecards?

Ich sehe Relevanz und Praxistauglichkeit von Brand Scorecards ähnlich hoch wie vergleichbare Ansätze von Balanced Scorecard, Business Excellence, etc.. Es kommt immer darauf an, wie man mit diesen Instrumenten umgeht.

Besten Dank für Ihre Zeit und Ihre Unterstützung.

Anhang 9:   Interview mit Prof. Dr. Claudius Schikora

Interview mit Herrn Prof. Dr. Claudius Schikora, 21.08.2009

Herr Prof. Dr. Schikora, sind als Direktor des Instituts für Medienmanagement und Leiter des Studienganges Medienmanagements an der Fachhochschule für angewandtes Management in Erding tätig. Vielen Dank, dass Sie sich Zeit genommen haben, für dieses kurze Interview.

Ich möchte Ihnen heute im Rahmen meiner Dissertation „Innovationsorientiertes Markencontrolling" ein paar Fragen zu dem Bereich Marke und Innovation stellen. Über was muss eine Marke verfügen, damit diese als eine starke Marke gilt?

- Wiedererkennung
- Bezug zum Produkt/Unternehmen
- Durchgängigkeit in der Markenkommunikation(CI => CD/CB/CC)

Welche Bedeutung haben Marken in der Versicherungsbranche?

In den Zeiten großer Unsicherheit (Finanzkrise) wenden sich die Konsumenten vertrauten und zuverlässigen Marken zu.
=> momentan wichtiger denn je.

Auch Marken verändern sich im Zeitverlauf und müssen sich kontinuierlich anpassen. Welchen Einfluss haben Innovationen auf die Marke und insbesondere auf die Markenstärke?

Siehe Frage 1 – die Markenkommunikation muss Durchgängig sein, denn jede große Veränderung (Innovation) ist Chance und Risiko zugleich. Chance, um die Marke mit neuem USP und / oder für neue Zielgruppen zu positionieren und Risiko, da Markenidentität verloren gehen kann…

Wie beurteilen Sie den Einfluss von Innovationen auf die Markenstärke im Bereich des Handymarktes im Vergleich zur Versicherungsbranche?

In sich schnell ändernden Märkten ist Innovation insbesondere bei Handys ein Basisbestandteil der Marke. Innovation bedeutet aber Chance und Risiko zugleich (siehe Frage zuvor).

Wie beurteilen Sie die Relevanz und Praxistauglichkeit von Marken Scorecards bzw. Brand Scorecards?

Bei Brand Scorecards handelt es sich um einen der wesentlichen Ansätze zur Quantifizierung von Brands.

Besten Dank für Ihre Zeit und Ihre Unterstützung.

Anhang 10:   Interview mit Prof. Dr. Manfred Bruhn

Interview mit Herrn Prof. Dr. Manfred Bruhn, 25.08.2009

Herr Prof. Dr. Bruhn, von 1983 - 1995 waren Sie Inhaber des Lehr-stuhls für Betriebswirtschaftslehre, insbesondere Marketing und Handel an der European Business School (EBS) in Oestrich-Winkel. Aktuell Sie sind als Professor für Marketing und Unternehmens-führung an der Universität Basel und als Honorarprofessor an der TU München tätig. Vielen Dank, dass Sie sich Zeit genommen haben, für dieses kurze Interview.

Ich möchte Ihnen heute im Rahmen meiner Dissertation „Innovationsorientiertes Markencontrolling" ein paar Fragen zu dem Bereich Marke und Innovation stellen. Über was muss eine Marke verfügen, damit diese als eine starke Marke gilt?

Konsistenz, Kontinuität in der Markenführung ... im Endeffekt die Kontrolle des gesamten Marketing-Mixes.

Welche Bedeutung haben Marken in der Versicherungsbranche?

Marken haben in der Versicherungsbranche eine besondere Bedeutung. Versicherungen sind Dienstleister und Vertrauensgüter. Diese bedürfen einer besonders intensiven Pflege beim Aufbau des Vertrauens in eine Marke.

Auch Marken verändern sich im Zeitverlauf und müssen sich kontinuierlich anpassen. Welchen Einfluss haben Innovationen auf die Marke und insbesondere auf die Markenstärke?

Wenn eine Marke zu einem Markenartikel werden will, sind definitiv Innovationen notwendig. Starke Marken stehen gerade was Innovation anbelangt an vorderster Stelle. Ein gutes Beispiel hierfür stellt das Apple iPhone dar.

Wie beurteilen Sie den Einfluss von Innovationen auf die Markenstärke im Bereich des Handymarktes im Vergleich zur Versicherungsbranche?

Der Handymarkt ist sehr speziell und überwiegend durch Preisaktionen getrieben. In der Ver-sicherungsbranche hingegen zählt das Vertrauen in die Marke stärker. In der Handybranche gelang Apple mit dem iPhone ein Quantensprung. Versicherungen tun sich generell schwer, da diese als Dienstleister im Wesentlichen nur ihre Leistungen, Preis und / oder den Service anpassen können. Zudem sind die Produkte im Versicherungsbereich sehr viel leichter imitierbar, als der technologiegetriebene Handygerätebereich und Versicherungen verfügen über längere Produktlebenszyklen. Echte Innovationen im Handybereich sind daher viel schwieriger umsetzbar und gelingen nur bedingt.

Wie beurteilen Sie die Relevanz und Praxistauglichkeit von Marken Scorecards / Brand Scorecards?

Persönlich sehr skeptisch. Die Auswahl der Dimensionen und Indikatoren ist teilweise nicht nachvollziehbar. Auch wenn die Plausibilität hoch ist, ist diese unter wissenschaftlichen Gesichtspunkten nicht immer nachvollziehbar. Die Herausforderung wird daher sein, welche Indikatoren verwendet werden und wie valide diese sind.

Besten Dank für Ihre Zeit und Ihre Unterstützung.

Anhang 11:   Interview mit Dr. Martin Koers

Interview mit Herrn Dr. Martin Koers, 28.08.2009

Herr Dr. Koers, Sie sind als Leiter der Abteilung Volkswirtschaft und Strategie beim Verband der Automobilindustrie (VDA) tätig und waren ehemals am Institut für Marketing bei Herrn Prof. Dr. Meffert und als Manager Product Marketing bei Ford Europe tätig. Vielen Dank, dass Sie sich Zeit genommen haben, für dieses kurze Interview.

Ich möchte Ihnen heute im Rahmen meiner Dissertation „Innovationsorientiertes Markencontrolling" ein paar Fragen zu dem Bereich Marke und Innovation stellen. Über was muss eine Marke verfügen, damit diese als eine starke Marke gilt?

Grundsätzlich gibt es eine Vielzahl unterschiedlicher Markenführungsansätzen. Bei dem identitätsgetriebenen Markenführungsansatz kommt es auf einen starken Identitätskern an. In der Markenidentität verbinden sich spezifische Merkmale (Eigenschaften) eines Gegenstands zu einer unverwechselbaren Markenpersönlichkeit. Die Stärke der jeweiligen Marke hängt vom Ausmaß der Übereinstimmung zwischen dem Selbstbild einer Marke (Markenidentität) und dem Fremdbild einer Marke (Markenimage) ab, d. h. wenn es darum geht „was kann ich eigentlich" und „wie werde ich wahrgenommen".

Welche Bedeutung haben Marken in der Versicherungsbranche?

Versicherungen sind ein hohes Vertrauensgut, das nur schwer haptisch wahrnehmbar bzw. physisch greifbar ist. Die Marke ist bei Versicherungen der „einzige Anker", an den ich mich klemmen kann, da sich die Produkte häufig nur geringfügig unterschieden. Aber auch hier haben profilierte Marken eine sehr hohe Bedeutung. Bei den Versicherungen geht es zudem weniger um die Gestaltung von Erlebniswelten bzw. eines Erlebniskonzeptes (wie in der Automobilbranche). Die Darstellung eines Lebensgefühls ist im Versicherungsbereich anders und bei den Versicherungen spiegelt sich das Vertrauen in der Marke wider.

Auch Marken verändern sich im Zeitverlauf und müssen sich kontinuierlich anpassen. Welchen Einfluss haben Innovationen auf die Marke und insbesondere auf die Markenstärke?

Hier geht es um das Spannungsfeld zwischen Kontinuität und der Weiterentwicklung einer Marke. Je nach dem, in welcher Branche ich tätig bin, beeinflussen Innovationen den Kaufentscheidungsprozess auf unterschiedliche Weise. Innovationen sind in der Automobilbranche und im Handymarkt ein elementarer Bestandteil. Die Marke lebt durch Innovationen, allerdings muss deren Weiterentwicklung sehr behutsam angegangen werden. Nur durch ein behutsames Vorgehen kann die bisherige Markenstärke erhalten bzw. weiter ausgebaut werden.

Wie beurteilen Sie den Einfluss von Innovationen auf die Markenstärke im Bereich des Automobilmarktes im Vergleich zur Versicherungsbranche?

Innovationen sind in Automobilbranche wichtiger als in der Versicherungsbranche, da insbesondere Autos wie auch Handys von Produktinnovationen profitieren. Ein gutes Bespiel hierfür liefert Audi, die das Konzept der Identitätsmarkenführung hervorragend umgesetzt haben. Hätte Audi vor einigen Jahren nur auf Fremdbild des Konsumenten gesetzt, hätten diese eher ein langweiliges Bild von Audi gehabt. Audi gelang es durch ihren Slogan „Vorsprung durch Technik" ihr eigenes Selbstbild zu stärken und erfolgreich in das Fremdbild der Konsumenten zu übertragen.

Wie beurteilen Sie die Relevanz und Praxistauglichkeit von Marken Scorecards / Brand Scorecards?

Die Relevanz von Marken Scorecards und dem Markencontrolling halte ich für sehr hoch, da diese ein wichtiges Instrumentarium sind, um Marken zu steuern, messen und vergleichen zu können. Die wirkliche praktische Umsetzung solcher Thematiken ist jedoch sehr, sehr schwierig. Marken Scorecard sind häufig sehr theoretisch aufgebaut und weit von der Praxis entfernt. Die Marken Scorecard muss die Komplexität der Realität ausreichend berücksichtigen. Für die Marken Scorecard ist daher der Spagat zwischen vollständiger Erfassung aller relevanter Größen und Einfachheit im Verständnis und Reporting erfolgskritisch. Die Komplexität des Markenreportings muss soweit reduziert werden, dass sich der User immer schnell damit zurechtfinden kann.

Besten Dank für Ihre Zeit und Ihre Unterstützung.

Anhang 12:   Interview mit Dr. Jutta Menninger

Interview mit Frau Dr. Jutta Menninger, 28.08.2009

Frau Dr. Menninger, Sie sind bei PwC in München als Partnerin und Expertin für Markenbewertungen tätig. Vielen Dank, dass Sie sich Zeit genommen haben, für dieses kurze Interview.

Sehr gerne.

Ich möchte Ihnen heute im Rahmen meiner Dissertation „Innovationsorientiertes Markencontrolling" ein paar Fragen zu dem Bereich Marke und Innovation stellen. Über was muss eine Marke verfügen, damit diese als eine starke Marke gilt?

Eine starke und insbesondere eine traditionsreiche Marke muss vor allem innovativ sein, d.h. sie muss sich permanent neu erfinden, um dauerhaft attraktiv und erstrebenswert zu bleiben.

Welche Bedeutung haben Marken in der Versicherungsbranche?

In der Dienstleistungsbranche und das gilt vor allem auch für die Versicherungsbranche sind Marken und Mitarbeiter die wesentlichen Werttreiber. Eine Versicherung und jede Marke lebt von dem Vertrauen, das die Kunden ihr schenken. Daher ist es nicht verwunderlich, dass gerade in der Versicherungsbranche der Entwicklung sowie dem Management von Marken besondere Beachtung geschenkt wird.

Auch Marken verändern sich im Zeitverlauf und müssen sich kontinuierlich anpassen. Welchen Einfluss haben Innovationen auf die Marke und insbesondere auf die Markenstärke?

Wie schon in der ersten Frage betont, ist die Innovationsfähigkeit einer Marke der wesentliche Werttreiber. Leider hat sich ja in Krisenzeiten deutlich gezeigt, dass traditionsreiche Marken, die ihre Hausaufgaben in dieser Hinsicht nicht gemacht haben, gefährdet sind.

Wie beurteilen Sie den Einfluss von Innovationen auf die Markenstärke im Bereich des Handymarktes im Vergleich zur Versicherungsbranche?

Selbstverständlich spielt auch auf dem Handymarkt die Innovationsfähigkeit eine große Rolle, dazu gehört jedoch nicht nur die Technologie, sondern auch das Design und die Bedienerfreundlichkeit sowie die Vernetzung mit anderen Services sind von großer Bedeutung.

Wie beurteilen Sie die Relevanz und Praxistauglichkeit von Marken Scorecards / Brand Scorecards?

Marken Scorecards können sehr hilfreich sein, wenn sie nicht isoliert verwendet werden, sondern im Rahmen einer monetären Markenwertmessung, z.B. zur Abschätzung der Markenrisiken, herangezogen werden.

Besten Dank für Ihre Zeit und Ihre Unterstützung.

Anhang 13:   Interview mit Dr. Sven Beyer

Interview mit Herrn Dr. Sven Beyer, 01.09.2009

Herr Dr. Beyer, Sie sind bei KPMG in München u. a. als Partner und Experte für Markenbewertungen tätig. Vielen Dank, dass Sie sich Zeit genommen haben, für dieses kurze Interview.

Sehr gerne.

Ich möchte Ihnen heute im Rahmen meiner Dissertation „Innovationsorientiertes Markencontrolling" ein paar Fragen zu dem Bereich Marke und Innovation stellen. Über was muss eine Marke verfügen, damit diese als eine starke Marke gilt?

Hierzu lassen sich keine generellen Aussagen treffen. Die Markenstärke kann im Kontext des beabsichtigten Marken- bzw. Produktauftritts bzw. der Markenarchitektur beurteilt werden. Sollen bspw. insbesondere Qualitätsaspekte transportiert werden, so ist die Marke darauf hin zu untersuchen. Spielen emotionale Aspekte eine übergeordnete Rolle, wären naturgemäß andere Einflussfaktoren von Relevanz. Ein geeignetes generelles Raster könnten z.B. die 4 Faktoren Zuneigung, Identifikation, Eindruck und Vertrauen sein. Es gibt aber auch andere Systematiken, die je nach Produkt, Markt und Wettbewerbssituation besser geeignet sein können.

Welche Bedeutung haben Marken in der Versicherungsbranche?

Die Bedeutung von Marken in der Versicherungsbranche variiert insbesondere in Abhängigkeit der Endkundenorientierung und der Produktkomplexität.

Auch Marken verändern sich im Zeitverlauf und müssen sich kontinuierlich anpassen. Welchen Einfluss haben Innovationen auf die Marke und insbesondere auf die Markenstärke?

Innovationen interpretiere ich im Folgenden mit der Adaption des technischen Fortschritts. Es gilt der Spruch „Marken müssen sich regelmäßig neu erfinden" und diese lässt sich wohl auch auf die korrespondierenden Produkte übertragen. Rolls Royce war lange Zeit nicht nur Luxus sondern auch ein technologischer Führer. Als ein RR nicht mehr mit Innovationen aufwarten konnte, machte sich das zwar erst langsam bemerkbar, führte aber schließlich zum Verkauf. Diese Beobachtung wird sich auf viele Marken übertragen lassen. Apple belegt mit dem iPod ebenfalls die Bedeutung der Innovation – die Innovation lag in der Verbindung von MP3-Technologie und intelligenter Benutzerführung. Das ist das eigentliche Erfolgsrezept dieses Produktes.

Wie beurteilen Sie den Einfluss von Innovationen auf die Markenstärke im Bereich des Handymarktes im Vergleich zur Versicherungsbranche?

Der Handy-Markt knüpft unmittelbar an die vorstehende Aussage an. Nokia war in bestimmten Segmenten unangefochten Marktführer. Die „Innovation" bestand allerdings mehr und mehr darin, eine möglichst große Zahl von Funktionalitäten vorzuhalten. Apple hat mit dem großen Erfolg des iPhones gezeigt, dass für den wirtschaftlichen Erfolg von Innovationen die Wahrnehmung des Anwenders / Konsumenten maßgeblich ist. Durch den großen technologischen Vorsprung bei der Benutzerführung konnte sich Apple aus dem Stand einen beachtlichen Marktanteil in kürzester Zeit sichern. Übertragen auf den Versicherungsmarkt wäre als zu untersuchen, was von den potentiellen Kunden als Innovation wahrgenommen wird.

Wie beurteilen Sie die Relevanz und Praxistauglichkeit von Marken Scorecards / Brand Scorecards?

Marken Scorecards sind als operatives Steuerungsinstrument in vielen Unternehmen im Einsatz. Vor diesem Hintergrund scheint eine hohe Praxisrelevanz für dieses Instrument gegeben. Allerdings löst dieses Instrument nicht die Problematik der finanziellen Messbarkeit von Marketingmaßnahmen. Insofern kann auch mit der Scorecard keine Brücke zum Financial Controlling gebaut werden.

Besten Dank für Ihre Zeit und Ihre Unterstützung.

258

Anhang 14: Interview mit Dr. Robert Tafelmeier

Interview mit Herrn Dr. Robert Tafelmeier, 30.08.2009

Herr Dr. Tafelmeier, Sie sind als Geschäftsführer bei der IP-Valuation GmbH, einem führenden Beratungs- und Softwareunternehmen für die Bewertung von immateriellen Vermögenswerten, in München tätig. Vielen Dank, dass Sie sich Zeit genommen haben, für dieses kurze Interview.

Gerne.

Ich möchte Ihnen heute im Rahmen meiner Dissertation „Innovationsorientiertes Markencontrolling" ein paar Fragen zu dem Bereich Marke und Innovation stellen. Über was muss eine Marke verfügen, damit diese als eine starke Marke gilt?

Um als eine starke Marke zu gelten, sollte eine Marke sowohl auf qualitativer als auch quantitativer Ebene erfolgreich sein. Bezüglich der qualitativen Markenstärke ist es wichtig, dass die Marke über einen hohen Bekanntheitsgrad und ein positives Markenimage verfügt. Im Hinblick auf die quantitative Markenstärke sind ein hoher Marktanteil sowie eine in zurückliegenden Jahren positive Entwicklung des Markenumsatzes entscheidend. Hinzu kommt das Markenalter, wodurch oftmals ältere Marken stärker sind als jüngere Marke. In einigen Branchen stärken aber auch (Produkt-)Innovationen die Marke.

Welche Bedeutung haben Marken in der Versicherungsbranche?

Marken spielen in der Versicherungsbranche eine durchaus bedeutende Rolle. Die Funktionen einer Marke, nämlich Informationseffizienz (= Erleichterung der Informationsverarbeitung), Risikoreduktion (= Sicherheit und Vertrauen) und idealler Nutzen (= Selbstdarstellung und Identifikation) gelten grundsätzlich als Treiber der Markenrelevanz. In der Versicherungsbranche kommt insbesondere der Risikoreduktion eine hohe Bedeutung zu, da eine erfolgreiche Marke Vertrauen schafft, ein qualitativ hochwertiges Versicherungsprodukt verbunden mit einem optimalen Service zu erhalten.

Auch Marken verändern sich im Zeitverlauf und müssen sich kontinuierlich anpassen. Welchen Einfluss haben Innovationen auf die Marke und insbesondere auf die Markenstärke?

Innovationen können durchaus die Marken und deren Markenstärke positiv beeinflussen, wobei die Bedeutung dieses Einflusses abhängig ist von der jeweiligen Branche. Ein starker positiver Einfluss auf die Markenstärke ist in den Branchen zu beobachten, in denen Innovationen generell von hoher Bedeutung sind, wie beispielsweise bei Softwareprodukten und elektronischen Geräten (z.B. Flachbildschirme).

Wie beurteilen Sie den Einfluss von Innovationen auf die Markenstärke im Bereich des Handymarktes im Vergleich zur Versicherungsbranche?

Der Handymarkt ist ein klassisches Beispiel wie Innovationen eine Marke stärken können, wie beispielsweise das iPhone von Apple zeigt. Die innovative Weiterentwicklung ist wichtig zum Erhalt und Ausbau der Markenstärke. In der Versicherungsbranche spielen dagegen Innovationen eine untergeordnete Rolle, da es darum geht mit der Marke Sicherheit und Vertrauen zu kommunizieren.

Wie beurteilen Sie die Relevanz und Praxistauglichkeit von Marken Scorecards / Brand Scorecards?

Grundsätzlich können Marken Scorecards bzw. Brand Scorecards sinnvolle und nützliche Instrumente im Rahmen der Markenführung sein. Entscheidend ist jedoch, dass die Auswahl und Gewichtung der hierzu verwendeten Parameter und Indikatoren nach einem fundierten und nachvollziehbaren Prozess erfolgt, der sowohl die qualitative als auch quantitative Markenstärke berücksichtigt und in dem auch branchenspezifische Besonderheiten beachtet werden.

Besten Dank für Ihre Zeit und Ihre Unterstützung.

Anhang 15:   Interview mit Prof. Dr. Manfred Schwaiger

Interview mit Herrn Prof. Dr. Manfred Schwaiger, 03.09.2009

Herr Prof. Dr. Schwaiger, Sie sind am Institut für Marktorientierte Unternehmensführung an der LMU tätig. Vielen Dank, dass Sie sich Zeit genommen haben, für dieses kurze Interview.

Ich möchte Ihnen heute im Rahmen meiner Dissertation „Innovationsorientiertes Markencontrolling" ein paar Fragen zu dem Bereich Marke und Innovation stellen. Über was muss eine Marke verfügen, damit diese als eine starke Marke gilt?

Die Grundvoraussetzung ist die Bekanntheit. Ohne Bekanntheit geht gar nichts. Für Corporate Level Brands, wie die Allianz, sind die Kompetenz und Sympathie Teil des Reputationsmanagements (Reputation treibt den Unternehmenswert) und daher absolut wichtige Markenwerttreiber, damit man sagen kann, Allianz ist eine starke Marke.

Welche Bedeutung haben Marken in der Versicherungsbranche?

Marken haben in der Versicherungsbranche eine extrem hohe Bedeutung, da sich die Versicherungsleistungen bestenfalls im Rahmen des Konsums beurteilen lassen (=experience quality). Bei Versicherungen spielt Vertrauen eine besonders große Bedeutung (=credence quality). Die Reputation der Marke ist der zentrale Vorläufer für Vertrauen.

Auch Marken verändern sich im Zeitverlauf und müssen sich kontinuierlich anpassen. Welchen Einfluss haben Innovationen auf die Marke und insbesondere auf die Markenstärke?

Dies ist sehr unterschiedlich und branchenabhängig. Für BMW haben wir dies empirisch untersucht und nachweisen können, dass der Innovationsgrad einen starken Einfluss auf Marke hat. In der Versorgerbranche hingegen ist Innovation kein signifikanter Treiber. Da diese Frage nicht generell beantwortet werden kann, sollten die Korrelationen mit entsprechenden Markenwerttreibermodellen bei der Ermittlung der Markenstärke analysiert werden. Innovation ist grundsätzlich ein Kompetenztreiber, aber nicht in allen Branchen relevant (wie z.B. in der Energie-, Bankenbranche). Kompetenz ist eher ein Hygienefaktor, während Sympathie ein absolut notwendiger Markenwerttreiber ist.

Wie beurteilen Sie den Einfluss von Innovationen auf die Markenstärke im Bereich des Handymarktes im Vergleich zur Versicherungsbranche?

Ich habe für beide Branchen keine empirischen „Evidences". Mein Bauchgefühl sagt mir aber, dass Innovationen in der Handyherstellerbranche wichtiger sein dürften, da die Produkteigenschaft im Vordergrund steht (=search quality). Versicherungen stehen für Vertrauen (=credence quality) und Innovationen haben in dieser Branche bis dato einen nicht so hohen Einfluss. Im Versicherungsbereich sind Innovationen zudem oft so gering, dass diese überhaupt nicht als Innovationen wahrgenommen werden.

Wie beurteilen Sie die Relevanz und Praxistauglichkeit von Marken Scorecards / Brand Scorecards?

Die Marken Scorecard ist das richtige Tool, wenn dieses gut aufgebaut ist. Marken Scorecards sind daher sehr relevant und sehr wohl praxistauglich. Die Frage ist nur, ob diese gut strukturiert sind und die wesentlichen Treiber für die Markenstärke abbilden. Zudem muss eine klare Unterscheidung zwischen den Vorläufern der Markenstärke (z.B. Vertrauen, Nachhaltigkeit, etc.) und den Outcomes (kenn ich, mag ich, kauf ich) gegeben sein.

Besten Dank für Ihre Zeit und Ihre Unterstützung.

262

Anhang 16:   Interview mit Prof. Dr. Frank Huber

Interview mit Herrn Prof. Dr. Frank Huber, 08.09.2009

Herr Prof. Dr. Huber, Sie sind am Lehrstuhl für Marketing an der Johannes-Gutenberg Universität in Mainz tätig. Vielen Dank, dass Sie sich Zeit genommen haben, für dieses kurze Interview.

Ich möchte Ihnen heute im Rahmen meiner Dissertation „Innovationsorientiertes Markencontrolling" ein paar Fragen zu dem Bereich Marke und Innovation stellen. Über was muss eine Marke verfügen, damit diese als eine starke Marke gilt?

Starke Marken entstehen durch die Anerkennung sowie emotionale und kognitive Wertschätzung der Konsumenten, welche alle Assoziationen, Anmutungen und Vorstellungen in Bezug auf die Marke beinhalten und über den funktionalen Nutzen eines Produktes hinausgehen. Eine starke Marke verfügt über viele starke, einzigartige und vorteilhafte Assoziationen, die im Gedächtnis des Konsumenten gespeichert sind. Mittels des unverwechselbaren Markenimages, hebt sich diese schließlich von den Wettbewerbern ab. Die so generierte Wertschätzung des Konsumenten wirkt sich positiv auf die Kaufentscheidung bzw. Markenwahl aus. Individuen neigen besonders bei starken Marken dazu, weniger vernunftgesteuert zu handeln, da starke Marken stärker im Gehirn verankert sind und somit die Kaufentscheidung nachhaltig beeinflussen.

Diese theoretischen Grundlagen bilden Ansatzpunkte auf verschiedenen Ebenen:
- Weitreichende Bekanntheit der Marke
- Funktionale Nutzenerwartungen (hier auch Berücksichtigung des Qualitätsaspektes)
- Emotionaler Mehrwert
- Individuelle Markenpersönlichkeit/Markenidentität (klare Vision und Zielgruppenkongruent)
- Konsistente und differenzierende Positionierung im Wettbewerbsumfeld
- Konsequentes und konsistentes, strategisches und operatives Markenmanagement (Strategische Stoßrichtung und ideale Abstimmung der 4 P's (eigentlich 5 P's Personal))

Es kann festgehalten werde, dass sich pauschal lediglich ein Rahmen ziehen lässt, welcher individuell für jede Marke ausgearbeitet werden muss.

Welche Bedeutung haben Marken in der Versicherungsbranche?

Dienstleistungsmarken zeichnen sich im Allgemeinen vorrangig durch ihr hohes Maß an Intangibilität und der Notwendigkeit der Integration eines externen Faktors (Kundenbeteiligung) aus. Der Umstand, dass die erbrachte Leistung intangibel ist und von der Beteiligung des Kunden abhängt, verstärkt das subjektiv wahrgenommene Kaufrisiko für den Konsumenten. Marken reduzieren, aufgrund der im Gedächtnis gespeicherten Assoziationen (wie bereits zuvor erwähnt), dieses wahrgenommene Risiko. Ferner ist die Versicherungsbranche durch eine stark dynamische Wettbewerbssituation geprägt, getrieben vor allem durch zunehmende Internationalisierung und die schnelle Entwicklung der Informationstechnologie, welche schließlich eine wachsende Homogenisierung des Dienstleistungsangebotes und zunehmend intensive Preiskämpfe zur Folge hat. Hierbei bilden Marken für Kunden einen Anker im unüberschaubaren Angebotsmeer. Die Wahrnehmung der Marke wird dabei maßgeblich durch eine weitreichende Bekanntheit der Marke und das Vertrauen in die Marke beeinflusst. Kunden kaufen Versicherungsprodukte bei einem bestimmten Unternehmen, weil sie Vertrauen in das Unternehmen haben.

Von ebenso großer Bedeutung sind in diesem Zusammenhang die Qualitätseinschätzung und eine starke Markenpersönlichkeit. Allesamt Faktoren, die eine starke Marke definieren. Die verstärkte Notwendigkeit zur Differenzierung vom Wettbewerb und die nahezu austauschbaren Produkte zeigen die Dringlichkeit durch die Marke einen Vertrauensvorschuss für etwas materiell nicht Fassbares zu generieren.

STICHPUNKTE:
Zunahme der Markenbedeutung in Bezug auf: Orientierungsfunktion, Vertrauensfunktion, Qualitätssicherungsfunktion, Risikominderungsfunktion

Auch Marken verändern sich im Zeitverlauf und müssen sich kontinuierlich anpassen. Welchen Einfluss haben Innovationen auf die Marke und insbesondere auf die Markenstärke?

Zunächst bieten Innovationen die Möglichkeit Marktanteile in bereits bearbeiteten Märkten abzuschöpfen oder in neue Märkte vorzudringen. Ferner entsteht für die Marke so die Möglichkeit sich relativ schnell Trends anzupassen bzw. diese zu antizipieren oder auch neue Trends zu initiieren.

Generell ist dabei der Einfluss einer Innovation auf die Marke / Markenstärke davon abhängig, welche Markenstrategische Option ein Unternehmen verfolgt (Dachmarke vs. Einzelmarke), oder ob es sich um eine Echte- oder Quasi-Innovation (Brand vs. Line Extension) handelt. Hierbei kann nicht pauschal festgelegt werden, ob Innovationen einen positiven oder negativen Einfluss auf die Marke bzw. Markenstärke haben. Allgemein kann jedoch festgehalten werden, dass sofern eine Produktinnovation unter einer bestehenden Marke eingeführt wird und diese Innovation die Werte der Marke bzw. der Markenpersönlichkeit unterstützt führt dies zu einem Image Spill-Over, der einen positiven Effekt auf die Marke bzw. Stärke der Marke hat. Sofern eine Innovation durch den Konsumenten nicht sinnvoll in das bestehende Markenschema eingeordnet werden kann, kann es zu negativen Spill-Over-Effekten kommen und die Gefahr besteht, dass das Markenbild durch unspezifische, nicht markenkonforme Assoziationen verwässert.

Wie beurteilen Sie den Einfluss von Innovationen auf die Markenstärke im Bereich des Handymarktes im Vergleich zur Versicherungsbranche?

Beide Märkte (Dienstleistung und Konsumgüter) sind zunächst geprägt von einer ähnlichen Wettbewerbssituation (fortschreitende Globalisierung und Vernetzung der Märkte). Dies führt zu einer zunehmenden Sättigung und einem wachsenden Konkurrenzdruck.

Speziell für den Dienstleistungsbereich lässt sich anmerken, dass innovative Dienstleistungen aufgrund der Immaterialität wesentlich schwerer vor Imitation schützbar sind als Innovationen, die durch Patente gesichert werden. So bestehen für Dienstleister aus Mangel an gewerblichen Schutzrechten nur sehr kurze Zeit- und Innovationsvorteile. Hinzu kommt, dass neben dem innovativen Versicherungsprodukt die Interaktion sowohl beim Kauf als auch der Erbringung der Dienstleistung eine direkte Interaktion mit dem Personal des Unternehmens impliziert. Somit findet nicht nur ein Image Spill-Over vom innovativen Produkt auf die Marke statt, sondern auch in erheblichem Maße von den Repräsentanten der Marke. Wohingegen sich der Mobilfunkmarkt durch die kontinuierliche Generierung neuer Techniken und Anwendungen auszeichnet und eine Interaktion mit dem Mobilfunkhersteller in der Regel nicht stattfindet. Verstärkend kommt hinzu, dass Marken (Mobilfunkmarkt), die nicht als innovativ gesehen werden, sich in diesem technologisch hoch dynamischen Markt gegen starke Wettbewerber nicht lange durchsetzen können.

Es ist also folglich davon auszugehen, dass Innovationen von Versicherungsanbietern einen vergleichsweise geringeren Einfluss auf die Wahrnehmung der Marke und somit auf die Markenstärke haben, als dies bei Innovationen im Bereich Mobilfunk der Fall ist.

Wie beurteilen Sie die Relevanz und Praxistauglichkeit von Marken Scorecards / Brand Scorecards?

Marken- oder Brand Scorecards bilden eine wertvolle Hilfestellung zur nachhaltigen Steuerung und Kontrolle der Markenführung im Unternehmen und erhalten dadurch ihre Relevanz als versiertes Controllinginstrument. Dabei stellt die Einbeziehung der verschiedenen Zielperspektiven die Grundlage für die Entwicklung eines ausgewogenen Zielsystems dar. Dieses soll verhindern, dass Ziele zu einseitig, bspw. ausschließlich unter ökonomischen Gesichtspunkten und unter Vernachlässigung bestimmter Stakeholder gesehen werden.

Die Praxistauglichkeit hängt sehr stark von der konsequenten Einführung und Umsetzung der Brand Scorecard ab. In der Praxis treten häufig Probleme bei der Erstellung von Ursache-Wirkungsketten oder fehlende Kennzahlen auf. Ferner stellt die knappe Zeit ein enormes Problem dar, welchem jedoch mithilfe eines strukturierten Projektmanagements entgegengewirkt werden kann. Zu Beachten ist generell, dass das Commitment des (Top-) Managements eine notwendige Voraussetzung für die erfolgreiche Implementierung einer Scorecard ist (Top-Down-Prinzip). Ebenso ist die Integration in existierende Managementsysteme (strategische und operative Planung, Berichtswesen, Zielvereinbarungssysteme, etc.) und eine strukturierte, unternehmensweit einheitliche Methodik zur Ableitung und Priorisierung von Leistungsindikatoren eine notwendige Voraussetzung für die Praxistauglichkeit der Brand Scorecard.

Besten Dank für Ihre Zeit und Ihre Unterstützung.

Anhang 17:   Interview mit Alexander Biesalski

Ich möchte Ihnen heute im Rahmen meiner Dissertation „Innovationsorientiertes Markencontrolling" ein paar Fragen zu dem Bereich Marke und Innovation stellen. Über was muss eine Marke verfügen, damit diese als eine starke Marke gilt?

Neben der Bekanntheit in der relevanten Zielgruppe, die natürlich die Grundlage zur Etablierung einer starken Marke darstellt, ist ein relevantes, glaubwürdiges und differenzierendes Markenversprechen eine notwendige Voraussetzung. Eine konsequente und konsistente Markenführung, die die Verankerung dieses Markenbildes in der Zielgruppe bewirkt, führt langfristig zu einer starken Markenbindung (Sympathie, Vertrauen, Loyalität) und löst schließlich damit eine Markenpräferenz (Kauf / Wiederkauf) aus.

Welche Bedeutung haben Marken in der Versicherungsbranche?

Auch in der Versicherungsbranche spielen Marken eine wichtige Rolle. Eine Auswertung unserer Markenwert-Datenbank, die mehr als 300 im Kundenauftrag bewertete Marken umfasst, quantifiziert die Bedeutung der Marke als Werttreiber im Unternehmen. Im Bereich Finanzdienstleistungen macht das Asset Marke nach dieser Auswertung durchschnittlich 18 Prozent des Unternehmenswertes aus.

Auch Marken verändern sich im Zeitverlauf und müssen sich kontinuierlich anpassen. Welchen Einfluss haben Innovationen auf die Marke und insbesondere auf die Markenstärke?

Das Thema Innovation spielt in der Regel eine sehr wichtige Rolle in der Markenführung vieler Unternehmen aus unterschiedlichen Branchen. Hierbei nimmt Innovation als Teil der definierten Markenbedeutung eine zentrale Stellung bei der Formulierung des Markenversprechens bzw. der Persönlichkeit der Marke ein. Überspitzt formuliert, heißt das: fast jedes Unternehmen positioniert sich als „innovativ". Dies hat u. a. dazu geführt, dass Innovation auf sehr unterschiedliche und abstrakte Weise interpretiert wird und für den Endkunden nicht mehr greifbar ist. Damit wird Innovation sehr austauschbar und liefert keinen emotionalen Mehr-Wert. Vor diesem Hintergrund stellt die Konkretisierung und Detaillierung des Innovations-Begriffs im Rahmen der Markenpositionierung eine große Herausforderung. Daraus resultiert die zweite wichtige Aufgabenstellung: die versprochene Innovation muss durch das Unternehmen auch im Markt kontinuierlich bewiesen werden, sonst verliert das Markenversprechen an Glaubwürdigkeit.

Wie beurteilen Sie den Einfluss von Innovationen auf die Markenstärke im Bereich des Handymarktes im Vergleich zur Versicherungsbranche?

Grundsätzlich hat im Vergleich zur Versicherungsbranche die Marke im Handymarkt eine höhere Bedeutung. Unsere Benchmark-Auswertungen zeigen einen durchschnittlichen Anteil des Markenwertes am Unternehmenswert im Bereich Consumer Electronics von 64 Prozent. Die Kommunikation und Beweisführung von Innovationen zur Differenzierung im Wettbewerbsumfeld dürfte jedoch in beiden Bereichen gleichermaßen von Bedeutung sein. Genau hier spiegelt sich die Problematik des universell einsetzbaren und wenig konkreten Begriffs der Innovation wieder. Wenn ein Handyhersteller sich allgemein als „innovativ" positioniert, wird die Zielgruppe wenig damit anfangen können, zudem wahrscheinlich auch alle anderen Anbieter von sich behaupten werden, innovativ zu sein. Wenn ein Hersteller aber z.B. eine besonders „einfache Bedienung" als Innovation hervorbringt, dieses am Markt kommuniziert, die einfache Bedienbarkeit aus Sicht der Kunden erwünscht ist und kein weiterer Wettbewerber Geräte mit einfacher Bedienung herstellt, wird dieses Nutzenversprechen sicherlich einen hohen Einfluss auf die Markenstärke haben. Apple hat dies mit dem iPhone eindrucksvoll bewiesen. Genauso im Versicherungsmarkt. Eine relevante, glaubwürdige und differenzierende konkrete Innovation wie z. B. ein transparentes Konditionensystem könnte durchaus auch einen starken Einfluss auf die Markenstärke haben. Zudem die bestehenden Angebote im Versicherungsmarkt bislang wenig durch wahrnehmbare Innovationen geprägt sind.

Wie beurteilen Sie die Relevanz und Praxistauglichkeit von Marken Scorecards / Brand Scorecards?

Sicherlich sind Marken-Scorecards ein sinnvolles und effizientes Tool zur Kontrolle der Ist-Soll-Ausprägung der wichtigsten Schlüsselindikatoren. Eine gute Marken-Scorecard bietet nicht nur einen schnellen Überblick über die relevanten Kennzahlen, sondern bündelt auch die häufig große Vielfalt der im Unternehmen vorhandenen Studien, Markt- und Finanzdaten in einer strukturierten Form.

Die Relevanz und Praxistauglichkeit der Marken-Scorecard hängt jedoch ganz stark von der individuellen Ausgestaltung ab. Im Vorfeld müssen die Unternehmen definieren, welche Ziele eine Scorecard erfüllen soll. Ist es die reine Informationsfunktion? Soll die Scorecard auch bei der Strategiefindung und Planung helfen? Oder gar Unterstützung bei der operativen Umsetzung geben? Je mehr die Scorecard den gesamten Markenmanagementprozess abdeckt, desto größer wird ihre Relevanz und Praxistauglichkeit.

Besten Dank für Ihre Zeit und Ihre Unterstützung.

Anhang 18:   Interview mit Judith Kaltenbacher

Interview mit Frau Judith Kaltenbacher, 09.09.2009

Frau Kaltenbacher, Sie sind bei TNS Infratest, einem der weltweit führenden Anbieter für Markt- und Sozialforschung, als Research Executive tätig. Vielen Dank, dass Sie sich Zeit genommen haben, für dieses kurze Interview.

Ich möchte Ihnen heute im Rahmen meiner Dissertation „Innovationsorientiertes Markencontrolling" ein paar Fragen zu dem Bereich Marke und Innovation stellen. Über was muss eine Marke verfügen, damit diese als eine starke Marke gilt?

Die Grundvoraussetzung für den Aufbau einer starken Marke ist ihre Bekanntheit. Starke Marken zeichnen sich weiterhin durch ein „scharfes" Imageprofil aus, d.h., sie stehen für ein klares, glaubwürdiges und relevantes Markenversprechen und heben sich deutlich von ihrem Wettbewerb ab.

Welche Bedeutung haben Marken in der Versicherungsbranche?

Versicherungsprodukte und ihre Leistungen werden von vielen Kunden als komplex und schwer vergleichbar empfunden. Weiterhin sind Versicherungen Vertrauensprodukte, d.h. bis zu einem Schaden oder Leistungsfall bzw. bis zur Auszahlung eines Anlageproduktes müssen sich die Kunden auf die Aussage des Vermittlers oder der Produktunterlagen verlassen.

Da rein rationale / performance bezogene Entscheidungen folglich kaum möglich sind, spielt die Marke (und das damit verbundene Markenversprechen) eine zentrale Rolle für die Kaufentscheidung im Versicherungsmarkt.

Eine Brand Relevance Studie der Allianz (welche für mehrere europäische Märkte durchgeführt wurde) zeigt, dass die Marke (gemessen im Vergleich zu anderen Aspekten des Marketingmix) mit etwa 16-18% in die Kaufentscheidung einfließt.

Eine Metaanalyse, welche auf einer umfassenden Datenbank von TNS Infratest RI basiert, zeigt weiterhin, dass die Kaufentscheidung im Versicherungsmarkt stärker durch emotionale / intangible Aspekte einer Marke beeinflusst wird als durch funktionale Aspekte (ca. 60% zu 40%). Dies unterstreicht die Bedeutung der (emotionalen) Markenwahrnehmung von Versicherungen.

Auch Marken verändern sich im Zeitverlauf und müssen sich kontinuierlich anpassen. Welchen Einfluss haben Innovationen auf die Marke und insbesondere auf die Markenstärke?

Die innovative Wahrnehmung einer Versicherungsmarke stellt einen wichtigen Treiber für Markenstärke / Markenführerschaft dar. Dies zeigen Korrelationsanalysen, welche auf einer jährlichen, weltweit durchgeführten Markenstudie der Allianz basieren. Weiterhin konnte im Rahmen dieser Studie nachgewiesen werden, dass Markenstärke einen wesentlichen Einfluss auf die Kaufbereitschaft ausübt (Regressionsanalysen schätzen die Erklärungskraft der Markenstärke auf ca. 40%). Dies bedeutet, dass sich Innovation nicht nur positiv auf die Markenstärke auswirkt, sondern folglich auch die Kaufbereitschaft der Konsumenten positiv beeinflusst.

Die Korrelationsanalysen verdeutlichen ferner, dass im preissensitiveren Sachversicherungs-markt Innovativität häufig mit einer hohen Prämienerwartung einhergeht (höhere Preise, um die Produktentwicklung incl. Werbeaufwendungen etc. zu amortisieren).

Auffällig ist weiterhin, dass Innovationen im Versicherungsbereich von Konsumenten meist mit Produktinnovationen (erstklassige Produkte, breite Produktpalette) in Verbindung gebracht werden, während andere Innovationsbereiche (Zusatzservices etc.) noch weitgehend unausgeschöpft sind. Dies lässt vermuten, dass die Bedeutung von Innovationen für die Versicherungsbranche zukünftig weiter ansteigen wird.

Besten Dank für Ihre Zeit und Ihre Unterstützung.

Anhang 19:   Interview mit Prof. Dr. Florian von Wangenheim

Interview mit Herrn Prof. Dr. Florian von Wangenheim, 09.09.2009 **Herr Prof. Dr. von Wangenheim, Sie sind als Professor am Lehrstuhl für Dienstleistungs- und Technologiemarketing an der TU München tätig. Vielen Dank, dass Sie sich Zeit genommen haben, für dieses kurze Interview.**

Ich möchte Ihnen heute im Rahmen meiner Dissertation „Innovationsorientiertes Markencontrolling" ein paar Fragen zu dem Bereich Marke und Innovation stellen. Über was muss eine Marke verfügen, damit diese als eine starke Marke gilt?

Sie muss sich in kaufentscheidungsrelevanten Merkmalen in der Wahrnehmung der Nachfrager von Wettbewerbern abheben.

Welche Bedeutung haben Marken in der Versicherungsbranche?

Eine Vertrauensbildende.

Auch Marken verändern sich im Zeitverlauf und müssen sich kontinuierlich anpassen. Welchen Einfluss haben Innovationen auf die Marke und insbesondere auf die Markenstärke?

In Branchen, in denen Kontinuität gefragt ist, weniger als in Branchen, die stark technologischen Entwicklungen unterworfen sind. Je mehr eine Branche innovativ ist, desto mehr wird Innovativität für den Markenkern verantwortlich sein.

Wie beurteilen Sie den Einfluss von Innovationen auf die Markenstärke im Bereich des Handymarktes im Vergleich zur Versicherungsbranche?

Bei Handys erheblich wichtiger.

Wie beurteilen Sie die Relevanz und Praxistauglichkeit von Marken Scorecards / Brand Scorecards?

Wenn Sie branchenbezogen entwickelt werden, sind sie sicherlich hilfreich.

Besten Dank für Ihre Zeit und Ihre Unterstützung.

Literaturverzeichnis

Aaker, David (1992): Management des Markenwertes, Frankfurt am Main 1992.

Aaker, David (2002): Building strong Brands, London 2002.

Aaker, David (2007): Innovation: Brand it or lose it, in: California Management Review, Heft 1 (50) 2007, S. 8-24.

Aboulnasr, Khaled / Narasimhan, Om / Blair, Edward / Chandy, Rajesh (2008): Competitive Response to Radical Product Innovations, in: Journal of Marketing, Heft 3 (72) 2008, S. 94-110.

Ackermann, Walter / Fleisch, Elgar / Scherer, Guido (2008): Erhöhte Sehschärfe: Technologiebasierte Innovationen in der Versicherungswirtschaft: Bedeutung, Chancen und Herausforderungen, hrsg. v. Accenture, I-Lab, ETH Zürich und Universität St. Gallen, Zürich / St. Gallen 2008.

Aders, Christian / Wiedemann, Florian (2004): Markenmanagement: Den Unternehmenswert systematisch steigern, in: Edit Value, hrsg. v. KPMG, Heft 4 (3) 2004, S. 18-20.

Adjouri, Nicholas (2002): Die Marke als Botschafter - Markenidentität bestimmen und. Entwickeln, Wiesbaden 2002.

Ahluwalia, Rohini (2008): How Far Can a Brand Stretch? Understanding the Role of Self-Construal, in: Journal of Marketing Research, Heft 3 (45) 2008, S. 337-350.

Ahn, Heinz (1999): Ansehen und Verständnis des Controlling in der Betriebswirtschaftslehre – Grundlegende Ergebnisse einer empirischen Studie unter deutschen Hochschullehrern, in: Controlling, Heft 3 (11) 1999, S. 109-114.

Alexander, David / Lynch, John / Wang, Qing (2008): As time Goes By: Do Cold Feet Follow Warm Intentions for Really New Versus Incrementally New Products?, in: Journal of Marketing Research, Heft 3 (45) 2008, S. 307-319.

Ambler, Tim (2003): Marketing and the Bottom Line, 2. Auflage, Upper Saddle River 2003.

Ambler, Tim (2005): Maximizing Profitability and Return on Investment: A Short Clarification on Reinartz, Thomas, and Kumar, in: Journal of Marketing, Heft 4 (69) 2005, S. 153-154.

American Marketing Association AMA (2004): Marketing Power, URL: http://www.marketingpower.com, 05.06.2007, 16:34 Uhr.

American Marketing Association (2008): American marketing association the source, URL: http://www.marketingpower.com, 12.03.2008, 09:11 Uhr.

Amon, Peter (2005): Mehr Erfolg mit weniger Marken, in: absatzwirtschaft, Sonderausgabe zum Deutschen Marketing-Tag 2005 (48) 2005, S. 154-158.

Andresen, Thomas (1994): 2. Icon Congress, „Brennpunkt Markenführung", Nürnberg 1994.

Andresen, Thomas / Esch, Franz-Rudolf (2001): Messung der Markenstärke durch den Markeneisberg, in: Moderne Markenführung, hrsg. v. Franz-Rudolf Esch, 3. Auflage, Wiesbaden 2001, S. 1081-1103.

Ansoff, Igor (1958): A Model for Diversification, in: Management Science, Heft 4 (4) 1958, S. 392-414.

Ansoff, Igor (1965): Corporate Strategy, New York 1965.

Apergis, Apostolos / Milenovic, Ina / O'Gorman, Susanne (2008): Mehr Wert durch Kunden- und Mitarbeiterorientierung, in: absatzwirtschaft, Sonderausgabe zum Deutschen Marketing-Tag 2008 (51) 2008, S. 150-152.

Arthur D. Little (2006): Innovation Excellence, Oktober 2006, Erfahrungen im Innovation Management, Düsseldorf 2006.

Atuahene-Gima, Kwaku (2005): Resolving the Capability-Rigidity Paradox in New Product Innovation, in: Journal of Marketing, Heft 4 (69) 2005, S. 61-83.

Avlonitis, George / Papastahopoulou, Paulina / Gounaris, Sprios (2001): An empirically-based typology of product innovativeness for new financial services: success and failure scenarios, in: Journal of Product Innovation Management, Heft 5 (18) 2001, S. 324-342.

Baetge, Jörg / Kirsch, Hans-Jürgen / Thiele, Stefan (2000): Konzernbilanzen, 5. Auflage, Düsseldorf 2000.

Balachandra, Rajan / Friar, John (1997): Factors for success in R&D projects and new product innovation: a contextual framework, in: IEEE Transactions on Engineering Management, Heft 3 (44) 1997, S. 276-287.

Ballhaus, Jörn / Berdi, Christoph / Fösken, Sandra / Garber, Thorsten / Schnake, Anja (2008): Marketing der Besten überzeugt glaubhaft, in: absatzwirtschaft, Heft 9 (51) 2008, S. 27-35.

Bamberger, Ingolf / Wrona, Thomas (1996): Der Ressourcenansatz und seine Bedeutung für die Strategische Unternehmensführung, in: ZfbF, Heft 2 (48) 1996, S. 130-153.

Barth, Mary / Clement, Michael / Foster, George / Kasznik, Ron (2003): Brand Values and Capital Market Valuation, in: Intangible Assets: Values, Measures and Risk, hrsg. v. Baruch Lev, Oxford 2003, S. 153-184.

Barzen, Dietmar (1990): Marketing-Budgetierung, Frankfurt am Main 1990.

Bauer, Hans / Stokburger, Gregor / Hammerschmidt, Maik (2006): Marketing Performance: Messen – Analysieren – Optimieren, Wiesbaden 2006.

Baumgarth, Carsten (2001): Markenpolitik: Markenwirkungen – Markenführung – Marken-controlling, Wiesbaden 2001.

Bergmann, Gustav / Daub, Jürgen (2006): Systemisches Innovations- und Kompetenzmanagement: Grundlagen - Prozesse - Perspektiven, Wiesbaden 2006.

BCG (2006): Innovationsstandort Deutschland – quo vadis?, hrsg. v. The Boston Consulting Group, München 2006.

Bea, Franz Xaver (1997): Grundkonzeption einer strategischen Unternehmensrechnung, in: Das Rechnungswesen im Spannungsfeld zwischen strategischen und operativen Management. Festschrift für Marcel Schweitzer zum 65. Geburtstag, hrsg. v. Hans-Ulrich Küpper und Ernst Troßmann, Berlin 1997, S. 395-412.

Bea, Franz Xaver / Haas, Jürgen (1997): Strategisches Management, 2. Auflage, Stuttgart 1997.

Berdi, Christoph (2008): Loewe meistert die Markenkrise in: absatzwirtschaft, Sonderheft Marken 2008 (51) 2008, S. 88-90.

Bergmann, Rouven / Friedl, Gunther (2008): Controlling innovative projects with moral hazard and asymmetric information, in: Research Policy, Heft 9 (37) 2008, S. 1504-1514.

Bialas, Alexander (2005): Marken in der internationalen Rechnungslegung: Auswirkungen von Bilanzierung und Bewertung nach IAS/IFRS und US-GAAP, Berlin 2005.

Białk, Anna Maria (2006): Die Messung des Innovationsgrades von Dienstleistungen: Erstellung und Überprüfung eines Messmodells am Beispiel des Gesundheitswesens, Dissertation, Hamburg 2006.

Biehal, Gabriel / Sheinin, Daniel (2007): The Influence of Corporate Messages on the Product Portfolio (2007), in: Journal of Marketing, Heft 2 (71), S. 12-25.

Billing, Fabian (2003): Koordination in radikalen Innovationsvorhaben, Dissertation, Technische Universität Berlin 2003.

Binsack, Margit (2003): Akzeptanz neuer Produkte: Vorwissen als Determinante des Innovationserfolgs. Dissertation TU Berlin 2003.

Bode, Jens / Gehling, Richard (2007): Wie Verbraucher und Marketing Innovationen entwickeln, in: marketingjournal, Heft 12 (40) 2007, S. 22-25.

Bösch, Daniel (2007a): Controlling im betrieblichen Innovationssystem: Entwicklung einer Innovationscontrolling-Konzeption mit besonderem Fokus auf dem Performance Measurement, Dissertation, Hamburg 2007.

Bösch, Daniel (2007b): Problemorientiertes Innovationscontrolling in Großunternehmen, in: ZfCM Controlling & Management, Sonderheft 3 (51) 2007, S. 45-51.

Bolton, Ruth (2004): Linking Marketing to Financial Performance and Firm Value, in: Journal of Marketing, Heft 4 (68) 2004, S. 73-75.

Borghardt, Liane (2009): Stimmungsmacher gesucht: Die Krise produziert in den Unternehmen schlechte Laune: Angst, Druck und Frust am Arbeitsplatz wachsen. Was Manager jetzt tun können, um ihre Mitarbeiter zu motivieren – ohne Geld, in: WirtschaftsWoche, Heft 29 (63) 2009, S. 70-73.

Bosmans, Anick (2006): Scents and Sensibility: When Do (In)Congruent Ambient Scents Influence Product Evaluations?, in: Journal of Marketing, Heft 3 (70) 2006, S. 32-43.

274

Bovensiepen, Gerd / Zentes, Joachim (2008): Genug frische Ideen? – Wie innovativ sind deutsche Händler und Konsumgüterhersteller?, hrsg. v. PwC und Institut für Handel & Internationales Marketing (H.I.MA) der Universität des Saarlandes, Frankfurt am Main 2008.

Brandtner, Michael (2008): Das Ende der „guten" Marken, in: absatzwirtschaft, Heft 8 (51) 2008, S. 48-53.

Braunschmidt, Inken (2005): Technologieinduzierte Innovationen: Wege des innerbetrieblichen Technologie-Transfers in innovative Anwendungen, Wiesbaden 2005.

Brockhoff, Klaus (1993): Produktpolitik, 3. Auflage, Stuttgart 1993.

Brockhoff, Klaus (1999): Forschung und Entwicklung: Planung und Kontrolle, 5. Auflage, München / Wien 1999.

Brockhoff, Klaus / Zanger, Cornelia (1993): Meßprobleme des Neuheitsgrades – dargestellt am Beispiel von Software, in: zfbf, Heft 10 (45) 1993, S. 835-851.

Bruhn, Manfred (2003): Markenpolitik – Ein Überblick zum „State of the Art", in: DBW, Heft 2 (63) 2003, S. 179-202.

Bruhn, Manfred (2004): Begriffsabgrenzungen und Erscheinungsformen von Marken, in: Handbuch Markenführung: Kompendium zum erfolgreichen Markenmanagement: Strategien - Instrumente - Erfahrungen, Band 1, 2. Auflage, hrsg. v. Manfred Bruhn, Wiesbaden 2004, S. 3-49.

Brunswicker, Sabine / Schröder, Frank (2008): EU-Projekt IMP³rove für mehr Innovation und Wettbewerbsfähigkeit in Deutschland und Europa, hrsg. v. Fraunhofer Gesellschaft und A.T. Kearney, URL: http://www.fraunhofer.de/presse/presseinformationen/2007/03/Presseinformation 28032007imp.jsp, 11.09.2008, 22:08 Uhr.

Buchner, Manfred (1981): Controlling – Ein Schlagwort? Eine kritische Analyse der betriebswirtschaftlichen Diskussion um die Controlling-Konzeption, Frankfurt am Main / Bern 1981.

Bünte, Claudia (2005): Der Marken Optimizer: Ein integriertes Modell zur Imageoptimierung einer bestehenden Markenerweiterung unter besonderer Berücksichtigung der Familienmarke am Beispiel NIVEA und NIVEA Beauté, Dissertation, Westfälische Wilhelms-Universität Münster 2005.

Büttner, Karsten (2007): E-Mail- und Newsletter-Marketing, Düsseldorf 2007.

Buhr, Jan / Hallemann, Michael / Sander, Uwe (2004): Markenstärke, in: Effizienz in der Markenführung, hrsg. v. Dirk-Mario Boltz und Wilfried Leven, Hamburg 2004, S. 358-368.

Bullinger, Hans-Jörg (2008): Schneller zu mehr Innovationen: Kräfte bündeln – Prozesse beschleunigen, Fraunhofer Gesellschaft, Pressekonferenz am 28. März 2007 in Berlin.

Bullinger, Hans-Jörg / Warschat, Joachim (2007): Innovationsmanagement in Netzwerken, in: Die Automobilindustrie auf dem Weg zur globalen Netzwerkkompetenz, hrsg. v. Garcia Sanz, Berlin u. a., S. 199-214.

Bundesministerium für Wirtschaft und Technologie (2009): Europäische Mittelstandspolitik, URL:http://www.bmwi.de/BMWi/Navigation/Mittelstand/europaeische-mittelstandspolitik.html, 05.01.2009, 15:44 Uhr.

Burmann, Christoph / Meffert, Heribert / Koers, Martin (2005): Stellenwert und Gegenstand des Markenmanagements, in: Markenmanagement: Identitätsorientierte Markenführung und praktische Umsetzung, hrsg. v. Heribert Meffert, Christoph Burmann und Martin Koers, 2. Auflage, Wiesbaden 2005, S. 3-18.

Buzzell, Robert (1987): The PIMS principles, New York u. a. 1987.

Buzzell, Robert / Gale, Bradley (1989): Das PIMS-Programm: Strategien und Unternehmenserfolg, Wiesbaden 1989.

Cameron, Kim / Freeman, Sarah (1991): Cultural congruence, strength, and type: relationships to effectiveness, in: Research in Organizational Change and Development, Vol. 5, hrsg. v. Richard Woodman und William Pasmore, Greenwich 1991, S. 23-58.

Carson, Stephen (2007): When to Give Up Control of Outsourced New Product Development, in: Journal of Marketing, Heft 1 (71) 2007, S. 49–66.

Cerar, Caroline / Schmidt, Manfred (2006): Marken-Controlling als konstitutiver Teil der Unternehmensführung, in: marketingjournal, Heft 5 (39) 2006, S. 8-10.

Chandy, Rajesh / Hopstaken, Brigitte / Narasimhan, Om / Prabhu, Jaideep (2006): From Invention to Innovation: Conversion Ability in Product Development, in: Journal of Marketing Research, Heft 3 (43) 2006, S. 494-508.

Chaudhuri, Arjun / Hoibrook, Morris (2001): The Chain of Effects from Brand Trust and Brand Affect to Brand Performance: The Role of Brand Loyalty, in: Journal of Marketing, Heft 2 (65) 2001, 81-93.

Chevalier, Judith / Mayzlin, Dina (2006): The Effect of Word of Mouth on Sales: Online Book Reviews, in: Journal of Marketing Research, Heft 3 (43) 2006, S. 345-354.

Chmielewicz, Klaus (1994): Forschungskonzeption der Wirtschaftswissenschaft, 3. Auflage, Stuttgart 1994.

Christensen, Clayton / Overdorf, Michael (2000): Meeting the challenge of disruptive change, in: Harvard Business Review, Heft 2 (78) 2000, S. 66-77.

Clark, Bruce (1999): Marketing Performance Measures: History and Interrelationships, in: Journal of Marketing Management, Heft 5 (79) 1999, S. 711-732.

Coenen, Michael (2006):Marke Positionierung: Nur die Liebe zur Marke zahlt sich aus, marketingjournal, Heft 8-9 (39) 2006, S. 40-43.

Coenen, Michael (2007): Die Suche nach der Glaubwürdigkeit, in: absatzwirtschaft, Heft 2 (50) 2007, S. 32-35.

Cooper, Robert (1979): The dimension of industrial new product success and failure, in: Journal of Marketing, Heft 3 (43) 1979, S. 93-103.

Cooper, Robert / Kleinschmidt, Elko (1987): Success factors in product innovation, in: Industrial Marketing Management, Heft 3 (16) 1987, S. 215-223.

Cratzius, Michael (2003): Die Einbindung des Absatz- und Produktionsbereichs in Innovationsprozesse, Dissertation, Universität Kiel, Wiesbaden 2003.

Danneels Erwin / Kleinschmidt Elko (2001): Product Innovativeness from the firm's perspective: Its dimensions and their relation with project selection and performance, in: Journal of Product Innovation Management, Heft 6 (18) 2001, 357-373.

Daum, Daniel (2001): Marketingproduktivität? Konzeption, Messung und empirische Analyse, Wiesbaden 2001.

de Brentani, Ulrike / Kleinschmidt, Elko (2004): Corporate culture and commitment: impact on performance of international new product development programs, in: Journal of Product Innovation Management, Heft 5 (21) 2004, S. 309-333.

Deshpandé, Rohit / Farley, John / Webster, Frederick (1993): Corporate culture, customer orientation, and innovativeness in Japanese firms: a quadrad analysis, in: Journal of Marketing, Heft 1 (57) 1993, S. 23–36.

Deutsches Institut für Wirtschaftsforschung e. V. (2007): Innovationsindikator Deutschland 2007, hrsg. v. Deutsche Telekom Stiftung und Bundesverband der Deutschen Industrie e. V. (BDI), Bonn / Berlin 2007.

Deyhle, Albrecht (2003): Controller-Handbuch: Enzyklopädisches Lexikon für die Controller-Praxis, 5 Bände, 5. Auflage, Wörthsee 2003.

Dichtl, Erwin (1978): Grundidee, Entwicklungsepochen und heutige wirtschaftliche Bedeutung des Markenartikels, in: Markenartikel heute – Marke, Markt und Marketing, hrsg. v. Erwin Dichtl und Walter Eggers, Wiesbaden 1978, S. 17-33.

Dietz, Willi (2007): Produktmanagement – Flops erkennen und vermeiden, in: marketingjournal, Heft 9 (40) 2007, S. 20-23.

Dohmen, Jörg / Armbrecht, Wolfgang (2006): Marketing Innovationen: Forschung & Entwicklung für das Marketing, in: Praxishandbuch Internationales Marketing, hrsg. v. Thomas Heilmann, Wiesbaden 2006, S. 469-488.

Domizlaff, Hans (1992): Und alles ordnet die Gestalt: Gedanken und Gleichnisse von Hans Domizlaff, hrsg. v. Alexander Deichsel, Zürich 1992.

Dreyer, Dirk (2004): Bewertung personalintensiver Dienstleistungsunternehmen: Die Integration von Intellektuellem Kapital in die Unternehmensbewertung, Dissertation, Universität Bamberg 2004.

Drüner, Marc (2004): Brand Function Deployment – Innovationsorientiertes Markenmanagement – markenorientiertes Innovationsmanagement, in: Effizienz in der Markenführung, hrsg. v. Dirk-Mario Boltz und Wilfried Leven, Hamburg 2004, S. 398-412.

Du, Jun / Love, James / Roper, Stephen (2007): The innovation decision: An economic analysis, in: technovation, Heft 12 (27) 2007, S. 766.-773.

Dyckerhoff, Christian (2006): Innovationen im Jahresabschluss, in: zfbf, Sonderheft 54 (58) 2006, S. 32-57.

Eberl, Markus / Schwaiger, Manfred (2005): Corporate Reputation: Disentangling the Effects on Financial Performance, in: European Journal of Marketing, Heft 7/8 (39) 2005, S. 838-854.

Ehlert, Henning / Neumann, Volker (2007): Business Sonderwerbeformen: Mehr spekulative Werte ins Werbedepot, in: absatzwirtschaft, Heft 8 (50) 2007, S. 92.

Ehrmann, Harald (2004): Marketing-Controlling, 4. Auflage, Ludwigshafen 2004.

Englisch, Peter (2008): Standort Deutschland 2008 – Deutschland und Europa im Urteil internationaler Manager, hrsg. v. Ernst & Young, Essen 2008.

Erdem, Tülin / Swait, Joffre / Valenzuela, Ana (2006): Brands as Signals (2006): A Cross-Country Validation Study, in: Journal of Marketing, Heft 1 (70) 2006, S. 34–49.

Ernst, Holger (2001): Erfolgsfaktoren neuer Produkte. Wiesbaden 2001.

Ernst, Holger (2003): Unternehmenskultur und Innovationserfolg – Eine empirische Analyse, in: zfbf, Heft 2 (55) 2003, S. 23-44.

Esch, Franz-Rudolf (2007a): Strategie und Technik der Markenführung, 4. Auflage, München 2007.

Esch, Franz-Rudolf (2007b): Image ist alles: Schritte zu einem ganzheitlichen Brand Performance Measurement, in: Markenartikel, Heft 9 (69) 2007, S. 132-136.

Esch, Franz-Rudolf (2007c): Nachgefragt bei Prof. Esch: Interview zum Thema Strategische Markenführung, in: marketingprofile, Heft 10 (1) 2007, S. 6-7.

Esch, Franz-Rudolf / Andresen, Thomas (1994): Messung des Markenwerts, in: Marktforschung, hrsg. v. Torsten Tomczak und Sven Reinecke, St. Gallen 1994, S. 212-230.

Esch, Franz-Rudolf / Geus, Patrick / Langner, Tobias (2002): Brand Performance Measurement zur wirksamen Markennavigation, in: Controlling, Heft 8/9 (14) 2002, S. 473-481.

Esch, Franz-Rudolf / Langner, Tobias / Brunner, Christian (2005): Kundenbezogene Ansätze des Markencontrolling, in: Moderne Markenführung, hrsg. v. Franz-Rudolf Esch, 4. Auflage, Wiesbaden 2005, S. 1227-1262.

Esch, Franz-Rudolf / Langner, Tobias / Schmitt, Bernd / Geus, Patrick (2006): „Are brands forever? How brand knowledge and relationships affect current and future purchases", in: Journal of Product and Brand Management, Heft 2 (15), S. 98-105.

Fader, Peter / Hardie, Bruce / Huang, Chun-Yao (2004): A Dynamic Changepoint Model for New Product Sales Forecasting, in: Marketing Science, Heft 1 (23) 2004, S. 50–65.

Fang, Eric / Palmatier, Robert / Steenkamp, Jan-Benedict (2008): Effect of Service Transition Strategies on Firm Value, in: Journal of Marketing, Heft 5 (72) 2008, S. 1-14.

Farris, Paul / Bendle, Neil / Pfeifer, Philip / Reibstein, David (2006): Marketing Metrics: 50+ Metrics Every Executive Should Master, Upper Saddle River 2006.

Fetsch, Stephan / Beyer, Sven (2007): Patente, Marken, Verträge, Kundenbeziehungen – Werttreiber des 21. Jahrhunderts, KPMG, Berlin 2007.

Fischer, Marc (2006): Valuing Brand Assets in Financial Reports: A Measurement Approach, Working Paper, hrsg. v. Christian-Albrechts-Universtität Kiel 2006.

Fischer, Marc (2007): Valuing Brand Assets: A Cost-Effective and Easy-to-Implement Measurement Approach, Working Paper Nr. 107, hrsg. v. MSI, Cambridge (MA) 2007.

Fischer, Marc / Hieronimus, Fabian / Kranz, Marcel (2002): Markenrelevanz in der Unternehmensführung – Messung, Erklärung und empirische Befunde für B2C-Märkte, Arbeitspapier 1, hrsg. v. Klaus Backhaus und Heribert Meffert (Marketing Centrum Münster), Jürgen Meffert, Jesko Perrey, Jürgen Schröder (McKinsey), Münster 2002.

Förster, Anja / Kreuz, Peter (2007): Different Thinking! So erschließen Sie Marktchancen mit coolen Produktideen und überraschenden Leistungsangeboten, Heidelberg 2007.

Fösken, Sandra (2008a): Business Außenwerbung: Marketing-Technologien treiben das Geschäft voran, in: absatzwirtschaft, Heft 3 (51) 2008, S. 94-100.

Fösken, Sandra (2008b): Oscar der Marketing-Effizienz, in: absatzwirtschaft, Sonderausgabe zum Deutschen Marketing-Tag 2008 (51) 2008, S. 38-46.

Fösken, Sandra (2008c): Neue Rollenverteilung im Werbemarkt, in: absatzwirtschaft, Sonderausgabe zum Deutschen Marketing-Tag 2008 (51) 2008, S. 48-53.

Frahm, Lars-Gunnar (2003): Markenbewertung: Ein empirischer Vergleich und Bewertungs-methoden und Markenwertindikatoren, Frankfurt am Main 2003.

Frampton, Jez / Hales, Graham (2008): The Best Global Brands, hrsg. v. Interbrand, New York / London 2008.

Franke, Nikolaus / Schreier, Martin (2008), A Meta-Ranking of Technology and Innovation Management / Entrepreneurship Journals, in: DBW, Heft 2 (68) 2008, S. 185-216.

Frauenfelder, Paul (2000): Strategisches Management von Technologie und Innovation, Zürich 2000.

Friedag, Herwig (2000): Willkommen Zukunft, Vertragsunterlagen zu Balanced Scorecard – Konsequenzen für das Personalmanagement, Vortragsunterlagen, Arbeitskreis Personal, Fachhochschule Pforzheim, 26.05.2000.

Friedl, Gunther (2001): Sequentielle Investitionsentscheidungen unter Unsicherheit, Berlin 2001.

Friedl, Gunther (2007a): Budgetierung, in: Handwörterbuch der Betriebswirtschaft, hrsg. v. Richard Köhler, Hans-Ulrich Küpper und Andreas Pfingsten, 6. Auflage, Stuttgart 2007, S. 185-194.

Friedl, Gunther (2007b): Ursachen und Lösung des Unterinvestitionsproblems bei einer kostenbasierten Preisregulierung, in: DBW, Heft 3 (67) 2007, S. 335-348.

Friedl, Gunther / Hilz, Christian / Pedell, Burkhard (2002): Integriertes Controlling mit SAP-Software, in: Kostenrechnungspraxis, Heft 3 (46) 2002, S. 161-169.

Friedl, Gunther / Hilz, Christian / Pedell, Burkhard (2008): Controlling mit SAP®, 5.Auflage, Wiesbaden 2008.

Friedl, Gunther / Schwetzler Bernhard (2008): Inflation, Wachstum und Unternehmensbewertung, Working Paper vom 19.03.2008, TU München / HHL Leipzig, hrsg. v. IDW, München / Leipzig 2008.

Friedl, Gunther / Schwetzler Bernhard (2009): Terminal Value, Inlation und Wachstum, Working Paper vom 01.06.2009, TU München / HHL Leipzig, München / Leipzig 2009.

Fritz, Wolfgang (1997): Erfolgsursache Marketing, Stuttgart 1997.

Fürst, Ronny / Heil, Oliver / Daniel, Jan (2004): Die Preis-Qualitäts-Relation von deutschen Konsumgütern im Vergleich eines Vierteljahrhunderts, in: DBW, Heft 5 (64) 2004, S. 538-549.

Fuchs, Sebastian (2008): Unternehmensreputation und Markenstärke: Analyse von Wechselwirkungen und Ansätzen zur Prognose des Konsumentenverhaltens, Dissertation, Ludwig-Maximilians-Universität München 2008.

Gackstatter, Steffen / Mangels, Mathias (2007): Die Balanced Scorecard als Instrument der Innovation - Innovationsstrategie formulieren und erfolgreich umsetzen, in: Zeitschrift für Unternehmensberatung, Heft 5 (2) 2007, S. 219-222.

Garber, Tal / Goldenberg, Jacob / Libai, Barak / Muller, Eitan (2004): From Density to Destiny: Using Spatial Dimension of Sales Data for Early Prediction of New Product Success, in: Marketing Science, Heft 3 (23) 2004, S. 419–428.

Garber, Thorsten (2005): Erfolgreiche Autos? Eine Frage des Image, in: absatzwirtschaft, Heft 9 (48) 2005, S. 48-52.

Garcia, Rosanna / Calantone, Roger (2002): A critical look at technological innovation typology and innovativeness terminology: a literature review, in: Journal of Product Innovation Management, Heft 2 (19) 2002, S. 110-132.

Gassmann, Oliver / Enkel, Ellen (2006): Open Innovation: Die Öffnung des Innovationsprozesses erhöht das Innovationspotenzial, in: zfo, Heft 3 (75) 2006, S. 132-138.

Gemünden, Georg / Kock, Alexander (2008): Erfolg substanzieller Innovationen – der Innovationsgrad als Einflussfaktor, in: Veränderungen in Organisationen: Stand und Perspektiven, hrsg. v. Rudolf Fisch, Dieter Beck und Andrea Müller, Wiesbaden 2008.

Gemünden, Hans Georg / Littkemann, Jörn (2007): Innovationsmanagement und –controlling: Theoretische Grundlagen und praktische Implikationen, in: ZfCM Controlling & Management, Sonderheft 3 (51) 2007, S. 4-18.

Getz, Kenneth / De Bruin, Annick (2000): Speed Demons of Drug Development, in: Pharmaceutical Executive, Heft 7 (20) 2000, S. 78-84.

GfK (2006): Konsumlust statt Konsumfrust: Innovationen als Motor für blockierte Märkte: 25. Unternehmergespräch Kronberg 2006, hrsg. v. GfK, Nürnberg 2006.

Giefers, Hans-Werner (1995): Markenschutz, 4. Auflage, Freiburg im Breisgau 1995.

Giefers, Hans-Werner / May, Wolfgang (2003) Markenschutz: Waren- und Dienstleistungsmarken in der Unternehmens- und Rechtspraxis, 5. Auflage, Freiburg im Breisgau 2003.

Gierl, Heribert (1995): Marketing, Stuttgart 1995.

Gleich, Ronald (2001): Das System des Performance Measurement: Theoretisches Grundkonzept, Entwicklungs- und Anwendungsstand, München 2001.

Goldfarb, Avi / Lu, Qiang / Moorthy, Sridhar (2007): Measuring Brand Value in an Equilibrium Framework, Working paper, University of South Carolina 2007.

Graeff, Peter (1998): Vertrauen zum Vorgesetzten und zum Unternehmen: Modellentwicklung und empirische Überprüfung verschiedener Arten des Vertrauens, deren Determinanten und Wirkungen bei Beschäftigten in Wirtschaftsunternehmen, Berlin 1998.

Green, Stephen / Gavin, Mark / Aiman-Smith, Lynda (1995): Assessing a multidimensional measure of radical technological innovation, in: IEEE Transactions on Engineering Management, Heft 3 (42), S. 203-214.

Greenhalgh, Christine / Rogers, Mark (2006): "The Value of Innovation: The Interaction of Competition, R&D and IP", in: Research Policy, Heft 4 (35) 2006, S. 562-580.

Greinert, Markus (2002): Die bilanzielle Behandlung von Marken, Köln 2002.

Grünewald, Stephan (1997): Moderne Marken-Mythen und Marketing-Irrtümer, in: planung & analyse, Heft 1 (24) 1997, S. 9–17.

Grothe, Philip (2008): Mit klugem Pricing raus aus der Kostenfalle, in: absatzwirtschaft, Heft 9 (51) 2008, S. 31.

Gutsche, Jens / Herrmann, Andreas / Huber, Frank / Kressmann, Frank / Algesheimer, René (2005): Die Wirkung funktionaler, emotionaler und relationaler Nutzendimensionen auf die Produktwahl - eine dynamische Analyse im Handy-Markt, erscheint in: zfbf, Heft 11 (57) 2005, S. 638-657.

Gwendy, Walbert (2006): Der Erfolgsfaktor Marke im Private Banking aus Sicht des Markeninhabers: Eine auf theoretischen Grundlagen basierende sowie empirisch Analyse des Private Banking-Geschäfts der in Schweiz ansässigen Bankinstitute, Dissertation, Universität Zürich 2006.

Hacker, Winfried / Wetzstein, Annekatrin / Winkelmann, Constance (2004): Aufgabenbezogener Informationsaustausch von Wissen als wirtschaftliche Erfolgsgrundlage, in: Erfolg mit Dienstleistungen. Innovationen, Märkte, Kunden, Arbeit, hrsg. v. Rolf Kreibich und Britta Oertel, Stuttgart 2004, S. 229-238.

Hahn, Dietger (1996): PuK. Planung und Kontrolle. Planungs- und Kontrollsysteme. Planungs- und Kontrollrechnung. Controllingkonzepte, 5. Auflage, Wiesbaden 1996.

Hahn, Dietger / Hugenberg, Harald (2001): PuK, Controllingkonzepte: Planung und Kontrolle, Planungs- und Kontrollsysteme, Planungs- und Kontrollrechnung, Wertorientierte Controllingkonzepte, 6. Auflage, Wiesbaden 2001.

Haller, Christine (2003): Verhaltenstheoretischer Ansatz für ein Management von Innovationsprozessen, Dissertation, Universität Stuttgart 2003.

Hamilton, Rebecca / Srivastava, Joydeep (2008): When 2 + 2 Is Not the Same as 1 + 3: Variations in Price Sensitivity Across Components of Partitioned Prices, in: Journal of Marketing Research, Heft 4 (45) 2008, S. 450-461.

Handermann, Ulrike / Hofmann, Stefan / Grobusch, Harald / Robers, Diane / Waeber, Marc: Innovative Performance: Das Erfolgsgeheimnis innovativer Dienstleister, hrsg. v. European Business School / Deutsches Zentrum für Luft- und Raumfahrt / PriceWaterhouseCoopers, Frankfurt 2006.

Harding, Robin / Nuttall, Chris (2009): Nintendo trotzt dem Kamera-Trend, in: Financial Times Deutschland, 06.06.2009.

Harhoff, Dietmar (2006): Patente – Fluch oder Segen für Innovationen, in: zfbf, Sonderheft 54 (58) 2006, S. 86-109.

Hauschildt, Jürgen (1994): Die Innovationsergebnisrechnung – Instrument des F&E-Controlling, in: Betriebs-Berater, Heft 15 (35) 1994, S. 1017-1020.

Hauschildt, Jürgen (1997): Innovationsmanagement, 2. Auflage, München 1997.

Hauschildt, Jürgen (1999): Widerstand gegen Innovation – destruktiv oder konstruktiv?, in: Zeitschrift für Betriebswirtschaft, Ergänzungsheft: Innovation und Absatz, Heft 2 (69) 1999, S. 1-21.

Hauschildt, Jürgen (2002): Zwischenbilanz: Prozesse, Strukturen und Schlüsselpersonen des Innovationsmanagements – Ergebnisse empirischer Studien des Kieler Graduiertenkollegs „Betriebswirtschaftslehre für Technologie und Innovation", in: Theorien des Managements, hrsg. v. Georg Schreyögg und Peter Conrad, Wiesbaden 2002, S. 1-34.

Hauschildt, Jürgen / Salomo, Sören (2004): Too many innovations, all at once... - Relationship between Degree of Innovativeness and Innovation Success, in: Cross-functional Innovation Management. Perspectives from Different Management Disciplines, hrsg. v. Sören Albers, Wiesbaden 2004, S. 19-35.

Hauschildt, Jürgen / Salomo, Sören (2005): Je innovativer, desto erfolgreicher? Eine kritische Analyse des Zusammenhangs zwischen Innovationsgrad und Innovationserfolg, in: JfB, Heft 1 (55) 2005, S. 3-20.

Hauschildt, Jürgen / Salomo, Sören (2007): Innovationsmanagement, 4. Auflage, München 2007.

Hauschildt, Jürgen / Schlaak, Thomas (2001): Zur Messung des Innovationsgrades neuartiger Produkte, in: Zeitschrift für Betriebswirtschaft, Heft 2 (71) 2001, S. 161–282.

282

Hauschildt, Jürgen / Walther, Sabine (2003): Erfolgsfaktoren von Innovationen mittelständischer Unternehmen, hrsg. v. Erich Schwarz, in: Technologieorientiertes Innovationsmanagement: Strategien für kleine und mittelständische Unternehmen, Wiesbaden 2003, S. 5-22.

Hauser, John / Tellis, Gerard / Griffin, Abbie (2006): Research on Innovation: A Review and Agenda for Marketing Science, in: Marketing Science, Heft 6 (25) 2006, S. 687-717.

Havenstein, Moritz (2004): Ingredient Branding: Die Wirkung der Markierung von Produktbestandteilen bei konsumtiven Gebrauchsgütern, Wiesbaden 2004.

Henard, David / Szymanski, David (2001): Why some new products are more successful than others, in: Journal of Marketing Research, Heft 3 (38) 2001, S. 362-375.

Henkel (2008): Geschäftsbericht Henkel 2007, hrsg. v. Henkel KGaA, Düsseldorf 2008.

Hermanns, Arnold (1995): Aufgaben des internationalen Marketing-Managements, in: Internationales Marketing-Management: Grundlagen, Strategien, Instrumente, Kontrolle und Organisation, hrsg. v. Arnold Hermanns und Urban Wissmeier, München 1995, S. 23-68.

Hermes, Vera (2008): Die „Emotional AG": Unternehmen der zufriedenen Köche, in: absatzwirtschaft, Heft 5 (51) 2008, S. 15-20.

Hermes, Vera (2009): Über Innovation glänzt die Marke, in: absatzwirtschaft, Heft 5 (52) 2009, S. 34-38.

Herrmann, Andreas / Braunstein, Christine / Huber, Frank: Ein Ansatz zur Erklärung der Kundenbindung auf Basis der Theorie des geplanten Verhaltens, in: zfbf, Heft 5 (57) 2005, S. 187-213.

Hess, Doris / Jesske, Birgit (2009): Innovation in den Bundesländern Ergebnisse einer repräsentativen Unternehmensumfrage, hrsg. v. Bertelsmann Stiftung, Gütersloh 2009.

Herzenstein, Michal / Posavac, Steven / Brakus, Joško (2007): Adoption of New and Really New Products: The Effects of Self-Regulation Systems and Risk Salience, in: Journal of Marketing Research, Heft 2 (44) 2007, S. 251–260.

Heurung, Susanna (2006): Erfolgreiche Marken verteidigen, in: marketingjournal, Heft 5 (39) 2006, S. 26-29.

Hildebrandt, Lutz (1994): Erfolgsfaktoren, in: Großes Marketinglexikon, hrsg. v. Herrmann Diller, München 1992, S. 272-274.

Hilgers, Dennis / Piller, Frank (2009): Controlling für Open Innovation, in: Controlling, Heft 2 (21) 2009, S. 77-82.

Hinz, Michael (2005): Rechnungslegung nach IFRS: Konzept, Grundlagen und erste Anwendung, München 2005.

Ho, Teck / Lim, Noah / Camerer, Colin (2006): How "Psychological" Should Economic and Marketing Models Be?, in: Journal of Marketing Research, Heft 3 (43) 2006, S. 341-344.

Hoffmann Linhard, Adolfo (2001): Die erfolgreiche Umsetzung strategischer Erfolgspotenziale, Dissertation, Freie Universität Berlin 2001.

Holak, Susan / Tang, Edwin (1990): Advertising's Effect on the Product Evolutionary Cycle, in: Journal of Marketing, Heft 3 (54) 1999, S. 16-29.

Homburg, Christian / Krohmer, Harley (2006): Marketingmanagement: Strategie - Instrumente - Umsetzung - Unternehmensführung, 2. Auflage, Wiesbaden 2006.

Horak, Christian / Schwarenthorer, Franz / Furtmüller, Stefan (2002): Die Balanced Scorecard in der öffentlichen Verwaltung. Vorgehensweise bei der Einführung unter Berücksichtigung der Besonderheiten in der öffentlichen Verwaltung, Wien 2002.

Horváth, Peter (1998): Controlling, 7. Auflage, München 1998.

Horváth, Peter (2002): Controlling, 8. Auflage, München 2002.

Horváth, Peter (2006): Controlling, 10. Auflage, München 2006.

Horváth & Partners (2004): Balanced Scorecard umsetzen, 3. Auflage, Stuttgart 2004.

Hostettler, Stephan / Stern, Hermann (2007): Das Value Cockpit: Sieben Schritte zur wertorientierten Führung für Entscheidungsträger, 2. Auflage, Weinheim 2007.

Hubbard, Monika (2004): Markenführung von innen nach außen, Wiesbaden 2004.

Im, Subin / Workman, John (2004): Market Orientation, Creativity, and New Product Performance in High-Technology Firms, in: Journal of Marketing, Heft 2 (68) 2004, S. 114-132.

Ipsos (2007): Markentreue Konsumenten stehen auf Qualität, hrsg. v. Ipsos, 24.07.2007.

Jardin, Joachim (2008): Open Innovation - Innovationsprozess der nächsten Generation?: Eine Bestandsaufnahme, Universität Trier 2008.

Jaruzelski, Barry / Dehoff, Kevin (2008): Beyond Borders: The Global Innovation 1000, in: strategy+business, Heft Winter (53) 2008, hrsg. v. Booz & Company, S. 52-68.

Jenner, Thomas (2001): Die Berücksichtigung von Realoptionen bei der Ermittlung des Markenwertes, in: Controlling, Heft 11 (13) 2001, S. 577-582.

Joshi, Ashwin / Sharma, Sanjay (2004): Customer Knowledge Development: Antecedents and Impact on New Product Performance, in: Journal of Marketing, Heft 4 (68) 2004, S. 47-59.

Kalka, Jochen (2006): Easy Raiders Markenschutz, in: marketingjournal, Heft 5 (39) 2006, S. 3.
Kapferer, Jean-Noël (1992): Die Marke - Kapital des Unternehmens, Landsberg / Lech 1992.

Kaplan, Robert / Norton, David (1997): Balanced Scorecard – Strategien erfolgreich umsetzen, Stuttgart 1997.

Kaserer, Christoph / Knoll, Leonhard (2009): Objektivierte Unternehmensbewertung und Anteilseignersteuern, hrsg. v. arqus Arbeitskreis Quantitative Steuerlehre, Diskussionspapier Nr. 70, TU München / Universität Würzburg 2009.

284

Kehrer, Rico (2005): Service Branding: Herausforderungen und Gestaltungsmöglichkeiten des Aufbaus innerer Markenbilder für Dienstleistungen am Beispiel des Telekommunikationsmarktes, Dissertation, Universität St. Gallen 2005.

Keller, Kevin Lane (1993): Conceptualizing, measuring, and managing customer-based brand equity, in: Journal of Marketing, Heft 1 (57) 1993, S. 1-22.

Keller, Kevin Lane (2003): Strategic Brand Management: Building, Measuring and Managing Brand Equity, 2. Auflage, Upper Saddle River 2003.

Kerin, Roger / Sethuraman, Raj (1998): Exploring the Brand Value – Shareholder Value Nexus for Consumer Goods Companies, in: Journal of the Academy of Marketing Science, Heft 4 (26) 1998, S. 260-273.

Kessler, Eric / Chakrabarti, Alok (1996): Innovation Speed: A Conceptual Model of Context, Antecedents, and Outcomes, in: Academy of Management Review, Heft 4 (21) 1996, S. 1143-1191.

Kirca, Ahmet / Jayachandran, Satish / Bearden, William (2005): Market Orientation: A Meta-Analytic Review and Assessment of Its Antecedents and Impact on Performance, in: Journal of Marketing, Heft 2 (69), S. 24-41.

Kirchgeorg, Manfred / Klante, Oliver (2005): Ursachen und Wirkungen der Markenerosion, in: Moderne Markenführung: Grundlagen. Innovative Ansätze. Praktische Umsetzungen, hrsg. v. Franz-Rudolf Esch, Wiesbaden 2005, S. 329-350.

Kirner, Eva / Som, Oliver / Dreher, Carsten / Wiesenmaier, Victoria (2006): Innovation in KMU – Der ganzheitliche Innovationsansatz und die Bedeutung von Innovationsroutinen für den Innovationsprozess, hrsg. v. Fraunhofer Institut System- und Innovationsforschung, Karlruhe 2006.

Klau, Peter (2003): Perfekt geschützt vor Spam & Spy, Bonn 2003.

Klein-Bölting, Udo / Trampe, Ingeborg (2008): Rational erhält BBDO Consulting Best Marketing Company Award, hrsg. v. BBDO, Düsseldorf 25.04.2008.

Klein-Bölting, Udo / Trampe, Ingeborg / Malzbender, Karoline (2007): Loewe ist das markt-orientierteste Unternehmen in Deutschland, hrsg. v. BBDO, Düsseldorf 26.04.2007.

Klein-Bölting, Udo / Wirtz, Bernd / Malzbender, Karoline (2007): Was Marken dem Management wert sind: Wie DAX- und MDAX-Unternehmen Marken für ihren Unternehmenserfolg nutzen, in: Insights, Heft 6/2007, hrsg. v. BBDO, Düsseldorf 2007, S. 29-37.

Kleinschmidt, Elko / Cooper, Robert (1991): The impact of product innovativeness on performance, in: Journal of Product Innovation Management, Heft 4 (8) 1991, S. 240-250.

Klingebiel, Norbert (1999): Performance Measurement - Grundlagen, Ansätze, Fallstudien, Wiesbaden 1999.

Knight, Kenneth (1967): A Descriptive Model of the Intra-firm Innovation Process, in: The Journal of Business, Heft 4 (40) 1967, S. 478-496.

Koçaş, Cenk / Bohlmann, Jonathan (2008): Segmented Switchers and Retailer Pricing Strategies, in: Journal of Marketing, Heft 3 (72) 2008, S.124-142.

Köhler, Bernd (2008): Mit gutem Ruf zu mehr Liquidität, in: absatzwirtschaft, Sonderausgabe zum Deutschen Marketing-Tag 2008 (51) 2008, S. 88-91.

Köhler, Richard (1981): Grundprobleme der strategischen Marketingplanung, in: Die Führung des Betriebs: Festschrift zum 80. Geburtstag von Curt Sandig, hrsg. v. Manfred Geist und Richard Köhler, Stuttgart 1981, S. 261-291.

Köhler, Richard (2006): Marketing-Controlling: Konzepte und Methoden, in: Handbuch Marketingcontrolling, hrsg. v. Sven Reinecke und Torsten Tomczak, 2. Auflage, Wiesbaden 2006, S. 39-61.

Koenig, Manfred / Völker, Rainer (2003): Innovationsmanagement im gesamtgesellschaftlichen, wirtschaftlichen und betrieblichen Kontext und unter besonderer Berücksichtigung kleiner und mittelständischer Unternehmen (KMU), Arbeitsbericht 12, Fachhochschule Ludwigshafen 2003.

Koers, Martin (2001): Steuerung von Markenportfolios – Ein Beitrag zum Mehrmarken-controlling am Beispiel der Automobilindustrie, Frankfurt am Main 2001.

Koller, Cornelia (2008): Berenberg Bank/HWWI: Deutschland bei Innovationsfähigkeit (noch) vorn, aber Akademikerquote zu gering, in: Berenberg Bank Digitale Pressemappe, URL: http://www.presseportal.de/pm/56380, 13.03.2008, 20:45 Uhr.

Komorek, Christian (1998): Integrierte Produktentwicklung, Berlin 1998.

Koop, Clemens / Schoegel, Kerstin (2008): Innovationsmanagement: Weniger Flops durch offensive Grundhaltung, in: absatzwirtschaft, Heft 4 (51) 2008, S. 28-33.

Koschnick, Wolfgang (1997): Lexikon Marketing: M-Z, 2. Auflage, Stuttgart 1997.

Kotler, Philip (1994): Marketing Management: Analysis, Planning, Implementation and Control, Eighth Edition, Englewood Cliffs (NJ) 1994.

Kotler, Philip / Keller, Kevin Lane / Bliemel, Friedhelm (2007): Marketing-Management: Strategien für wertschaffendes Handeln, 12. Auflage, München 2007.

Kotler, Philip / Bliemel, Friedhelm (2001): Marketing-Management: Analyse, Planung und Verwirklichung, 10. Auflage, Stuttgart 2001.

Kotzbauer, Norbert (1992): Erfolgsfaktoren neuer Produkte: Der Einfluss der Innovationshöhe auf den Erfolg technischer Produkte, Frankfurt am Main / Berlin / Bern 1992.

Krafft, Manfred / Krieger, Katrin (2004): Successful Innovations Driven by Customer Relationship Management, in: Cross-functional Innovation Management. Perspectives from Different Management Disciplines, hrsg. v. Sönke Albers, Wiesbaden 2004, S. 209-226.

Krasnikov, Alexander / Jayachandran, Satish (2008): The Relative Impact of Marketing, Research-and-Development, and Operations Capabilities on Firm Performance, in: Journal of Marketing, Heft 4 (72) 2008, S. 1-11.

Kriegbaum, Catherina (2001): Markencontrolling: Bewertung und Steuerung von Marken als immaterielle Vermögenswerte im Rahmen eines unternehmenswertorientierten Controlling, Dissertation, München 2001.

Krieger, Axel (2004): Erfolgreiches Management radikaler Innovationen: Autonomie als Schlüsselvariable, Dissertation, TU Berlin 2004.

Kroeber-Riel, Werner / Weinberg, Peter (2003): Konsumentenverhalten, 8. Auflage, München 2003.

Krystek, Ulrich / Müller-Stewens, Günter (1993): Frühaufklärung für Unternehmen: Identifikation und Handhabung zukünftiger Chancen und Bedrohungen, Stuttgart 1993..

Küpper, Hans-Ulrich (2001): Controlling. Konzeption, Aufgaben, Instrumente, 3. Auflage, Stuttgart 2001.

Küpper, Hans-Ulrich (2005): Controlling. Konzeption, Aufgaben, Instrumente, 4. Auflage, Stuttgart 2005.

Küpper, Hans-Ulrich / Weber, Jürgen / Zünd, André (1990): Zum Selbstverständnis des Controlling, in: ZfB, Heft 3 (60) 1990, S. 281-293.

Kullmann, Mathias (2006): Strategisches Mehrmarkencontrolling: Ein Beitrag zur integrierten und dynamischen Koordination von Markenportfolios, Dissertation, Universität Bremen 2006.

Labbé, Marcus (2005): Der Einfluss des Kapitalmarktes auf die Strategieentwicklung börsennotierter Unternehmen, in: Der Betrieb, Heft 39 (58) 2005, S. 2089-2095.

Labbé, Marcus / Mazet, Tobias (2005): Die Geschäftsmodellinnovations-Matrix: Geschäftsinnovationen analysieren und bewerten, in: Der Betrieb, Heft 17 (58) 2005, S. 897-902.

Lange, Edgar (1993): Abbruchentscheidung bei F&E-Projekten, Wiesbaden 1993.

Langner, Tobias (2003): Integriertes Branding: Baupläne zur Gestaltung erfolgreicher Marken, Wiesbaden 2003.

Lasslop, Ingo (2003): Effektivität und Effizienz von Marketing-Events: Wirkungstheoretische Analyse und empirische Befunde, Wiesbaden 2003.

Laube, Helene / Maatz, Björn / Wendel, Thomas (2009): iPhone-Konkurrenz holt mächtig auf, in: Financial Times Deutschland, 09.06.2009.

Laverty, Kevin (2001): Market share, profits and business strategy, in: Management Decision, Heft 8 (39) 2001, S. 607-617.

Leavitt, Harold (1965): Applied Organizational Change in Industry: Structural, Technological and Humanistic Approaches, in: Handbook of Organizations, hrsg. v. James March, Chicago 1965, S. 1144-1170.

Lehmann, Donald / Reibstein, David (2006): Marketing Metrics and Financial Performance, Working Paper Nr. 602, hrsg. v. MSI, Cambridge (MA) 2006.

Lehmann, Frank-Oliver (1992): Zur Entwicklung eines koordinationsorientierten Controlling-Paradigmas, in: zfbf, Heft 1 (44) 1992, S. 45-61.

Lei, Jing / Dawar, Niraj / Lemmink, Jos (2008): Negative Spillover in Brand Portfolios: Exploring the Antecedents of Asymmetric Effects, in: Journal of Marketing, Heft 5 (72) 2008, S. 111-123.

Leifer, Richard / O'Connor, Gina / Rice, Mark (2001): Implementing radical innovation in mature firms: The role of hubs, in: Academy of Management, Heft 3 (15) 2001, S. 102-113.

Lenskold, James (2003): Marketing ROI, New York 2003.

Liebl, Franz (2005): Innovation durch Subversion, in: absatzwirtschaft, Heft 10 (48) 2005, S. 32-37.

Link, Jörg (2004): Präzisierung und Ergänzung der Koordinationsorientierung: Der kontributionsorientierte Ansatz, in: Controlling – Theorien und Konzeptionen, hrsg. v. Ewald Scherm und Gotthard Pietsch, München 2004, S. 409-431.

Link, Jörg / Weiser, Christoph (2006): Marketing-Controlling: Systeme und Methoden für mehr Markt- und Unternehmenserfolg, 2. Auflage, München 2006.

Lintemeier, Klaus (2008): Starke Marken durch kulturelle Innovation, in: absatzwirtschaft, Heft 6 (51) 2008, S. 42.

Linxweiler, Richard (2001): BrandScoreCard: Ein neues Instrument erfolgreicher Markenführung, Groß-Umstadt 2001.

Losse, Bert (2009): Investitionen gehen weiter zurück, in: WirtschaftsWoche, Heft 12 (63) 2009.

Lurie, Nicholas / Mason, Charlotte (2007): Visual Representation: Implications for Decision Making, in: Journal of Marketing, Heft 1 (71) 2007, S. 160-177.

Macharzina, Klaus (2003): Unternehmensführung: Das internationale Managementwissen: Konzepte – Methoden – Praxis, 4. Auflage, Wiesbaden 2003.

Marinova, Detelina / Ye, Jun / Singh, Jagdip (2008): Mechanisms Matter? Impact of Quality and Productivity Orientations on Unit Revenue, Efficiency, and Customer Satisfaction, in: Journal of Marketing, Heft 2 (72) 2008, S. 28-45.

Marinova, Dora / Phillimore, John (2003): Models of innovation, in: The international handbook on innovation, hrsg. v. Larisa Shavinina, Oxford 2003.

Marketing Science Institute (2004): 2004-2006 Research Priorities – A Guide to MSI Research Programs and Procedures, Cambridge (MA) 2004.

Marketing Science Institute (2008): About the Marketing Science Institute, URL: http://www.msi.org, 10.03.2008, 08:43 Uhr.

Mauger, Pierre / Nordheider, Taro / Stopp, Verena (2008): Paradigmenwechsel im Marketing: Von den Besten lernen, in: akzente, Heft 01/2008, hrsg. v. McKinsey & Company, Düsseldorf 2008, S. 20-25.

Mauroner, Oliver (2009): Vermarktung von Innovationen durch Spin-offs: Empirische Analyse von Unternehmensgründungen aus der öffentlichen Forschung, Dissertation, Friedrich-Schiller-Universität Jena 2009.

McCarthy, Jerome (1960): Basic Marketing: A managerial approach, Homewood 1960.

McNaughton, Rod / Osborne, Phil / Morgan, Robert / Kutwaroo, Gopal (2001): Market Orientation and Firm Value, in: Journal of Marketing Management, Heft 5/6 (17) 2001, S. 521-542.

Meffert, Heribert (1998): Marketing: Grundlagen marktorientierter Unternehmensführung: Konzepte – Instrumente – Praxisbeispiele, 8. Auflage, Wiesbaden 1998.

Meffert, Heribert (2000a): Marketing: Grundlagen marktorientierter Unternehmensführung: Konzepte – Instrumente – Praxisbeispiele, 9. Auflage, Wiesbaden 2000.

Meffert, Heribert (2000b): Auf der Suche nach dem „Stein der Weisen", in: Markenartikel, Heft 1 (62) 2000, S. 24-36.

Meffert, Heribert / Burmann, Christoph (2005): Wandel der identitätsorientierten Markenführung – vom instrumentellen zum identitätsorientierten Markenverständnis, in: Markenmanagement: Identitätsorientierte Markenführung und praktische Umsetzung, hrsg. v. Heribert Meffert, Christoph Burmann und Martin Koers, 2. Auflage, Wiesbaden 2005, S. 19-36.

Meffert, Heribert / Burmann, Christoph / Kirchgeorg, Manfred (2008): Marketing: Grundlagen marktorientierter Unternehmensführung: Konzepte – Instrumente – Praxisbeispiele, 10. Auflage, Wiesbaden 2008.

Meffert, Heribert / Koers, Martin (2002): Identitätsorientiertes Markencontrolling – Grundlagen und konzeptionelle Ausgestaltung, in: Markenmanagement: Grundfragen der identitätsorientierten Markenführung mit Best Practice-Fallstudien, hrsg. v. Heribert Meffert, Martin Koers und Christoph Burmann, Wiesbaden 2002, S. 403-428.

Meffert, Heribert / Koers, Martin (2005): Identitätsorientiertes Markencontrolling – Grundlagen und konzeptionelle Ausgestaltung, in: Markenmanagement: Identitätsorientierte Markenführung und praktische Umsetzung, hrsg. v. Heribert Meffert, Christoph Burmann und Martin Koers, 2. Auflage, Wiesbaden 2005, S. 274-296.

Melheritz, Markus (1999): Die Entstehung innovativer Systemgeschäfte: Interaktive Forschung am Beispiel der Verkehrstelematik, Wiesbaden 1999.

Mellerowicz, Konrad (1963): Markenartikel – Die ökonomischen Gesetze ihrer Preisbildung und Preisbindung, 2. Auflage, München / Berlin 1963.

Menninger, Jutta (2006): Der Wert der Marke bestimmt zunehmend den Erfolg – Standardisierte Bewertungsverfahren wichtiger denn je, URL: http://www.pwc.com/de/ger/about/press-rm/ar chiv_2006.html, 20.11.06, 11:30 Uhr.

Menninger, Jutta / Marschlich, Annette / Sattler, Henrik / Högl, Siegfried / Hupp, Oliver / Prießnitz, Horst / Scholz, Christopher (2006): Praxis von Markenbewertung und Markenmanagement in deutschen Unternehmen, Neue Befragung 2005, hrsg. v. PwC, Frankfurt am Main 2006.

Metzler, Patrick (2005): Nutzenorientierte Markenführung: Die Modellierung des Wirkungsbeitrages einzelner Markenassoziationen auf das Konsumentenverhalten - Allgemeines Modell und Messansatz, Dissertation, Westfälische Wilhelms-Universität Münster 2005.

Meyer, Tobias (2007): Markenscorecards - Bewertung, Kontrolle und Steuerung von Marken, Saarbrücken 2007.

Möll, Thorsten / Esch Franz-Rudolf (2008): Neuromarketing: Emotionen machen den Unterschied, in: absatzwirtschaft, Heft 9 (51) 2008, S. 34-37.

Möller, Klaus / Janssen, Sebastian (2009): Controlling für Open Innovation, in: Controlling, Heft 2 (21) 2009, S. 89-96.

Mohr, Reinald / Menninger, Jutta (2009): Marken sind kein Erfolg der Werbung. Bosch hat ein Modell zur Bewertung von Marken entwickelt, in: Frankfurter Allgemeine Zeitung, 26.01.2009, S. 10.

Montoya-Weiss, Mitzi / Calantone, Roger (1994): Determinants of new product performance: a review and meta-analysis, in: Journal of Product Innovation Management, Heft 5 (11) 1994, S. 397-417.

Moon, Michael / Millison, Doug (2000): Firebrands – Building Brand Loyalty in the Internet Age, Berkley 2000.

Moorman, Christine / Lehmann, Donald (2004): Assessing Marketing Performance, Cambridge 2004.

Moorman, Christine / Rust, Roland (1999): The Role of Marketing, in: Journal of Marketing, Heft 4 (63) 1999, S. 160-197.

Morrin, Maureen / Ratneshwar, S. (2003): Does It Make Sense to Use Scents to Enhance Brand Memory?, in: Journal of Marketing Research, Heft 1 (40) 2003, S. 10-25.

Morris, Michael / Schindehutte, Minet / LaForge, Raymond (2002): Entrepreneurial marketing: a construct for integrating emerging entrepreneurship and marketing perspectives, in: Journal of Marketing Theory & Practice, Heft 4 (10) 2002, S. 1-19.

Morwind, Klaus / Koppenhöfer, Jörg / Nüßler, Peter (2005): Markenführung im Spannungsfeld zwischen Tradition und Innovation: Persil – Da weiß man, was man hat: Identitätsorientierte Markenführung und praktische Umsetzung, hrsg. v. Heribert Meffert, Christoph Burmann und Martin Koers, 2. Auflage, Wiesbaden 2005, S. 621-648.

Müller-Stewens, Günter (1998): Performance Measurement im Lichte des Stakeholderansatzes, in: Marketingcontrolling, hrsg. v. Sven Reinecke, Torsten Tomczak und Sabine Dittrich, St. Gallen 1998, S. 34-43.

Müller-Stewens, Günter / Lechner, Christoph (2005): Strategisches Management - Wie strategische Initiativen zum Wandel führen, 3. Auflage, Stuttgart 2005.

Murmann, Philip (1994): Zeitmanagement für Entwicklungsbereiche im Maschinenbau, Dissertation, Universität Kiel 1994.

Nadler, David / Tushman, Michael (1980): A Model for Diagnosing Organizational Behavior, in: Organizational Dynamics, Heft 3 (9) 1980, S. 35-51.

Niesner, Helmut / Friedl, Gunther / Demirezen, Mustafa (2008): Verbreitung und Nutzung der Balances Scorecard in deutschen Krankenhäusern, in: Betriebswirtschafltiche Forschung und Praxis, Heft 4 (60) 2008, S. 363-386.

Nilsson, Per / Boulton, Charles / van Oene, Frederik / Ross, Daniel / Kemp, Jeroen / St John-Hall, Anne (2008): Innovation for Value: Creating business value through innovation, hrsg. v. Arthur D. Little, Wiesbaden u. a. 2008.

OECD (2007): Main Science and Technology Indicators 2007, Paris 2007.

o. V. (2008): Finanzdienstleister sind top im Innovationsmanagement, hrsg. v. Steria Mummert Consulting und F.A.Z.-Institut, in: FONDS professionell online, 06.03.2008.

O'Connor, Gina / Veryzer, Robert (2001): The nature of market visioning for technology-based radical innovation, in: The Journal of Product Innovation Management, Heft 4 (18) 2001, S. 231-246.

O'Sullivan, Don / Abela, Andrew (2007): Marketing Performance Measurement Ability and Firm Performance, in: Journal of Marketing, Heft 2 (71) 2007, S. 79–93.

Ogilvy, David (1983): Ogilvy on Advertising, New York 1983.

Orth, Ulrich / Malkewitz, Keven (2008): Holistic Package Design and Consumer Brand Impressions, in: Journal of Marketing, Heft 3 (72) 2008, S. 64–81.

Page, Albert / Schirr, Gary (2008): Growth and Development of a Body of Knowledge: 16 Years of New Product Development Research, 1989–2004, in: Journal of Product Innovation Management, Heft 3 (25) 2008, S. 233-248.

Palmatier, Robert (2008): Interfirm Relational Drivers of Customer Value, in: Journal of Marketing, Heft 4 (72) 2008, S. 76-89.

Palmatier, Robert / Dant, Rajiv / Grewal, Dhruv / Evans, Kenneth (2006): Factors Influencing the Effectiveness of Relationship Marketing: A Meta-Analysis, in: Journal of Marketing, Heft 4 (70) 2006, S. 136–153.

Pauwels, Koen / Hanssens, Dominique (2007): Performance Regimes and Marketing Policy Shifts, in: Marketing Science, Heft 3 (26) 2007, S. 293-311.

Pauwels, Koen / Silva-Risso, Jorge / Srinivasan, Shuba / Hanssens, Dominique (2004): New Products, Sales Promotions, and Firm Value: The Case of the Automobile Industry, in: Journal of Marketing, Heft 4 (68) 2004, S. 142-156.

Perrey, Jesko / Riesenbeck, Hajo (2004): Was Marken wirklich wert sind, in: akzente, Heft 9/2004, hrsg. v. McKinsey & Company, Düsseldorf 2008, S. 1-9.

Pfeiffer, Gero (2006): Einführung in das Markenrecht, in: JuS, Heft 7 (46) 2006, S. 584-590.

Pfeiffer, Markus (2000): Vielfalt und Vereinfachung: Branding als kritischer Erfolgsfaktor im Electronic Commerce, München 2000.

Pietsch, Gotthard / Scherm, Ewald (2000): Die Präzisierung des Controlling als Führungs- und Führungsunterstützungsfunktion, in: Die Unternehmung, Heft 5 (54) 2000, S. 395-412.

Pietsch, Gotthard / Scherm, Ewald (2004): Reflexionsorientiertes Controlling, in: Controlling – Theorien und Konzeptionen, hrsg. v. Ewald Scherm und Gotthard Pietsch, München 2004, S. 529-553.

Pleschak, Franz / Sabisch, Helmut (1996): Innovationsmanagement, Stuttgart 1996.

Porter, Michael (1985): Competitive Advantage: Creating and Sustaining Superior Performance, New York / London 1985.

Prabhu, Jaideep / Chandy, Rajesh / Ellis, Mark (2005): The Impact of Acquisitions on Innovation: Poison Pill, Placebo, or Tonic?, in: Journal of Marketing, Heft 1 (69) 2005, S. 114-130.

Preissler, Peter (1998): Controlling, Lehrbuch und Intensivkurs, 10. Auflage, München / Wien 1998.

Pullig, Chris / Simmons, Carolyn / Netemeyer, Richard (2006): Brand Dilution:When Do New Brands Hurt Existing Brands?, in: Journal of Marketing, Heft 4 (70) 2006, S. 52–66.

Raasch, Christina / Schneider, Arne / Friedl, Gunther (2007): Strategic portfolio planning in industries with long R&D cycles and interrelated product offerings: a practical approach to optimisation, in: International Journal of Technology Intelligence and Planning, Heft 3 (3) 2007, S. 271-291.

Raithel, Sascha (2009): The Value of Corporate Reputation for Shareholders: Evidence from Germany for DAX Companies, Münchener Wirtschaftswissenschaftliche Beiträge, 20. März 2009, Working Paper, Ludwig-Maximilians-Universität München 2009.

Ramani, Girish / Kumar, V. (2008): Interaction Orientation and Firm Performance, in: Journal of Marketing, Heft 1 (72) 2008, S.27-45.

Rammer, Christian / Heger, Diana / Müller, Elisabeth / Aschhoff, Birgit / Reize, Frank (2006): Innovationspotenziale von kleinen und mittleren Unternehmen, ZEW Wirtschaftsanalysen, Bd. 79, Baden-Baden 2006.

Rao, Vithala / Agarwal, Manoj / Dahlhoff, Denise (2004): How Is Manifest Branding Strategy Related to the Intangible Value of a Corporation?, in: Journal of Marketing, Heft 4 (68) 2004, S. 126–141.

Rappaport, Alfred (1999): Shareholder Value - Ein Handbuch für Manager und Investoren, 2. Auflage, Stuttgart 1999.

Reichle, Manfred (2006): Bewertungsverfahren zur Bestimmung des Erfolgspotenzials und des Innovationsgrades von Produktideen und Produkten, Dissertation, Universität Stuttgart 2006.

Reichmann, Thomas (2001): Controlling mit Kennzahlen und Managementberichten, 6. Auflage, München 2001.

Reichmann, Thomas (2006): Controlling mit Kennzahlen und Management Tools. Die systemgestützte Controlling-Konzeption, 7. Auflage, München 2006.

Reinecke, Sven (2000): Marketingcontrolling – eine neue Perspektive: Sicherstellen der Rationalität marktorientierter Unternehmensführung als Herausforderung, Arbeitspapier des Forschungsinstituts für Absatz und Handel an der Universität St. Gallen, St. Gallen 2000.

Reinecke, Sven (2004): Marketing Performance Management: Empirisches Fundament und Konzeption für ein integriertes Marketingkennzahlensystem, Wiesbaden 2004.

Reinecke, Sven (2006): Marketingforum Universität St. Gallen - Return on Marketing?, in: Marketing Journal, Heft 9 (40) 2007, S. 8-15.

Reinecke, Sven / Janz, Sabine (2007): Marketingcontrolling: Sicherstellen von Marketingeffektivität und –effizienz, Stuttgart 2007.

Repenn, Wolfgang / Weidenhiller, Gabriele (2005): Markenbewertung und Markenverwertung, 2. Auflage, München 2005.

Riebel, Paul (1987): Überlegungen zur Integration von Unternehmensplanung und Unternehmensrechnung, in: ZfB, Heft 12 (57) 1987, S. 1154-1168.

Rieger, Bodo (1987): Persil bleibt Persil, weil Persil nicht Persil bleibt, in: Der Markenartikel, Heft 8 (49) 1987, S. 398-400.

Riesenbeck, Hajo / Perrey, Jesko / Fischer, Marc (2005): Was Marken wirklich wert sind, in: Markenartikel, Heft 12 (67) 2005, S. 58-61.

Rothwell, Roy (1994): Towards the Fifth-generation Innovation Process, in: International Marketing Review, Heft 1 (11) 1994, S. 7–31.

Rothwell, Roy (1995): The fifth generation innovation process, in: Innovation und wirtschaftlicher Fortschritt, hrsg. v. Karl Heinrich Oppenländer und Werner Popp, Bern 1995, S. 9-26.

Rothwell, Roy / Freeman, Christopher / Horsley, Anthony / Jervis, V.T.P./ Robertson, A.B. / Townsend, Joe (1974): SAPPHO Updated - Project SAPPHO Phase II, in: Research Policy, Heft 3 (3) 1974, S. 258-291.

Rust, Roland (2007): Seeking higher ROI? Base strategy on customer equity, in: Advertising Age, Heft 36 (78) 2007, S. 26-27.

Rust, Roland / Ambler, Tim / Carpenter, Gregory / Kumar, V. / Srivastava, Rajendra (2004): Measuring Marketing Productivity: Current Knowledge and Future Directions, in: Journal of Marketing, Heft 4 (68) 2004, S. 76–89.

Rust, Roland / Lemon, Katherine / Zeithaml, Valarie (2004): Return on Marketing: Using Customer Equity to Focus Marketing Strategy, in: Journal of Marketing, Heft 1 (68) 2004, S. 109-127.

Rust, Roland / Moorman, Christine / Dickson, Peter (2002): Getting Return on Quality: Revenue Expansion, Cost Reduction, or Both?, in: Journal of Marketing, Heft 4 (66) 2002, S. 7-24.

Salomo, Sören (2003): Konzept und Messung des Innovationsgrades - Ergebnisse einer empirischen Studie zu innovativen Entwicklungsvorhaben, in: Empirie und Betriebs- wirtschaftslehre - Entwicklungen und Perspektiven, hrsg. v. Manfred Schwaiger und Dietmar Harhoff, Stuttgart 2003, S. 399–427.

Sammerl, Nadine / Wirtz, Bernd / Schilde, Oliver: Innovationsfähigkeit von Unternehmen, in: DBW 6 (2008) 2, S. 131 – 158.

Sandner, Philipp (2009): Trademark Filing Strategies and Their Valuation: Creating, Hedging, Modernizing, and Extending Brands, Working Paper, March 2009, Ludwig-Maximilians- Universität München 2009.

Sankaranarayanan, Ramesh (2007): Innovation and the Durable Goods Monopolist: The Optimality of Frequent New-Version Releases, in: Marketing Science, Heft 6 (26) 2007, S. 774- 791.

Sattler, Henrik (1998): Markenbewertung als Instrument der wertorientierten Unternehmens- führung, in: Wertorientierte Unternehmensführung, hrsg. v. Manfred Bruhn, Wiesbaden 1998, S. 191-212.

Sattler, Henrik (1999): Praxis von Markenbewertung und Markenmanagement in deutschen Unternehmen, Frankfurt am Main 1999.

Sattler, Henrik (2001a): Markenpolitik, Stuttgart / Berlin / Köln 2001.

Sattler, Henrik (2001b): Praxis von Markenbewertung und Markenmanagement in deutschen Unternehmen, 2. Auflage, Frankfurt am Main 2001.

Sattler, Henrik (2006): Methoden zur Messung von Präferenzen für Innovationen, in: zfbf, Sonderheft 54 (58) 2006, S. 154-176.

Sattler, Henrik / Völckner, Franziska (2006): Drivers of Brand Extension Success, in: Journal of. Marketing, Heft 4 (70) 2006, S. 18-34.

Schafbuch, Gerald (2000): Die BrandScoreCard: Ein neues Instrument in der Markenführung, Diplomarbeit, FH Pforzheim 2000.

Scherm, Ewald / Pietsch, Gotthard (2004): Theorie und Konzeption in der Controllingforschung, in: Controlling – Theorien und Konzeptionen, hrsg. v. Ewald Scherm und Gotthard Pietsch, München 2004, S. 3-19.

Schildbach, Thomas (1992): Begriff und Grundproblem des Controlling aus betriebswirtschaftlicher Sicht, in: Controlling, hrsg. v. Klaus Spremann und Eberhard Zur, Wiesbaden 1992, S. 21-36.

Schlaberg, Frank (1997): Wettbewerbsvorteil und Bewertung von Marken: Entwicklung eines Bewertungsmodells zur Effizienzsteigerung: Markenmanagement und –controlling auf Basis mikroökonomisch und finanztheoretisch fundierter Untersuchungen, Bamberg 1997.

Schlaak, Thomas (1999): Der Innovationsgrad als Schlüsselvariable: Perspektiven für das Management von Produktentwicklungen, Dissertation, Universität Wien 1999.

Schminke, Lutz / Koch, Katrin / Reimuth, Carina (2007): Guerilla-Marketing – außergewöhnliches Marketing für KMU, in: marketingjournal, Heft 5 (40) 2007, S. 36-39.

Schneider, Arne (2006): Die strategische Planung des Produktportfolios bei Automobilherstellern – Konzeption eines Instruments zur Bewertung des Cycle-Plans, Dissertation, Universität Mainz 2006.

Schneider, Dieter (1997): Betriebswirtschaftslehre, Band 2: Rechnungswesen, 2. Auflage, München / Wien 1997.

Schreiner, Otmar (2005): Aufbau und Management von Innovationskompetenz bei radikalen Innovationsprojekten, Dissertation, TU Darmstadt 2005.

Schröder, Hendrik (1997): Anforderungen des neuen Markenrechts an das Management von Kennzeichen, in: DBW, Heft 2 (57) 1997, S. 167-188.

Schumpeter, Joseph (1939): Business Cycles: A Theoretical, Historical, and Statistical Analysis of the Capitalist Process, 2 Bd., New York 1939.

Schumpeter, Joseph (1961): Konjunkturzyklen, Band 1, Göttingen 1961.

Schwaiger, Manfred (2008): Reputationsmanagement: Immaterielle Firmenwerte schaffen, sichern und messen, Kurzbeschreibung des ECRS-Ansatzes (Juni 2008), Workting Paper, Ludwig-Maximilians-Universität München 2008.

Schwarz, Harald (2007): Vernachlässigtes Wissen der Mitarbeiter: Firmen vergeuden Milliarden, in: Süddeutsche Zeitung, 03.09.2007.

Sethi, Rajesh (2000): New Product Quality and Product Development, in: Journal of Marketing, Heft 2 (64) 2000, S. 1-14.

Shaw, Robert / Merrick, David (2005): Marketing Payback, Glasgow 2005.

Shu-Ching, Chen / Quester, Pascale (2005): Developing a Value-Based Measure of Market Orientation in an Interactive Service Relationship, in: Journal of Marketing Management, Heft 7/8 (21) 2005, S. 779-808.

Slotegraaf, Rebecca / Pauwels, Koen (2008): The Impact of Brand Equity and Innovation on the Long-Term Effectiveness of Promotions, in: Journal of Marketing Research, Heft 3 (45) 2008, S. 293–306.

Solow, Robert (1956): A Contribution to the Theory of Economic Growth, in: The Quarterly Journal of Economics, Heft 1 (70) 1956, S. 65-94.

Song, Michael / Montoya-Weiss, Mitzi (1998): Critical development activities for really new versus incremental products, in: Journal of Product Innovation Management, Heft 2 (15) 1998, S. 124-135.

Sood, Ashish / Tellis, Gerard (2005): Technological Evolution and Radical Innovation, in: Journal of Marketing, Heft 3 (69) 2005, S. 152-168.

Sorescu, Alina / Shankar, Venkatesh / Kushwaha, Tarun (2007): New Product Preannouncements and Shareholder Value: Don't Make Promises You Can't Keep, in: Journal of Marketing Research, Heft 2 (44) 2007, S. 468-489.

Sorescu, Alina / Spanjol, Jelena (2008): Innovation's Effect on Firm Value and Risk: Insights from Consumer Packaged Goods, in: Journal of Marketing, Heft 3 (72) 2008, S. 114-132.

Spannagl, Johannes (2001): Neuer Standard in der Markenbewertung, in: Markenartikel, Heft 5 (63) 2001, S. 38-44.

Spath, Dieter / Aslandis, Stephanie / Rogowski, Thorsten / Ardilio, Antonino / Wagner, Kristina/ Bannert, Marc / Paukert, Marco (2006): Die Innovationsfähigkeit des Unternehmens gezielt steigern, in: Fokus Innovation: Kräfte bündeln – Prozesse beschleunigen, hrsg. v. Hans-Jörg, Bullinger, München 2006, S. 41-110.

Statistisches Bundesamt / Destatis (2008): Nachhaltige Entwicklung in Deutschland: Indikatorenbericht 2008, hrsg. v. Statistisches Bundesamt, Wiesbaden 2008.

Staudt, Erwin (1985): Innovation, in: DBW, Heft 4 (45) 1985, S. 486-487.

Stein, Claus / Ortmann, Martina (1996): Bilanzierung und Bewertung von Warenzeichen, in: BetriebsBerater, Heft 15 (51) 1996, S. 787-792.

Steinhoff, Fee (2006): Kundenorientierung bei hochgradigen Innovationen, Dissertation, TU Berlin 2006.

Steinhoff, Fee (2008): Der Innovationsgrad in der Erfolgsfaktorenforschung – Einflussfaktor oder Kontingenzfaktor?, in: Innovationserfolgsrechnung: Innovationsmanagement und Schutzrechtsbewertung, Target–Costing, Investitionskalküle und Bilanzierung von FuE-Aktivitäten, hrsg. v. Wilhelm Schmeisser, Hermann Mohnkopf, Matthias Hartmann und Gerhard Metze, Berlin / Heidelberg 2008, S. 3-19.

Steinkühler, Mirko (1995): Lean Production – Das Ende der Arbeitsteilung?, München / Mering 1995.

Stermetz, Eugen (1999): Wertorientiertes Controlling – die wichtigsten Kennzahlen im Überblick, in: Der Controlling-Berater, Heft 7 (20) 1999, S. 259-280.

Stermetz, Eugen (2000): Wertorientiertes Controlling – die Rolle der Kennzahlen im Managementprozess, in: Der Controlling-Berater, Heft 2 (21) 2000, S. 79-104.

Stermetz, Eugen (2008): Shareholder Value Controlling: Erfolgskennzahlen als Instrument des wertorientierten Geschäftsbereichscontrolling, München 2008.

Stockmeyer, Bernhard (2001): Ausgewählte definitorische Dimensionsstrukturierungsmöglich-keiten, Dissertation, TU München 2001.

Strebel, Heinz (2007): Innovations- und Technologiemanagement, 2. Auflage, Stuttgart 2007.

Sun, Baohong (2006): Technology Innovation and Implications for Customer Relationship Management, in: Marketing Science, Heft 6 (25) 2006, S. 594-597.

Szymanski, David / Bharadwaj, Sundar / Varadarajan, Rajan (1993): An analysis of the market share-profitability relationship, in: Journal of Marketing, in: Heft 3 (57) 1993, S. 1-18.

Szymanski, David / Kroff, Michael / Troy, Lisa (2007): Innovativeness and new product success: insights from the cumulative evidence, in: Journal of the Academy of Marketing Science, Heft 1 (35) 2007, S. 35-52.

Tafelmeier, Robert (2009): Markenbilanzierung und Markenbewertung: Analyse und Eignung von Markenbewertungsverfahren in Hinblick auf die bilanzielle Behandlung von Marken nach HGB und IAS/IFRS, Dissertation, Universität Bamberg 2009.

Tajeddini, Kayhan / Trueman, Myfanwy / Larsen, Gretchen (2006): Examining the Effect of Market Orientation On Innovativeness, in: Journal of Marketing Management, Heft 5/6 (22) 2006, S. 529-551.

Tönnesmann, Thomas (2007): Innovation aus Tradition: 100 Jahre Persil, in: Marketing Journal, Heft 4 (40) 2007, S. 12-15.

Tomczak, Torsten / Reinecke, Sven / Kaetzke, Philomela (2004): Markencontrolling – Sicherstellung der Effektivität und Effizienz der Markenführung, in: Handbuch Markenführung, Band 2, hrsg. v. Manfred Bruhn, Wiesbaden 2004, S. 1821-1852.

Trommsdorff, Volker / Steinhoff, Fee (2007): Innovationsmarketing, München 2007.

Tushman, Michael / Nadler, David (1986): Organizing for Innovation, in: California Management Review, Heft 3 (28), S. 74-92.

Vahs, Dietmar / Burmester, Ralf (2002): Innovationsmanagement: Von der Produktidee zur erfolgreichen Vermarktung, 2. Auflage, Stuttgart 2002.

Vahs, Dietmar / Burmester, Ralf (2005): Innovationsmanagement - Von der Produktidee zur erfolgreichen Vermarktung, 3. Auflage, Stuttgart 2005.

van Oene, Frederik / Boessenkool, Jasper / Apostolatos, Konstantinos (2005): Global Excellence Study 2005: Innovation as strategic lever to drive profitability and growth, hrsg. v. Arthur D. Little, Rotterdam / Brüssel 2005.

Vantargis (2007): Mit einer starken Marke zu frischer Liquidität: Eine innovative Finanzierungslösung auf Basis immaterieller Wirtschaftsgüter in Zusammenarbeit mit der TA Triumph-Adler AG, Case study, München 2007.

Verhage, Bronislaw / Waalewijn, Philip / van Weele, A. J. (1981): New Product Development in Dutch Companies: The Idea Generation Stage, in: European Journal of Marketing, Heft 5 (15) 1981, S. 73-85.

Verworn, Birgit (2005): Die frühen Phasen der Produktentwicklung: Eine empirische Analyse in der Mess-, Steuer-. und Regelungstechnik, Wiesbaden 2005.

Vinkemeier, Rainer / von Franz, Moritz (2007): Controller und ihr Beitrag zum zukunfts-orientierten Innovationsmanagement, in: ZfCM Controlling & Management, Sonderheft 3 (51) 2007, S. 36-51.

Viswanathan, Madhubalan / Rosa, José Antonio / Harris, James Edwin (2005): Decision Making and Coping of Functionally Illiterate Consumers and Some Implications for Marketing Management, in: Journal of Marketing, Heft 1 (69) 2005, S. 15-31.

Voss, Glenn / Montoya-Weiss, Mitzi / Voss, Zannie (2006): Aligning Innovation with Market Characteristics in the Nonprofit Professional Theater Industry, in: Journal of Marketing Research, Heft 2 (43) 2006 S. 296-302.

Velthuis, Louis (2007): Effiziente Kapitalallokation in der Banksteuerung, in, zfbf, Sonderheft 57 (59) 2007, S. 158-183.

Velthuis, Louis / Wesner, Peter (2005): Value Based Management: Bewertung, Performance-messung und Managemententlohnung mit ERIC, Stuttgart 2005.

Velthuis, Louis / Wesner, Peter / Schabner, Matthias (2006): Fair Value und internes Rechnungs-wesen: Irrelevanz, Relevanz und Grenzen, in: Zeitschrift für internationale und kapitalmarkt-orientierte Rechnungslegung, Heft 7-8 (6) 2006, S. 458-466.

Wagner, Stephan / Friedl, Gunther (2007): Supplier Switching Decisions, in: European Journal of Operational Research, Heft 2 (183) 2007, S. 700-717.

Wahren, Heinz-Kurt (2004): Erfolgsfaktor Innovation - Ideen generieren, bewerten und um-setzen, Berlin / Heidelberg 2004.

Wang, Fang / Zhang, Xiao-Ping (2008): Reasons for Market Evolution and Budgeting Implications, in: Journal of Marketing, Heft 5 (72) 2008, S. 15-30.

Weber, Jürgen (1993): Einführung in das Controlling, 4. Auflage, Stuttgart 1993.

Weber, Jürgen (1999): Einführung in das Controlling, 8. Auflage, Stuttgart 1999.

Weber, Jürgen (2007): Innovation – ein Thema für das Controlling, in: ZfCM Controlling & Management, Sonderheft 3 (51) 2007, S. 1.

Weber, Jürgen / Schäffer, Utz (1999): Entwicklung von Kennzahlensystemen, WHU Forschungspapier, Nr. 62, Koblenz 1999.

Weber, Jürgen / Schäffer, Utz (2001a): Marketingcontrolling: Sicherstellung der Rationalität in einer marktorientierten Unternehmensführung, in: Handbuch Marketingcontrolling: Marketing als Motor von Wachstum und Erfolg, hrsg. v. Sven Reinecke, Torsten Tomczak und Gerold Geis, Frankfurt 2001, S. 32-49.

Weber, Jürgen / Schäffer, Utz (2001b): Controlling als Rationalitätssicherung der Führung, in: Die Unternehmung, Heft 1 (55) 2001, S. 75-79.

Weber, Jürgen / Schäffer, Utz (2006): Einführung in das Controlling – Wege zu einer rationalen Unternehmensführung, 11. Auflage, Stuttgart 2006.

298

Weinberg, Peter (1992): Erlebnismarketing, München 1992.

Weise, Joachim (2007): Planung und Steuerung von Innovationsprojekten, Dissertation, TU Berlin 2007.

Weißenberger, Barbara (2003): Anreizkompatible Erfolgsrechnung im Konzern: Grundmuster und Gestaltungsalternativen, Wiesbaden 2003.

Weißenberger-Eibl, Marion / Joachim, Klemens (2009: Die Technologie-Roadmap als integratives Werkzeug des Innovationscontrollings, in: Controlling, Heft 2 (21) 2009, S. 83-88.

Wernerfelt, Birger (2005): Product Development Resources and the Scope of the Firm, in: Journal of Marketing, Heft 2 (69) 2005, S. 15-23.

Wiesel, Thorsten / Skiera, Bernd /Villanueva, Julián (2008): Customer Equity: An Integral Part of Financial Reporting, in: Journal of Marketing, Heft 2 (72) 2008, S. 1–14.

Wieser, Andreas (2007): Vergleichende Analyse zur Bewertung von Marken: Nach HGB und IAS / IFRS, Hamburg 2007.

Wildemann, Horst (2006): Innovationsmanagement: Leitfaden zur Einführung eines effektiven und effizienten Innovationsmanagement, 6. Auflage, München 2006.

Wildemann, Horst (2008a): Innovationsmanagement – Prädikat „weltklasse", hrsg. v. TCW, URL: http://www.tcw.de/uploads/html/publikationen/aufsatz/files/Innnovationsaudit_HBM.pdf, 23.06.2008, 15:40 Uhr.

Wildemann, Horst (2008b): Innovations Check – Regeln des erfolgreichen Innovationsmanagements, hrsg. v. TCW, URL: http://tcw.de/uploads/html/publikationen/aufsatz/files/ Innovationscheck.pdf, 23.06.2008, 15:45 Uhr.

Wildemann, Horst (2008c): Innovationsmanagement: Leitfaden zur Einführung eines effektiven und effizienten Innovationsmanagements, 8. Auflage, hrsg. v. TCW, München 2008.

Wind, Jerry / Mahajan, Vijay (1997): Issues and Opportunities in New Product Development: An Introduction to the Special Issue, in: Journal of Marketing Research, Heft 1 (34) 1997, S. 1-12.

Wirtz, Bernd / Klein-Bölting, Udo (2007): Markenwertmanagement: Vernachlässigte Funktion: Dax und MDax-Unternehmen gehen recht unterschiedlich mit der Markenbewertung um. Eine aktuelle Studie zeigt den State-of-the-Art des Markenwertmanagements in deutschen Aktiengesellschaften, in: absatzwirtschaft, Heft 4 (50) 2007, S. 46-49.

Wittink, Dick (2005): Econometric Models for Marketing Decisions, in: Journal of Marketing Research, Heft 1 (42) 2005, S. 1-3.

Wittmann, Robert / Leimbeck, Alexandra / Tomp, Elisabeth (2006): Innovation erfolgreich steuern, Heidelberg 2006.

Wong, Veronica (2001): Value-Based Marketing: Marketing Strategies for Corporate Growth and Shareholder Value, in: Journal of Marketing Management, Heft 1/2 (17) 2001, S. 258-259.

Wood, Lisa (2000): "Brands and Brand Equity: Definition and Management", in: Management Decision, Heft 9 (38) 2000, S. 662-669.

Zahn, Erich (1991): Innovation und Wettbewerb, in: Innovations- und Technologiemanagement, hrsg. v. Detlef Müller-Böling, Dietrich Seibt und Udo Winand, Stuttgart 1991, S. 115-133.

Zenz, Andreas (1998): Controlling – Bestandsaufnahme und konstruktive Kritik theoretischer Ansätze, in: Produktentstehung, Controlling und Umweltschutz – Grundlagen eine ökologie-orientierten F&E-Controlling, hrsg. v. Harald Dyckhoff und Heinz Ahn, Heidelberg 1998, S. 27-60.

Zheng Zhou, Kevin / Yim, Chi Kin / Tse, David (2005): The Effects of Strategic Orientations on Technology- and Market-Based Breakthrough Innovations, in: Journal of Marketing, Heft 2 (69) 2005, S. 42-60.

Yi, Mun / Davis, Fred (2003): Developing and validating an observational learning model of computer software training and skill acquisition, in: Information Systems Research, Heft 2 (14) 2003, S. 146–169.

Yli-Renko, Helena / Janakiraman, Ramkumar (2008): How Customer Portfolio Affects New Product Development in Technology-Based Entrepreneurial Firms, in: Journal of Marketing, Heft 5 (72) 2008, S. 131-148.

Lebenslauf

PERSÖNLICHE DATEN

Name:	Andreas Wieser
Geburtsdatum, -ort:	03. Juni 1977 in Wasserburg am Inn
Staatsangehörigkeit:	deutsch

BERUFLICHE TÄTIGKEIT

10 / 2008 bis heute	Consultant bei der Allianz im Group Market Management: GMM Controlling in München
01 / 2008 bis 09 / 2008	Promotionsstudent bei der Allianz im Group Market Management: GMM Controlling in München
10 / 2007 bis 12 / 2007	Praktikum bei der Commerzbank im: Zentralen Stab Bilanz und Steuern (ZBS), sowie Zentrale Konzern-kommunikation (ZKK) in Frankfurt / München
11 / 2006 bis 08 / 2007	Associate bei KPMG Deutsche Treuhand-Gesellschaft im Advisory: Corporate Finance in München

EXTERNER DOKTORAND

Seit 06 / 2007	Promotionsstipendiat der Hanns-Seidel-Stiftung
Seit 11 / 2006	Stipendiat von e-fellows.net
Seit 07 / 2006	Externer Doktorand am Lehrstuhl für Controlling der Johannes Gutenberg-Universität Mainz / TU München

STUDIUM AN DER FH ROSENHEIM

02 / 2006 – 07 / 2006	Diplomarbeit bei der VEM Aktienbank in München
02 / 2005 – 07 / 2005	Auslandssemester an der University of Queensland

München, den 09.09.09   (Andreas Wieser)

Aus unserem Verlagsprogramm:

Oliver Mauthe
Konsumentenglück und multisensorische Markenführung
Wie erlebbare Marken Loyalität stiften
Hamburg 2010 / 222 Seiten / ISBN 978-3-8300-4972-2

Kerstin Hartmann
**Wirkung der Markenwahrnehmung auf
das Markencommitment von Mitarbeitern**
*Eine empirische Untersuchung der Wirkung von
Markenimage, interner Kommunikation und Fit zwischen
persönlichen und Markenwerten auf das Commitment*
Hamburg 2010 / 284 Seiten / ISBN 978-3-8300-5152-7

Clemens Boecker
Mikrogeographische Marktsegmentierung
*Stabilität der wissenschaftlichen Grundlagen und
Anwendbarkeit der Daten im Marketing von Sparkassen*
Hamburg 2010 / 316 Seiten / ISBN 978-3-8300-4854-1

Tanja Stepanchuk
Optimal Pricing Strategies
*How Nonlinear Programming Enables Optimal Pricing
in Digital Environment*
Hamburg 2010 / 154 Seiten / ISBN 978-3-8300-4934-0

Michael Ji-Hun Yoo
Gestaltung von Markenarchitekturen
*Eine konsumentenbezogene Analyse der
Wirkungen vertikaler Markenkombinationen*
Hamburg 2010 / 328 Seiten / ISBN 978-3-8300-4287-7

Thomas Czarnecki
Challenges and Strategies for the Service Industry
*An Empirical Analysis of Risk-Reducing Signals –
The Example of the Hotel Industry*
Hamburg 2009 / 282 Seiten / ISBN 978-3-8300-4706-3

Bettina Heise
**Prognose des Absatzpotentials innovativer Produkte unter
Anwendung Virtual Reality-basierter Produktvisualisierungen**
Hamburg 2009 / 246 Seiten / ISBN 978-3-8300-4651-6

Steffen Freichel
FIT-Modelle der Produktindividualisierung
*Die Abstimmung der Produktindividualisierung
auf die Bedürfnisse und Handlungsziele des Nachfragers*
Hamburg 2009 / 356 Seiten / ISBN 978-3-8300-4518-2

VERLAG DR. KOVAČ
FACHVERLAG FÜR WISSENSCHAFTLICHE LITERATUR

Postfach 57 01 42 · 22770 Hamburg · www.verlagdrkovac.de · info@verlagdrkovac.de